中华文化概论

Zhonghua Wenhua Gailun

曹顺庆　主编

曾　昂　叶天露　副主编

高等教育出版社·北京

内容提要

本教材内容丰富，涉及广泛，对中华文化尤其是文人文化作了较为全面的介绍。全书共分为中华始祖、风骚双璧、儒道思想、墨家与法家、史家传统、禅宗文化、士人传统、琴棋书画、诗词小说、传统戏曲、三大史诗、中医文化、养生文化、饮食服饰、婚姻风尚、游侠文化16章，每个章节在通识介绍之后，设有“经典选读”版块，力求让学生直接阅读古籍原文，对传统文化有直观的认识。参编者广泛吸收最新研究成果，体例新颖，符合教学需要。

本教材适合高等院校文、理、工、医、农各学科大学本科生修学“中华文化”课程时使用，也可作为中华文化爱好者的入门读物。

图书在版编目（CIP）数据

中华文化概论 / 曹顺庆主编. -- 北京 ：高等教育出版社，2015.2（2024.1重印）
ISBN 978-7-04-039821-2

Ⅰ. ①中… Ⅱ. ①曹… Ⅲ. ①中华文化-高等学校-教材 Ⅳ. ①K203

中国版本图书馆CIP数据核字（2014）第111434号

策划编辑 刘纯鹏 责任编辑 刘纯鹏 封面设计 于文燕 版式设计 王艳红
责任校对 陈 杨 责任印制 朱 琦

出版发行 高等教育出版社
社 址 北京市西城区德外大街4号
邮政编码 100120
印 刷 唐山市润丰印务有限公司
开 本 787mm × 960mm 1/16
印 张 21.75
字 数 390 千字
购书热线 010-58581118
咨询电话 400-810-0598
网 址 http://www.hep.edu.cn
http://www.hep.com.cn
网上订购 http://www.landraco.com
http://www.landraco.com.cn
版 次 2015 年 2 月第 1 版
印 次 2024 年 1 月第 4 次印刷
定 价 29.80 元

物 料 号 39821-00

目　录

序

当前我国正处在文化大发展的关键时刻，文化已经成为制约我国经济社会发展的瓶颈。也可以说，文化是中华民族复兴道路上非解决不可的大问题！当前，我国正处于各项事业大发展的时期，特别是经济发展成果卓著，已经成为世界第二大经济体，但是文化发展却相对滞后，这不仅与我国的经济大国地位不符，而且已经成为制约我国经济社会发展的瓶颈，因而文化发展和建设是我们亟待厘清的重大理论问题。然而毋需讳言的是，我们的文化发展确实面临着一些问题，甚至可以说是危机。

一

我们应该怎样认识当前我国的文化问题？应该以怎样的态度对待时下的文化建设？以什么样的思路推动文化大发展、大繁荣？中央有一个提法很好:贫穷不是社会主义，精神空虚也不是社会主义。我们现在面临的一个很重要的文化问题就是精神空虚，这主要反映在传统伦理道德价值和社会诚信的缺失上。中国文化的核心价值观是：仁、义、礼、智、信。仁，仁者，爱人，以仁得人心，得天下；礼，尊老爱幼，少长有序；智，尊重知识，重视教育；信，诚信，正心诚意自省。然而目前这些优良的传统伦理道德价值观念却没有得到很好的传承，结果导致了当代中国文化的危机：仁义危机，如老人倒地没人扶，以及令国人震惊和痛心的“小悦悦事件”等；礼仪危机，如不孝子刺杀母亲的惨剧，和当下普遍存在的很多人缺乏文明礼貌的现象；智慧危机，教育质量明显下滑，一个很突出的表现就是没有出现学术大师；诚信危机，如三聚氰胺、地沟油等食品安全问题以及学术作弊、学术造假对中国学术造成的不良后果。

是什么原因导致了目前的文化危机？是文化问题还是体制问题？长期以来，我们对此一直没有一个正确的认识，在我看来，这既是一个体制问题，更是一个文化问题。

首先是文化传承问题。文化传承，是个老问题，也是新命题。中共中央十七届六中全会指出：中国共产党从来就“既是中华优秀传统文化的忠实传承者和弘扬者，又是中国先进文化的积极倡导者和发展者”。这实际上明确了文化传承和社会主义文化建设的关系问题。对于文化传承问题，我们以前一直没有理清楚。我们一直说“批判地继承”“古为今用”，但是“批判”和“今用”到底怎么个用法？让人很迷惑。所谓“批判地继承”，往往是先批判后继承，然而，批判完了也就无可继承了；所谓“古为今用”也是如此，往往有“今用”而无“古为”。如何“批判”和“今用”，我们始终没有找到一条清晰的路径。党的十七届六中全会和十八大报告提出的最有新意的一点是“忠实传承者”。首先要忠实传承，其次才可能切实地去粗取精，才可能批判，也才可能进一步创新；我们要扎实推进文化强国建设，就必须要忠实传承中华文化，在忠实传承的基础上，才可能真正吸收中华传统文化的精华，才可能把文化发展创新作为文化传承和文化建设的重要抓手。这样，我们就找到了文化发展和建设的源泉和方向。而这就是我们今天要学习中华文化的最重要的理由。

文化问题更突出地表现在“文化无用论”的观念上，当前很多人认为文化没有什么用，他们时常会问出这样的问题：孔子值几分钱？人文学科能造原子弹吗？这种实用主义、功利主义的观点，极力强调有形的、外在的、物质形式的价值和意义，轻视内在的精神生活的构建，忽视传统伦理道德的作用，因而也就造成了目前的文化危机。殊不知没有伦理道德的束缚，科学技术反而会给人们带来伤害甚至是灾难，三聚氰胺、地沟油等食品安全问题就是例证。

体制上的问题主要是“重理工，轻人文”以及学科课程的设置不合理。从我国高等教育的发展历史看，20世纪50年代的院系调整，将文、理、工、农、医分家，学科之间的渗透交叉被阻隔。结果是理工科学生欠缺人文知识和人文素养，而人文社会学科学生较少了解自然科学知识，双方都不同程度地存在知识结构的偏差和失衡。重理工，轻人文，已经严重影响了我国的教育质量。而在人文学科的教育上也有很多问题，表现之一就是在人文学科的课程设置方面存在着明显的弊病。我曾发表过一篇题为《高校中文学科课程设置之我见》的文章，谈到我们今天大学中文学科课程设置的一些问题，其中很重要的问题就是“多”和“窄”，“所谓‘多’是课程设置太多，包括课程门数多，课时多，课程内容重复多。……课程越设越多，专业越分越窄，讲授越来越空，学生基础越来越差恐怕是原因之一。现在许多学生读不懂中国文化元典，甚至不知“十三经”为何物，外语学了多少年，仍不能读懂外文原著，在国际学术会议上开不了口，李白的‘浪漫主义’、杜甫的‘现实主义’、几个‘斯基’的理论学了一大堆，但离钱锺书、季羡林等大师的学术素养还差得很远，这样的教育机制如果继续下去，对中国现代化建设是很不利的”。[①]这种现象不仅出现在本科生和研究生身上，甚至很多学者也不能做到博古通今。现在有很多人对中国传统文化嗤之以鼻，把它们当作是老朽的、落后的东西，而认为西方文化是文明的、先进的；还有的人虽

① 曹顺庆：《高校中文学科课程设置之我见》，《中国高等教育》2000年第21期，第42页。

然推崇中国文化，但往往是在缺乏扎实的中国文化典籍基础的情况下，就大谈传统文化，结果漏洞百出，也常常闹出笑话。比如有些学者，把《文心雕龙》中《夸饰》篇中所提到的“风格训世”，当成西方的“风格论”，认为这是中国“风格论”的铁证。而不知“风格”是“风俗”之误；还有些学者把《古文尚书》作为先秦材料来引证，而不知《今文尚书》与《古文尚书》之别。

以上种种问题的实质，是很多人没有深入地了解中华文化，没有深刻地意识到中华文化的意义和作用。在文化建设的问题上，不论是西方文化还是中国文化，其基本前提是要对文化传统有深刻的理解，在没有深入了解的条件下，一味地推崇或抨击都是肤浅和片面的，对文化建设而言也是没有建构意义的。我认为，面对当前中国文化危机的各种问题，我们首先要做的就是深刻理解文化的价值和作用。

二

文化究竟有没有用？这是我们必须认识清楚的问题。只有解决了这个认识问题，才能说清楚我们为什么要学习中华文化。在我看来，文化不仅有用，而且有大用！

文化最根本的作用是立国之本。为什么说文化是立国之本？其实质就是文化认同。文化是维系国家和民族的根本纽带，是促进国家建设和民族发展的根本动力，也是保证国家和民族长治久安和繁荣昌盛的基本要素。这就是文化的力量和作用，即文化认同的力量和作用。归纳起来，文化的作用和力量有以下几个方面。

一是文化凝聚力、向心力。文化具有凝聚力量、团结人心的重大作用，因为只有在文化认同的前提下，人们才能为了共同的目标而齐心协力、努力奋进。我们都知道犹太民族是个多灾多难的民族，在历史上他们曾被古巴比伦、亚述、波斯帝国和罗马帝国等侵略和征服，在相当长的一段时间里没有建立自己的国家，他们背井离乡、四处迁徙，流落在世界各地。在这样的生存境遇中，犹太民族必然面临着被同化，民族性被消解的危机。但是经过犹太民族的不懈努力，以色列国终于在20世纪上半叶建立，而这次建国距犹太民族的最初建国已逾两千多年。历史跨度如此之大，是什么原因能让犹太民族再次建立本民族的国家？答案就是文化凝聚力、向心力。没有强烈的文化认同感，就不会有文化凝聚力；没有向心力，犹太民族再次建国是不可想象的。再拿我个人来说，我年轻的时候接受过霍英东基金资助，那时的香港还没有回归。霍英东先生之所以无私地资助我国的教育事业，其原因就在于文化的凝聚力和向心力。共同的文化之根和文化渊源，使得霍英东等人能够做到“洋装虽然穿在身，我心依然是中国心”，他们的行为本身也是对中国优秀文化的传承，如果不认同中华文化，即便某人是华裔，他也只能是“香蕉人”，黄皮白里。因而讲文化凝聚力和向心力，文化传承必不可少。

二是文化感召力。文化是一种力量，它能够激起人们的社会责任感和历史使命感，从而关注本民族和国家命运发展，进而贡献才智和力量，即使舍生殒命也在所不惜。儒家“以道自任”的思想就是中华民族文化感召力的渊源之一。《论语·泰伯》云：“笃信好学，守死善道，危邦不入，乱邦不居。天下有道则见，无道则隐。邦有道，贫且贱焉，耻也；邦无道，富且贵焉，耻也。”《论语·里仁》曰：“士志于道，而耻恶衣恶食者，未足与议也。”孔子强调以“道”为依据，要求人们超越于个体的利害得失，要对社会整体表现出深切关怀，要有一种强烈的社会责任感。孔子的思想在孟子那里得到进一步的发展，《孟子·尽心上》：“天下有道，以道殉身。天下无道，以身殉道。”“故士穷不失义，达不离道。穷不失义，故士得己焉。达不离道，故民不失望焉。古之人得志，泽加于民；不得志，修身见于世。穷则独善其身，达则兼善天下。”儒家思想的核心就是以道义为追求目标，以整个社会的兴衰为关怀对象，因而有着强烈的社会责任感和浓厚的历史使命感。到后来的“先天下之忧而忧，后天下之乐而乐”“天下兴亡，匹夫有责”，都是中国传统文化的传承，也是文化感召力的体现。中国的繁荣昌盛乃至中华民族的复兴，如果没有文化的感召力是不可能实现的。

三是文化协调力。现在很多的家庭问题、社会问题乃至世界问题，在很大程度上，我认为是文化问题。文化具有协调人与人、国家与国家关系的作用，我们要构建和谐社会，促进世界的和平与发展，文化协调力不可忽视。尊老爱幼，长少有序，就体现了文化协调家庭内部关系的能力；“老吾老，以及人之老；幼吾幼，以及人之幼”，体现了文化协调个体与他人的关系的能力；“一家仁，一国兴仁；一家让，一国兴让；一人贪戾，一国作乱”，体现了文化协调个体与国家的关系的能力；“柔远能迩”，则体现了文化协调国家与国家的关系的能力。

四是文化约束力。人是欲望的生物，因为得不到满足，欲望也给人类带来无尽的痛苦。那么，什么能够遏制人们无尽的欲望，而又不增加痛苦呢？我认为是文化，是文化约束力。“所谓诚其意者，毋自欺也。如恶恶臭，如好好色，此之谓自谦。故君子必慎其独也。小人闲居为不善，无所不至，见君子而后厌然，揜其不善而著其善。”文化约束人的欲望，讲求的是自律和内省，它不是硬性地要求断除人的欲望，而是调节平衡人的欲望，在自律和内省中达到人性的满足和张扬。“吾日三省吾身：为人谋而不忠乎？与朋友交而不信乎？”说的就是这个道理。文化约束与法律约束也不同。法律约束是外在的、强制的、被动的，而文化约束是内在的、自律的、主动的，因而与法律约束相比，文化的约束力更持久，也更利于国家社会的有序发展。

五是文化生产力。我们都知道，科学技术是生产力，科学技术的发展确实带来了我国经济和社会的极大进步。但随着世界科学技术和经济的发展，文化也可以成为生产力。十七届六中全会第一次提出要把文化产业作为国民经济一个支柱性产业，十八大报告中也提出提高文化产业规模化、集约化、专业化水平。由此可见，文化生产力对于经济发展和社会进步起到推动作用已是不争的事实。以美国为例，近几年的文化产业占其GDP的五分之一，而且还有增长的趋势。反观我国的文化产业却相对落后，不论是占GDP的比重，还是影响力，都与其他文化产业大国差距甚大。发展文化产业是世界大势所趋，放眼世界，现在我们国家的经济仍然是自己赚小钱，人家赚大钱。我们消耗了大量的人力资源、原材料资源，然后却让人家赚了大钱。为什么LV包值钱？是因为文化品牌。品牌实际上就是创意文化、消费文化。传统社会是讲究实用的消费，现代社会是讲求品位或时尚的消费，消费者往往很注重品牌。品牌其实是一种符号，它体现了个人的品位、格调、价值和地位等，因而当今社会的消费是符号化的消费。品牌也就是文化，品牌的增值就体现了生产力的发展。而我们现在文化产业发展的一个主要问题就是缺乏品牌。是什么原因造成这种现状呢？我认为一个很重要的原因就是文化创意、文化创新的匮乏。功夫是我们的，熊猫也是我们的，但是“功夫熊猫”却不是我们的。这个现象提醒我们，对于中华文化的创新力问题，我们要好好研究。目前我们文化创新的缺乏表现在很多地方，学术研究也是如此。

三

面对传统文化的失落，以及文化对于我们的巨大作用，我们应该如何建构中国文化？这是我们必须思考和解决的重大课题。我们必须对传统文化有一个理性的认识和评价。而当下的文化现实是：对中国文化，尤其是中国的传统文化、本土文化，我们的态度往往是否定和贬低，拿西方文化中先进的东西与我们文化中落后的东西进行对比，而对我们优秀的传统文化置若罔闻，缺乏历史意识和全面意识。这样一种现象，导致了当下中国文化的巨大的失误，严重影响了中国文化的发展。这其实是一种文化病态。

关于文化病态的问题，我虽然在20世纪80年代的《文论失语症与文化病态》一文中论述过，但时至今日，这种现象依然存在。年轻人对于我们的传统文化知道得越来越少，相反对西方却越来越感到亲切，很多人张嘴就是柏拉图、亚里士多德，闭嘴就是海德格尔、德里达，到了唯西方马首是瞻的地步。我们的青年学者甚至一些中年学者对自己的文化和传统，也是相当陌生。如今的学者，少有人真正地读过“十三经”、读过《诸子集成》。当然这种文化病态是有历史原因的。自19世纪末至20世纪初，西方文化凭借坚船利炮，轰开了中华文化的坚固堡垒。在民族危亡之际，救亡图存的意识，迫使中华民族不得不"求新声于异邦"，不惜抛弃传统文化，甚至是传统文化中的精髓。这种文化选择，当时是在外力强迫下的不得已选择，而并非中国文化合乎逻辑的发展的结果，因此是一种非正常的文化发展，或者说是一种病态的发展。

而时至今日，我们的国力已大大加强，各项事业蒸蒸日上，对世界的影响也越来越大，但还有很多人在文化选择上亦步亦趋地跟着西方走，使中国文化成为西方文化的注脚。

中国文学理论研究就有着明显的西方化的现象。其最突出的表现就是在西方科学思维的指导下，采用学科化、体系化和范畴化的方法，规约中国古代文论思想。如刘若愚的《中国的文学理论》，主要运用艾布拉姆斯文学四要素——作品、宇宙、作家和读者的框架，把中国文学理论分成所谓的六种理论，即形而上的、决定的、表现的、技巧的、审美的和实用的理论。中国文论被他运用西方文论话语进行了切割，这种被切割后的中国文学理论与中国文学理论本来的面目有很大的出入。在西方话语的叙述中，中国文学理论被误读了，中国文学理论的独特性被遮蔽掉了。比如，他所说的形而上的理论，其观念不完全跟中国文论一样。由于理论上的生搬硬套，书中还出现了一些常识性错误。刘若愚写道："刘勰的巨著《文心雕龙》考虑到了艺术过程的全部四个阶段，包容了中国文学批评里所有全部六种理论中除决定论以外的五种理论的因素。"[①]也就是说，《文心雕龙》中不包含决定性理论因素。这一观点是值得商榷的。《文心雕龙·时序》中言，"文变染乎世情，兴废系乎时序"，讲的就是文学与社会状况、时代政治等的密切关系，这与文学决定论是相通的。所以，经过刘若愚用西方文论话语的"切割"，在西方文学理论话语规则之下，中国的文学理论成为解释西方文论的材料和注脚，变成了西方视野下的中国文学理论，是变异了的中国文学理论，它不再是真正的中国文学理论。

其实，中国文学理论产生于中国固有的文化规则，而中国固有的文化规则主要表现在两个方面：一是以"道"为核心的意义生成和话语言说方式，《老子》说："道可道，非常道；名可名，非常名。"就是意义的生成方式和话语言说方式。"道"是万物的本源，也是意义得以产生的根源，"道生一，一生二，二生三，三生万物"。"道"从虚无中生发意义，"无中生有"的意义生成方式与西方逻各斯的"有中生有"是根本不同的。"逻各斯"在希腊文的原意是"话语""言说"，而我们的"道"具有不可言说性，"道"的不可言说性也就是意义的不可言说性，即使言说，"言"与"意"相比，"言"

① 刘若愚：《中国的文学理论》，四川人民出版社1987年版，第177页。

是不重要的，因而才有“得意而忘言”“言不尽意”，意义的生成应是“立象以尽意”，因而逐渐形成了言外之意、象外之象的话语言说方式。二是儒家“依经立义”的意义建构方式和“解经”话语模式。“依经立义”就是宗经。“依经立义”的意义建构形成了一套独特的话语言说方式，即采用传、注、正义、笺、疏等注解方式，并以此根基又进一步引申出的话语表达方式。如，追求“文约而旨博”的“春秋笔法”；讲究“微而显”“志而晦”“婉而成章”的“微言大义”；讲求“婉言谲谏”“比兴互陈”的意义曲折表述方式；遵循“《诗》无达诂，《易》无达占，《春秋》无达辞”的阐释方法。

只有理解我们固有的文化规则，才能理解传统文化，才为文化传承和文化建设找到了前提和根基。当然，文化不是僵死和一成不变的，而是一直处于运动、发展和变化之中。纵观中外历史的发展，每一种文化无不是在交流和碰撞中，形成自己独特的文化传统。当然不可否认，我们的传统文化中存在着糟粕，这种糟粕需要在传统文化的转化中被剔除和抛弃。对于传统文化的转换而言，并不是把古代的东西原封不动地照搬过来，这是在机械地理解转化。转化的根本在于弘扬民族的基本文化精神和文化规则。就以学术来说，转化不是重述过去的具体观点，而是继承传统文化的话语规则。我们古代的很多学术规则是独特而有效的，而这些规则至今仍然有效，但我们却轻易把它们丢掉了。丢掉这套规则，既是中国学术的损失，也是全世界学术的损失。我们应认识到，除西方的学术规则以外，还有其他有效的学术规则，西方的学术规则有其合理性，但并不是唯一合理的，学术上的很多重大问题，西方的学术也无法解决，或者说不能很好地解决。所以，我认为应该改变这种局面，把我们轻易丢掉的东西寻找回来，并进行新的改造和光大。文化转化现在最大的失误和问题是认为中国文化是无效的，表现为用西方的文化来改造中国文化，用西方的理论来硬性解释中国的一切。虽然不同的文化之间可以互相阐释，但我们也应该知道，不同的文化具有质的差异性，具体于中西方来说，中国古代的学术规则和西方的学术规则是两套不同的系统，我们不能在思维上非此即彼，认为一套行之有效，另一套必然行之无效。现在的问题是，对于一些具体的东西，我们现在还看得比较清楚，但深层的东西，中国文化的精神和文化规则，我们却看得不清楚。我讲中国文论失语症、话语重建，讲话语、学术规则、文化精神，就是强调中国文化的固有规则，如果不把这些根本性内涵承继过来，文化建设也就无从谈起。一切以西方为标准，事事都跟着西方走，这对于中国文化的建设是没有益处的，这条路现在看来不能再走下去了。

文化传承和建设，是一个具体而紧迫的问题。当代中国文化在表面繁荣的背后隐藏着深刻的危机，危机的一个重要方面就是我们民族的基本精神正在丧失，文化越来越失去了与传统的血脉联系，中国人变得越来越空虚，这种文化空洞化的危机现在已经明显地表现出来。当代社会的许多问题，比如文化理想的失落、诚信的缺失、道德的沦丧、学术造假和贪污腐败等，其实都与文化问题密切相关。所以，我们应该站在时代的高度，站在世界的高度，重新审视传统文化，以踏踏实实的学风，从文化原典读起，学好中华文化，以一种世界的胸怀和务实的态度重建中国文化。文化的复兴是中华民族复兴道路上非解决不可的大问题！

曹顺庆

2013年5月于成都

第一编

第一章　中华始祖

中华民族有极为浓厚的祖先崇拜情结，这种慎终追远的集体无意识贯穿于华夏文化发展的始终，下起黎民百姓，上至达官贵人，都有形态各异的祭祀先祖仪式，尤其每逢重要节日，祭祖是最为重要的活动之一。祭祖旨在表达追祭者对先祖的追思与孝敬，亦希望得到先祖的荫庇，护佑子孙繁昌、功业有成。以“三皇五帝”为代表的中华始祖是华夏民族的共同初祖，他们对中华文明进步做出了卓越贡献。

第一节　“三皇五帝”及其地位

一、“三皇五帝”之说

有关中华民族远古始祖之说源远流长且众说纷纭，包括有巢氏（亦称大巢氏）、燧人氏（亦称燧人、燧皇）、伏羲氏（亦称宓羲、庖牺、包牺、牺皇、皇羲）、女娲（风姓）、天皇氏（号天灵）、地皇氏（号文悦）、人皇氏（号居方氏）、炎帝（亦称列山氏、神农氏）、黄帝（亦称轩辕氏、缙云氏）、少昊（亦称青阳氏、金天氏、穷桑氏、云阳氏）、帝颛顼（亦称高阳氏）、帝喾（亦称高辛氏）、帝尧（亦称陶唐氏）、帝舜（亦称有虞氏）等。他们是中华民族共同的祖先，影响后世最为深远的“三皇五帝”之说便是从他们中择取而名之。

“三皇五帝”时期距今年代久远，有的可能还处于旧石器时代，如有巢氏、燧人氏及伏羲氏；有的则处于新石器时代，如炎帝、黄帝、帝尧及帝舜。他们的出现是文明进步，尤其是社会经济发展、生产力进步的必然结果，有关他们的传说多与人们日常生产、生活密不可分。他们不但是华夏民族的祖先，还是中华文明进步的缔造者与直接推动者。

“三皇五帝”这一提法既与中华民族远古集体记忆及祖先崇拜有关，还与我国传统文化中较为浓厚的崇古意识密不可分。童书业在为顾颉刚、杨向奎《三皇考》所作序言中指出：

我们先民向来有一种迷信古初的病根，以为无论什么都是愈古愈好，愈古代便愈是治世，愈到近代便愈乱了。这种病根，在我想来，是敬祖主义的流弊，是宗法制度的结晶。

虽然上述言论对敬祖主义颇有微词，但是对敬祖思想来源的判断是十分准确的。“三皇五帝”之说在战国后期大量出现，如《荀子》《战国策》《吕氏春秋》等典籍中有载，很多人据此判断“三皇五帝”之说与战国时期的思想状况及时代环境有关。著名历史学家刘起釪认为：“到了战国时代，各国由于斗争的需要，促成了百家争鸣。各家为了宣扬自己匡时救世的主张，都要寻找历史根据，于是历史被纷纷称引，从而出现了一些依托历史旧说加工编造以佐证己说的现象。”也就是说，“三皇五帝”之说与战国后期混乱的政治局面有着密切关系。目前学界对这一问题的纷争尚无定论。我们认为，“三皇五帝”说法的出现可能首先与民族的集体记忆有关，但同时又是在特定历史背景下出现的。

“三皇五帝”之说始于《周礼·春官宗伯》，但具体所指并未指明。因此，盛传至今的“三皇五帝”之说在历史上聚讼不断、莫衷一是，甚至时有相互抵牾之处。“三皇”主要有以下几种说法：（一）燧人、伏羲、神农（《尚书大传》）；（二）伏羲、女娲、神农（《春秋元命苞》）；（三）伏羲、祝融、神农（《白虎通》）；（四）伏羲、神农、共工（《通鉴外纪》）；（五）伏羲、神农、黄帝（《古微书》）；（六）黄帝、少昊、颛顼（《汉书》）；（七）天皇、地皇、泰皇（《史记》）；（八）天皇、地皇、人皇（《春秋纬》）。以上诸种说法中，前六种涉及具体的先民始祖，后两种则与传统哲学思想有关。“五帝”之说起始时间比“三皇”更早，也有如下不同组合：（一）黄帝、颛顼、帝喾、尧、舜（《大戴礼记》）；（二）庖牺、神农、黄帝、尧、舜（《战国策》）；（三）太昊、炎帝、黄帝、少昊、颛顼（《吕氏春秋》）；（四）少昊、颛顼、喾、尧、舜（《世经》）；（五）帝喾、尧、舜、禹、汤（《汉书》）；（六）黄帝、少昊、颛顼、帝喾、尧（《资治通鉴外纪》）。此外，还有“天上五帝”之说。由此可见，“三皇五帝”之说并没有一个确切不易的固定说法，且“三皇”与“五帝”之间也有交叉、重合，换句话说，并不存在严格意义上的、固定不变的“三皇五帝”。历史上之所以存在着不同的“名单”，其原因也颇为复杂。但旧称孔安国所作《尚书序》中称：“伏羲、神农、黄帝之书，谓之‘三坟’，言大道也。

少昊、颛顼、高辛、唐、虞之书，谓之‘五典’，言常道也。”后人从所谓“三坟五典”引申出“三皇五帝”之说，这种划定也被更多人接受，即“三皇”多指称伏羲、神农、黄帝，“五帝”多指称少昊、颛顼、帝喾、尧、舜。由于在清代阎若璩确证《古文尚书》为伪作之前，传统思想界对《古文尚书》大体是遵从的，因此，相对而言，这一说法影响较为深远。

二、“三皇五帝”之历史地位

“三皇五帝”作为华夏民族的始祖，不仅是全民族共同尊奉的对象，而且对中国古代社会变迁与思想发展产生了至为深远的影响，下起普通民众的日常生产生活，上至国家制度及朝代更迭，以至民族的思想信仰都与“三皇五帝”之说密切相关。在漫长的历史长河中，人们对“三皇五帝”的赞美之声不绝于耳，如《吕氏春秋·贵公》载：

昔先圣王之治天下也，必先公。公则天下平矣。……天下非一人之天下也，天下之天下也。阴阳之和，不长一类；甘露时雨，不私一物；万民之祖，不阿一人。……天地大矣，生而弗子，成而弗有，万物皆被其泽、得其利，而莫知其所由始，此三皇、五帝之德也。

认为“三皇五帝”事关天下治乱兴衰甚至万物生长。桓谭也提出三皇五帝乃帝王之万世楷模，其《新论》云：

夫上古称三皇、五帝，而次有三王、五霸，此皆天下君之冠首也。故言三皇以道治，而五帝由德化；三王由仁义，五霸以权智。其说之曰：无制令刑罚，谓之皇；有制令而无刑罚，谓之帝；尚善诛恶，诸侯朝事，谓之王；兴兵众，约盟誓，以信义矫世，谓之霸。

后世君王多效仿三皇五帝以自勉，文人学士也多以之作为进谏劝勉君王的为政之道。当然，由于“三皇五帝”属于历史学上所谓“传说时代”的人物，因此，也不时有人怀疑其是否真实存在过。宋代史学家刘恕认为：“六经惟《春秋》及《易》(《彖》《象》《系辞》《文言》《说卦》《序卦》《杂卦》)，仲尼所作诗书，仲尼刊定皆不称‘三皇五帝三王’。……或以包牺氏至舜为‘五帝’，然孔子未道，学者不可附会臆说也。”(《资治通鉴外纪》)清代的崔述则走得更远：

盖“三皇五帝”之名本起于战国之后，《周官》后人所撰，是以从而述之。学者不求其始，习于其名，遂若断不可增减者，虽觉其不通，亦必别为之说以曲合其数，是以各据传注，互相诋諆。不知古者本无“皇”称，而“帝”亦不以“五”限，又何必夺彼以与此也哉！（《补上古考信录》）

“古史辨”派在清理上古历史时也对“三皇五帝”之说颇多质疑。我们认为，“三皇五帝”作为中华始祖的地位是不容抹杀的，其对中国历史发展和中华民族进步所起到的作用也不容忽视，越来越多的考古学成果也证明了这一点，对之我们必须有清醒的认识。

“三皇五帝”时期在史学界多称为“五帝时代”，虽然截至目前，学人对“三皇五帝”的具体名单及存在与否有着不同看法，但毫无疑问这并非古人臆说捏造，而是有大量历史资料作为基础，而且不容否认的是，五帝时代对后世华夏文明的繁荣昌盛起到了奠基作用。经济方面，有巢氏、燧人氏、伏羲氏等始祖所处的旧石器时代采集、狩猎经济得到初步发展，神农、黄帝及尧、舜、禹所在的新石器时代则在更高层次的种植与畜牧方面取得较大进步；婚姻制度方面，有巢氏、燧人氏、伏羲氏时期逐步实现由血族通婚、亚血族通婚向对偶婚的过渡，神农、黄帝及尧、舜、禹时期对偶婚盛行并发展至族外婚；宗教及艺术方面，有巢氏、燧人氏、伏羲氏时期出现了“万物有灵”这一原始宗教形态与卵石彩绘、鹿角雕刻、原始舞蹈等原始艺术形式，神农、黄帝及尧、舜、禹时期则出现了图腾崇拜、咒术、祖先崇拜、陶片彩画、骨石雕刻与舞蹈。其中，祖先崇拜的出现意味着原始宗教的巨大进步，因为由对物的崇拜转向对人的崇拜意味着先民世界观的改变。同时需要引起我们注意的是，人类早期的祖先崇拜以女性祖先为主，五帝时期也不例外，传说伏羲族崇拜华胥，神农族崇拜安登，有熊氏族崇拜附宝，少昊氏族崇拜女节，陶唐氏族崇拜庆都，有虞氏族崇拜握登，等等。同时，由于经济发展、文明进步，部族内部不断壮大、人口增多，部族之间的物质交换、通婚关系也变得更为紧密，社会关系也因此变得更为复杂，碰撞、冲突甚至争战不断出现，黄帝与炎帝、蚩尤之间都曾爆发大规模冲突。但与此同时，各部族间交流、互动与融合的趋势也随之不断增强，文化融合与趋同成为不可阻挡的潮流，我国统一多民族的面貌初步显现，华夏文化多元统一的基础大体奠定。

“三皇五帝”时代在社会组织制度、社会组织形式、生产生活工具及文字符号方面较之以前都发生了较大变化，且直接影响文明发展的进程。在社会制度方面，部落首领由推举产生，首领的更替则实行“禅让”继承制度，甚至还出现了具有监察和赏罚性质的制度。氏族部落日益向国家形式转变。社会组织形式方面，由于人口增长与社会组织形式不断完善，尤其是经济不断发展，使得人口与资源不断向某一相对固定区域集中并不断趋于稳定，城市便随之出现。目前已经发现了这一时期规模较大的古城遗址，城市的出现即是生产力水平发展到一定程度的标志，同时也推动着整个文明的不断进步。生产生活工具方面，从早期的旧石器时代到新石器时代，以至后来金属器具的出现，都为我们呈现了华夏文明艰难而又光辉的前进历程。金属器具的出现，不仅改善了器具性能，提高了工作效率，还体现了人类审美意识的提高。文字符号方面，虽然在“三皇五帝”时期我国尚未出现系统的文字，但是具有一定文字功能的符号不断涌现，器物上的花纹、雕刻及岩画，不但承载着一定的书写记载与审美功能，还为后世文字的出现奠定了良好基础，它们是华夏文字的先声，其对中华文明进步的意义与影响不言自明。

第二节 “三皇五帝”的主要事迹与功德

一、燧人氏

燧人氏，亦称燧人、燧皇，后自立风姓，位列“三皇”之首，据传为华夏文明人工钻木取火之祖。他还发明了结绳记事之法，并有为万物命名、兴交易之道及创立历法等重要贡献，而其中以钻木取火之说影响最大。

在火发明以前，先民过着茹毛饮血的生活，而火的发明开创了文明新时代。火不但可以用于烹饪食物，还可用于取暖、照明及驱赶野兽。另外，在巫术及祭祀中，火也起到了至关重要的作用。翦伯赞在《中国史纲》中说：“火的发明与应用，对于人类社会的发展，可以说是一个伟大无比的动力，他在人类解放中所演的作用，比之近代的蒸汽机更为重要。”[①]也就是说，火是文明的基本要素，发明与运用火是人类文明史上具有里程碑意义的事件。西方当代著名社会学家约翰·古德斯布洛的《火与文明》一书对人类如何控制火，火在人类社会（包括农业文明与工业文明）发展过程中所起到的作用及不同文明体系中的火等问题进行了深入的探讨，可资参看。

在我国古代传说中，火的发明者是燧人氏，先秦文献中已有记载，如《韩非子·五蠹》载：“上古之世，人民少而禽兽众，人民不胜禽兽虫蛇；……民食果蓏蚌蛤，腥臊恶臭而伤害腹胃，民多疾病；有圣人作，钻燧取火，以化腥臊，而民说之，使王天下，号之曰燧人氏。”可见，燧人氏发明火对于远古人饮食起到了重要作用，改变了茹毛饮血的原始饮食习惯。《礼记·礼运》记载了火发明以前茹毛饮血的生活：“未有火化，食草木之食，鸟兽之肉，饮其血，茹其毛，未有麻丝，衣其羽皮。”据传为东晋王嘉所撰志怪小说集《拾遗记》中还记述了

① 翦伯赞：《中国史纲》（第一卷），商务印书馆2010年版，第35页。

燧人发明火的由来：

申弥国去都万里，有遂明国，不识四时昼夜，其人不死，厌世则升天。国有火树，名燧木，屈盘万顷，云雾出于中间，折枝相钻，则火出矣。后世圣人，变腥臊之味，游日月之外，以食救万物，乃至南垂，目此树表有鸟若鸮，以口啄木，粲然火出，圣人感焉，因取小枝以钻火，号燧人氏。

燧人感于鸟啄火树生火而发明人工钻木取火之法一说，颇具浪漫离奇色彩，虽源自小说不可尽信，但亦可备一说。古代学术史基本沿袭了《韩非子》中的观点，清末学者尚秉和作了更为全面深入的分析：

由今追想未有火之先，凡肉皆生食，其有害于人而夭折者，不知凡几，且不知味。及得熟食，肉之腥臊者忽馨香矣，草木实之淡泊寡味者忽甘腴脆香矣，水之冰者可燠饮，居之寒者可取温矣。至黑夜燔柴以御虎豹，犹后也。当夫登台传教，广播为用之时，万民之感戴庆幸为何如，真惊天动地之伟业矣。既有火则可冶金作刃及他器用。[①]

由此可见，人工取火的发明及随之而来的火在其他领域所产生的效应对文明进步产生了巨大意义。

二、伏羲

伏羲，又称宓羲、庖牺、包牺、牺皇、皇羲、太昊等，神话传说中伏羲为人首蛇身，其母华胥氏无意踩中雷神留下的脚印，受孕而生子。晋皇甫谧《帝王世纪》载："太昊帝庖羲氏，风姓也，母曰华胥。燧人之世，有大人之迹出于雷泽之中，华胥履之，生庖羲于成纪。蛇身人首，有圣德，为百王先。"《拾遗记》的记述更为详细但亦有别：

春皇者，庖羲之别号。所都之国，有华胥之洲。神母游其上，有青虹绕神母，久而方灭，即觉有娠，历十二年而生庖羲。长头修目，龟齿龙唇，眉有白毫，须垂委地。

据说伏羲是一位极为杰出的智者，他善于洞悉天地万物的基本规律，并将其运用到生产生活中，为华夏文明的发展做出了诸多卓越贡献。如始作八卦，《周

① ［清］尚秉和：《历代社会风俗事物考》，母庚才、刘瑞玲点校，中国书店2001年版，第3页。

易·系辞下》载："古者包牺氏之王天下也，仰则观象于天，俯则观法于地；观鸟兽之文与地之宜，近取诸身，远取诸物，于是始作八卦，以通神明之德，以类万物之情"；教人渔猎之法，《周易·系辞下》有伏羲"作结绳而为网罟，以佃以渔"之说，《尸子》也有"伏羲之世，天下多兽，教人以猎"之论；定嫁娶之礼，三国谯周《古史考》载"伏羲制嫁娶，以俪皮为礼"；制定历法，《周髀算经》说"伏羲作历度"；发明乐器，《说文解字》释"瑟"曰"苞牺氏所作弦乐也"，《拾遗记》说："（苞牺氏）丝桑为瑟，均土为埙。"另外，据传伏羲还是中医药学始祖，《帝王世纪》有伏羲尝百草、制九针的记载。

在伏羲众多重大发明发现中，以"始作八卦"对中华文化发展影响最为深远。八卦是我国传统文化中极具象征意义的符号系统，它代表先民对宇宙生成与世界变化规律的基本看法。伏羲八卦也称为先天八卦，其基本顺序是"一乾、二兑、三离、四震、五巽、六坎、七艮、八坤"，分别代表天、泽、火、雷、风、水、山、地八种常见事物。八卦诞生对我国传统社会的各个方面都有影响，《易纬乾凿度》对此总结较为全面：

> 孔子曰："方上古之时，人民无别，群物无殊。未有衣食器用之利。于是伏羲乃仰观象于天，俯观法于地，中观万物之宜，始作八卦，以通神明之德，以类万物之情，故易者所以经天地，理人伦，而明王道。是故八卦以建，五气以立，五常以之行，象法乾坤，顺阴阳，以正君臣、父子、夫妇之义。度时制宜，作罔罟以畋以渔，以赡人用。于是人民乃治，君亲以尊，臣子以顺，群生和洽，各安其性，八卦之用。"

由此可见，大凡日常器用、人伦物理、社会治乱、群生万物及天地运行都深深地打上了八卦的烙印。八卦作为古老东方智慧的结晶，是人类文化史上的不朽瑰宝。

三、黄帝

黄帝，亦称轩辕氏或缙云氏，《史记·五帝本纪》对其生平有简略记载："黄帝者，少典之子，姓公孙，名曰轩辕。生而神灵，弱而能言，幼而徇齐，长而敦敏，成而聪明。"司马贞《史记索隐》解释："有土德之瑞，土色黄，故称黄帝。"作为一位才干突出且具有雄才大略的先圣，黄帝在与蚩尤、炎帝等的斗争中获胜，成为天下之主。他在位时间很长，期间经济进步、社会安定、国势强盛，《韩诗外传》载："黄帝即位，施惠承天，一道修德，惟仁是行，宇内和平。"同时，根据现有资料考察，在"三皇五帝"中，黄帝的发明数量最多，且多具有划时代意义，是中华文明进步的重要标志。黄帝不仅是儒家推崇的圣人，他在道家、阴阳家及医家思想体系中也有至高地位。

历代典籍中记载黄帝的主要功绩甚多，现分门别类总结如下：

（一）制度层面：划定疆域、设置官制、严格律法、鼓励贸易、制定历数及规定婚丧嫁娶制度等。宋代罗泌《路史》载：

（黄帝）乃作玉律，以应候气，荐之宗庙，察治忽以知三军之消息；以正名百物，明民共财，而定氏族。氏定而系之姓，庶姓别于上，而戚殚于下，婚姻不可以通，所以崇伦类，远禽兽也。

黄帝在国家制度及人伦规范方面都施行了有效举措，故《白虎通》说：“黄帝始作制度，得其中和，万世常存。”

（二）日用器物：许多衣物、烹饪、宫室、医药、舟车、弓矢、伞、镜、丝织及各类生产生活工具据传都是黄帝发明的。《汉书》载：“昔在黄帝，作舟车以济不通，旁行天下，方制万里，画野分州，得百里之国万区。”《白虎通》亦有“黄帝作宫室，以避寒暑，此宫室之始也”。

（三）图画与音乐：黄帝不仅擅绘制图画，还作乐器、审音律。《管子》载黄帝作五声以正天时、人位：

黄帝以其缓急作五声，以政五钟。令其五钟：一曰青钟，大音。二曰赤钟，重心。三曰黄钟，洒光。四曰景钟，昧其明。五曰黑钟，隐其常。五声既调，然后作立五行，以正天时，五官以正人位。人与天调，然后天地之美生。

古代典籍所载黄帝发明之物或创立的制度还有很多，此处只是举其大要，但我们依然可以看出他对中华文明进步所做出的巨大贡献。司马迁说黄帝有“治五气，艺五种，抚万民，度四方”之万世功德，柳诒徵在《中国文化史》中称黄帝时代为洪水以前最盛之时：

至黄帝时，诸圣勃兴，而宫室、衣裳、舟车、弓矢、文书、图画、律历、算数始并作焉。故洪水以前，实以黄帝时为最盛之时。后世盛称黄帝，有以也。

黄帝对华夏文明的贡献不仅在于其一系列创制之功及由此奠定了文明的根基，还在于他对中华民族的价值观念与思想信仰所产生的深远影响。

四、炎帝

炎帝，亦称烈山氏、神农氏[①]、赤帝，与黄帝同为少典之子，后与黄帝结盟

① 学界就神农与炎帝是否为一人这一说法有分歧，但是主流看法认为神农即炎帝，本书采用这一通行看法。

形成了华夏族，“炎黄子孙”便由此而来。《帝王世纪》载：

炎帝神农氏，姜姓也。母曰任姒，有乔氏之女，名为女登，为少典妃。游于华阳，有神龙首感女登于尚羊，生炎帝，人身牛首，长于姜水，因以氏焉。有圣德，以火承木，位在南方，主夏，故谓之炎帝。

炎帝曾与黄帝联合打败蚩尤部落，就是历史上著名的“涿鹿之战”。虽然后来在与黄帝争夺天下的斗争中失利，但这并不影响炎帝在当时的地位、威望及对文明进步所做出的贡献。炎帝也是一位贤明帝王，《纲鉴易知录》与《越绝书》分别有如下记载：

炎帝之世，其俗朴重端悫，不岔争而财足，始列廛于国，日中为市，至天下之民，聚天下之货，交易而退，各得其所。

昔者神农之治天下，务利之已矣。不望其报，不贪天下之财，而天下共富之。所以其智能自贵于人，而天下共尊之。

据以上两书所载，神农炎帝是一位与民共富、德高望重的帝王，其统治之地民风淳朴、贸易发达、社会和谐。

炎帝神农为中华文明的进步与繁荣做出了诸多贡献。在日常器用方面，炎帝制作耒耜、栽种五谷，为中华文明由游牧文明转向农业文明奠定了坚实基础。《逸周书》记载：“神农之时，天雨粟，神农耕种之。作陶冶斤斧，破木为耜，鉏耨以垦草莽，然后五谷兴，以助果蓏之实。”创造弓箭，不但可以使畋猎更为高效，还可以防止野兽和外族的侵犯；教民种植桑麻并纺织成布帛，使先民由此摆脱了以树叶兽皮为衣服的历史。贸易方面，炎帝建立“日中为市”的集市交换制度，推动了货物流通与经济发展。音乐艺术方面，炎帝发明了由宫、商、角、徵、羽五弦组成的五弦琴，也称神农琴，桓谭《新论》于之记载颇为详细：

昔神农氏继宓羲而王天下，亦上观法于天，下取法于地，近取诸身，远取诸物，于是始削桐为琴，绳丝为弦，以通神明之德，合天地之和焉。琴长三尺六寸有六分，象期之数。厚寸有八，象三六数。广六寸，象六律。上圆而敛，法天。下方而平，法地。上广下狭，法尊卑之礼。琴隐长四十五分，隐以前长八分。五弦，第一弦为宫，其次商、角、徵、羽。

宫、商、角、徵、羽即后来的音阶。另外，炎帝神农还是医药之祖，其尝百草的传说流传至今，我国最早药学著作《神农本草经》据说与神农有关，虽可能为后人伪托，但亦可看出炎帝在传统医学的地位。

五、尧

尧，姓伊祁，名放勋，帝喾之子，曾为陶唐氏首领，故又称唐尧。尧也是一位贤明君主，《尚书·尧典》载："（尧）允恭克让，光被四表，格于上下。克明俊德，以亲九族。九族既睦，平章百姓。百姓昭明，协和万邦，黎民于变时雍。"可见尧品行高尚，治理天下有方，社会和谐、天下太平。因此，帝尧不仅成为古代君王的典范，还是圣人人格的代表，孔子对他极为崇尚：

子曰："大哉，尧之为君也！巍巍乎！唯天为大，唯尧则之。荡荡乎，民无能名焉。巍巍乎！其有成功也，焕乎其有文章！"（《论语·泰伯》）

孔子认为尧作为君王的功德与天一样博大，而天乃宇宙间最大的存在，由此可见孔子对尧功德的崇敬与颂扬。尧之所以成为后世君王追慕的对象，与其崇高的德行和过人的政治才干有关。第一，尧虽贵为君王却过着廉洁朴素的生活。《尸子》载：

人之言君天下者，琼台九累，而尧白屋；黼衣九种，而尧大布；宫中三市，而尧鹑居；珍馐百种，而尧粝饭菜粥；麒麟青龙，而尧素车玄驹。……故万民富乐而无饥寒之色，百姓戴其君如日月，亲其君如父母。

尧生活朴素且与民同甘共苦而深得人民爱戴。第二，尧立孝慈仁爱，爱护子民，至天下和谐。《淮南子》曰："尧立孝慈仁爱，使民如子弟。西教沃民，东至黑齿，北抚幽都，南道交趾。"第三，为民除害。尧之时洪水泛滥，尧带领天下人除洪水之害。第四，礼贤下士。尧访贤许由的故事成为历史上君王求贤的佳话。第五，实行帝位禅让制。帝位禅让虽非始于尧，却被他发扬光大，他将帝位禅让于舜也是其个人品德与博大胸怀的体现。因此，尧是一位德才兼备的君王，司马迁认为"其仁如天，其知如神。就之如日，望之如云。富而不骄，贵而不舒。黄收纯衣，彤车乘白马。能明驯德，以亲九族。九族既睦，便章百姓。百姓昭明，合和万国"。（《史记》）

尧不但是一位有着非凡品德与才干的君王，他还在很多方面为文明的前进做出了贡献，如制定历法。制定历法也非始于尧，但是据说尧派人制定的历法更为科学，为先民的农业生产及日常生活提供了诸多便利。另外，据传尧还是围棋的发明者，有"尧造围棋，以教丹朱"之说。尧去世后，百姓十分悲伤，如同失去了父母。

六、舜

舜，名重华，又称有虞氏，颛顼七世孙。舜虽贵为帝王之后，但家境贫寒，且家庭成长环境并不理想，史载舜成长于“父顽、母嚚、象傲”的家庭环境中，其父、继母与弟弟都有加害舜的企图。但舜并不记恨他们，而是依旧孝敬父母，爱护其弟，二十四孝有舜“孝感动天”的故事，可见舜具有崇高的德行。舜的高尚品行很快流传于天下，帝尧让下属推荐继承人之时，舜成为举荐的对象，《尚书·尧典》有载：

> 帝曰：“咨！四岳，朕在位七十载，汝能庸命巽朕位？”岳曰：“否德忝帝位。”曰：“明明扬侧陋。”师锡帝曰：“有鳏在下，曰虞舜。”帝曰：“俞，予闻，如何？”岳曰：“瞽子，父顽，母嚚，象傲，克谐以孝，烝烝乂，不格奸。”帝曰：“我其试哉！”女于时，观厥刑于二女。”厘降二女于妫汭，嫔于虞。帝曰：“钦哉！”

经过多方严格的考核，尧禅让帝位于舜。

舜继位以后，励精图治，实行一系列有效措施治理国家，如赏罚分明、选贤与能、修订历法、举行祭祀、巡守天下、治理水患、改革刑罚等，尤其是舜对属下大臣进行重新分工，不但使官吏职责分明、效率提升，还影响了后来的官制。故历代对舜的评价很高，《中庸》有云：“子曰：‘舜其大知也与！舜好问而好察迩言，隐恶而扬善，执其两端，用其中于民。其斯以为舜乎？’”这显然是对舜政治才干的高度颂赞，司马迁也认为“天下明德皆自虞帝始”。

以“三皇五帝”为首的中华始祖是华夏子孙生生不息之源，是中华文明千秋万代之基，炎黄子孙有义务、有责任了解他们的事迹与功德，于此才能真正触及民族的心灵，并增强民族自尊心与自豪感。

经典选读

史记·五帝本纪①

[汉]司马迁

黄帝者，少典之子，姓公孙，名曰轩辕。生而神灵[1]，弱而能言，幼而徇齐[2]，长而敦敏，成而聪明。

① 关于中华始祖传说，古籍记载颇多，如《尚书》《诗经》《大戴礼记》《世本》等书中均有记载，但总体说来，《史记·五帝本纪》不仅包括了以上著作中的大部分内容，而且记载颇为详赡，故本章选此篇。

[1]神灵：小时就能说话，所以称为神异。[2]徇：疾。齐：快速。

轩辕之时，神农氏世衰[1]。诸侯相侵伐，暴虐百姓，而神农氏弗能征。于是轩辕乃习用干戈，以征不享[2]，诸侯咸来宾从。而蚩尤最为暴，莫能伐。炎帝欲侵陵诸侯[3]，诸侯咸归轩辕。轩辕乃修德振兵，治五气[4]，蓺五种[5]，抚万民，度四方，教熊罴貔貅貙虎[6]，以与炎帝战于阪泉之野。三战，然后得其志[7]。蚩尤作乱，不用帝命。于是黄帝乃征师诸侯，与蚩尤战于涿鹿之野，遂禽杀蚩尤[8]。而诸侯咸尊轩辕为天子，代神农氏，是为黄帝。天下有不顺者，黄帝从而征之，平者去之，披山通道[9]，未尝宁居。

[1]世衰：指神农氏后代子孙道德衰薄。[2]不享：不朝贡的诸侯。[3]侵陵：亦作"侵凌"，侵犯欺凌。[4]治：研究。五气：五行之气。[5]蓺(yì)：种植。五种：黍、稷、菽、麦、稻五种谷类。[6]教熊罴（pí）貔（pí）貅（xiū）貙（chū）虎：教士卒习战，以猛兽之名命名，用来威慑敌人。[7]得其志：指黄帝打败炎帝。[8]师：通"帅"。禽：通"擒"。[9] 披山通道：伐木开山，开辟道路，极言艰辛。

东至于海，登丸山，及岱宗。西至于空桐，登鸡头。南至于江，登熊、湘。北逐荤粥[1]，合符釜山[2]，而邑于涿鹿之阿[3]。迁徙往来无常处，以师兵为营卫。官名皆以云命，为云师[4]。置左右大监，监于万国。万国和，而鬼神山川封禅与为多焉[5]。获宝鼎，迎日推筴[6]。举风后、力牧、常先、大鸿以治民。顺天地之纪，幽明之占[7]，死生之说，存亡之难。时播百谷草木，淳化鸟兽虫蛾[8]，旁罗日月星辰水波土石金玉，劳勤心力耳目，节用水火材物。有土德之瑞，故号黄帝。

[1]荤粥（xūn yù）：部族名，唐虞时称荤粥，汉时称匈奴。[2]合符：合诸侯符契圭瑞，即会诸侯之意。[3]邑：建立都邑。阿：广阔的平地。[4]云师：黄帝受命时有云瑞，故以云纪事。[5]封禅：古代帝王祭天地的大典。与：通"许"，推许。[6]筴(cè)：即"策"，占卜用的蓍草。[7]幽：阴。明：阳。占：数。[8]时播：顺四时之所宜而播种。淳化：驯化。

黄帝二十五子，其得姓者十四人。

黄帝居轩辕之丘，而娶于西陵之女，是为嫘祖[1]。嫘祖为黄帝正妃，生二子，其后皆有天下：其一曰玄嚣，是为青阳，青阳降居江水；其二曰昌意，降居若水。昌意娶蜀山氏女，曰昌仆，生高阳，高阳有圣德焉。黄帝崩，葬桥山。其孙昌意之子高阳立，是为帝颛顼也。

帝颛顼高阳者，黄帝之孙而昌意之子也。静渊以有谋[2]，疏通而知事[3]；养材以任地，载时以象天[4]，依鬼神以制义[5]，治气以教化，絜诚以祭祀[6]。北至于幽陵，南至于交阯，西至于流沙，东至于蟠木。动静之物，大小之神，日月所照，莫不砥属。

帝颛顼生子曰穷蝉。颛顼崩，而玄嚣之孙高辛立，是为帝喾。

[1]嫘：音léi。[2]静渊：深沉稳重。[3]疏通：通达有远见。[4]载时以象天：记载时令以观察天象变化。[5]义：尊卑之义。[6]絜（jié）：通“洁”，祭祀前斋戒沐浴以示敬意。

帝喾高辛者，黄帝之曾孙也。高辛父曰蟜极[1]，蟜极父曰玄嚣，玄嚣父曰黄帝。自玄嚣与蟜极皆不得在位，至高辛即帝位。高辛于颛顼为族子[2]。

高辛生而神灵，自言其名。普施利物，不于其身[3]。聪以知远，明以察微。顺天之义，知民之急。仁而威，惠而信，修身而天下服。取地之财而节用之，抚教万民而利诲之[4]，历日月而迎送之，明鬼神而敬事之。其色郁郁[5]，其德嶷嶷[6]。其动也时，其服也士。帝喾溉执中而徧天下[7]，日月所照，风雨所至，莫不从服。

帝喾娶陈锋氏女，生放勋。娶娵訾氏女[8]，生挚。帝喾崩，而挚代立。帝挚立，不善，而弟放勋立，是为帝尧。

[1]蟜：音jiǎo。[2]族子：侄子。[3]不于：不局限于。[4]利诲：因势利导。[5]郁郁：端庄恭敬。[6]嶷嶷（yí）：形容道德高尚。[7]溉（gài）：通“概”，平允。执中：执中正，平等。徧，通“遍”。[8]娵訾：音jū zī。

帝尧者，放勋。其仁如天，其知如神。就之如日，望之如云。富而不骄，贵而不舒[1]。黄收纯衣[2]，彤车乘白马。能明驯德[3]，以亲九族。九族既睦，便章百姓[4]。百姓昭明，合和万国。

[1]舒：思想怠慢。[2]收：冠冕。纯衣：古时士的祭服。[3]驯：同“顺”。[4]便章：辨别彰明。百姓：百官。

乃命羲、和，敬顺昊天[1]，数法日月星辰[2]，敬授民时。分命羲仲，居郁夷，曰旸谷[3]。敬道日出，便程东作[4]。日中，星鸟，以殷中春[5]。其民析，鸟兽字微[6]。申命羲叔，居南交[7]。便程南为，敬致[8]。日永[9]，星火，以正中夏。其民因[10]，鸟兽希革。申命和仲，居西土，曰昧谷[11]。敬道日入，便程西成[12]。夜中[13]，星虚，以正中秋。其民夷易，鸟兽毛毨[14]。申命和叔，居北方，曰幽都。便在伏物[15]。

日短[16]，星昴，以正中冬。其民燠，鸟兽氄毛[17]。岁三百六十六日，以闰月正四时。信饬百官，众功皆兴。

[1]昊天：上天。[2]数法：历数之法。[3]旸（yáng）谷：传说中日出之地。[4]便程：有秩序地安排。东作：春天的农事。[5]日中：即春分。殷：正。中春：即仲春。[6]析：分工。字：怀孕。微：通"尾"，动物交配繁殖。[7]申：再。[8]南为：夏天的农事。敬：敬行其教化。致：致其功。[9]日永：即夏至。[10]因：继续农事活动。[11]昧谷：传说中日落之地。[12]西成：秋天的农事。[13]夜中：即秋分。[14]毛毨（xiǎn）：秋天鸟兽毛盛。[15]便在伏物：注意安排好冬天积蓄储藏之事。[16]日短：即冬至。[17]燠：音yù，温暖。氄（rǒng）毛：细软之毛。

尧曰："谁可顺此事[1]？"放齐曰："嗣子丹朱开明[2]。"尧曰："吁！顽凶[3]，不用。"尧又曰："谁可者？"讙兜曰："共工旁聚布功[4]，可用。"尧曰："共工善言，其用僻[5]，似恭漫天[6]，不可。"尧又曰："嗟，四岳，汤汤洪水滔天[7]，浩浩怀山襄陵[8]，下民其忧，有能使治者？"皆曰鲧可[9]。尧曰："鲧负命毁族[10]，不可。"岳曰："异哉，试不可用而已[11]。"尧于是听岳用鲧。九岁，功用不成。

[1]顺：承担继承。[2]开明：通达聪明。[3]凶：通"讼"，好争讼。[4]讙兜（huān dōu）：人名。旁聚：广泛地聚集民众。[5]用僻：用意邪僻。[6]似恭漫天：貌似恭敬，却罪恶漫天。[7]汤汤（shāng shāng）：水势浩荡、水流很急的样子。[8]怀：包裹。襄：上。陵：高地。[9]鲧（gǔn）：传说中治水的人物，禹的父亲。[10]负：违背。毁族：毁败善类。[11]已：退。

尧曰："嗟！四岳：朕在位七十载，汝能庸命，践朕位[1]？"岳应曰："鄙德忝帝位[2]。"尧曰："悉举贵戚及疏远隐匿者。"众皆言于尧曰："有矜在民间[3]，曰虞舜。"尧曰："然，朕闻之。其何如？"岳曰："盲者子。父顽，母嚚[4]，弟傲，能和以孝，烝烝治[5]，不至奸。"尧曰："吾其试哉。"于是尧妻之二女，观其德于二女。舜饬下二女于妫汭[6]，如妇礼。尧善之，乃使舜慎和五典[7]，五典能从。乃徧入百官[8]，百官时序[9]。宾于四门，四门穆穆[10]，诸侯远方宾客皆敬。尧使舜入山林川泽，暴风雷雨，舜行不迷。尧以为圣，召舜曰："女谋事至而言可绩[11]，三年矣。女登帝位。"舜让于德不怿[12]。正月上日[13]，舜受终于文祖[14]。文祖者，尧大祖也。

[1]庸命：顺应天命。践：特指皇帝登临帝位。[2]忝（tiǎn）：辱，有愧于。[3]矜：同"鳏"，无妻之人。[4]嚚（yín）：愚蠢而顽固。[5]烝烝治：进之于善。[6]妫汭：

音guī ruì。妫，水名，发源于山西，汇入黄河。汭，水边。这是舜的居所，在今山西永济。[7]慎和：指定。五典：指“父义、母慈、兄友、弟恭、子孝”五种伦理道德的教化。[8]徧入：总领。[9]时序：井井有条。[10]穆穆：端庄恭敬。[11]谋事至：做事取得成功。言可绩：语言值得赞赏。[12]怿：同“怡”。[13]上日：朔日，即初一。[14]受：通“授”。

于是帝尧老，命舜摄行天子之政[1]，以观天命。舜乃在璿玑玉衡[2]，以齐七政[3]。遂类于上帝[4]，禋于六宗[5]，望于山川[6]，辩于群神[7]。揖五瑞[8]，择吉月日，见四岳诸牧[9]，班瑞[10]。岁二月，东巡狩，至于岱宗，柴[11]，望秩于山川。遂见东方君长，合时月正日[12]，同律度量衡[13]，修五礼五玉三帛二生一死为挚[14]，如五器，卒乃复[15]。五月，南巡狩；八月，西巡狩；十一月，北巡狩：皆如初。归，至于祖祢庙，用特牛礼。五岁一巡狩，群后四朝[16]。遍告以言，明试以功[17]，车服以庸。肇十有二州，决川[18]。象以典刑[19]，流宥五刑[20]，鞭作官刑，扑作教刑，金作赎刑。眚灾过[21]，赦；怙终贼[22]，刑。钦哉，钦哉，惟刑之静哉[23]！

[1]摄：代理。[2]璿玑玉衡：古代观测天象的仪器。[3]齐七政：观察日月星辰来校正历法。齐：规整。[4]类：祭祀时，以事类告上帝。[5]禋(yīn)：祭祀。[6]望于山川：遥望而祭山川。[7]辩：通“遍”。[8]揖：收。五瑞：古代作符信用的五种玉。[9]牧：官名。[10]班：颁赐。[11]柴（chái）：烧柴祭天。[12]合：统一。时：四时节气。月：月之大小。正：统一。[13]律：音律。度：丈尺。量：斗斛。衡：斤两。[14]五礼：吉、凶、宾、军、嘉五种礼制。五玉：即公、侯、伯、子、男五爵持有的五瑞。挚：同“执”。[15]五器：即五瑞。复：退还。[16]后：君主，此指诸侯。四朝：四方诸侯朝拜于京师。[17]明试以功：以功绩作为考核诸侯的标准。[18]决川：治理水灾。[19]象：法。典刑：常用的刑罚。[20]流：流放。宥：宽。五刑：墨、劓（yì）、剕（fèi）、宫、大辟。[21]眚（shěng）：过错。[22]怙：依靠。怙终贼：即仗恃自身奸邪终身作恶者。[23]钦：敬重。惟刑之静：希望减少用刑。

讙兜进言共工，尧曰不可，而试之工师，共工果淫辟[1]。四岳举鲧治鸿水，尧以为不可，岳彊请试之[2]，试之而无功，故百姓不便。三苗在江淮、荆州数为乱。于是舜归而言于帝，请流共工于幽陵，以变北狄；放讙兜于崇山，以变南蛮；迁三苗于三危，以变西戎；殛鲧于羽山[3]，以变东夷。四罪而天下咸服[4]。

[1]淫辟：邪恶不正。[2]彊：同“强”，反复。[3]殛（jí）：流放，一说为诛。[4]四罪：按罪处罚上文四个凶徒。

尧立七十年得舜，二十年而老，令舜摄行天子之政，荐之于天。尧辟位凡二十八年而崩[1]。百姓悲哀，如丧父母。三年，四方莫举乐，以思尧。尧知子丹朱之不肖，不足授天下，于是乃权授舜[2]。授舜，则天下得其利而丹朱病[3]；授丹朱，则天下病而丹朱得其利。尧曰："终不以天下之病而利一人"，而卒授舜以天下。尧崩，三年之丧毕，舜让辟丹朱于南河之南。诸侯朝觐者不之丹朱而之舜，狱讼者不之丹朱而之舜，讴歌者不讴歌丹朱而讴歌舜。舜曰"天也"，夫而后之中国践天子位焉[4]，是为帝舜。

[1]辟：通"避"。辟位：让出政权。[2]权：权宜，权变。[3]病：利益受损。[4]践：登临。

虞舜者，名曰重华。重华父曰瞽叟[1]，瞽叟父曰桥牛，桥牛父曰句望[2]，句望父曰敬康，敬康父曰穷蝉，穷蝉父曰帝颛顼，颛顼父曰昌意：以至舜七世矣。自从穷蝉以至帝舜，皆微为庶人。

舜父瞽叟盲，而舜母死，瞽叟更娶妻而生象，象傲。瞽叟爱后妻子，常欲杀舜，舜避逃；及有小过，则受罪。顺事父及后母与弟[3]，日以笃谨[4]，匪有解[5]。

[1]瞽（gǔ）：盲人。[2]句：音gōu。[3]顺事：恭敬顺从地侍奉。[4]笃谨：诚实恭敬。[5]解：通"懈"。

舜，冀州之人也。舜耕历山，渔雷泽，陶河滨[1]，作什器于寿丘[2]，就时于负夏[3]。舜父瞽叟顽，母嚚，弟象傲，皆欲杀舜。舜顺适不失子道，兄弟孝慈。欲杀，不可得；即求，尝在侧[4]。

[1]陶：做陶器。[2]什器：即什物，普通的生活用品。[3]就时：把握时机，指乘时进行一些适应节气的劳作。[4]尝：通"常"，经常。

舜年二十以孝闻。三十而帝尧问可用者[1]，四岳咸荐虞舜，曰可。于是尧乃以二女妻舜以观其内，使九男与处以观其外。舜居妫汭，内行弥谨[2]。尧二女不敢以贵骄事舜亲戚[3]，甚有妇道。尧九男皆益笃。舜耕历山，历山之人皆让畔[4]；渔雷泽，雷泽上人皆让居[5]；陶河滨，河滨器皆不苦窳[6]。一年而所居成聚[7]，二年成邑，三年成都[8]。尧乃赐舜絺衣[9]，与琴，为筑仓廪，予牛羊。瞽叟尚复欲杀之，使舜上涂廪，瞽叟从下纵火焚廪。舜乃以两笠自捍而下[10]，去，得不死。后瞽叟又使舜穿井，舜穿井为匿空旁出[11]。舜既入深，瞽叟与象共下土实井[12]，舜从匿空出，去。瞽叟、象喜，以舜为已死。象曰："本谋者象。" 象与其父母分，于是曰："舜妻尧二女，与琴，象取之。牛羊仓廪予父母。" 象乃止舜宫居[13]，鼓其琴。舜往见之。象鄂不怿[14]，曰："我思舜正郁陶！" 舜曰："然，尔其庶矣！" 舜复事瞽叟爱弟弥谨。于是尧乃试舜五典百官，皆治。

[1] 可用：可为天子。[2] 内行：平日家居的操守。弥谨：更加有德。[3] 事：对待。[4] 畔：田地的界限。[5] 上人：上游的人。让居：礼让居住地。[6] 苦窳（yǔ）：粗糙劣质。[7] 聚：村落。[8] 都：都市。[9] 絺（chī）衣：细葛布织成的衣服。[10] 捍：防御保护。[11] 空：通"孔"，小洞。[12] 实：填。[13] 止：居住。[14] 鄂：通"愕"，惊愕。

昔高阳氏有才子八人，世得其利，谓之"八恺"[1]。高辛氏有才子八人，世谓之"八元"[2]。此十六族者，世济其美，不陨其名[3]。至于尧，尧未能举。舜举八恺，使主后土，以揆百事[4]，莫不时序。举八元，使布五教于四方，父义，母慈，兄友，弟恭，子孝，内平外成[5]。

[1] 恺（kǎi）：和乐。[2] 元：善。[3] 济：成就。陨：殒败。[4] 揆（kuí）：管理。[5] 成：化成，教化。

昔帝鸿氏有不才子，掩义隐贼[1]，好行凶慝[2]，天下谓之浑沌[3]。少皞氏有不才子，毁信恶忠，崇饰恶言[4]，天下谓之穷奇[5]。颛顼氏有不才子，不可教训，不知话言，天下谓之梼杌[6]。此三族世忧之。至于尧，尧未能去。缙云氏有不才子，贪于饮食，冒于货贿[7]，天下谓之饕餮[8]。天下恶之，比之三凶。舜宾于四门，乃流四凶族，迁于四裔，以御螭魅，于是四门辟[9]，言毋凶人也。

[1] 隐：包庇。贼：贼害。[2] 慝（tè）：凶恶。[3] 浑沌：即讙兜。[4] 崇饰：粉饰。[5] 穷奇：即共工。[6] 梼杌（táo wù）：即鲧。[7] 冒：贪求。[8] 饕餮（tāo tiè）：一说为三苗。[9] 辟：开。

舜入于大麓，烈风雷雨不迷，尧乃知舜之足授天下。尧老，使舜摄行天子政，巡狩。舜得举用事二十年，而尧使摄政。摄政八年而尧崩。三年丧毕，让丹朱，天下归舜。而禹、皋陶、契、后稷、伯夷、夔、龙、倕、益、彭祖自尧时而皆举用，未有分职。于是舜乃至于文祖，谋于四岳，辟四门，明通四方耳目，命十二牧论帝德，行厚德，远佞人，则蛮夷率服。舜谓四岳曰："有能奋庸美尧之事者[1]，使居官相事？" 皆曰："伯禹为司空，可美帝功。" 舜曰："嗟，然！禹，汝平水土，维是勉哉。”禹拜稽首，让于稷、契与皋陶。舜曰：“然，往矣。”舜曰：“弃，黎民始饥，汝后稷播时百谷[2]。”舜曰：“契，百姓不亲，五品不驯[3]，汝为司徒，而敬敷五教[4]，在宽[5]。”舜曰：“皋陶，蛮夷猾夏[6]，寇贼奸轨[7]，汝作士，五刑有服，五服三就；五流有度，五度三居[8]：维明能信[9]。”舜曰：“谁能驯予工？”皆曰垂可。于是以垂为共工[10]。舜曰：“谁能驯予上下草木鸟兽[11]？”皆曰益可。于是以益为朕虞。益拜稽首，让于诸臣朱虎、熊罴。舜曰：“往矣，汝谐[12]。”遂以朱虎、熊罴为佐。舜曰：“嗟！四岳，有能典朕三礼[13]？”皆曰伯夷可。舜曰：“嗟！伯夷，以汝为秩宗，夙夜维敬，直哉维静絜。”伯夷让夔、龙。舜曰：“然。以夔为典乐[14]，教稚子，直而温，宽而栗，刚而毋虐，简而毋傲；诗言意，歌长言，声依永，律和声，八音能谐，毋相夺伦，神人以和。”夔曰：“于！予击石拊石[15]，百兽率舞。”舜曰：“龙，朕畏忌谗说殄伪[16]，振惊朕众，命汝为纳言，夙夜出入朕命，惟信。”舜曰：“嗟！女二十有二人，敬哉，惟时相天事[17]。”三岁一考功，三考绌陟[18]，远近众功咸兴。分北三苗[19]。

[1]奋庸：努力建立功业。庸，通“用”。美：发扬光大。[2]播时：顺应时节播种。[3]驯：和顺。[4]敷：布施教化。[5]在宽：注意宽和，不急躁。[6]猾：侵乱。[7]奸轨：违法作乱之事。[8]度（duó）：衡量依据，等级。[9]维明能信：只有明确罪刑才能使民众信服。[10]共工：官职名。[11]上下：原隰，平原和低洼的地方。[12]谐：合适。[13]典：主持，主管。三礼：古祭天、地、宗庙的礼仪。[14]典乐：官名。[15]拊（fǔ）：击打。[16]殄（tiǎn）：灭绝。伪：虚伪奸邪之人。[17]时相天事：按照时令的变化施行政令。[18]绌陟（chù zhì）：罢黜与升迁。[19]分北：使分崩离析。

此二十二人咸成厥功：皋陶为大理[1]，平[2]，民各伏得其实[3]；伯夷主礼，上下咸让；垂主工师，百工致功[4]；益主虞，山泽辟[5]；弃主稷，百谷时茂；契主司徒，百姓亲和；龙主宾客[6]，远人至；十二牧行而九州莫敢辟违；唯禹之功为大，披九山，通九泽，决九河[7]，定九州，各以其职来贡，不失厥宜。方五千里[8]，至于荒服。南抚交阯、北发，西戎、析枝、渠廋、氐、羌，北山戎、发、息慎，东长、鸟夷，四海之内咸戴帝舜之功。于是禹乃兴九招之乐[9]，致异物，凤皇来翔。天下明德皆自虞帝始。

[1]大理：掌刑法的官。[2]平：断狱公平。[3]伏：拜伏，信服。[4]致功：获得成功。[5]辟：开发。[6]宾客：主管外交的官职名。[7]决：疏通。[8]方：治理。[9]兴：制定。

舜年二十以孝闻，年三十尧举之，年五十摄行天子事，年五十八尧崩，年六十一代尧践帝位。践帝位三十九年，南巡狩，崩于苍梧之野。葬于江南九疑，是为零陵。舜之践帝位，载天子旗，往朝父瞽叟，夔夔唯谨[1]，如子道。封弟象为诸侯。舜子商均亦不肖，舜乃豫荐禹于天[2]。十七年而崩。三年丧毕，禹亦乃让舜子，如舜让尧子。诸侯归之[3]，然后禹践天子位。尧子丹朱，舜子商均，皆有疆土，以奉先祀。服其服，礼乐如之。以客见天子，天子弗臣，示不敢专也[4]。

自黄帝至舜、禹，皆同姓而异其国号，以章明德[5]。故黄帝为有熊，帝颛顼为高阳，帝喾为高辛，帝尧为陶唐，帝舜为有虞。帝禹为夏后而别氏，姓姒氏。契为商，姓子氏。弃为周，姓姬氏。

[1]夔夔：和敬貌。[2]豫：通“预”，预先。[3]归：归附。[4]专：独自占有帝位。[5]章：通“彰”。

太史公曰：学者多称五帝，尚矣[1]。然《尚书》独载尧以来；而百家言黄帝，其文不雅驯[2]，荐绅先生难言之[3]。孔子所传《宰予问五帝德》及《帝系姓》，儒者或不传。余尝西至空桐，北过涿鹿，东渐于海[4]，南浮江淮矣，至长老皆各往往称黄帝、尧、舜之处，风教固殊焉，总之不离古文者近是。予观《春秋》《国语》，其发明《五帝德》《帝系姓》章矣[5]，顾弟弗深考[6]，其所表见皆不虚。书缺有间矣，其轶乃时时见于他说。非好学深思，心知其意，固难为浅见寡闻道也。余并论次，择其言尤雅者，故着为本纪书首。

[1]尚：久远。[2]雅驯：典雅之训。驯，同“训”。[3]荐绅：即缙绅。指士大夫。[4]渐：接近。[5]发明：阐明。章：通“彰”，显著。[6]顾：念及。弟：况且。

（[汉]司马迁著：《史记》，中华书局1959年版）

参考书目

1. 徐旭生：《中国古史的传说时代》，广西师范大学出版社2003年版。
2. 范文澜：《中国通史》，人民出版社2009年版。
3. 柳诒徵：《中国文化史》，上海古籍出版社2001年版。
4. 李学勤：《〈史记·五帝本纪〉讲稿》，生活·读书·新知三联书店2012年版。

思考题

1. 据你所知，古代典籍里记载的中华始祖有哪些？各自有什么样的功绩？
2. 认知民族始祖有什么样的意义？
3. “五帝时代”对华夏文明的进步意义何在？
4. 如何从远古始祖传说中认识我国自古就是一个多民族统一国家？

第二章　风骚双璧

中国文学史上，诗歌是最为源远流长的文学形式，而这一文学形式的两大源头便是《诗经》和《楚辞》。它们是我国古代诗歌的最高典范，不仅为中国传统文化提供了现实主义与浪漫主义的样板，同时也对中国南北民族精神和民族文化心理素质的形成和发展产生深刻影响。

《诗经》有十五国风,《楚辞》则以屈原的《离骚》为代表,鉴于《诗经》与《楚辞》巨大的文学成就,人们称之为文学史上的“风骚双璧”。

第一节　《诗经》

一、《诗经》概貌

《诗经》是我国第一部诗歌总集，产生于西周初年至春秋中叶。在成为儒家经典以前，通称为“诗三百”或者“诗”，到了汉代，由于崇奉儒家思想，就称其为《诗经》。

现存《诗经》305篇[①]，分为《风》《雅》《颂》三部分。《风》包括《周南》《召南》《鄘风》《邶风》《王风》《卫风》《郑风》《魏风》《齐风》《唐风》《秦风》《陈风》《曹风》《桧风》《豳风》，共15种，160篇;《雅》包括《大雅》31篇,《小雅》74篇;《颂》包括《周颂》31篇,《商颂》5篇,《鲁颂》4篇。“风”是周王朝统治地区带有地方色彩的音乐歌谣，大多产生于山西到山东的黄河流域一带。“雅”与各个地方的土乐不一样，是属于宫廷王室贵族的乐章,《毛诗序》说:“雅者，正也。

① 就《诗经》篇目而言有311篇，另有6篇笙诗，有目无辞。

言王政所由废兴也。”梁启超在《释四诗名义》中做了较为精辟的阐述：

依我看，大、小《雅》所含的音乐，当时谓之正声，故名曰雅。……然则正声为什么叫做雅呢？“雅”与“夏”古相通……荀氏《申鉴》、左氏《三都赋》皆云：“音有楚夏”。说的是音有楚音夏音之别，然则，《风》《雅》之“雅”，其本字当做“夏”，无疑。《说文》：“夏”，中国之人也。雅音即夏音，犹言“中原正声”云耳。

因此大小《雅》之分，是针对其音乐特点和应用场合的区别而言。“颂”在《毛诗序》中的解释是：“颂者，美盛德之形容，以其成功告于神明者也。”《文心雕龙》也持这种看法：“四始之至，颂居其极，颂者，所以美盛德而述形容也。”朱熹则直接说明了《颂》的本质属性和特征：“颂者，宗庙之乐歌。”（《诗集传》）

《诗经》中的作品，最初主要用于典礼、讽谏和娱乐，是周代礼乐文化的重要组成部分，也是实行教化的重要工具。汉武帝罢黜百家，独尊儒术，《诗经》更被儒家奉为经典。孔子说：“小子何莫学夫诗？诗可以兴，可以观，可以群，可以怨。迩之事父，远之事君，多识于鸟兽草木之名。”

《诗经》不但是儒家学习的教科书，也是乐工的唱本，以及诸侯士大夫的外交辞令手册。在春秋时代，《墨子》就曾记载：“诵诗三百，歌诗三百，弦诗三百，舞诗三百。”刘勰在《文心雕龙》中这样记载：“自王泽殄竭，风人辍采，春秋观志，讽诵旧章，酬酢以为宾荣，吐纳而成身文。”孔子曾教育儿子孔鲤：“不学诗，无以言。”他认为《诗》是一部“无邪”的教科书。《诗经》的教化作用与实用功能不言而喻，其语言艺术成就也具有强大生命力，在文学史上，影响极为深远。

秦灭以后，《诗经》以其口耳相传、易于记诵的特点得以保存，在汉代流传甚广，出现了今文的鲁、齐、韩三家诗。鲁诗出自鲁人申培，齐诗出自齐人辕固，韩诗出自燕人韩婴，三家诗在西汉被立为博士，成为官学，兴盛一时。鲁人毛亨和赵人毛苌的古文“毛诗”较三家诗晚出，在西汉虽未被立为学官，但在民间广泛传授，并最终压倒了三家诗，盛行于世。后来三家诗先后亡佚，今本《诗经》，即为古文“毛诗”。

二、《诗经》内容及艺术特色

按照以上对《诗经》的分类，《风》《雅》《颂》分别具有民间、宫廷、宗庙音乐的特点，其内容丰富多样，不仅反映了当时社会现象诸多方面，也透露出当时的社会本质。从现存305篇诗歌中，我们能够探索与把握当时的社会风貌。

1. 关于农事劳动

我国农业有悠久的历史。在《诗经》所反映的时代，农业生产已占有重要地位，

《诗经》里关于农事劳动的作品有十多篇。

以《豳风·七月》为例,全诗对农夫一年四季的农业生产和生活细节进行了叙述。同时，诗中对农夫繁重艰苦的劳动、饥寒交迫的生活与统治阶级不劳而获、坐享其成的生活进行了鲜明对比，以此突出了奴隶社会生产关系和阶级关系的矛盾。

写农事的诗篇多在《小雅》和《周颂》中,或祭祀于上帝、四方之神祈求丰收,或详细描写周人农业生产的方式、规模以及丰收景象。以描写盛大生产规模的《周颂·噫嘻》为例，诗篇里描写了奴隶主率领上万农奴在方圆三十里的土地上进行农业劳作，反映了当时的农业生产状况，具有很高的史料价值。

除此之外,《诗经》中描写妇女劳动情况的诗篇《周南·芣苢》也别具风格,诗歌生动描写了成群的妇女在野外采摘芣苢的情状，反映了她们在劳动中愉悦欢喜之情。诗篇节奏循环往复，人物形象栩栩如生，其劳动过程犹在眼前。

2. 关于婚姻与恋爱

反映婚姻与恋爱题材的诗在风诗中占很大比重，这些诗歌大多是感情真挚的表白,或写单相思的苦闷,或写新婚的欢乐,或写邂逅密约与幽期定情的幸福,都反映出健康质朴与明快真诚的情感。

《周南·关雎》描述了一位男子在河边见到一位采集荇菜的女子，女子的淑女气质与美貌让这位男子心生爱慕之意，梦寐以求，辗转反侧，期望能够和这位女子获得“钟鼓乐之”的幸福甜蜜生活。《陈风·月出》一诗抒发了诗人相思的劳苦：

> 月出皎兮，佼人僚兮，舒窈纠兮。劳心悄兮。月出皓兮，佼人懰兮，舒懮受兮。劳心慅兮。月出照兮，佼人燎兮，舒夭绍兮。劳心惨兮。

美人窈窕姣好的姿态在皎洁的月光下若隐若无，让诗人的感情亦起伏不定，难以自已，让人心碎，全诗耐人寻味，别有一番境界。然而在礼教制度约束之下，很多男女的婚姻生活也受到了限制,《郑风·将仲子》就为我们刻画了一个失意女子的生动形象，表达了她争取自由幸福的婚姻生活时所怀有的曲折心理。

《诗经》中反映结婚和夫妻家庭生活的诗，虽不如情诗丰富，但也很有特色，如《周南·桃夭》：

> 桃之夭夭，灼灼其华。之子于归，宜其家室。

全诗唱出了女子在出嫁时对美好婚姻生活的憧憬与向往，果实累累、枝繁叶茂的桃树不正是幸福美满生活的恰当比喻吗？然而不是所有的婚姻都是幸福完美的，表现婚姻不幸的哀歌，在《诗经》中也为数不少。《卫风·氓》以一个普通妇女的口吻叙述自己从恋爱、结婚到被弃的过程。《邶风·谷风》同样抒发了弃妇的愤懑不平，充满了对负心人的控诉和责难，是《诗经》弃妇诗的代表作。

3. 关于政治讽喻

《诗经》中有很多政治讽刺诗，反映了当时的社会现实状况和阶级生活。《魏风·伐檀》是伐木者之歌，强烈地讽刺了统治阶级对劳动人民的残酷剥削与压迫，责问统治者的不劳而获：

坎坎伐檀兮，寘之河之干兮，河水清且涟猗。不稼不穑，胡取禾三百廛兮？不狩不猎，胡瞻尔庭有县貆兮？彼君子兮，不素餐兮！

《魏风·葛屦》是缝衣奴隶之歌，刻画了缝衣者饥寒交迫的生活状况，表达了对不缝衣却坐享其成的贵族阶级的不满和怨愤。《魏风·硕鼠》揭露了统治阶级剥削无厌、贪婪成性的本质，反映了人民希望能到没有横行霸道的乐土去生活的理想。这些诗都从不同方面表达了劳动人民反抗压迫和剥削的信念。

还有一类政治讽喻诗，其作者多为贵族，作品散见于《大雅》《小雅》，如大雅中的《民劳》《板》《荡》《桑柔》，小雅中的《节南山》《正月》《十月之交》《雨无正》，等等，反映了厉王、幽王时赋税苛重，政治黑暗腐朽，社会弊端丛生，民不聊生的现实。《大雅》中的作者身份往往较高，如《桑柔》是厉王时大夫芮良夫所作，作者在对执政大臣的讽刺中，深怀对社会现实和周王朝命运的忧虑，以诗向周天子进言，期冀起到规谏箴戒的作用。《小雅》中怨刺诗的作者身份没有《大雅》中的作者高，在社会中多处于较低甚至是受压抑的地位。因此，《小雅》中的怨刺诗，不仅指斥政治的黑暗，悲悼周王朝国运已尽，忧国哀民，而且作者时常感叹自身遭遇。《十月之交》是周幽王时的一个朝廷小官，因不满当政者在其位不谋其政，不管社稷安危，只顾中饱私囊的行为而作的一首政治怨刺诗，在讽刺贵族统治阶级扰乱朝政的同时也慨叹自己无辜遭受迫害、谗毁，处于孤立无援的境地。

4. 关于战事徭役

在《诗经》中，不乏写战争徭役的歌谣，且有着丰富复杂的内容和情感取向。有的正面描写了天子诸侯的武功，表现了强烈的自豪感，充满乐观精神，如《秦风·无衣》写的是士兵在战争中同仇敌忾、勇往直前的大无畏精神。有的表达战士们的思乡情绪，如《小雅·采薇》将战士们既想为国家抛头颅洒热血、又想念自己家园的复杂矛盾心绪表现得淋漓尽致。有的则反映了人民强烈的反战情绪以及战争给人民带来的灾难和不幸，如《魏风·陟岵》写征夫思念家中亲人，全诗不是直接抒发对家乡的思念，而是想象兄长父母如何思念征夫，读来令人悲凉。

陟彼岵兮，瞻望父兮。父曰：“嗟！予子行役，夙夜无已。上慎旃哉，犹来无止！”陟彼屺兮，瞻望母兮。母曰：“嗟！予季行役，夙夜无寐。上慎旃哉，犹来无弃！”陟彼冈兮，瞻望兄兮。兄曰：“嗟！予弟行役，夙夜必偕。上慎旃哉，犹来无死！”

除此之外还有一些以战争、徭役为背景，写夫妻离散的思妇哀歌。如《卫风·伯兮》描写的即是一位妇女由于思念远戍丈夫而痛苦不堪的心情：“自伯之东，首如飞蓬。岂无膏沐，谁适为容？”

5. 关于民族史诗

《诗经·大雅》中的《生民》《公刘》《绵》《皇矣》《大明》等诗堪称周民族史诗，作品反映了周民族创业历史及其英雄智慧。《生民》讲述了周民祖先后稷从怀孕降生到屡次被抛弃，最终仍能顺利成长。其顽强的性格、独立的生活能力、超凡的农业生产技能，使其最终成为周民族以农立业的第一个英雄人物：

诞寘之隘巷，牛羊腓字之。诞寘之平林，会伐平林。诞寘之寒冰，鸟覆翼之。鸟乃去矣，后稷呱矣。实覃实訏，厥声载路。诞实匍匐，克岐克嶷，以就口食。蓺之荏菽，荏菽旆旆，禾役穟穟。麻麦幪幪，瓜瓞唪唪。

《公刘》生动地记录了公刘带领周民迁徙的全过程，叙述了公刘“干戈戚扬”“于京斯依”的历史性迁徙的动人情节，塑造了一个努力提高生产，改善人民生活的开拓型领袖形象：

笃公刘，匪居匪康。乃埸乃疆，乃积乃仓。乃裹糇粮，乃橐于囊。思辑用光，弓矢斯张。干戈戚扬，爰方启行。

《绵》歌颂了周民的祖先古公亶父由豳迁至岐，建立自己的家园，以及文王任用贤能，促使周民族日渐强大，生动地描写了周原的肥沃富饶，人民的勤劳勇敢。诗中对劳动场面的描述尤为生动，为我们了解古代先民的生活情况提供了不可多得的史料。

《诗经》内容极其丰富，艺术上也有很高的造诣。《诗经》对后世影响最大的是赋、比、兴三种表现手法。朱熹在《诗集传》中解释：“赋者，敷陈其事而直言之也”，“比者，以彼物比此物也”，“兴者，先言他物以引起所咏之词也”。如《七月》叙述农夫在一年十二个月中的生活，就是用赋法。比的运用也很广泛，如《魏风·硕鼠》整首都以拟物手法表达感情，《卫风·硕人》中则部分运用比的手法，用各类物品描摹比喻美人的神态。兴的运用情况比较复杂，有的只是在开头起调节韵律、唤起情绪的作用，与下文在内容上的联系并不明显，如《小雅·鸳鸯》。但《诗经》中更多的兴句，与下文有着委婉隐约的内在联系，或烘托渲染环境气氛，或比附象征中心题旨，构成诗歌艺术境界不可或缺的部分，如《周南·关雎》。钟嵘《诗品序》对《诗经》语言艺术亦做了精辟概括："文已尽而兴有余，兴也；因物喻志，比也；直书其事，寓言写物，赋也。宏斯三义，酌而用之，干之以风力，润之以丹彩，使味之者无极，闻之者动心，是诗之至也。"赋、比、兴的运用，既是《诗经》艺术特征的重要标志，也开启了我国古代诗歌创作的基本手法。

《诗经》用语灵活，语言形式多样，善于运用叠字、叠韵、双声，使其形象美与韵律美达到了完美统一。刘勰在《文心雕龙·物色》篇里说：

是以诗人感物，联类不穷。流连万象之际，沉吟视听之区；写气图貌，既随物以宛转；属采附声，亦与心而徘徊。……皎日嘒星，一言穷理；参差沃若，两字穷形。并以少总多，情貌无遗矣。虽复思将千载，将何易夺。

在《诗经》中，修辞手法也是丰富多样的，有借代、夸张、骈偶、排比、设问、回文、双关等。

第二节　楚　　辞

一、楚辞与楚文化

继北方古朴苍茫，反映现实的集体歌唱之后，南方楚地瑰丽雄肆的弦歌郁然而起，这正是战国后期南方楚国发展起来的一种新诗体——楚辞。

楚辞本义是指楚地歌辞，西汉以后专指以楚国屈原创作为代表的新诗体的统称。楚辞是中国古代诗歌在战国后期翻开的又一个新的辉煌篇章，与《诗经》一道在中国文学史上双峰对峙，相映争辉。

一种新的文学艺术的产生与发展必然是当时整个时代与文化背景的反映。19世纪法国思想家、文学评论家丹纳在《艺术哲学》中就阐明这样一个道理：

要了解一件艺术作品，一个艺术家，一群艺术家都必须正确地设想他们所属的时代精神和风格概貌。这是艺术品质的最后解释，也是决定一切的基本原因。[1]

傅雷也谈到："夫一国艺术之产生，必时代、环境、传统演化，迫之产生，犹一国动植物之生长，必土质、气候、温度、雨量，使其生长。"[2]楚辞正是在南方特殊文化土壤里滋养出的一朵绚丽奇葩。

楚辞是一种具有强烈地域色彩和民族性的诗歌，楚文化以及楚国艺术动荡热烈的情感和强烈的个体意识等特点也反映在楚辞中。黄伯思《东观余论·离骚序》言："屈原诸骚皆书楚语、作楚声、纪楚地、名楚物，故可谓之楚辞。"形成楚辞的直接因素是楚地歌谣，我们可以从《楚辞》等书中看到很多楚地乐曲，比如《九歌》《九辩》《涉江》等。《孟子》中所记录的《孺子歌》，据说就是当时孔子游楚时听当地小孩所唱："沧浪之水清兮，可以濯我缨；沧浪之水浊兮，可以濯我足。"再者，楚地巫教盛行也使得楚辞具有明显的神话色彩。后人曾概括楚国的文化为"信巫鬼，重淫祀"（《汉书·地理志下》），巫文化对楚国审美风气的影响是明显的。楚地的艺术很兴盛，而这些艺术很多与祭神有关，充满了奇异的浪漫色彩。在楚辞系列作品中，作者驰骋奇思异想，表达炽烈情感，大量驱使神话传说，上天入地，飘游六合九州，给人一种神秘感受。

以屈原创作为代表的楚辞在艺术表现形式上打破了《诗经》以四言为主的句式，代之而起的是五、六言乃至七、八言的长句句式，句法灵活多变，长短参差，篇幅较长，大多有节无章。《诗经》所用语辞杂多，而《楚辞》却规范化地使用"兮"或者"些"字，这样就协调了音节，强化了抒情。屈原开辟了我国古代诗歌进入个体创作的新时代，郭沫若认为屈原作品"在中国文学史上彻底地创立了一个体裁"。

二、《离骚》

楚辞的杰出代表作是《离骚》，刘勰对其成就给予高度评价："气往轹古，辞来切今；惊采绝艳，难于并能矣。"（《文心雕龙·变骚》）由于其巨大的成就和影响，后人往往以"骚"指代楚辞。

屈原生平以及创作《离骚》的背景可以从东汉王逸所作的《离骚序》中得以了解：

《离骚经》者，屈原之所作也。屈原名平，与楚同姓，仕于怀王，为三闾大夫。

---

① [法]丹纳：《艺术哲学》，傅雷译，人民文学出版社1963年版。

② 傅雷：《世界美术名作二十讲·序》，生活·读书·新知三联书店1985年版。

三闾之职，掌王族三姓，曰：昭、屈、景。屈原序其谱属，率其贤良，以厉国士。入则与王图议政事，决定嫌疑；出则监察群下，应对诸侯。谋行职修，王甚珍之。同列上官大夫及用事臣靳尚，妒害其能，共谮毁之。王乃疏屈原。屈原执履忠贞而被谗邪，忧心烦乱，不知所愬，乃作《离骚经》。

承上所述，和《离骚》一样，在中国文学史上，很多伟大的文学作品都是作者在心绪低落，人生受到严重挫折时有感而发之作。司马迁《史记·太史公自序》论述道：

夫《诗》《书》隐约者，欲遂其志之思也。昔西伯拘羑里，演《周易》；孔子厄陈、蔡，作《春秋》；屈原放逐，著《离骚》；左丘失明，厥有《国语》；孙子膑脚，而论兵法；不韦迁蜀，世传《吕览》；韩非囚秦，《说难》《孤愤》；《诗》三百篇，大抵圣贤发愤之所为作也。

《离骚》正是作者感慨仕途不顺与人生不幸之作。这是我国文学史上第一篇抒情长诗，诗中大量运用比兴手法，驱使神话传说，讲述奇花异草故事，引类譬喻，塑造了一幅幅波澜壮阔的画卷。如：

夕归次于穷石兮，朝濯发乎洧盘。保厥美以骄傲兮，日康娱以淫游。虽信美而无礼兮，来违弃而改求。览相观于四极兮，周流乎天余乃下。望瑶台之偃蹇兮，见有娀之佚女。吾令鸩为媒兮，鸩告余以不好。雄鸠之鸣逝兮，余犹恶其佻巧。

《离骚》继承了《诗经》比兴传统，并对比兴进行了巨大开拓。东汉王逸对《离骚》的艺术表现手法作了很好的论述：

《离骚》之文，依《诗》取兴，引类譬喻。故善鸟香草以配忠贞，恶禽臭物以比谗佞，灵修美人以媲于君，宓妃佚女以譬贤臣，虬龙鸾凤以托君子，飘风云霓以为小人。

比兴手法在《离骚》中并不是局部修辞手段，而是贯穿全篇立意构思，成为作者寄托深厚思想感情的巨大艺术载体，形成了气势恢宏、结构谨严的象征系统。

美人、香草是《离骚》中最引人注目的两类意象。美人的意象一般被解释为比喻君王，“惟草木之零落兮，恐美人之迟暮”；或是自喻，“众女嫉余之蛾眉兮，谣诼谓余以善淫”；或是喻理想中的人“吾令丰隆乘云兮，求宓妃之所在”。

屈原在很大程度上是以男女比喻君臣，以婚约比喻君臣遇合，这是作为一种政治关系的借喻，但由于屈原是通过自拟弃妇而抒情，所以全诗在情感上哀婉缠绵，如泣如诉。《离骚》中充满了种类繁多的香草，这些香草作为装饰，支持并丰富了美人意象。同时，香草作为一种独立的象征物，它一方面指品德和人格的高洁；另一方面和恶草相对，象征着政治斗争的双方。《离骚》中的香草美人意象象征诗人的政治理想与高尚人格，构成了一个复杂而巧妙的象征比喻系统，使得诗歌蕴藉而生动。

香草美人系统，是对《诗经》中比兴手法的继承和发展，但蕴藉更丰富。屈原借用“香草美人”宣泄着自己的情感，也使“香草美人”成为一条延绵不绝的文学传统，后世文人不断从“香草美人”这一原型意象中汲取力量、宣泄情感。曹植的《洛神赋》、杜甫的《佳人》、孟郊的《烈女操》、张籍的《节妇吟》等一些寄托于妇人女子以抒写作者情意的诗篇，都可追溯到屈原的《离骚》。不仅是在诗词领域中，甚至在小说中，“香草美人”原型意象也经由《聊斋志异》中的花妖形象得到激活勃发。

第三节 “风骚双璧”对后世的影响

《诗经》在文学史上有着深远影响。

首先，《诗经》是对现实生活各方面进行描写，表现不同阶级与阶层在现实生活中的真切感受，表现出了强烈的现实主义精神。这种现实主义精神被后代无数文学家所继承。屈原作品中对现实社会黑暗势力的反感，忧国忧民情怀的体现，就是对《诗经》精神的继承。汉代乐府民歌也发扬继承了《诗经》的现实主义精神，后世无数作家更是以《诗经》精神来反对诗歌中的浮艳文风及形式主义。陈子昂在《与东方左史虬修竹篇序》中说道：“仆尝暇时观齐、梁间诗，彩丽竞繁，而兴寄都绝，每以咏叹。思古人常恐逶迤颓靡，风雅不作，以耿耿也。”同样，白居易也在《与元九书》中推崇风雅比兴：“洎周衰秦兴，采诗官废，上不以诗补察时政，下不以歌洩导人情。乃至于谄成之风动，救失之道缺。于时六义始刓矣。”认为“文章合为时而著，歌诗合为事而作”。这其实就是对《诗经》现实主义精神的呼唤。

其次，《诗经》中大量比兴手法对后代文学也产生了很大影响。比是比喻、比拟。就屈原作品而论，作品中奇花异草、神灵鬼怪都各有所指。在后代的诗歌中，这种例子不胜枚举，韩愈《鸣雁》篇以雁为比喻述贫苦之情，此类作品就是直接受

《硕鼠》等诗歌影响。兴是《诗经》作品中的一大特点，古诗《青青陵上柏》《冉冉孤生竹》都用了这种手法。比兴的运用，形成了我国古代诗歌含蓄蕴藉、韵味无穷的艺术特点。

最后,《诗经》对我国后世诗歌的体裁结构、语言艺术等方面,也有深广的影响。曹操、嵇康、陶渊明等人的四言诗创作直接继承《诗经》的四言句式。后世箴、铭、诵、赞等文体的四方言句和辞赋、骈文以四六句为基本句式,也可以追溯到《诗经》。班固在《两都赋序》中指出了赋和古诗之间的关系:“赋者,古诗之流也。”刘勰说:“然则赋也者，受命于诗人，而拓宇于楚辞也。”又提到:“赋颂歌赞，则诗立其本。”诚然，赋也是受到诗经影响。

总之,《诗经》牢笼千载，衣被后世，不愧为中国古代诗歌的光辉起点。

与《诗经》相比，楚辞在艺术上达到了一个新的境界，哺育了一代又一代的作家，对中国文学史产生了极其深远而广泛的影响。

宋玉《九辩》在艺术手法上继承了屈原在《九歌》里那种善于用极精练的文字写出深远意境的手法，同时又多铺陈。例如：“悲哉秋之为气也！萧瑟兮草木摇落而变衰；憭慄兮若在远行；登山临水兮送将归。”《九辩》是屈原作品影响下的产物，其中可以明显看到模拟的痕迹，有些地方袭用了屈原一些句子。宋玉又从屈原所创造的骚体中变化出赋的体裁，写出了《风赋》《高唐赋》等。

贾谊《吊屈原赋》中有“世谓随夷为混兮，谓跖硚为廉；莫邪为钝兮，铅刀为铦”，直接继承了屈原的表现手法。张衡《四愁诗》也直接继承了《楚辞》比兴手法:“我所思兮在泰山,欲往从之梁父艰。侧身东望涕沾翰……”曹植《美女篇》：“美女妖且闲，采桑歧路间。柔条纷冉冉，落叶何翩翩。攘袖见素手，皓腕约金环……”贾谊骚体赋以及东汉抒情小赋都用屈原《离骚》和《九章》句调，《汉书·艺文志》说屈原骚体赋为“屈宋赋之属”。

汉代辞赋家以及后代,最先受到屈原影响的是司马相如,南齐沈约在《宋书·谢灵运传论》中指出：“周室既衰，风流弥著。屈平、宋玉导清源于前，贾谊、相如振芳尘于后……”扬雄《反离骚》采用了骚体赋的形式模仿《离骚》。

李白的浪漫主义诗篇如《梦游天姥吟留别》也是通过大量的神话传说、历史人物、日月风云等，构成一幅幅雄奇壮美的图画。杜甫把屈原作为榜样，以屈原所取得的成就来勉励自己：“不薄今人爱古人，清丽词句必为邻。窃攀屈宋宜方驾，恐与齐梁作后尘。”

比兴在屈原作品中已经不是简单的“触物以起情”和“索物以言情”，而是把物与我、情与景交融为一体，产生出生动的形象与深刻的象征意义。比如，屈原作品中以鲜花香草表示高洁，用高冠奇服表示超俗，用高丘求女表示追求，这种表现手法就不是简单的比喻或起兴，而是一种象征。从形象本身看，是虚构，是想象；从内容思想看，又明确，又现实。这就开辟了后世的寄情于物、托物以讽的表现手法。许多咏史、咏物、咏怀、感遇诗作，也都直接或间接受到屈原作品的启发。

闻一多认为："从西周到宋，我们这大半部文学史，实质上只是一部诗史。"①以"风骚"并称的《诗经》和《楚辞》是这条诗歌长河的两大源头。这两部诗集有如江河行地，日月经天，文学史上无数的文学作品受其影响，无数的文学创作者受其甘泉般的滋润。

经典选读

周南·关雎[1]

关关雎鸠[2]，在河之洲[3]。窈窕淑女[4]，君子好逑[5]。
参差荇菜[6]，左右流之[7]。窈窕淑女，寤寐求之[8]。
求之不得，寤寐思服[9]。悠哉悠哉[10]，辗转反侧。
参差荇菜，左右采之。窈窕淑女，琴瑟友之。
参差荇菜，左右芼之[11]。窈窕淑女，钟鼓乐之。

[1]关雎：篇名。《诗经》多以首句几字为篇名。古人认为《关雎》是"哀窈窕，思贤才"之作，今人多认为是男子思慕追求女子的情诗。[2]关关：鸟类鸣和之声。雎鸠：亦称王雎，一种水鸟。[3]洲：水中的陆地。[4]窈窕：幽闲美好的样子。淑：善。[5]逑：配，偶。[6]荇（xìng）菜：可食的水草。[7]流：求取。[8]寤：醒时。寐：睡时。[9]服：想念。[10]悠：忧郁。[11]芼（mào）：择取。

王风·黍离[1]

彼黍离离[2]，彼稷之苗[3]。行迈靡靡[4]，中心摇摇[5]。知我者，谓我心忧；不知我者，谓我何求[6]。悠悠苍天，此何人哉[7]？

彼黍离离，彼稷之穗。行迈靡靡，中心如醉。知我者，谓我心忧；不知我者，谓我何求。悠悠苍天，此何人哉？

彼黍离离，彼稷之实。行迈靡靡，中心如噎[8]。知我者，谓我心忧；不知我者，谓我何求。悠悠苍天，此何人哉？

[1]此诗是东周大夫行役过故周，见其宗庙宫室尽为禾黍，感慨怜悯周室的颠覆，彷徨不肯离去而作。[2]彼：即指周宗庙宫室。黍：草本植物，可食，北方今称为黄米。离离：草木茂盛的样子。[3]稷（jì）：粮食作物，与黍同属。[4]迈：

---

① 孙党伯、袁謇正主编：《闻一多全集·十·文学的历史动向》，湖北人民出版社1993年版。

行。靡靡：迟缓。[5]摇摇：心神不定貌。[6]何求：久留不去的缘由。[7]何人：亡国之君是什么人。[8]噎：哽咽。

郑风·子衿[1]

青青子衿[2]，悠悠我心[3]。纵我不往[4]，子宁不嗣音[5]？
青青子佩，悠悠我思。纵我不往，子宁不来？
挑兮达兮[6]，在城阙兮。一日不见，如三月兮。

[1]《毛诗序》认为此诗是“刺学校废也”，后人多认为是表现女子在城墙上等待情人的焦急心情。[2]衿：衣领。[3]悠悠：忧思。[4]纵：即使。往：去，到。[5]宁：岂，难道。嗣音：保持音信。[6]挑兮达兮：往来相见的样子。

秦风·蒹葭[1]

蒹葭苍苍[2]，白露为霜。所谓伊人[3]，在水一方，溯洄从之[4]，道阻且长[5]。溯游从之[6]，宛在水中央。

蒹葭萋萋，白露未晞[7]。所谓伊人，在水之湄[8]。溯洄从之，道阻且跻[9]。溯游从之，宛在水中坻[10]。

蒹葭采采，白露未已。所谓伊人，在水之涘[11]。溯洄从之，道阻且右[12]。溯游从之，宛在水中沚[13]。

[1]诗小序认为此诗“刺襄公也，未能用周礼，将无以固其国焉”，今人多认为此诗是怀人之诗。[2]蒹葭：即芦苇。苍苍：草木茂盛的样子。下文“萋萋”“采采”同义。[3]伊人：那个人。[4]溯洄(sù huí)：逆流而上。[5]阻：艰难，险要。[6]溯游：顺流而下。[7]晞（xī）：干。[8]湄（méi）：河岸。[9]跻（jī）：升高。[10]坻（chí）：水中的小块高地。[11]涘（sì）：水边。[12]右：迂回。[13]沚（zhǐ）：水中小块陆地。

小雅·鹿鸣[1]

呦呦鹿鸣[2]，食野之苹[3]。我有嘉宾，鼓瑟吹笙[4]。吹笙鼓簧[5]，承筐是将[6]。人之好我，示我周行[7]。

呦呦鹿鸣，食野之蒿。我有嘉宾，德音孔昭[8]。视民不恌[9]，君子是则是效[10]。我有旨酒[11]，嘉宾式燕以敖[12]。

呦呦鹿鸣，食野之芩[13]。我有嘉宾，鼓瑟鼓琴。鼓瑟鼓琴，和乐且湛[14]。我有旨酒，以燕乐嘉宾之心。

[1]这是大宴群臣宾客的诗篇。[2]呦呦：象声词，鹿鸣声。[3]苹：青蒿。[4]瑟：弦乐器。笙：管乐器。[5]簧：乐器里的发声薄片。[6]承：捧着。筐：盛币帛的器具。将：献。后以“承筐”借指欢迎宾客。[7]周行：大路。[8]德音：先王道德之教。孔：甚，很。昭：光明。[9]视：通“示”。恌（tiāo）：通“佻”，轻薄，轻佻。[10]则：效法。是则是效：即效法之意。[11]旨酒：美酒。[12]式：句首语气词，无实义。燕：同“宴”。敖：同“遨”，闲游。[13]芩（qín）：植物名。[14]湛（dān）：通“媅”，安乐。

大雅·文王[1]

文王在上，於昭于天[2]。周虽旧邦，其命维新[3]。有周不显，帝命不时[4]。文王陟降[5]，在帝左右。

亹亹文王，令闻不已[6]。陈锡哉周，侯文王孙子[7]。文王孙子，本支百世[8]，凡周之士，不显亦世[9]。

世之不显，厥犹翼翼[10]。思皇多士[11]，生此王国。王国克生，维周之桢[12]；济济多士，文王以宁[13]。

穆穆文王，於缉熙敬止[14]。假哉天命[15]，有商孙子[16]。商之孙子，其丽不亿[17]。上帝既命，侯于周服[18]。

侯服于周，天命靡常[19]。殷士肤敏[20]，裸将于京[21]。厥作裸将，常服黼冔[22]。王之荩臣[23]，无念尔祖[24]。

无念尔祖，聿修厥德[25]。永言配命[26]，自求多福。殷之未丧师，克配上帝[27]。宜鉴于殷，骏命不易[28]！

命之不易，无遏尔躬[29]。宣昭义问，有虞殷自天[30]。上天之载，无声无臭[31]。仪刑文王，万邦作孚[32]。

[1]此诗是周人追述歌颂文王之德的诗作。[2]文王：姓姬名昌，周王朝的缔造者。於（wū）：叹词，表示感叹。[3]命：天命，即上帝的旨意。维新：乃始更新。文王使周发展强大，独立称王，其子武王姬发伐商建立新王朝，故称新。[4]有：词头，无义。不显：不，通“丕”，大。显：光明。[5]陟（zhì）降：升降，上下。[6]亹亹（wěi）：勤勉不倦貌。令闻：美好的声誉。[7]陈锡：施予赐给。陈，“申”的假借，重复、反复；锡，赏赐。侯：维，乃。孙子：即子孙。[8]本支百世：谓子孙昌盛，百代不衰。[9]世：代代相袭。[10]厥：其。犹：同“猷”，谋划。翼翼：恭敬谨慎的样子。[11]思：语首助词。皇：美盛。[12]克：能够。桢（zhēn）：古代筑墙时竖立在两端的木柱，比喻骨干。[13]济济：有众多、美好、庄静貌等义。以宁：因之得以平定、安宁。[14]穆穆：仪容或言语庄严和美。於（wū）：发语词。缉熙：光明。敬止：敬仰。止：语词。[15]假：大。[16]有：获得，得

有。[17]丽：数。不：语助词。亿：周制十万为亿，这里只是概数，极言其多。[18]侯：同上文，维也。服：臣服。侯于周服：意即“维服于周”。[19]靡常：无常。[20]殷士：归降的殷商贵族。肤敏：美好敏捷。[21]祼（guàn）：即灌鬯（chàng），古代祭祀的一种仪式。将：行。[22]常：通“尚”，仍然。常服：祭事规定的服装。黼（fǔ）：殷代礼服。冔（xǔ）：殷冕。[23]荩（jìn）臣：忠臣。荩：古同“进”。[24]无：语助词，无义。无念：念也。[25]聿（yù）：述，遵行。[26]永言：长久。言同“焉”，语助词。配命：与天命相合。[27]丧师：丧失民心。克配上帝：可以与天帝之意相称。[28]骏命：大命，即天命。[29]遏：止、绝。尔躬：你身。[30]宣昭：宣明传布。义问：美好的名声。义：善。问：通“闻”。有：又。虞：审察、推度。[31]载：行事。臭（xiù）：气味。[32]仪：效法。刑：同“型”，模范。孚：信服。

商颂·玄鸟[1]

天命玄鸟，降而生商[2]，宅殷土芒芒[3]。古帝命武汤[4]，正域彼四方[5]。

方命厥后，奄有九有[6]。商之先后，受命不殆[7]，在武丁孙子[8]。武丁孙子，武王靡不胜[9]。

龙旂十乘[10]，大糦是承[11]。邦畿千里[12]，维民所止[13]，肇域彼四海[14]。

四海来假[15]，来假祁祁[16]。景员维河[17]。殷受命咸宜[18]，百禄是何[19]。

[1]一般认为，这首诗是商民族祭祀殷高宗武丁（一说祭成汤）的祭歌。玄鸟：黑色的燕子。[2]相传帝喾的妃子简狄出游，吞食一枚燕卵，生下了商的始祖契。[3]宅：居住。殷土：自契至汤八迁，始居亳之殷地。芒芒：阔大。[4]古帝：天帝。武汤：即成汤，汤号曰武。[5]正域：整治封疆。[6]厥：其。奄：覆盖。九有：九州。[7]不殆：不懈怠。殆，同“怠”。[8]孙子：即子孙。[9]靡（mǐ）：无。胜：任，能承受。[10]龙旂（qí）：画有两龙蟠结的旗帜。天子仪仗之一。旂，同“旗”。乘（shèng）：四马一车为乘。[11]大糦（xī）：古时祭祀所用黍稷之类。[12]邦畿：王城及其所属周围千里的地域。畿：疆界。[13]止：居住。[14]肇域：“肇”应为“兆”，肇域即疆界。[15]来假（gé）：来到。假：至，到。[16]祁祁：众多。[17]景：景山（即商之都城亳）。员：环绕。维：表判断，是。[18]咸宜：人们都认为适宜。[19]是：指示代词，复指前面的“百禄”。何（hè）：通“荷”，承担。

毛诗序[1]

《关雎》，后妃之德也[2]，风之始也[3]，所以风天下而正夫妇也[4]。故用之乡人焉[5]，用之邦国焉[6]。风，风也[7]，教也，风以动之[8]，教以化之[9]。

[1]汉人传诗有齐、鲁、韩、毛四家。这里选的是《诗毛氏传》中《关雎》题下的一篇序言。关于此篇序言作者，目前尚无定论。[2]后妃：天子之妻。旧说以为《关雎》写后妃之事，后妃指周文王妃太姒。[3]风：十五国风。指《关雎》为国风第一篇。[4]风：同“讽”，指含蓄委婉地劝告，有教化之意。正夫妇：端正夫妇之道或使夫妇之道走向正轨的意思。[5]乡：周代一万二千五百家为一乡。指乡大夫用《关雎》诗教其民。根据《仪礼》，周代乡大夫行乡饮酒礼时，以《关雎》诗合乐。[6]邦国：“邦”与“国”同义，这里指诸侯国。指天子诸侯以《关雎》诗教其臣。根据《仪礼》，周代诸侯国行燕礼饮宴其臣及宾客时也以《关雎》诗合乐。[7]风：同“讽”。[8]动：感动。[9]化：感化。

诗者，志之所之也[1]，在心为志，发言为诗，情动于中而形于言[2]，言之不足[3]，故嗟叹之[4]，嗟叹之不足，故永歌之[5]，永歌之不足，不知手之舞之、足之蹈之也。

[1]志：志意、怀抱，即思想感情。所之：所往、所向。[2]中：即心。形：表现。[3]不足：不足以充分表达感情。[4]嗟叹：咨嗟叹息。[5]永：长。永歌：引声长歌。

情发于声[1]，声成文谓之音[2]。治世之音安以乐[3]，其政和；乱世之音怨以怒，其政乖[4]；亡国之音哀以思[5]，其民困。故正得失，动天地，感鬼神，莫近于诗[6]。先王以是经夫妇[7]，成孝敬[8]，厚人伦[9]，美教化[10]，移风俗[11]。

[1]发：表现。[2]文：由宫、商、角、徵、羽五声交织而成的曲调谓之“文”。声成文：指由声音高低、长短等构成的不同音调。[3]治世：天下太平的时代，与“乱世”相对应。安以乐：安详和乐。[4]乖：乖戾，不和谐。[5]哀以思：悲哀愁思。[6]莫近：莫过。[7]经夫妇：指使夫妇之道走上正轨。[8]成：形成。[9]厚：敦厚，使……厚。[10]美：赞美。[11]移：转移，改变。

故诗有六义焉：一曰风，二曰赋，三曰比，四曰兴，五曰雅，六曰颂[1]。上以风化下，下以风刺上[2]，主文而谲谏[3]，言之者无罪，闻之者足以戒，故曰风。至于王道衰，礼义废，政教失，国异政，家殊俗，而变风、变雅作矣[4]。国史明乎得失之迹[5]，伤人伦之废，哀刑政之苛，吟咏情性，以风其上[6]，达于事变而怀其旧俗者也[7]。故变风发乎情[8]，止乎礼义[9]。发乎情，民之性也[10]；义，先王之泽也[11]。是以一国之事，系一人之本[12]，谓之风；言天下之事，形四方之风[13]，谓之雅。雅者，正也，言王政之所由废兴也[14]。政有小大，故有小雅焉，有大雅焉[15]。颂者，美盛德之形容，以其成功，告于神明者也[16]。是谓四始，诗之至也[17]。

[1]现在一般认为，风、雅、颂是诗的分类，赋、比、兴是诗的表现手法。[2]刺：讽谏、批评。[3]主文：以文为主。此处的“文”指不用直陈而用比喻的表达方法。谲谏：含蓄、委婉地批评、劝告而不直言。[4]变：变异的，变化的。具体内容即上文的“王道衰、礼义废”等。变风、变雅：即作于周王朝政治衰乱时的诗歌。作：兴起、出现。[5]国史：周王室的史官。古代史官分左右，有“左史记言，右史记事”之说。得失之迹：即政治教化兴衰成败的具体表现。[6]上：当政者。[7]达：通晓，明白。事变：即前文所说的“得失之迹”。怀其旧俗：怀念过去治世政教风俗。[8]发乎情：指变风是人的思想感情的表达。[9]止：不越过。礼义：由礼制所规定的人际关系、等级关系准则。[10]性：人的本性。[11]泽：恩泽。[12]一国之事：一个诸侯国之内的事。一人：指作诗者。此句意为：风诗虽然都是表达作诗者一人之事，一人的思想感情，但是却反映了一个诸侯国的政治状况、民情风俗。[13]天下：古代的“天下”指整个国家，此处主要指周王朝直接统治的区域，又称“王畿”。古代认为这个区域的政治风俗是整个国家的象征，即“形四方之风”。[14]正：通“政”，王政即天子之政。所由：原因。废兴：兴衰成败。[15]政有小大：小政，指诸侯国之政；大政，指周天子之政。[16]美：赞美，称颂。形容：这里有形象、具体表现的意思。成功：政治教化的功绩。神明：天地神灵和祖先神灵。《诗》的颂诗多用于宗教祭祀。[17]四始：风、大雅、小雅、颂。诗之至：诗理的极致。

然则《关雎》《麟趾》之化[1]，王者之风，故系之周公[2]。南[3]，言化自北而南也。《鹊巢》《驺虞》之德[4]，诸侯之风也，先王之所以教，故系之召公[5]。《周南》《召南》，正始之道，王化之基[6]。是以《关雎》乐得淑女，以配君子，忧在进贤，不淫其色。哀窈窕，思贤才，而无伤善之心焉[7]，是《关雎》之义也。

[1]《关雎》《麟趾》：《诗经·国风·周南》的第一篇和最后一篇。[2]周公：姓姬名旦，封于鲁，为鲁国的始祖，曾辅佐周武王讨伐商纣王，平定有关叛乱，有制礼作乐、文治武略之功，为孔子所称赞。[3]南：代指《周南》《召南》。[4]《鹊巢》《驺虞》：《诗经·国风·召南》的第一篇和最后一篇。[5]召公：姓姬名奭（shì），封于燕，为燕国的始祖，周武王即位时与太公、周公、召公、毕公等一起辅佐武王。[6]正始：端正其初始。王化：王业风化或王者教化。[7]这几句话是根据《论语·八佾》：“子曰：‘《关雎》乐而不淫，哀而不伤。’”而来，点明整首诗的题旨。

（[清]阮元校刻：《毛诗正义》，上海古籍出版社1997年影印版）

离骚[1]

[战国]屈原

帝高阳之苗裔兮[2]，朕皇考曰伯庸[3]。摄提贞于孟陬兮[4]，惟庚寅吾以降[5]。皇览揆余于初度兮[6]，肇锡余以嘉名[7]。名余曰正则兮，字余曰灵均。纷吾既有此内美兮，又重之以修能[8]。扈江离与辟芷兮[9]，纫秋兰以为佩[10]。汩余若将不及兮[11]，恐年岁之不吾与。朝搴阰之木兰兮[12]，夕揽洲之宿莽[13]。日月忽其不淹兮[14]，春与秋其代序[15]。惟草木之零落兮，恐美人之迟暮[16]。不抚壮而弃秽兮[17]，何不改乎此度？乘骐骥以驰骋兮，来吾道夫先路[18]。

[1]《离骚》是屈原的代表作，全诗373句，两千四百余字，是我国文学史上第一首由诗人自觉创作，独立完成的诗篇。关于“离骚”，司马迁认为“离骚者，犹离忧也”(《史记·屈原贾生列传》)，班固解释为“离，犹遭也；骚，忧也。明己遭忧作辞也”(《离骚赞序》)，王逸则注解为“离，别也；骚，愁也；经，径也。言己放逐离别，中心愁思，犹依道径，以风谏也”(《楚辞章句·离骚经》)，其中以马、班之说较为可信。[2]高阳：古帝颛顼的称号。苗裔：后代子孙。[3]朕：我。先秦时期通用的第一人称，秦始皇之后成为帝王专用的自称。皇：大，美。考：亡父曰考。伯庸：屈原父亲的字。[4]摄提：“摄提格”的简称，即寅年。贞：正当。孟陬：孟春正月。[5]庚寅：屈原的生日。庚寅为楚民间习俗上的吉日。[6]皇：指皇考。览：观看，端详。初度：出生时日。[7]肇：始。锡：同“赐”。[8]修能：卓越的才能。[9]扈：披，带。江离：香草名。辟：同“僻”。芷：香草名。[10]纫：搓绳。[11]汩（yù）：水流急速的样子。比喻光阴似箭，岁月如流。[12]搴（qiān）：拔取。阰（pí）：山名。木兰：香木名。[13]揽：采摘。洲：水中的陆地。宿莽：经冬不死的草。[14]淹：久。[15]代序：时序更替。[16]美人：指楚怀王。[17]秽：恶行，喻谗邪。[18]道：通“导”，引导。

昔三后之纯粹兮[1]，固众芳之所在[2]。杂申椒与菌桂兮[3]，岂维纫夫蕙茝[4]？彼尧舜之耿介兮[5]，既遵道而得路。何桀纣之猖披兮[6]，夫唯捷径以窘步[7]。惟夫党人之偷乐兮[8]，路幽昧以险隘。岂余身之惮殃兮？恐皇舆之败绩[9]。忽奔走以先后兮[10]，及前王之踵武[11]。荃不察余之中情兮[12]，反信谗而齌怒[13]。余固知謇謇之为患兮[14]，忍而不能舍也。指九天以为正兮，夫唯灵修之故也[15]。曰黄昏以为期，羌中道而改路[16]。初既与余成言兮，后悔遁而有他[17]。余既不难夫离别兮，伤灵修之数化[18]。

[1]三后：夏禹、商汤和周文王三位帝王，亦有说为楚国的三位贤明君王。纯粹：指品德纯正无疵。[2]众芳：喻群贤。[3]杂：汇集。申椒：香木名。菌桂：

香木名。[4]蕙：即蕙兰，香草名。茝(chǎi)：白芷，香草名。[5]耿介：光大圣明。[6]桀纣：桀为亡夏之君，纣为亡商之君，两人均以暴虐著名。猖披：衣不系带，散乱不整貌，喻狂妄偏邪。[7]捷径：斜出之路，喻邪道。[8]偷：凉薄，不厚道。[9]皇舆：国君所乘坐的高大的车子，借指国家。绩：功业。[10]忽：急速的样子。[11]武：足迹。踵武：指踩着前人的足迹走，比喻效法或继承前人的事业。[12]荃：香草，喻君王。[13]齌(jì)怒：盛怒。[14]謇謇(jiǎn)：忠贞，正直。[15]灵修：指楚怀王。[16]据考证，此二句为衍文，当删。[17]悔遁：反悔改变主意。[18]数(shuò)化：屡次改变主意。

余既滋兰之九畹兮[1]，又树蕙之百亩[2]。畦留夷与揭车兮[3]，杂杜衡与芳芷[4]。冀枝叶之峻茂兮，愿竢时乎吾将刈[5]。虽萎绝其亦何伤兮？哀众芳之芜秽。众皆竞进以贪婪兮[6]，凭不厌乎求索[7]。羌内恕己以量人兮[8]，各兴心而嫉妒。忽驰骛以追逐兮[9]，非余心之所急。老冉冉其将至兮，恐修名之不立。朝饮木兰之坠露兮，夕餐秋菊之落英。苟余情其信姱以练要兮[10]，长顑颔亦何伤[11]。擥木根以结茝兮[12]，贯薜荔之落蕊[13]。矫菌桂以纫蕙兮[14]，索胡绳之纚纚[15]。謇吾法夫前修兮[16]，非世俗之所服。虽不周于今之人兮[17]，愿依彭咸之遗则[18]！

[1]滋：栽种。九：表示多。畹：表示土地面积的量词。[2]树：种。[3]畦(qí)：分畦栽种。留夷、揭车：皆香草名。[4]杜衡、芳芷：皆香草名。[5]竢(sì)：等待。刈(yì)：割草。[6]竞：竞相，副词。[7]凭：满。厌：满足。求索：争夺。[8]羌：楚方言发语词，无义。内恕己：自己宽恕自己。量：揣度。[9]驰骛：疾驰，奔腾。[10]苟：如果。信：确实。姱：美好。练要：精诚专一。[11]顑颔(kǎn hàn)：因饥饿而面黄肌瘦的样子。[12]擥：同"揽"，持。木根：兰槐的根。[13]贯：串联。薜荔：香草名。[14]矫：把弯的物体弄直。[15]索：结成绳索。胡绳：香草名。纚纚(xǐ xǐ)：长而下垂的样子。[16]謇：困难。法：仿效。前修：前代贤人。[17]周：协和。[18]彭咸：殷代贤臣，谏君不听，自投水而死。遗则：遗留下的法则。

长太息以掩涕兮[1]，哀民生之多艰[2]。余虽好修姱以鞿羁兮[3]，謇朝谇而夕替[4]。既替余以蕙纕兮[5]，又申之以揽茝。亦余心之所善兮，虽九死其尤未悔。众女嫉余之蛾眉兮[6]，谣诼谓余以善淫[7]。固时俗之工巧兮，偭规矩而改错[8]。背绳墨以追曲兮[9]，竞周容以为度[10]。忳郁邑余侘傺兮[11]，吾独穷困乎此时也。宁溘死以流亡兮[12]，余不忍为此态也。鸷鸟之不群兮[13]，自前世而固然。何方圜之能周兮[14]，夫孰异道而相安？屈心而抑志兮，忍尤而攘诟[15]。伏清白以死直兮，固前圣之所厚。

[1]太息：叹息。[2]民生：人生。[3]修姱：洁美。鞿（jī）羁：马缰绳和络头，比喻束缚。[4]谇（suì）：进谏。替：废弃。[5]纕（xiāng）：佩戴。[6]众女：比喻群小。蛾眉：像蚕蛾触须细长而弯曲的眉毛，这里比喻自己的贤才。[7]谣：毁谤。诼：馋诬。善淫：善以淫荡之姿取媚于人。[8]偭（miǎn）：背弃，违反。规矩：法度。错：同“措”，措施。[9]背：违背。绳墨：木工打直线的墨线，比喻规矩或法度。追：随。[10]周：合。[11]忳（tún）：忧郁烦闷。郁邑：郁悒，忧愁苦闷的样子。侘傺（chà chì）：失意而神情恍惚的样子。[12]溘（kè）：忽然。[13]鸷（zhì）鸟：凶猛的鸟，如鹰、雕、枭等。[14]圜（yuán）：同“圆”。[15]尤：过错。攘：清除。诟：耻辱。

悔相道之不察兮[1]，延伫乎吾将反[2]。回朕车以复路兮，及行迷之未远。步余马于兰皋兮，驰椒丘且焉止息。进不入以离尤兮[3]，退将复修吾初服。制芰荷以为衣兮[4]，集芙蓉以为裳。不吾知其亦已兮，苟余情其信芳。高余冠之岌岌兮[5]，长余佩之陆离[6]。芳与泽其杂糅兮，唯昭质其犹未亏。忽反顾以游目兮，将往观乎四荒。佩缤纷其繁饰兮，芳菲菲其弥章[7]。民生各有所乐兮，余独好修以为常。虽体解吾犹未变兮，岂余心之可惩[8]？

[1]相：视，观察。察：仔细考察。[2]延伫：长久站立。反：同“返”。[3]进：进身于君主面前。不入：不为楚王所用。离：遭遇。尤：过错。[4]芰(jì)荷：菱叶和荷叶。[5]岌岌：高高的样子。[6]陆离：长长的样子。[7]菲菲：香气浓郁。[8]惩：停止，克制。

女媭之婵媛兮[1]，申申其詈予[2]。曰：“鲧婞直以亡身兮[3]，终然殀乎羽之野[4]。汝何博謇而好修兮[5]，纷独有此姱节。薋菉葹以盈室兮[6]，判独离而不服[7]。众不可户说兮[8]，孰云察余之中情。世并举而好朋兮，夫何茕独而不予听[9]？”

[1]女媭（xū）：旧说为屈原姐姐，现代学者歧见迭出，把她视为比屈原年长的女性为妥。婵媛：关切挂心的样子。[2]申申：反复不休。詈（lì）：责备。[3]鲧（gǔn）：尧的臣子，夏禹的父亲，传说中为民治水而被天帝杀死的英雄。婞（xìng）直：刚直。亡身：忘身，不顾自身安危。[4]殀（yāo）：早死。羽：羽山，传说中的地名。[5]博謇：谓知无不言，正直之极。[6]薋（cí）：积聚。一说为蒺藜，恶草名。菉（lù）葹（shī）：王刍和苍耳，均是恶草名。[7]判：分别，区别。服：佩戴。[8]户说：挨家挨户地告谕解说。[9]茕（qióng）：孤独。

依前圣以节中兮[1]，喟凭心而历兹[2]。济沅湘以南征兮[3]，就重华而陈词[4]：“启

《九辩》与《九歌》兮[5]，夏康娱以自纵[6]。不顾难以图后兮，五子用失乎家巷[7]。羿淫游以佚畋兮[8]，又好射夫封狐[9]。固乱流其鲜终兮[10]，浞又贪夫厥家[11]。浇身被服强圉兮[12]，纵欲而不忍[13]。日康娱而自忘兮，厥首用夫颠陨[14]。夏桀之常违兮，乃遂焉而逢殃[15]。后辛之菹醢兮[16]，殷宗用之不长。汤禹俨而祗敬兮[17]，周论道而莫差[18]。举贤才而授能兮，循绳墨而不颇[19]。皇天无私阿兮[20]，览民德焉错辅[21]。夫维圣哲以茂行兮，苟得用此下土[22]。瞻前而顾后兮，相观民之计极[23]。夫孰非义而可用兮，孰非善而可服[24]。阽余身而危死兮[25]，览余初其犹未悔。不量凿而正枘兮[26]，固前修以菹醢。"曾歔欷余郁邑兮，哀朕时之不当。揽茹蕙以掩涕兮[27]，霑余襟之浪浪[28]。

[1]节中：折中取正，节制自己而归于中正之道。[2]喟（kuì）：叹息。凭心：愤懑的心情。历：逢。[3]济：渡河。征：行。[4]重华：舜名。相传舜死后葬在九嶷山，山在沅水、湘水之南。[5]启：禹的儿子。夏朝君主。《九辩》《九歌》：均为乐章名，传说为天帝的乐曲，启盗用于人间。[6]夏康：启的儿子太康。纵：放纵。[7]用失乎家巷：即家居闾巷，失去尊位。此句指太康失邦，致使其昆弟五人流离失所。[8]羿：善射之号，此指夏初有穷国的君主后羿。淫：过度。佚：放纵，无节制。畋（tián）：打猎。[9]封狐：大狐，此处泛指大兽。[10]乱流：淫乱之辈。鲜终：很少有好结果。[11]浞（zhuó）：寒浞。相传为羿相，他串通后羿家臣逢蒙杀死后羿，并强占了后羿的妻子。厥：其。家：妻子。[12]浇（ào）：寒浞的儿子。被服：披服，穿戴，引申为自负和仗恃。强圉（yǔ）：刚强有力。[13]忍：节制。[14]厥首：浇的头部。颠陨：坠落，指浇最终被太康之子少康诛杀。[15]逢殃：遭到祸殃，指夏桀被汤流放南巢而夏亡。[16]后辛：殷纣王。菹醢（zū hǎi）：酸和肉酱。这里指把人剁成肉酱，是古代的一种酷刑。[17]汤：商汤，商朝建立者，历史上著名的明君。禹：夏禹。俨：恭敬，庄重。[18]周：指周文王、周武王、周公。论道：讲论治国正道。莫差：没有过错。[19]颇：偏，斜。[20]私阿：偏爱，曲意庇护。[21]错：通"措"，措置，安排。辅：辅助者。[22]下土：四方，天下。[23]相观：观察。计：计策。极：至。[24]服：服事。[25]阽(diàn)：临近危险。危死：危险死亡。[26]不量凿而正枘（ruì）：不度量凿眼就削正榫头，比喻不苟合取容的处事方法和作风。凿，木工在器物上所凿的孔。枘，木楔。[27]茹：柔软。[28]霑（zhān）：同"沾"。浪浪：泪流不止的样子。

跪敷衽以陈词兮[1]，耿吾既得中正[2]。驷玉虬以椉鷖兮[3]，溘埃风余上征[4]。朝发轫于苍梧兮[5]，夕余至乎县圃[6]。欲少留此灵琐兮[7]，日忽忽其将暮。吾令羲和弭节兮[8]，望崦嵫而勿迫[9]。路曼曼其修远兮，吾将上下而求索。饮余马于咸池兮[10]，总余辔乎扶桑[11]。折若木以拂日兮[12]，聊逍遥以相羊[13]。前望舒使先驱兮[14]，后飞廉使奔属[15]。鸾皇为余先戒兮[16]，雷师告余以未具[17]。吾令凤鸟飞腾兮，继之以日夜。飘风屯其相离兮[18]，帅云霓而来御[19]。纷总总其离合兮[20]，斑陆离其上下[21]。吾令帝阍开关兮[22]，倚阊阖而望予[23]。时暧暧其将罢兮[24]，结幽兰而延伫。世溷浊而不分兮[25]，好蔽美而嫉妒。

[1]敷：铺开。衽：衣襟。[2]耿：光明。既得：已经得到。中正：中正之道，指治国和做人的正确道路。[3]驷：套着四匹马的车。此用作动词，意为驾驶。玉虬（qiú）：无脚的白龙。椉：同“乘”。鹥(yì)：五彩鸟,凤凰的一种。[4]溘（kè）：忽然。埃风：夹杂尘埃的大风。上征：向天上飞去。[5]发轫：出发,起程。苍梧：即九嶷山，在今湖南省宁远县东南，相传舜死后葬于此。[6]县圃：即悬圃，神山名,传说在昆仑山上。[7]少留：稍稍停留。灵琐：神灵居住的地方。[8]羲和：神话中为太阳神驾车的御者。弭节：止鞭。此处为停鞭慢行不要让时间过得太快的意思。[9]崦嵫（yān zī）：神话中日落的山名。迫：接近，靠近。[10]咸池：神话中太阳沐浴的水池。[11]总：系结。扶桑：神话中的树木名，传说太阳每天从这里升起。[12]若木：神话中的树木名，传说长在西方日落处。拂：击打，一说为遮蔽。[13]相羊：亦作“相徉”或“徜徉”，徘徊。[14]望舒：传说中为月亮驾车的神。[15]飞廉：神话中的风神。奔属：追随，跟随。[16]鸾：凤一类的鸟。皇：同“凰”。先戒：开路警戒。[17]雷师：雷神。未具：行装没有准备齐全。[18]飘风：旋风。屯：聚合。[19]帅：率领。霓：彩虹。御：迎接。[20]总总：聚合很多的样子。离合：分离和聚会，形容云霓忽散忽聚的状态。[21]斑：斑斓。陆离：分散的样子。[22]帝阍(hūn)：神话中掌管天门的人。开关：打开门闩。[23]阊阖（chāng hé）：天门。[24]暧暧：昏昧不明。[25]溷（hùn）浊：同“浑浊”。不分：不分善恶贤愚是非。

朝吾将济于白水兮[1]，登阆风而绁马[2]。忽反顾以流涕兮，哀高丘之无女[3]。溘吾游此春宫兮[4]，折琼枝以继佩[5]。及荣华之未落兮[6]，相下女之可诒[7]。吾令丰隆椉云兮[8]，求宓妃之所在[9]。解佩纕以结言兮[10]，吾令蹇修以为理[11]。纷总总其离合兮，忽纬繣其难迁[12]。夕归次于穷石兮[13]，朝濯发乎洧盘[14]。保厥美以骄傲兮[15]，日康娱以淫游。虽信美而无礼兮，来违弃而改求。览相观于四极兮[16]，周流乎天余乃下[17]。望瑶台之偃蹇兮[18]，见有娀之佚女[19]。吾令鸩为媒兮[20]，鸩告余以不好。雄鸠之鸣逝兮[21]，余犹恶其佻巧[22]。心犹豫而狐疑兮，欲自适而不可[23]。凤皇既受诒兮[24]，恐高辛之先我[25]。欲远集而无所适兮[26]，聊浮游以逍遥。及少康之未家兮[27]，留有虞之二姚[28]。理弱而媒拙兮，恐导言之不固[29]。世溷浊而嫉贤兮，好蔽美而称恶。闺中既已邃远兮[30]，哲王又不寤[31]。怀朕情而不发兮，余焉能忍此终古。

[1]白水：神话中河水名，源出昆仑山。[2]阆（làng）风：神话中山名，在昆仑山顶。绁(xiè)：系。[3]高丘：楚国山名，或说在阆风山上。女：喻忠臣。[4]春宫：神话中东方青帝居住的宫殿。[5]琼枝：传说中的玉树。继佩：增补佩饰。[6]及：趁。荣华：琼枝的花朵。[7]相：视，查看。下女：下界美女，指下文的宓妃、简狄和有虞二姚。诒（yí）：赠送。[8]丰隆：云神，一说为雷神。[9]宓（fú）妃：相传为伏羲氏的女儿，溺死于洛水，遂为洛水女神。[10]佩纕：佩带。结言：用言辞订结婚约。[11]蹇(jiǎn)修：相传为伏羲的臣子。理：媒人。[12]纬繣（huà）：乖戾，相异不合。难迁：意志难以转移，一说难以迁就。[13]次：旅行时停留的处所。穷石：神话中山名。[14]濯(zhuó)发：洗发。洧(wěi)盘：神话中水名，出崦嵫山。[15]保：依靠，仗恃。[16]览、相、观：均为观看的意思。四极：四方极远之地。[17]周流：周游。下：下降到人间。[18]瑶台：美玉砌成的楼台。偃蹇(yǎn jiǎn)：高耸的样子。[19]有娀（sōng）：传说中古代部落名。佚女：美女。相传有娀氏有二女住在高台上，长女简狄嫁给帝喾，生商始祖契。[20]鸩（zhèn）：鸟名，羽毛有毒。[21]鸠：鸟名，即斑鸠。鸣逝：一边鸣叫一边飞去。[22]佻巧：轻佻而言语花巧不实。[23]自适：自往。不可：不合礼仪。男女相见需有媒人或他人引介。[24]凤皇：即凤凰，神鸟，文中受诗人所托担当媒人，一说受高辛氏所托。诒：聘礼。[25]高辛：即帝喾。[26]远集：远去。[27]少康：夏代中兴之君。传说浇杀其父相，他逃奔有虞，有虞国君将两个女儿嫁给他，后来他灭浇恢复了夏王朝。家：婚娶成家。[28]有虞：诸侯国名。舜的后代,姓姚。二姚：有虞国的两位公主。[29]导言：传达疏导之言。[30]闺中：女子所居之处。邃远：深远。[31]哲王：指楚怀王。寤：醒悟。

索藑茅以筳篿兮[1]，命灵氛为余占之[2]。曰："两美其必合兮[3]，孰信修而慕之？思九州之博大兮[4]，岂惟是其有女[5]？"曰："勉远逝而无狐疑兮[6]，孰求美而释女[7]？何所独无芳草兮，尔何怀乎故宇[8]？"世幽昧以昡曜兮[9]，孰云察余之善恶。民好恶其不同兮，惟此党人其独异。户服艾以盈要兮[10]，谓幽兰其不可佩。览察草木其犹未得兮，岂珵美之能当[11]。苏粪壤以充帏兮[12]，谓申椒其不芳。

[1]索：取。藑（qióng）茅：灵草。筳（tíng）：占卜用的竹片。篿（zhuān）：楚人用灵草编结筳竹来占卜称为篿。[2]灵氛：古代善于占卜吉凶的人。[3]两美：忠臣和明君。[4]九州：天下,古代分中国为九州。[5]是：楚国。[6]勉：努力。[7]释：丢弃。[8]故宇：故居,故乡。[9]昡曜：惑乱,迷惑。[10]户：家家户户。服：佩戴。艾：恶草名。盈：满。要：同"腰"。[11]珵（chéng）：美玉。当：估价，鉴别。

[12]苏：取。粪壤：粪土，肮脏的东西。充：充满。帏：身上佩戴的香囊。

欲从灵氛之吉占兮，心犹豫而狐疑。巫咸将夕降兮[1]，怀椒糈而要之[2]。百神翳其备降兮[3]，九疑缤其并迎[4]。皇剡剡其扬灵兮[5]，告余以吉故[6]。曰：勉升降以上下兮，求榘矱之所同[7]。汤禹严而求合兮[8]，挚咎繇而能调[9]。苟中情其好修兮，又何必用夫行媒。说操筑于傅岩兮，武丁用而不疑[10]。吕望之鼓刀兮，遭周文而得举[11]。宁戚之讴歌兮，齐桓闻以该辅[12]。及年岁之未晏兮[13]，时亦犹其未央[14]。恐鹈鴂之先鸣兮[15]，使夫百草为之不芳。何琼佩之偃蹇兮[16]，众薆然而蔽之[17]。惟此党人之不谅兮[18]，恐嫉妒而折之。时缤纷其变易兮，又何可以淹留。兰芷变而不芳兮，荃蕙化而为茅。何昔日之芳草兮，今直为此萧艾也。岂其有他故兮，莫好修之害也。余以兰为可恃兮[19]，羌无实而容长[20]。委厥美以从俗兮[21]，苟得列乎众芳。椒专佞以慢慆兮[22]，榝又欲充夫佩帏[23]。既干进而务入兮[24]，又何芳之能祗[25]？固时俗之流从兮，又孰能无变化？览椒兰其若兹兮，又况揭车与江离？惟兹佩之可贵兮[26]，委厥美而历兹。芳菲菲而难亏兮[27]，芬至今犹未沬[28]。和调度以自娱兮[29]，聊浮游而求女。及余饰之方壮兮，周流观乎上下。

[1]巫咸：古代神巫。[2]怀：怀带。椒：香草名，用以降神。糈（xǔ）：精米，用以享神。要：迎候。[3]翳（yì）：遮蔽。备：都。[4]九疑：九嶷山，这里指九嶷山神。缤：繁盛。[5]皇：皇天。剡剡（shàn）：闪闪发光。扬灵：显灵。[6]吉故：吉利的消息。[7]榘矱（jǔ huò）：法度。[8]严：郑重，庄重。合：志同道合。[9]挚：即伊尹，汤的贤相。咎繇（gāo yáo）：即皋陶（gāo yáo），禹的贤臣。调：协调，和谐。[10]说：即傅说，武丁时的贤相。操：拿着。筑：筑墙的工具。傅岩：地名。相传武丁梦见一贤人，即以梦中人形象访求于天下，得筑墙的奴隶傅说，武丁用其为相，殷朝大盛。[11]吕望：姜太公。鼓刀：舞动屠刀。姜太公曾困于朝歌为屠夫，后遇周文王才得举用。[12]宁戚：卫国人名。该：备。辅：辅佐。宁戚原为小商人，一次齐桓公夜出，遇宁戚扣牛角而歌，桓公听后知其为贤人，便提拔他为卿相。[13]晏：晚。[14]未央：未尽。[15]鹈鴂（tí jué）：子规鸟，即杜鹃。子规的啼声是草木凋零时节的标志。[16]琼佩：喻美德。偃蹇：众多繁盛的样子。[17]薆然：遮蔽。[18]谅：诚，信。[19]兰：怀王弟司马子兰。恃：依靠。[20]实：诚。容长：外表好看。此句意子兰空有浮华外表而无实才。[21]委：丢弃。[22]椒：楚大夫子椒。慢慆（tāo）：傲慢放肆。[23]榝（shā）：恶草名，茱萸一类的草。比喻子椒似贤而非贤。[24]干进而务入：指钻营谋求利禄权势。[25]祗：敬爱。[26]兹佩：比喻自己的美德。[27]亏：停歇。[28]沬（mèi）：同“昧”，消失。[29]和调：调和，和谐。

灵氛既告余以吉占兮，历吉日乎吾将行。折琼枝以为羞兮[1]，精琼靡以为粻[2]。为余驾飞龙兮，杂瑶象以为车[3]。何离心之可同兮，吾将远逝以自疏[4]。邅吾道夫昆仑兮[5]，路修远以周流。扬云霓之晻蔼兮[6]，鸣玉鸾之啾啾[7]。朝发轫于天津兮[8]，夕余至乎西极。凤皇翼其承旂兮[9]，高翱翔之翼翼[10]。忽吾行此流沙兮，遵赤水而容与[11]。麾蛟龙使梁津兮[12]，诏西皇使涉予[13]。路修远以多艰兮，腾众车使径待[14]。路不周以左转兮[15]，指西海以为期[16]。屯余车其千乘兮，齐玉轪而并驰[17]。驾八龙之婉婉兮，载云旗之委蛇。抑志而弭节兮，神高驰之邈邈。奏《九歌》而舞《韶》兮[18]，聊假日以媮乐[19]。陟升皇之赫戏兮[20]，忽临睨夫旧乡[21]。仆夫悲余马怀兮，蜷局顾而不行[22]。

[1]羞：同“馐”，美味的食品。[2]精：捣碎。琼靡（mí）：玉屑。粻（zhāng）：粮。[3]瑶：玉石。象：象牙。[4]自疏：自求疏远。[5]邅（zhān）：改变方向。[6]晻蔼：阴暗。[7]玉鸾：车铃的美称。[8]天津：天河。[9]翼：张开翅膀。承旂：举旗。[10]翼翼：整齐有秩序的样子。[11]赤水：神话中水名，发源于昆仑山。容与：从容闲舒。[12]麾：指挥。梁津：为桥以渡。[13]诏：命令。西皇：西方的尊神，相传为古帝少昊。涉予：渡我过去。[14]腾：过。径待：走捷径而相待。此句意昆仑之路难行，非人所能由，故令众车先行，使其行捷径而待己。[15]路：路过。不周：传说中山名，在昆仑山西北。[16]西海：传说中最西边的海。期：目的地。[17]轪（dài）：车轴。[18]《韶》：即《九韶》，相传为舜的舞乐。[19]假：假借。媮（yú）：同“愉”。[20]陟：升。皇：皇天。赫戏：光明。[21]睨：看。[22]蜷局：蜷曲或弯曲不伸的样子。

乱曰[1]：已矣哉，国无人莫我知兮[2]，又何怀乎故都？既莫足为美政兮[3]，吾将从彭咸之所居[4]。

[1]乱：篇末总结全篇思想内容的文字称乱。[2]莫我知：莫知我。[3]美政：理想的政治。[4]此句意为诗人将效法追随彭咸投水自尽。

（[宋]洪兴祖：《楚辞补注》，中华书局1983年版）

参考书目

1. 余冠英:《诗经选》，人民文学出版社1979年版。
2. 程俊英、蒋见元:《诗经注析》，中华书局1999年版。
3. [宋]朱熹:《诗集传》，中华书局2011年版。
4. [宋]洪兴祖:《楚辞补注》，中华书局1983年版。
5. [宋]朱熹:《楚辞集注》，上海古籍出版社2001年版。
6. 闻一多:《离骚解诂》，上海古籍出版社1985年版。

思考题

1. 如何评价《诗经》在中国文学史上的地位?
2. 如何评价屈原作品的文化精神?
3. 如何理解《离骚》中“香草美人”的意象?
4. 以《诗经》和《楚辞》为例，说明南北文化的差异性。

第三章　儒道互补

中华文化的特点是儒道互补，儒道思想是中华传统文化的核心思想。儒道思想是一种以人为本，以伦理为本位的文化。无论是儒家的仁义礼智、正心修身，还是道家的废弃仁义、保养天性，无不以道德实践为第一要义，以处理道德问题为先务。儒家讲求“吾日三省吾身”“反身而诚，乐莫大焉”，以修齐治平为人生导向，以道德的自我完善为人生价值取向，实现内圣外王的人生价值。道家追求人的本性的恢复，不以物累形，强调全生葆真，保持自然之上的道德观。这两种不同的思想内涵在历史发展中不断交融，形成了中国文化儒道互补的基本精神和人文气质。

第一节　儒家思想*

什么是儒?《周礼·天官》云:“儒以道得名。”这里的儒是指教授六艺的人。班固《汉书·艺文志》中指出:“儒家者流，盖出于司徒之官，助人君、顺阴阳、明教化者也。游文于六经之中，留意于仁义之际，祖述尧舜，宪章文武，宗师仲尼，以重其言，于道最为高。”这里既指明了儒家思想产生的渊源，又指出了儒者的职分，还概括了儒家思想的特征。

* 请参看中国大学精品开放课程：爱课程网站→资源共享课→中华文化（四川大学雷汉卿）→第二章第三节：中庸之德。

一、关于儒家思想的初创——孔子

孔子是儒学的创立者。孔子，名丘，字仲尼，鲁国陬邑人，生于春秋时期鲁襄公二十二年，卒于鲁哀公十六年，享年七十三岁。他曾官至鲁国大司寇，晚年周游列国，不为所用，归鲁讲学，以诗书礼乐教学，弟子三千，身通六艺者有七十二人。孔子删《诗》《书》，定《礼》《乐》，赞《周易》，修《春秋》，致力整理先王之书，为《易》作《十翼》。孔子的"述而不作"的编著态度，为后世提供了详尽的史实资料。

孔子的思想主要集中在《论语》一书中。班固《汉书·艺文志》云："《论语》者，孔子应答弟子、时人及弟子相与言而接闻于夫子之语也。当时弟子各有所记，夫子即卒，门人相与论纂，故谓之《论语》。"东汉刘熙《释名·释典艺》云："《论语》，记孔子与弟子所语之言也。论，伦也，有伦理也。语，叙也，叙己所欲说也。"《论语》一书就是经过整理编纂的孔子与弟子的对话集。

孔子的儒家学说，主要内容是仁义、礼乐、中庸之道，以及德治（礼治）和仁政的政治思想。他强调上下尊卑的等级关系，宣扬孝亲尊君的道德规范，推崇周代的礼乐文化。

第一，孔子思想的核心为仁。《吕氏春秋·不二》篇中提到"孔子贵仁"。"仁"在《论语》中出现一百多次，可见孔子对"仁"的重视。那"仁"的含义是什么呢？在《论语·颜渊》篇中，孔子认为"克己复礼为仁。一日克己复礼，天下归仁焉。为仁由己，而由人乎哉？"当颜渊问怎么做到"仁"时，孔子认为"非礼勿视，非礼勿听，非礼勿言，非礼勿动"。另外要"爱人"，可见"仁"需要"克己"和"爱人"，视、听、言、动要以礼为节制。"仁"的具体内容包括孝、悌、恭、敬等。为了更好解释"仁"，孔子在《论语·学而》中说"孝弟也者，其为仁之本与"；在《论语·子路》中，当樊迟问仁的时候，孔子说"居处恭，执事敬"。从对"仁"的重视可以看出孔子"泛爱众"，对人生命的尊重。因为"仁"，政治上诉求德治、礼治和仁治。

第二，社会秩序需要礼乐。春秋时期，礼崩乐坏。孔子不忍其衰落，极力维护礼乐传统。他认为自周公制礼作乐以来，"为国以礼"成为了"礼治"传统。礼被制度化，当礼被遵守时，就会"君君、臣臣、父父、子子"，尊卑上下各守名分，社会井然有序。因此，面对礼崩乐坏的时代，他极力主张重建"道之以德，齐之以礼"（《论语·为政》）为特征的礼乐秩序，并且强调"不学礼，无以立"（《论语·季氏》），要求人言行举止合乎礼，做到"非礼勿视，非礼勿听，非礼勿言，非礼勿动"（《论语·颜渊》）。

第三，处世最高境界是中庸之道。孔子说："中庸之为德也，其至矣乎！"他把中庸视为最高的道德。《论语·先进》中记载，子贡问："师与商也孰贤？"

子曰："师也过，商也不及。"曰："然则师愈与？"子曰："过犹不及。""过犹不及"是对客观事物发展规律的一种认识，由此得出一种处理问题的基本原则：无过无不及。无过无不及方为中正之道，这是中庸的基本思想。中是适度的意思。凡事都有个度，适度才能持其性质。这个度就是礼，人们的行为要合乎礼。"礼所以制中"，使人的行为以礼为度。此外，中庸体现了和谐的思想。孔子认为："礼之用，和为贵。"

在政治上，孔子提出："政宽则民慢，慢则纠之以猛；猛则民残，残则施之以宽。宽以济猛，猛以济宽，政是以和。"治理国家要宽猛相济，方能达到政治上的"和"。

二、儒家思想的发展——孟子

儒家思想的继承和发扬者孟子（前372—前289），名轲，战国时期邹国人（今山东邹城），被人尊为"亚圣"。据赵岐《孟子题辞》说："孟子，鲁公族孟孙之后，故孟子仕于齐，丧母而归葬于鲁也。"据司马迁记载，孟子的老师是子思的学生，子思是孔子的孙子。孟子一生的主要活动是在邹、鲁、齐、滕、宋、魏等国游说诸侯，宣传儒家的政治主张，与此同时讲学授徒。《孟子》书中记录的孟子思想，都是他游说各国期间或者与学生们对答时所发表的言论。《孟子》有七篇传世：《梁惠王》《公孙丑》《滕文公》《离娄》《万章》《告子》《尽心》。

孟子的思想可概括为性善论，政治上实行仁政，文学上主张知人论世、以意逆志学和知言养气。

第一，性善论。孟子性善论的提出，是以仁义之心为其内容的。《告子上》中写道："仁，人心也。义，人路也。舍其路而弗由，放其心而不知求，哀哉！人有鸡犬放，则知求之；有放心而不知求。学问之道无他，求其放心而已矣。"这里仁是人心的本质，义是心之路。仁义之心不仅为圣贤所有，也为任何人所有。正如《告子上》中提到"非独贤者有是心也，人皆有之，贤者能勿丧耳"。为了详细说明仁义是心所固有之物，孟子从四个方面进行描述："恻隐之心，仁也；羞恶之心，义也；恭敬之心，礼也；是非之心，智也。仁义礼智，非由外铄我也，我固有之。"（《告子上》）上面四心，孟子又称为四端。心所固有的就是性，其内容就是恻隐之心。从心善论性善，这是孟子性善论的基本思路。人要存心养性，不失其本心，才能俯仰无愧。

第二，仁政治国。孟子明确提出了"仁政"的观念。孟子意识到老百姓在政治生活中的根本地位，并明确提出了"民为贵，社稷次之，君为轻"（《尽心下》）的思想。为此他以爱民保民为核心，从人心入手，落实到"与民偕乐"的政治。此外还有几项最基本的仁政因素：制民之产、经界与井田、人伦教化。仁政是通向王天下的统治，因此也被称为王政。

第三，以意逆志和知人论世。孟子注重读经典之书，并且他对读经典有自己的诠释态度。在经典面前，阅读者有取舍笔削的权利，但这种取舍笔削要以理义为根据。他为此提出了以意逆志和知人论世的文学批评方法。《万章上》云："故说诗者，不以文害辞，不以辞害志。以意逆志，是为得之。"也就是说诗是用来言志的，因此读诗最重要的是通其大旨，弄清楚作者的心志。所谓"文"，是指对文字的某些文饰。"辞"是指文字，"志"则是作者要表现的主旨。这个方法主张不要以某些修辞的方式妨害对于文字的理解，也不要拘泥于文字妨害对于主旨的把握。"以意逆志"的"意"指的是"文意"，意思是读者通过文意把握作者之志，因此超越了文字，进入一个道和意义的世界。"知人论世"的文学观点体现在《万章下》中："颂其诗，读其书，不知其人，可乎？是以论其世也。"孟子认为在读文学作品的时候，是通过文字和作者进行交往，因此在读书时要关注文字后面的生命。要了解作品，必须先了解作者，要了解作者，应当了解其时代，孟子善于从不同作者及诗作的不同背景分析出发，来评价不同的诗篇。孟子欣赏经典的方法对后世的文学理论产生了深远影响。[①]

三、儒家思想的发展和演变

先秦儒学在历史的进程中，其内容得到不断丰富。战国末年赵国人荀子尊崇孔子，同时吸收先秦百家之学说精华，建立了以"礼"释"仁"的"礼学"，主张"隆礼"和"重法"，并且提出性恶论，强调了人的先天自然性和后天社会性的关系。儒学在秦朝虽然遭遇了"焚书坑儒"的粗暴打压，但儒学并没有因此销声匿迹。它顽强的生命力体现了其内在精神的巨大价值。至汉武帝时期，儒学被视为官方政治学说，儒学典籍成为国家教科书，董仲舒提出"罢黜百家，独尊儒术"的政治理念，把儒学推上了百家学说中的至高地位。董仲舒把阴阳五行学和儒家思想结合，形成了神秘的"天人感应说"，主张君权神授，以此维护大一统的稳定和平时局。从此，儒家文化便成为中华文化的主干力量，并绵延至今。

儒学到了魏晋时期，由于社会的变化，向玄学转变。魏晋文人综合儒道两家思想，将两家学说在玄学中融为一体，既继承了儒家的传统，又融合了道家抽象思辨的特色，形成了以道为本的玄学化儒学。代表人物有何晏、王弼等。

至隋唐时期，儒学被视为治国法宝。整个社会从上至下，兴儒学、习儒典、重儒士，推动了儒学的发展，并在全社会形成了尊儒读经的社会风气，确立了儒家思想的正统地位。但与此同时，唐人在保存儒学基本思想的同时，吸收佛、道成果，创立了一种新的儒学体系。这时期的儒学批判"天人感应"和谶纬神学思想，肯定儒学对国家政事的教化，维护君臣父子之人伦关系，树立仁义忠

① 张少康：《中国文学理论批评史教程》，北京大学出版社2009年版，第20页。

信的社会风尚，代表人物有刘知幾、韩愈、柳宗元、刘禹锡等。

宋明儒学在唐代儒、释、道三教融合的基础上孕育、发展成理学，研究的中心问题是“性与天道”的哲学问题。“性”指人性，亦包括物性。“天道”即“天理”，简称“理”。主要代表人物为周敦颐、邵雍、张载、程颢、程颐、朱熹、陆九渊、王守仁等。理学的特点有四点：第一，从宇宙论、本体论等方面论证了先秦儒家思想；第二，主张以儒家的圣人为理想人格并作为人生的终极目的；第三，“存天理、灭人欲”的道德实践是以儒家的仁、义、礼、智、信为内在基础的；第四，以集中心性的修养方法实现人的全面发展。

理学发展到清朝，涌现了黄宗羲、顾炎武、王夫之等一系列著名学者。他们提倡经世致用之学，注意研究实际问题，并突破理学的局限，提出了系统的唯物主义理论，在理气论、人性论、认识论、知行观等方面达到了中国哲学的高峰。

儒家思想发展到现代，在“五四”以来的新儒家营垒中，儒学家们基本是从“道”的层面把握和肯定儒家思想，实质内容没有很大变化。代表人物有从20世纪20至40年代的梁漱溟、熊十力、贺麟、冯友兰等；从50年代至70年代的牟宗三、唐君毅、徐复观、方东美等；从80年代开始，有杜维明、刘述先等。新儒学在一定意义上是一种文化哲学，他们强调中国传统文化的一本性和优越性，认为从尧舜禹汤文武周公孔孟到程朱陆王，有着一脉相承的“道统”；中国文化的最高理想是儒家人文主义，它是道德精神和宗教精神的统一；儒家的心性之学是中国传统文化的本原和核心；只有在中国传统文化认同的基础上，才谈得上对西方文化吸纳和会通。[①]

儒家思想在历史的长河中不断地演化和发生变化，但不管怎么演化，其内在结构一直保持相对稳定，有一个贯彻始终的基本思想，教人在社会上如何做人，即立德、修身，实现仁礼统一的高尚人格。儒家思想有具体的实践主张，那就是：自强不息、义以为上、重视现世、修身为本、为政以德等人生观、价值观、政治观。这些思想成为中国几千年来的指导思想，也是中华民族生存发展的精神支柱，成为中华文化的灵魂和核心，长期以来，在中国传统文化中占据主导地位。

第二节 道家思想

《汉书·艺文志·诸子略》云：“道家者流，盖出于史官，历记成败存亡祸福古今之道，然后知秉要执本，清虚以自守，卑弱以自持，此君人南面之术也。合

① 许凌云、许强：《中国儒学通论》，广东教育出版社2002年版，第235页。

于尧之克攘，《易》之嗛嗛，一谦而四益，此其所长也。及放者为之，则欲绝去礼学，兼弃仁义，曰独任清虚可以为治。”这里指出了道家的起源和精神内涵。道家以“道”名之，道家精神是以“道”为中心概念展开的，道家学派以“得道”为最高精神追求。讲说道，追求得道，是道家学派的突出特点。

一、道家思想的初创——老子*

老子，道家学派的创始人。据《史记》记载：“老子者，楚苦县厉乡曲仁里人也，姓李氏，名耳，字聃，周守藏之史也。”学界关于他的确切出身时间还存有争议。但按照传统的说法，老子与孔子属于同时代，但比孔子年长，孔子曾问礼于老子，很推崇老子。《老子》一书被道教尊奉为《道德经》，是道家学派最重要的经典。全书分为上下两篇，81章，五千余字。今天的通行本前37章为上篇《道经》，后44章为下篇《德经》。

老子是朴素的自然主义者。他关心的是如何消解人类社会的纷争，如何使人们生活幸福安宁。他期望的是：人的行为能取法于“道”的自然性与自发性，政治权利不干涉人民的生活，消除战争的祸害，扬弃奢侈的生活，在上者引导人民返回到真诚朴质的生活形态与心境。

老子哲学把人类思考的范围由人生扩展到整个宇宙。他看人生种种问题，乃从宏观出发，而又能微观地作多方面的审视。老子的整个哲学系统的发展，可以说是由宇宙论伸展到人生论，再由人生论延伸到政治论。

《老子》一书中，重点讨论了“道”的含义，“天人合一”的宇宙观和人生境界，无为无不为的主体追求。老子的学说有很强的思辨性，为中国古代哲学做出了创造性的贡献。

第一，“道”是老子哲学思想的中心观念。老子哲学的理论基础是由“道”开始的。“道”的本义是道路，后来引申为规律、法则，也指道理。春秋时期，人们用道来表示自然天象运行的规律，以及社会人生活动的准则，如天道、人道等。老子对道的含义有更深层次的理解。他把道看成是哲学的最高范畴，指称世界本体，从而创立了本体论哲学。

仅五千言的《老子》集中阐释道的理论，将以往袭用的道的概念逻辑化、抽象化，提炼成为本体论的最高范畴，这标志着殷周时代关于天道观问题的讨论进一步深入和民族理论思维能力的提高。以道为世界本体打破了长

---

*请参看中国大学精品开放课程：爱课程网站→资源共享课→中华文化（四川大学雷汉卿）→第二章第四节：老子的道。

期以来支配人们头脑的天神至上观念，给予无神论以理论的逻辑支持，这凝聚了哲学家深刻的人生体验和理性思考，给后人提供了广阔的思维空间和诠释余地。

道的提出主要是解决宇宙起源、世界本体问题。老子明确地把道说成是世界万物的总根源，天地由它产生，万物从它起源，道是“天地之根”“万物之母”。老子认为道的存在情形是混沌惚恍，无名无状，视之不见，听之不闻，不能为人们感知描述，独立于人和万物。道还没有分化，所以混一，道还没有生出万物，所以复归无物。道是原始的存在，能够分化出生物；道是无限的存在，首尾不可见，混一不可致诘。因为道具有这些性质，所以才能作为世界的本体。①

第二，天人合一的宇宙观和人生境界。老子提出“人法地，地法天，天法道，道法自然”（二十五章）的天人合一的宇宙观和人生境界。他以归根即复归于道、玄同于道作为人生最高境界。同时也可以看出老子的天人合一的思想是建立在道的基础上的。老子的道的范畴，是指宇宙总根源、总规律，涵盖天、地、人，是客观自然的存在。老子的天人合一，首先指天、人皆由道派生，在本原上是同一的，其次指天、人皆效法道，自然无为，在法则上天人是同一的。天人从表面上看各为“一大”，有自己的存在形态和变化运动法则，但从根源上、规律上看，天人都不离道，因此，不能把天人界限看成是绝对的，不能执著于天，将人统一于天，也不能执著于人，将天统一于人。

在道的基础上建立天人合一的理论之后，老子进而建立道与人的统一。如果说天、人是两个局部世界两种相对独立的法则，天人合一是两个局部世界、两种独立法则的统一，那么，道和人的统一则是整体世界与局部世界、普遍法则与特殊法则、本原与现象的统一。这种统一表现在两个方面：其一，人作为一种生命存在物，人源于道，复归于道，人与天、与道三者合一，合一的基础是道；其二，在人事活动领域，社会人事的客观法则和本然状态亦是“道”，人类文明创造和人的主观意志，是对道德的背离、破坏和否定，人应当从文明返归自然。道人合一是主体自觉追求的一种社会理想和精神境界，是对道离散、天人分立的现实的否定和超越，合一的基础是人对道德的认同、人对自我的觉悟。在老子看来，人复归于道、人与道的合一，既是生命衍生发展的自然过程，又是人类追求契合社会客观法则的理想人生境界的过程。道人的合一最终落在主体——人的自觉追求之中。②

第三，“无为无不为”的主体追求。“无为”是指在清静无事的基础上，不对万事横加干涉，顺应客观规律去做事，该做的就做，不该做的就不做。老子把“无为”

① 李坚：《内圣外王：儒道思想的发展》，辽海出版社2001年版，第35—37页。

② 李坚：《内圣外王：儒道思想的发展》，辽海出版社2001年版，第12—13页。

思想作为他的政治核心，并把它用在处世哲学上。他的处世哲学是以退为进，以后为先。应用到政治上就是“清静无为”。而这种无为思想反映了小所有者、隐士反对统治者的作为，他们认为统治者的一切作为，都是扰乱天下，使百姓不安。他们要求统治者无所作为，效法自然，让百姓自生自长，自由发展。例如在第三章中有“使夫智者不敢为也。为无为，则无不治”的说法。

学界普遍认为，“无为而无不为”是指只要做到了清静无为，就能做成一切事情。如王弼《老子道德经注》在第三十七章“道常无为”下注：“顺自然也。”在“无不为”下注：“万物无不有为以治以成之也。”陈鼓应在《老子注释及评介》中把“无为而无不为”翻译成“如果不妄为就没有什么事情做不成的了”。

二、道家思想的发展——庄子

庄子是道家思想的集大成者。庄子的思想与老子的思想合称为“老庄之道”。庄子继承了老子关于道的学说，并提出了与老子不同的一些观点，丰富了道家思想的内容。

庄子姓庄名周，宋国蒙（今商丘东北）人。据《史记》记载：“庄子者，……与梁惠王、齐宣王同时。……楚威王闻庄周贤，使使厚币迎之，许以为相。”据此，学术界大多数学者认同马叙伦的关于庄子生于公元前369年，卒于公元前286年的考论。庄子后来被尊称为“南华仙人”“南华真人”，《庄子》也被尊称为《南华真经》，被道教视为仅次于《老子》的经书。《隋书·经籍志》记载：“大业中，道士以术进者众。其所以讲经，由以《老子》为本，次讲《庄子》及《灵宝》《升玄》之属。”

庄子认为道、气为不同性质的事物，它们相互配合以产生万物。他以发展、变化的眼光看待世间万物，提倡人性善，是可知论与不可知论的结合者。在政治上他提出“无为而治”“善治”的政治理念和具体措施。

第一，道的思想的丰富。在庄子眼中，道有四个特征：第一，道没有作为没有形象，却“有情有信”，真实而有信验；第二，道是非物，无形象可寻，不能由感官把握；第三，道无老无深无极，在时空上无法穷尽；第四，道自为本根，自生自足，天地万物由道产生。道是宇宙万物的本源。《庄子·大宗师》云：“夫道，有情有信，无为无形；可传而不可受，可得而不可见；自本自根，未有天地，自古以固存；神鬼神帝，生天生地；在太极之先而不为高，在六极之下而不为深，先天地生而不为久，长于上古而不为老。”庄子认为，道没有始终，但万物有生死变化，它们处于不停的变化之中，而且这种变化是自然万物的普遍规律。由自然万物推及人，人一降生便在与外物的矛盾中进入运动状态。人类社会也是处于运动变化中的，例如“帝王殊禅，三代殊继”“故礼义法度者，应时而变者也”。道是事物变化的动力，是万物存在和生死变化的根源。宇宙的一切变化都受道的支配。但道是自然无为的，它只是作为一种必然性在起作用。万事万物遵守这种必然性，能够自我运动变化，他称为“自化”。因此事物的变化也依赖于这种自化。[①]

第二，变化的认识论。庄子认为客观世界处于一种无限和“瞬息万变”的状态中。这些客观事物远远超出了人类的认识能力。基于这些原因，庄子告诫人们：客观事物是不可知的，因而也是不必知的。他在《庄子·养生主》中说道：“吾生也有涯，而知也无涯。以有涯随无涯，殆已；已而为知者，殆而已矣。”

庄子认为人的主要认识对象不应该是客观环境，而是精神，这个精神包括道和心，其实道的内容就是庄子内心的思想，因此他提倡“徇耳目内通而外于心知”。对待外物，只需采取被动的“映照”外界事物就可以了。“无为名尸，无为谋府，无为事任，无为知主。……至人之用心若镜，不将不迎，应而不藏。”这正可以反映庄子重内心、轻客观的认识态度与他的不可知、不必知思想是一致的。[②]

第三，无为而治的政治思想。无为而治，是指统治者不要去干涉人们的生活，让人们自由发展。《庄子·在宥》说:“故君子不得已而临莅天下，莫若无为。无为也而后安其性命之情。”关于无为而治的君民关系，《庄子·天地》有一个非常形象的比喻：“上如标枝，民如野鹿。”君主犹如高高在上的树枝，百姓犹如无拘无束的野鹿；树枝虽然高高在上，却从来不去干扰野鹿的活动。庄子认为，君子治理天下的最好办法就是顺应自然。一切都顺应自然，不要掺进半点主观成见，正如他在《应帝王》中借无名人之口所说：“汝游心于淡，合气于漠，顺物自然而无容私焉，而天下治矣。”

三、道家思想的发展和演变

到了西汉初期，由道家思想发展而来的黄老之学兴盛起来。黄老之学以老子思想为基础，吸收了先秦各家思想的营养，强调在顺应自然的前提下，发挥人的主观能动性，主张文武兼备、刑德并用、清静无为、与民休息、因循而治。代表人物有刘安、司马谈。刘安在《淮南子》中将“无为”界定为“循理而举事，因资而立功”，统一了无为和有为。到汉武帝时期，由于“独尊儒术”，道家哲学退出庙堂，走入民间，渐渐与民间神仙方术杂糅，肉体成仙与黄老养生术相

---

① 李坚：《内圣外王：儒道思想的发展》，辽海出版社2001年版，第63—64页。

② 张松辉：《庄子研究》，人民出版社2009年版，第41页。

结合，转化成宗教型的道家即道教。东汉时期，针对谶纬神学和世风日下的社会弊端，王充作为批判社会的代表人物，将老子道法自然的思想加以唯物主义改造，建构了元气自然论哲学体系，标志着贵无尚虚的道家哲学开始走向实学，同时也意味着早期道家精神的衰竭。

魏晋时期，玄学（又称为新道家）成为时代的文化主潮。“玄”，出自《老子》“玄之又玄，众妙之门”。当时的名士喜清谈，常以《老子》《庄子》和《周易》“三玄”为谈资，并借注释此“三玄”来表达自己的哲学见解。其主要思想旨趣为“三辩”：有无之辩，自然与名教之辩，言意之辩。[①]玄学代表有何晏、王弼、竹林七贤（嵇康、阮籍、山涛、刘伶、阮咸、向秀、王戎）、郭象等。道家后来转型为道教，道家思想以宗教的形式继承和深化。葛洪扬道抑儒，力阐道者为本，不但可以治身，还可以治国，从理论上发展了道家学说。唐代道士成玄英注释《老子》《庄子》，深雅通达，百代所重；“重玄之道”，也是对道家哲学的创造性发挥。宋代道士陈抟，作《无极图》，解析《易》《老》，对天人相通之理有精妙之论，并推动了宋明理学的形成；张伯端《悟真篇》融合儒释道，对虚静之道有深刻领悟；王重阳、丘处机力主三教会通，倡导性命双修之旨和清心寡欲之本，推动了道教思想的发展。到明清时期，道家思想在停滞中走向衰微。

第三节　儒道思想的互动和影响

一、儒道互补与相通

冯友兰曾说过：“中国思想的两个主要趋势，道家和儒家的根源，它们是彼此不同的两级，但又是同一轴杆的两极。”他认为“儒家强调人的社会责任，但是道家强调人的内部的自然自发的东西。人们常说孔子重‘名教’，老、庄重‘自然’”。[②]儒道有不同的思想倾向，代表着中国文化发展的两种不同路向。这两种不同的文化路向在后来的发展中形成了不同的文化传统，并奠定了儒道互补这一中国思想文化的基本格局。

儒家思想的主要特色为仁德主义，偏重于人与人的关系，由此建立了儒家的伦理学和政治学。道家思想的主要特色是自然主义，偏重于人与自

① 陆玉林、陈志良：《中国道家》，宗教文化出版社1996年版，第148页。

② 冯友兰：《中国哲学简史》，北京大学出版社1985年版。

然的关系，由此建立了道家的本体论和宇宙论。西方哲学家黑格尔认为，儒家思想属于“道德哲学”，道家思想属于“思辨哲学”。①

儒家思想与道家思想对待社会政治与人生问题的价值取向也有很大差异。儒家关心人生、社会问题，对人类的进步持积极乐观的态度，主张人生应努力进取，有所作为，为平治天下多做贡献，他们设计的是一条进取型的人生道路。此外，儒家注重社会伦理，表现出强烈的群体意识，强调个人应当全身心投入社会事业，崇尚有为和力行。道家有鉴于人类文明和社会发展的副作用，主张人类社会应该不断地进行复归本位的运动，以保持和谐与宁静；而要使社会和谐宁静，关键在于净化人类的心灵，通过自然无为的方式使人性返璞归真；注重人的个体性，善于站在大道的立场上，以超越的态度观察人生和社会，倡导人应保持自己独立自主的意志和自由思想的能力，不被世俗的价值和规则所拘束。②

儒道思想虽然有差异，但不能否认两者间也存在着互通性。老庄不是站在仁义的对立面去反对仁义，相反，老庄提出了比儒家仁义更高层次的“大仁”“大义”。也就是说，老庄摒除了儒家以仁义邀人心的弊端，汲取其主要内容，提倡不带任何功利目的的仁义。③庄子表面上看似反对仁义，但实际上他反对的是儒家以笼络人心为目的的仁义，提倡一种不带任何功利目的的仁义，他不仅不反对仁义，反而提高了行仁行义的标准。④

儒家的核心范畴“中和”“中道”“中庸”等思想，道家老子的守中、尚中思想，都强调心境的中和平衡，两者有相似之处。孔子认为事物的变化超过一定的限度就转向反面，而且强调，如果事情转到不好的方面时，有可能向相反的方面发展。因此他认为“中庸”思想是人立身处世的最高境界，这与道家的“反者道之动”思想也有相通之处。

二、儒道思想的影响

儒道思想是中华民族文化的精神内核和理论表现，对中国传统文化基本精神的形成与传扬起到了重要作用。

首先是儒道思想对中国人思维的影响。中国人注重内向型的“吾日三省吾身”，忽视了对客观规律、事物的时间与空间、原因与结果、形式与内容等范畴的深思。例如，“知者乐水，仁者乐山”，“我善养吾浩然之气”，“道可道，非常道；

---

① [德]黑格尔：《哲学史讲演录》第1卷，贺麟、王太庆译，商务印书馆1983年版。

② 白奚：《孔老异路与儒道互补》，《南京大学学报》2000年第5期。

③ 张松辉：《庄子研究》，人民出版社2009年版，第51页。

④ 张松辉：《庄子研究》，人民出版社2009年版，第41页。

名可名，非常名”。儒道都是用直观感悟的方式将直觉中的感受说出来，由此形成了中国人直觉的、感悟式的思维方式。

其次是儒道思想对中国文学艺术的影响。儒家学派讲究“物感说”，道家讲究言意形神之辩。两者的结合形成了中国文学特有的表达方式：意境说。中国文学意境说是建立在表现情感为主的抒情文学传统上，形成了情境交融、虚实相生、形神兼备的独特审美特征。王国维认为，有意境的作品，应当有言外之味，弦外之响。言外之意越多，则意境越深；言外之意越少，则意境越浅。老庄讲言不尽意，是指语言不能完全达意，但它充分运用语言的暗示性，唤起读者的联想，让读者去体会那“象外之象”，去咀嚼品味那字句之外隽永深长的情思和意趣，以达到“言有尽而意无穷”“不著一字，尽得风流”的效果。中国的诗、画、书法、音乐乃至一些小说，都善于运用这种虚实相生、形神兼备的求得意境的方法。

再次是儒道思想对中国文化与文论话语规则的影响。其核心特征有二。第一，儒家“依经立义”的意义建构方式和“解经”的话语模式；第二，道家以“道”为核心的“无中生有”的意义生成和“书不尽言，言不尽意”的话语言说方式。儒道思想建构了中国文化、文论的规则。而这种文化规则贯穿历史长河，以至后来文论上产生了“风骨”“妙悟”“意境”等传统文论话语。

经典选读

礼记·大学（节选）

大学之道[1]，在明明德[2]，在亲民[3]，在止于至善[4]。知止而后有定，定而后能静，静而后能安，安而后能虑，虑而后能得。物有本末，事有终始，知所先后，则近道矣[5]。古之欲明明德于天下者，先治其国；欲治其国者，先齐其家；欲齐其家者，先修其身；欲修其身者，先正其心；欲正其心者，先诚其意；欲诚其意者，先致其知[6]；致知在格物[7]。物格而后知至，知至而后意诚，意诚而后心正，心正而后身修，身修而后家齐，家齐而后国治，国治而后天下平。

[1] 大学：大人之学，指社会精英治国平天下的学问。[2] 明明德：彰显每个人与生俱来的美好品德，即人性的光辉。[3] 亲民：即新民。在明明德的基础上，推己及人，使得天下百姓可以革除旧弊，同样得到道德的升华。[4] 止于至善：到达天地、事物最合适、最完备的状态。[5] 近道：接近事物发展的准则、规律。[6] 致其知：获得关于善恶吉凶的知识。[7] 格物：穷尽对事物规律的认识。

自天子以至于庶人，一是[1]皆以修身为本。其本乱而末治者否矣。其所厚者薄，而其所薄者厚，未之有也。此谓知本[2]，此谓知之至也。

[1]一是：一切。[2]知本：对事物之理的根本认识。

所谓诚其意者，毋自欺也，如恶恶臭，如好好色，此之谓自谦。故君子必慎其独也[1]。小人闲居为不善，无所不至，见君子而后厌然[2]，揜其不善而着其善[3]。人之视己，如见其肺肝然，则何益矣。此谓诚于中，形于外，故君子必慎其独也。曾子曰："十目所视，十手所指，其严乎[4]！"富润屋，德润身，心广体胖[5]，故君子必诚其意。

[1]慎其独：道德高尚的人在独处的时候也能谨慎自持。[2]厌然：沮丧躲藏的样子。[3]揜（yǎn）：掩盖。[4]严：可以敬畏。[5]心广体胖（pán）：内心宽广坦然，身体安适舒泰。

诗云："瞻彼淇澳，菉竹猗猗。有斐君子，如切如磋，如琢如磨。瑟兮僴兮。赫兮喧兮，有斐君子。终不可諠兮[1]。"如切如磋者，道学也；如琢如磨者，自修也；瑟兮僴兮者，恂栗也[2]；赫兮喧兮者[3]，威仪也。有斐君子，终不可諠兮者[4]，道盛德至善，民之不能忘也。《诗》云："於戏前王不忘！"君子贤其贤而亲其亲，小人乐其乐而利其利，此以没世不忘也。《康诰》曰："克明德[5]。"《大甲》曰："顾諟天之明命[6]。"《帝典》曰："克明峻德[7]。"皆自明也。汤之《盘铭》曰："苟日新，日日新，又日新。"《康诰》曰："作新民。"《诗》曰："周虽旧邦，其命惟新。"是故君子无所不用其极。《诗》云："邦畿千里，惟民所止。"《诗》云："缗蛮黄鸟[8]，止于丘隅。"子曰："於止，知其所止，可以人而不如鸟乎？"《诗》云："穆穆文王，於缉熙敬止[9]！"为人君止于仁，为人臣止于敬，为人子止于孝，为人父止于慈，与国人交止于信。

[1]出自《诗经·卫风·淇澳》，赞誉君子拥有丰富的文采与优秀的品德。[2]瑟：严肃庄重。僴（xiàn）：刚武。恂栗：容貌严峻端正。[3]赫、喧：盛大。[4]諠（xuān）：忘记。[5]克：能够。[6]顾：念及。諟（shì）：是。[7]峻：大。[8]缗（mín）蛮：指鸟叫声。[9]缉熙：光明。

（[清]阮元校刻：《十三经注疏·礼记正义》，上海古籍出版社1997年影印版）

论语·里仁

子曰："里仁为美[1]。择不处仁[2]，焉得知[3]？"

[1]里：仁者居住的地方。这句意为乡里有仁人居住，这就是美。[2]处(chǔ)：相处交往。[3]知：智慧。

子曰："不仁者不可以久处约[1]，不可以长处乐。仁者安仁，知者利仁[2]。"

[1]约：穷困。[2]利：利用，以……为利。

子曰："唯仁者能好人，能恶人[1]。"

[1]好（hào）、恶（wù）：公正地有所喜爱或厌恶。

子曰："苟志于仁矣，无恶也。"

子曰："富与贵，是人之所欲也；不以其道得之，不处也[1]。贫与贱，是人之所恶也[2]；不以其道得之，不去也[3]。君子去仁，恶乎成名[4]？君子无终食之间违仁[5]，造次必于是，颠沛必于是[6]。"

[1]处：取得，享有。[2]恶：音wù。[3]去：离开，摆脱。[4]恶(wū)乎：从哪里。[5]终食之间：吃完一顿饭的时间，特指时间短。违：离开，违背。[6]造次：仓促、匆忙的时候。颠沛：困顿、流离的时候。

子曰："我未见好仁者，恶不仁者。好仁者，无以尚之[1]；恶不仁者，其为仁矣，不使不仁者加乎其身[2]。有能一日用其力于仁矣乎？我未见力不足者。盖有之矣[3]，我未之见也。"

[1]尚：复加，超过。[2]加：施加，影响。[3]盖：句首语气副词，大概。

子曰："人之过也，各于其党[1]。观过，斯知仁矣[2]。"

[1]党：类。[2]斯：连词，就。

子曰："朝闻道，夕死可矣。"

子曰："士志于道，而耻恶衣恶食者[1]，未足与议也[2]。"

[1]耻：以……为耻。[2]议：讨论。

子曰："君子之于天下也，无适也[1]，无莫也[2]，义之与比[3]。"

[1]适：可以。[2]莫：不可以。[3]比：亲近，随从。

子曰："君子怀德，小人怀土[1]；君子怀刑[2]，小人怀惠[3]。"

[1]怀土：沉浸于现状的安逸。[2]怀刑：遵守法纪。[3]怀惠：贪图利益。

子曰："放于利而行[1]，多怨。"

[1]放：依照，按照。

子曰："能以礼让为国乎[1]？何有？不能以礼让为国，如礼何？"

[1]为：治理。

子曰："不患无位[1]，患所以立[2]；不患莫己知，求为可知也。"

[1]患：担忧。位：爵位。[2]所以立：是否有立身的才学。

子曰："参乎！吾道一以贯之[1]。"曾子曰："唯。"子出，门人问曰："何谓也？"曾子曰："夫子之道，忠恕而已矣[2]！"

[1]参：孔子弟子曾参。一以贯之：以，介词，有"用""拿"之义。"一"是"以"的宾语，被提到了前面，顺序实为"以一贯之"。贯：贯通，统贯。[2]忠：积极的尽己之心。恕：以己度人，推己及人。

子曰："君子喻于义[1]，小人喻于利。"

[1]喻：知晓，明白。

子曰："见贤思齐焉[1]，见不贤而内自省也[2]。"

[1]贤：贤人。思齐：想要向他看齐。[2]内：内心。自省：自我反省，自我审查。

子曰："事父母几谏[1]，见志不从，又敬不违，劳而不怨。"

[1]几谏：微谏，婉转、善意地提出意见。

子曰："父母在，不远游，游必有方[1]。"

[1]方：常指在古代交通、通信不发达的情况下远游，能使父母在思念召唤的时候得知自己的处所、方位。

子曰："三年无改于父之道[1]，可谓孝矣。"

[1]道：专指正确之道。

子曰："父母之年，不可不知也。一则以喜，一则以惧。"

子曰："古者言之不出，耻躬之不逮也[1]。"

[1]躬：身体。逮：及，达到。

子曰："以约[1]失之者鲜[2]矣！"

[1]约：约束，克制。指谨慎行事。[2]鲜：少。

子曰："君子欲讷于言而敏于行[1]。"

[1]讷：迟钝。敏：敏捷、迅速。

子曰："德不孤，必有邻[1]。"

[1]必有邻：必有同志相求与之为邻。

子游曰："事君数[1]，斯辱矣；朋友数，斯疏矣。"

[1]数：数量多。

（[宋]朱熹：《四书章句集注·论语集注》，中华书局1983年版）

孟子·告子上（节选）

孟子曰：“鱼，我所欲也[1]；熊掌，亦我所欲也。二者不可得兼，舍鱼而取熊掌者也[2]。生，亦我所欲也；义，亦我所欲也。二者不可得兼，舍生而取义者也。生，亦我所欲，所欲有甚于生者，故不为苟得也[3]；死，亦我所恶，所恶有甚于死者[4]，故患有所不辟也[5]。如使人之所欲莫甚于生[6]，则凡可以得生者[7]，何不用也？使人之所恶莫甚于死者，则凡可以辟患者，何不为也？由是则生[8]而有不用也。由是则可以辟患而有不为也。是故所欲有甚于生者，所恶有甚于死者，非独贤者有是心也，人皆有之，贤者能勿丧耳。一箪食[9]，一豆羹[10]，得之则生，弗得则死。呼尔而与之，行道之人弗受；蹴尔而与之[11]，乞人不屑也。万钟则不辨礼义而受之[12]，万钟于我何加焉[13]？为宫室之美、妻妾之奉、所识穷乏者得我与[14]？乡为身死而不受[15]，今为宫室之美为之；乡为身死而不受，今为妻妾之奉为之；乡为身死而不受，今为所识穷乏者得我而为之，是亦不可以已乎？此之谓失其本心。”

[1]欲：想要。[2]舍：舍弃。[3]苟得：苟且得到，指“苟且偷生”。[4]所恶：讨厌的（事物）。恶：憎恨，讨厌。[5]患：祸患，灾难。辟（bì）：躲开，避免。[6]如使：假如，假使。下文“使”同义。[7]凡可以得生者：一切可以得到生存的办法。者：……的办法。[8]由是：按照这种方法。[9]箪(dān)：古代盛食物的圆形竹器。食：音sì。[10]豆：古代盛食物用的器具，高足，上呈圆盘形，有木制、陶制等。羹：用肉、菜调和五味带汤的食物。[11]蹴（cù）：脚踢。[12]万钟：指优厚的俸禄。钟：古代的一种量器，六斛四斗为一钟。[13]加：好处，益处。[14]得：感激。[15]乡（xiàng）：通“向”，从前。

孟子曰：“仁，人心也。义，人路也。舍其路而弗由[1]，放其心而不知求，哀哉！人有鸡犬放，则知求之；有放心而不知求[2]。学问之道无他，求其放心而已矣。”

孟子曰：“今有无名之指，屈而不信[3]，非疾痛害事也[4]。如有能信之者，则不远秦、楚之路，为指之不若人也。指不若人，则知恶之；心不若人，则不知恶；此之谓不知类也。”

[1]由：经由，沿循。[2]放心：丧失的良善之心。[3]信（shēn）：通“伸”，伸展。[4]害：损害，妨害。

孟子曰："拱把之桐、梓[1]，人苟欲生之，皆知所以养之者。至于身，而不知所以养之者。岂爱身不若桐、梓哉？弗思甚也！"

孟子曰："人之于身也，兼所爱。兼所爱，则兼所养也。无尺寸之肤不爱焉，则无尺寸之肤不养也。所以考其善不善者[2]，岂有他哉？于己取之而已矣。体有贵贱，有小大。无以小害大，无以贱害贵。养其小者为小人，养其大者为大人。今有场师[3]，舍其梧槚[4]，养其樲棘[5]，则为贱场师焉[6]。养其一指，而失其肩背而不知也，则为狼疾人也[7]。饮食之人[8]，则人贱之矣，为其养小以失大也。饮食之人无有失也，则口腹岂适[9]为尺寸之肤哉？"

[1]拱：两手合围。把：一手把握。桐、梓：树木的名称。[2]考：考察。[3]场师：打理园圃的人，可理解作园艺师。[4]梧槚(jiǎ)：桐树、梓树，指优良的材料。[5]樲(èr)棘：酸枣树，指低劣的材料。[6]贱：轻视。[7]狼疾：昏乱、糊涂。[8]饮食之人：只顾口腹之欲而不讲道德的人。[9]适：通"啻"(chì)，只，仅仅。

（[宋]朱熹：《四书章句集注·孟子集注》，中华书局1983年版）

老子（节选）

第一章

道可道，非常道[1]。名可名，非常名[2]。无名天地之始，有名万物之母[3]。故常无欲，以观其妙。常有欲，以观其徼[4]。此两者[5]，同出而异名，同谓之玄[6]。玄之又玄，众妙之门[7]。

[1]可道：可以通过指事造形来言说、传达。常道：平常或恒远的道。[2]可名：可以命名、称名。常名：平常而恒远的名。[3]无：指道。有：万有，指可识可见、有形象的具体事物。[4]徼(jiào)：归终，归结。[5]两者：指"始"与"母"。[6]玄：并非指称具体事物，而是对"无""道"的一种形容。[7]门："众妙"都从"玄"中而出，即一切奥妙变化的总门径。

第二章

天下皆知美之为美，斯恶已[1]；皆知善之为善，斯不善已。故有无相生，难易相成，长短相较，高下相倾[2]，音声相和，前后相随。是以圣人处无为之事，行不言之教。万物作焉而不辞。生而不有，为而不恃，功成而弗居。夫唯弗居，是以不去。

[1]恶：丑。已：矣。[2]倾：对照，比对。

第五章

天地不仁，以万物为刍狗[1]。圣人不仁，以百姓为刍狗。天地之间，其犹橐籥乎[2]？虚而不屈[3]，动而愈出。多言数穷，不如守中[4]。

[1]刍(chú)狗：古代祭祀时用草扎成的狗，比喻微贱无用的言论或事物。[2]橐籥(tuó yuè)：古代冶炼时用来鼓风吹火的装置，是风箱的前身。[3]屈（jué）：竭、尽。[4]数（sù）穷：迅速完结。守中：谨守、保持内心的空虚无为。

第八章

上善若水。水善利万物而不争，处众人之所恶[1]，故几于道[2]。居善地，心善渊[3]，与善仁，言善信，政善治，事善能，动善时。夫唯不争，故无尤[4]。

[1]恶（wù）：厌恶。[2]几（jī）：将近、接近。[3]心善渊：心神善于沉静，即心不外驰。[4]尤：过错。

第十六章

致虚极，守静笃[1]。万物并作，吾以观复[2]。夫物芸芸[3]，各复归其根。归根曰静，静曰复命；复命曰常，知常曰明。不知常，妄作凶。知常容，容乃公[4]，公乃全，全乃天，天乃道，道乃久，没身不殆[5]。

[1]致虚极：达到虚空无妄的顶点。守静笃：保持素朴真实的极致境界。[2]复：反复，循环往复。[3]芸芸：形容众多的样子。[4]容：包通，包容。[5]没身不殆：终身免于危险。

第二十五章

有物混成，先天地生。寂兮寥兮[1]，独立不改，周行而不殆[2]，可以为天下母。吾不知其名，强字之曰道。强为之名曰大。大曰逝[3]，逝曰远[4]，远曰反。故道大、天大、地大、人亦大。域中有四大，而人居其一焉。人法地[5]，地法天，天法道，道法自然。

[1]寂兮寥兮：虚空，无形无物。[2]周行：循环地活动。[3]逝：运行不息。[4]远：无所不极。[5]法：遵照……的法则。

第三十三章

知人者智，自知者明。胜人者有力，自胜者强。知足者富。强行者有志[1]。不失其所者久。死而不亡者寿[2]。

[1]强行：勤奋勉力地进行。[2]死而不亡者：身死而思想、精神长存，即道不灭。

第四十三章

天下之至柔，驰骋天下之至坚。无有入无间[1]，吾是以知无为之有益。不言之教，无为之益，天下希及之。

[1]无有：虚无、柔弱、无形的东西。无间：没有间隙的东西。

第八十章

小国寡民[1]。使有什伯之器而不用[2]。使民重死而不远徙[3]。虽有舟舆无所乘之。虽有甲兵无所陈之。使民复结绳而用之[4]。甘其食、美其服、安其居、乐其俗。邻国相望，鸡犬之声相闻。民至老死不相往来。

[1]寡：少。[2]什伯之器：指兵器，什、伯都是指军队的编制人数。[3]重死：看重死亡，即重视生命。[4]结绳：文字产生以前，人们用在绳子上打结的方式记事。

第八十一章

信言不美[1]，美言不信。善者不辩[2]，辩者不善。知者不博，博者不知。圣人不积，既以为人，己愈有。既以与人，己愈多。天之道，利而不害；圣人之道，为而不争。

[1]信言：实在的真话。[2]辩：巧辩。

（[三国魏]王弼注，楼宇烈校释：《老子道德经注校释》，中华书局2008年版）

庄子·逍遥游（节选）

北冥有鱼[1]，其名为鲲[2]。鲲之大，不知其几千里也。化而为鸟，其名为鹏[3]。鹏之背，不知其几千里也。怒而飞[4]，其翼若垂天之云[5]。是鸟也，海运则将徙于南冥[6]。南冥者，天池也。《齐谐》者[7]，志怪者也[8]。《谐》之言曰："鹏之徙于南冥也，水击三千里，抟扶摇而上者九万里[9]，去以六月息者也[10]。"野马也[11]，尘埃也，生物之以息相吹也。天之苍苍，其正色邪？其远而无所至极邪？其视下也，亦若是则已矣。且夫水之积也不厚，则其负大舟也无力。覆杯水于坳堂之上[12]，则芥为之舟[13]；置杯焉则胶[14]，水浅而舟大也。风之积也不厚，则其负大翼也无力。故九万里，则风斯在下矣，而后乃今培风[15]；背负青天，而莫之夭阏者[16]，而后乃今将图南。

蜩与学鸠笑之曰[17]："我决起而飞[18]，枪榆枋而止[19]，时则不至，而控于地而已矣[20]，奚以之九万里而南为？"适莽苍者[21]，三飡而反[22]，腹犹果然[23]；适百里者，宿舂粮[24]；适千里者，三月聚粮。之二虫又何知！

小知不及大知[25]，小年不及大年。奚以知其然也？朝菌不知晦朔[26]，蟪蛄不知春秋[27]，此小年也。楚之南有冥灵者[28]，以五百岁为春，五百岁为秋；上古有大椿者[29]，以八千岁为春，八千岁为秋。而彭祖乃今以久特闻[30]，众人匹之，不亦悲乎？

汤之问棘也是已[31]。穷发之北[32]，有冥海者，天池也。有鱼焉，其广数千里，未有知其修者[33]，其名为鲲。有鸟焉，其名为鹏，背若泰山，翼若垂天之云；抟扶摇羊角而上者九万里[34]，绝云气[35]，负青天，然后图南，且适南冥也。斥鴳笑之曰[36]："彼且奚适也？我腾跃而上，不过数仞而下[37]，翱翔蓬蒿之间，此亦飞之至也。而彼且奚适也？"此小大之辩也[38]。

[1]北冥：北海，因其广阔无边，故称"冥"。下文"南冥"亦同。[2]鲲：大鱼名。[3]鹏：大鸟名。许慎《说文解字》："'朋'及'鹏'，皆古文'凤'字也。"[4]怒：奋发、奋起的样子。[5]垂：边际。[6]海运：海水流动、运转。[7]齐谐：人名，又作书名。成玄英《庄子疏》："《齐谐》，书名也，齐国有此俳谐之书也。"[8]志：记载。[9]抟（tuán）：拍，击，拊。扶摇：上行的风。[10]六月息：飞了六个月才休息。郭象《庄子注》曰"大鹏一飞半岁，至天池而息"。[11]野马：春天野外林泽中的雾气。雾气浮动状如奔马，故名"野马"。[12]覆：倾倒。坳（ào）：坑凹处。坳堂：指庭堂地面上的坑凹处。[13]芥：草。[14]胶：黏着。[15]培风：在风之上，乘风。[16]夭阏（è）：折损，遏止。[17]蜩（tiáo）：蝉。学鸠：指斑鸠，这里泛指小鸟。[18]决：迅疾的样子。[19]枪（qiāng）：突。榆枋：树名。而止：底本原脱，据《文选》江淹《杂体诗》注及《太平御览》卷九四四补。[20]控：投下，落下。[21]适：往。莽苍：迷茫而望不真切的郊野之色，即指近郊。[22]三飡：可供吃三顿的食物，又说指吃三顿饭的时间，都指时间短，路途近。飡：同"餐"。[23]果然：饱的样子。[24]宿舂粮：用一个晚上的时间准备粮食。舂：用杵在臼中捣米。[25]知：通"智"。[26]朝菌：朝生暮死、生命短暂之菌。晦：农历每月最后一天。朔：农历每月第一天。[27]蟪蛄（huì gū）：寒蝉。春生夏死，夏生秋死。[28]冥灵：大树名。[29]大椿：大树名。[30]彭祖：帝颛顼

的玄孙，古代传说中的长寿者，据说享年八百岁。特：独。[31]汤：商王成汤。棘：汤时贤人。已：矣。[32]穷发：草木不发之地，即不毛之地。发：指草木。成玄英疏："地以草为毛发。"[33]修：长。[34]羊角：成玄英疏："旋风曲戾，犹如羊角。"指风回旋向上的样子。[35]绝：穿过。[36]斥：小泽。鴳（yàn）：雀。[37]仞：古代长度单位，周制为八尺，汉制为七尺，这里应从周制。[38]辩：通"辨"，区别。

（[清]郭庆藩撰，王孝鱼点校：《庄子集释》，中华书局1961年版）

参考书目

1. 张岂之等：《中国儒学思想史》，陕西人民出版社1990年版。
2. 庞朴主编：《中国儒学》，东方出版中心1997年版。
3. 杜维明：《儒家思想新论：创造性转换的自我》，曹幼华、单丁译，江苏人民出版社1991年版。
4. 许地山：《道教史》，上海古籍出版社1999年版。
5. 卿希泰主编：《中国道教史》（修订本），四川人民出版社1996年版。

思考题

1. "儒"是什么意思？
2. 道家思想的"道"是指什么？
3. 儒家思想和道家思想的主要内容是什么？
4. 儒道互补是如何体现的？
5. 儒道思想对中国文化有何影响？

第四章 墨法思想

墨家是中国古代主要哲学派别之一，墨家的学说是中国传统思想文化的重要组成部分。战国中后期，墨家学说发展迅速，与儒学并称为当时的两大“显学”。

法家是先秦诸子中对法律最为重视的一派，主张“以法治国”，而且提出了一整套理论和方法，这为后来建立的中央集权的秦朝提供了有效的理论依据，汉朝继承了秦朝的集权体制及法律体制，并一直延续至清代。

墨家与法家都是先秦时期所产生的重要学派，尽管从汉代开始“独尊儒术”，中国封建社会逐步建立起了以儒家为核心的社会体系，但墨家的“兼爱、尚贤”，法家的“法、术、势”等思想，都对中国传统社会发展产生了不可磨灭的影响。

第一节 墨　家

一、墨子与墨家

墨家学派的创始人为墨子。墨子其人，西汉时司马迁已然不甚知晓，在其所著的《史记》中语焉不详，只附寥寥二十字于《孟子荀卿列传》中：“盖墨翟，宋之大夫，善守御，为节用，或曰于并孔子时，或曰在其后。”现今考知墨子名翟，先祖是宋国人，长期居住在鲁国，生卒年不详，约上逮孔子，下接孟子，与子思同时，终年约八十九岁。

墨子一生的活动主要在两方面，一是广收弟子并且积极宣传自己的学说，二是不遗余力地反对兼并战争。墨子所创立的墨家是一个有着严密组织和纪律的团体，最高领袖被称为“巨子”，墨家的成员都称为“墨者”，必须服从巨子的指导，听从指挥，可以“赴汤蹈火、死不旋踵”，至死也不后退。

为了宣传自己的主张，墨子广收门徒，一般的亲信弟子达到数百人之多，形成了声势浩大的墨家学派。

自秦以后，墨子及其言论散见于各种典籍当中，如《新序》《尸子》《晏子春秋》《韩非子》《吕氏春秋》《淮南子》《列子》，等等。西汉刘向的《汉书》将散见各篇辑录成《墨子》，共71篇。经历代亡佚，至宋代只存60篇，目前仅存53篇。亡佚的章节有《节用》下篇、《节葬》上中篇、《明鬼》中篇、《非儒》上篇，等等。根据先秦诸子的成书惯例，我们可以大胆地揣测，《墨子》一书也并非墨子一人所作，但是，具体哪些篇目是墨子所作，学术界还有争论。任继愈认为，从《尚贤》到《非儒》的11组24篇应当是墨子当年系统讲解自己的学说，后为弟子记录整理而成，其他的都存在争议。

《墨子》是中国文化中的一部奇书，黄遵宪曾这样论述：“西方的人权源自于墨子的尚同；西方的独尊上帝源于墨子的尊天命鬼；西方的平等博爱源于墨子的兼爱；西方物理发达，源于《墨经》；西方长于器械制造，源于墨学备攻乃至于墨子造纸鸢之术学。”

二、墨家的主要学说和思想

墨家学说的体系构成，今人把它分为治国的“十论”和科学、逻辑三个部分。“十论”可谓是整个学说的根本，分为“兼爱”“非攻”“尚贤”“尚同”“非命”“非乐”“节用”“节葬”“天志”“明鬼”。科学与逻辑两个部分主要体现在墨子晚年所著的《墨辩》中。

墨子以“义”为根据、“兼爱”为核心，针砭时弊，阐发治国之道，也就是墨子的治国十论。战国乱世，民不聊生。墨子站在下层庶人的立场，批判统治阶级荒淫奢侈、厚葬伤财之世风，要求掌握国家财富的王公贵族们节用、节葬、非乐。如《节用上》说：“圣王为政，‘因其国家去其无用之费’，‘是故用财不费，民德不劳，其兴利多矣’。”因此衣裘能够冬暖夏凉，宫室能够御风雨、防盗贼足矣。《节葬下》提出古圣王制①为埋葬之法：“棺三寸，足以朽体；衣衿三领，足以覆恶。以及其葬也，下毋及泉，上毋通臭，垄若参耕之亩，则止矣。”这样的葬埋之法，肯定是针对王公大人的厚葬，因为乱世的下层“贱人”，就算有厚葬之心，也无厚葬之能，只能落得乱葬坟岗，马革裹尸的下场。

---

① 这里的古圣王制多指“尧舜禹”三代圣王的制度。

墨子非乐，“是故子墨子之所以非乐者，非以大钟、鸣鼓、琴瑟之声，以为不乐也；非以刻镂、华文章之色，以为不美也。……是故子墨子曰：‘为乐，非也’”。墨子的思想引起了下层劳苦民众的共鸣，煽动起民间的怨怒情绪，一呼百应，聚合徒众。社会的构成是一座金字塔，作为塔基的广大农民与手工业者拥护墨子的学说，使得墨学一跃成为了与“士大夫显学”儒学分庭抗礼的“草根显学”。

“天志”“明鬼”和”非命”三论是墨家的本体论的思考，属于形而上的价值信仰哲学。墨子主张遵照“天”的意志办事，“本察仁义之本，天之意不可不顺也。顺天之意者，天之法也”（《天志中》）。相反，“反天意者，别相恶，交相贼，必得罚”（《天志上》）。顺天志抑或逆天志，冥冥中会有一种力量进行赏善罚暴，而这种意志的体现就是鬼神，所以要“明鬼”：“故鬼神之明，不可为幽间广泽、山林深谷，鬼神之明必知之。鬼神之罚，不可为富贵众强、勇力强武、坚甲利兵、鬼神之罚必胜之。”（《明鬼下》）墨子所明之“鬼”，与人死后的孤魂野鬼是不一样的，前者更像一种至高无上的意志，有着无与伦比的力量与公正，而不是具有人形的、实实在在的死后之物。

墨子要求民众不能信命，要与世道的不义不公进行抗争，反对贵族王公的荒淫无道，争取自己生存的基本权利。《非命上》曰：“今用执有命者之言，是覆天下之义。覆天下之义者，是立命者也，百姓之谇也，说百姓之谇者，是灭天下之人也。”信命是“天下大害”，是荼毒国家社稷、危害民众思想的。

根据形而上的价值观，墨家制定了一套以“兼爱、非攻、尚贤、尚同”为核心的治世方案。其中，兼爱是核心。进一步说，兼爱是整个墨学治国十论的核心。“兼相爱，交相利”，就是要天下人相互爱助，同时相互给予对方利益，这与儒家所提倡的推及于人，讲究亲亲与尊尊的仁爱是有实质上的不同的。《兼爱下》曰，“即必吾先从事乎爱利人之亲，然后人报我以爱利吾亲也”。“兼相爱”是伦理层面上的手段，旨在约束人们的行为；“交相利”是交换层面的要求，旨在约束人们的经济行为，与当今的“非零和博弈”“共赢多赢”思想相契合。

既然兼爱，那么就不会出现以大欺小、以强凌弱的现象，人若如此，国亦如此。墨子主张非攻，极力反对大国欺辱小国这样的非正义战争。“今师徒唯毋兴起，冬行恐寒，夏行恐暑，此不以冬夏为者也，春则废民耕稼树艺，秋则废民获敛。今唯毋废一时，则百姓饥寒冻馁而死者，不可胜数。”墨子就春夏秋冬都不适宜战争进行阐述，说明战争弊大于利，应当从根本上制止。这与当今时代以和平发展为主题、民族以和平崛起为道路等思想相契合。

兼爱、非攻，在政治组织与治国理念上体现为“尚贤”与“尚同”。“尚贤”即“取德义而举贤”，也就是说，大到皇帝选择自己最得力的助手，小到选拔乡政里长之类的官员，都必须遵照其德行与能力，不分贵贱亲疏。具体如何选拔，见之“尚同”。简单来讲，尚同就是人民要听皇帝的话，“上从于天子”，以贤为本，上贤于下，“里长顺天子政，而一同其里之义”，然后“率其里之万民以尚同乎乡长”，乡长又“率其乡万民，以尚同于国君”，国君又“率其国之万民，以尚同乎天子”，“既尚同乎天子，而未上同乎天者，则天灾将犹未止也”（《尚同中》）。尚贤与尚同组成了一套“贤人政治”，这样一套“贤人政治”要求天下之人必须兼爱止战，才能够顺利实施。

三、闪烁科技之光的墨辩

如果说治国十论是墨学的思想系统与政治诉求，那么墨子晚年①所著的《墨辩》则完全另辟蹊径，闪烁着科学与逻辑的光辉。除去亡佚的篇目，现存的《墨辩》分为《经上》《经下》《经说上》《经说下》《大取》《小取》六篇。

墨家的科技思想，以生产实践为基础，以概念和理论分析为手段，既有浓厚的实践性、实用性，又有一定的抽象性和理论性。墨家科技思想的核心在于为天下兴利除害，主张从有利于人民生产、生活的功利主义价值观出发，研究利用自然法则。《墨辩》中有关科学技术的内容极为丰富，其中力学、光学、数学等方面可以说代表了当时世界最高水平，它提倡人们走一条与农耕生产大相径庭的发展之路。

1.力学

《墨经》总结了辘轳、滑车、车梯等器械的工作原理，提出利用杠杆、斜面移动重物，提高生产效率，减轻体力劳动。墨子说：“故所为功，利于人谓之巧，不利于人谓之拙。”墨家认为衡量手工技艺、发明创造的价值，是看其是否有利于人民的生产和生活，即所谓“功，利民也”（《经上》）。这突出地表现了墨家功利主义科学观。

《经说上》有：“力，形之所以奋也。”这是关于力的定义。墨子为了解释“力”的定义，举了一个“重力”的例子，“重之谓，下”。意思是说，重力也是一种力，其方向是向下的。《经下》第二十五条：“衡而必正，说在得。”墨子指出，称重物时秤杆之所以会平衡，原因是“本”短“标”长。用现代的科学语言来说，“本”即为重臂，“标”即为力臂，写成力学公式就是力 × 力臂（“标”）=重 × 重臂（“本”）。现在人们习惯于把杠杆定理称为阿基米德定理，其实墨子得出杠杆定理比阿基米德早了二百年，应称之为墨子定理才是公允的。此外，墨子还对杠杆、斜面、

① 所谓“墨子晚年”，《史记·鲁仲连邹阳列传》有记载，“宋信子罕之而囚墨翟”。

重心、滚动摩擦等力学问题进行了一系列的研究，都记载于《墨辩》当中。

2.光学、数学领域

根据《墨经》记载，墨子曾对几何光学进行实践研究。正如李约瑟在《中国科学技术史》物理卷①中所说，墨子关于光学的研究，“比我们所知的希腊的为早”，“印度亦不能比拟”。

《墨辩》的光学条目有八条，思想内容相当丰富与深刻。《经说下》记载：“鉴：鉴者近，则所鉴大，景亦大；亓远，所鉴小，景亦小，而必正。”就是对凹面镜成像的归纳与总结。他指出，平面镜所形成的是大小相同、远近对称的像，但却左右倒换。如果是两个或多个平面镜相向而照射，则会出现重复反射，形成无数的像。凹面镜的成像是在“中”之内形成正像，距“中”远所成像大，距“中”近所成的像小，在“中”处则像与物一样大；在“中”之外，则形成的是倒像，近“中”像大，远“中”像小。凸面镜则只形成正像，近镜像大，远镜像小。这里的“中”为球面镜之球心，墨子虽尚未能区分球心与焦点的差别，把球心与焦点混淆在一起，但其结论与近现代球面镜成像原理还是基本相符的。除此之外，对于光学中的小孔成像、光与影的关系，在《墨辩》中都有所提及与论述。

《经说上》有“平，同高也”，墨子所定义的“平”，有二直线的平行与二平面的平行两层含义，这也是墨学在数学领域所体现出来的造诣。而《经说下》曰：“止：无久之不止，当牛当马，若夫过楹；有久不止，当马非马，若人过梁。”墨子在这里提出了“静止有绵延性”②，说明“动”和“静”是相对的概念，静止不是永恒的，运动确是永恒的。

3.工程技术

从《墨辩》的记载中我们可以发现，墨子可谓是一个精通机械制造的大家，在止楚攻宋时与公输般进行的攻防演练中，已充分体现了他在这方面的才能和造诣。他曾花费了三年的时间，精心研制出一种能够飞行的木鸟。同时，他又是一个制造车辆的能手，可以在不到一日的时间内造出载重三十石的车子。他所造的车子运行迅速又省力，且经久耐用，为当时的人们所赞赏。

值得一提的是，墨子几乎谙熟了当时各种兵器、机械和工程建筑的制造技术，且有很多令人赏心悦目的创造。在《墨子》一书中的“备城门”“备水”“备穴”“备蛾”“迎敌祠”“杂守”等篇中，他详细地介绍和阐述了城门的悬门结构，城门和城内外各种防御设施的构造，如钩（钩梯），冲（人推的车辆，上装铁头巨木，用以冲破城门），梯（云梯），轒辒（四轮车上立木架，蒙以牛皮，可容10人，作攻城之用）等。守城用的器械有：连弩之车、转射机（可能是装有立

① [英]李约瑟：《中国科学技术史》第四卷，汪受琪等译，科学出版社2003年版。

② 杨向奎：《墨经数理研究》，山东大学出版社1993年版，第41页。

轴的弩，可向各个方向转动发射）、橐龠（施放烟幕的鼓风皮囊）等。此外，还涉及水道和地道的构筑技术。他所论及的这些器械和设施，对后世的军事活动有着很大的影响。

4.逻辑学

《墨辩》中的逻辑学与认识论可谓是精华中的精华。《经说下》中有："循此与彼此同，说在异。"就是说在同一思维过程中，每一概念、命题和自身都是同一的，这是墨子对同一律的归纳。

《墨辩》中提出了著名的"三表法"。"何谓三表？子墨子言曰：有本之者，有原之者，有用之者。于何本之？上本之于古者圣王之事，于何原之？下原察百姓耳目之实。于何用之？废以为刑政，观其中国家百姓人民之利。此所谓言有三表也。"(《非命下》）三表法展示了作为检验所立辞的标准，它既重于史料，又重实践经验和百姓的利益。

在认识论的范畴上，墨子提出"三知法"，即"知、知、知"。第一个知，"材也"(《经说上》)，也就是人的认知技能。第二个知，"接也"，"知也者以其知过物而能貌之若见。"(《经说上》）就是说需要去接触事物，感知事物。第三个知，后世解释为"悟"，"恕（知）也者，以其知论物，而其知之也，若明"。也就是通过原始感性材料的积累、自我理性的思考，总结出事物的本质。"就是今天我们所知包括感性和理性两个阶段在内的认识过程，同时也已经明确地区分了知识的对象和主体。做出这样详尽论述的，在中国哲学史上还是第一人。"[①]

5.文学艺术

在文学艺术方面，墨学的成就相对较少，更多不是针对文字本身，而是在于文字的架构。"墨子蔽于用而不知文。"墨学中的文章不喜欢堆积词藻，不像儒家"礼学"那样讲求格式与语言，墨学强调的是实用，"立意"是第一要旨，行文如流水，毫无拖沓。墨子虽不注重文采，但却非常重视文章的布局与谋篇，力求以内容取胜，用道理服人。《墨子》多处采用对比方法，以求增强文章的逻辑性和说服力。[②]如《非乐上》中关于天下大乱与吹奏音乐这些琐事的层层逻辑关系的论述，让人读后对于墨子缜密的思考与推导赞叹不已。

四、研究墨学的现实意义

秦汉以后，墨家骤然衰落，西汉时董仲舒改良儒学，"罢黜百家，独尊儒术"后，墨学很快衰隐在历史舞台中。中国浩瀚古籍中鲜有关于墨学的相关记载，只在《四库全书总目》中被归入了子部杂家的一个小分支，甚至《史记》也只在《孟

① 杨俊光：《墨子新论》，江苏教育出版社1992年版，第147页。

② 张涛：《略论墨子的文化价值》，《齐鲁学刊》1995年第4期。

子荀卿列传》中写了关于墨子的区区24字。

墨学中绝是一个大文化的研究课题。墨学中绝，到底是其在中国两千多年的历史上彻底销声匿迹？还是改变了存在形式？抑或融合或杂糅儒学或别家之中？对此，古今中外人们的认识是不同的。但有一点则是大家所公认的，这就是墨学在秦汉以后，逐渐丧失了作为一个独立的思想文化流派的地位和作用。

如今，研究墨学并非发“思古之情”，而是为着继承和发展优秀历史文化成果。墨学研究因近代西学东渐而萌生、兴起。受西方工业革命、科学思潮的启发，近世的中国开始大力发展科技，强调“科学技术是第一生产力”，这样的理念同两千多年前墨学中的《墨辩》所体现的“经世致用”“科学、逻辑”等思想在某种程度上不谋而合。同时人们还看到墨学的思想与西方文化的源头、与其同时期的古希腊文人的思想比较起来，并无逊色之处。墨学尽管已不再是“显学”，但其“以人为本”“勤俭节用”等思想精华依然流传于后世，并不是一门中绝之学。历史的提起是为了服务于现实，我们从中国古老文化的源头寻找古人的智慧，来解决今天的难题，在当代中国，对墨学精华的正确认识，学习墨子所具有的大智大爱和大俗大雅的品格，在大力推广国学的今天有深刻的意义。

第二节　法　　家

一、法家代表人物

战国初期，封建制度在各诸侯国相继确立，上层建筑的变革强烈要求建立新的制度，于是，代表新兴地主阶级的法家学派应运而生。虽然各个诸侯国的法家学派在理论上各有侧重，在措施上也不尽相同，但都主张以“法”治国。如继承发展了管仲的思想，汲取黄老之学，宣扬法礼并重、先德后刑、因道生法的齐国法家，《管子》中的法家著作和帛书《经法》《十六经》《称》《道原》等皆是此学派的代表作。与齐国法家温和的法治理论不同，秦晋两国的法家反对礼义说教，强调酷刑苛罚，专重于法、术、势，同时奖励耕战，企图通过富国强兵，兼并天下。他们是法家中激烈而彻底的一派，因对后世影响巨大，功绩显著，所以历代学者通常把秦晋法家视为先秦法家学派的主要代表。

1.李悝和吴起

魏国文侯相李悝，身为秦晋法家的创始人之一，极力主张“尽地力之教”，大力发展农业生产，调整谷租，其所创立的“平籴”法，兼顾到了农人与市民的利益。同时，根据当时诸国的刑律条文，编成《法经》6篇：《盗法》《贼法》《囚法》《捕法》《杂法》《具法》。《法经》是中国古代第一部较为完整的法典。同李悝一个时期的吴起先后在魏国和楚国进行了兵制和政治改革，他在任西河守期间，根据多年的作战经验，著成了《吴子兵法》。这是一部在我国军事史上与《孙子兵法》并列的古代军事著作。据《汉书·艺文志》说，《吴子兵法》共有48篇。现存《吴子》仅6篇，亡佚不少。现有这6篇，虽然个别地方掺杂了两汉、魏晋南北朝或唐代人的语言，但基本上可把它看成吴起的著作。这是研究吴起军事思想的重要文献，也是探寻法家思想流变与渊源的重要历史来源。

2.商鞅、申不害与慎到

商鞅身为先秦法家的又一代表人物，在秦执政约二十年，先后进行两次变法，史称“商鞅变法”。他废除奴隶制度的基础——井田制度，阡陌封疆，承认土地私有，奖励农战；在秦国建立军事化，有军功者可授以爵位；实行郡县制，主张用严刑峻法来杜绝犯罪，这些举措直接使秦国的实力凌驾于其他诸侯之上，为后来秦国统一六国奠定了基础。但他排斥道德教化，宣扬铲除“仁义和平善良孝悌”，实行“愚民”“弱民”政策来换取国家的强盛，历史上对于使用暴力手段进行快速改革的商鞅评价并不甚好，以至于千百年后的人们还称秦国为虎狼之国。《史记·商君列传》中也有言：“卫鞅入秦，景监是因。王道不用，霸术见亲。政必改革，礼岂因循。既欺魏将，亦怨秦人。如何作法，逆旅不宾！”

申不害的法家思想受道家影响，遵循老子的大统一的哲学，即“人法地，地法天，天法道，道法自然”。他的思想以“术”著称，所谓“术”，就是讲国君如何控制大臣、百官，是君主驾驭臣下的手腕、手法，也就是权术。“术”不同于“法”，法所要规范的对象是全体臣民，而术的对象则是官吏臣属；法要君臣共守，术由国君独掌；法要公开，术则藏于胸中；法是一种明确的规定，术则更像是控制的计谋。“术”的核心包括两个方面：一是任免、监督、考核臣下之术，史称“阳术”，这就是《韩非子·定法》所说：“因任而授官，循名而责实，操杀生之柄，课群臣之能。”二是驾驭臣下、防范百官之术，人称“阴术”。

慎到作为法家中特立独行的一派，与商鞅的“法”、申不害的“术”有所不同。同申不害一样，慎到早年也曾学习道家思想，“无为”思想对其影响巨大，他强调“势”治，主张君王“握法处势”，“无为而治天下”。他从“弃知去己”的观点出发，提出“大君任法而弗躬，则事断于法矣”（《慎子·君子》）。他认为，天子、国君以及各级官吏必须“任法”“守法”“唯法所在”，同时，他们是为了服务于天下、国家而存在的。“立天子以为天下，非立天下以为天子也；立国君以为国，非立国以为君也；立官长以为官，非立官以为长也。”（《慎子》）慎到从公私观上将天下、国家和天子、国君区分开来，因而他宣扬一切法则最高，没有人情之说，为了防止国君行私，慎到反对国君“自任”，而要求国君“任法”。

慎到把法家所主张的“法”和道家所主张的“道”或“理”等同起来，以法为最高准则，提倡“官不私亲，法不遗爱，上下无事，唯法所在”（《君臣》），强调“法”必须和“势”相结合，把君主的权势看作行法的力量，所谓“贤智未足以服众，而势位足以缶贤者”。但他又认为国家的存亡并非全由君主一人的力量所决定，“亡国之君非一人之罪也，治国之君非一人之力也”。他承认“法”也不是一成不变的，提出“守法而不变则衰”。

3.韩非子

韩非子,战国晚期韩国人,韩王室诸公子之一,战国法家思想的集大成者。《史记》有载，韩非精于“刑名法术之学”，是战国末期带有唯物主义色彩的哲学家，与秦相李斯同是荀子的学生。他的作品主要收集在《韩非子》一书中。韩非曾经目睹战国后期的韩国积贫积弱的境况，于是上书韩王，希望改变当时治国不务法制、养非所用、用非所养的情况，但其主张始终得不到采纳。韩非认为这是“廉直不容于邪枉之臣”，便退而著书，写出了《孤愤》《五蠹》《内外储》《说林》《说难》等著作。

韩非身为集秦晋法家思想之大成者，将“法”“术”“势”三者糅合为一，同时也吸收道家思想,将法治理论系统化。他主张加强君主集权,剪除私门势力,“以法为教”,厉行赏罚,奖励耕战。韩非第一次明确提出了“法不阿贵”的思想，主张“刑过不避大臣，赏善不遗匹夫”。这是对中国法制思想的重大贡献，对于清除贵族特权、维护法律尊严，产生了积极的影响。

在历史观方面，他提出“不期修古，不法常可”，“事异则备变”的观点，把历史的发展分为上古之世、中古之世、近古之世和当今之世。在哲学上，用唯物主义观点改造老子关于“道”的学说，指出“道者，万物之所然也，万理之所稽也。理者，成物之文也”。认为道是万物发展的总规律，理是个别事物的特殊规律，强调人必须遵循客观规律进行活动。在认识论方面，他提出“参验”的方法，以“功用”的实际效果检验人的言行，认为“无参验而必之者，愚也；弗能必而据之者，诬也”。这种用“参验”判别知识真伪的思想，继承了先秦哲学中的唯物主义的思想传统。他提出的反对“前识”和“因参验而审言辞”的观点，对中国古代唯物主义认识论的发展具有重要意义。

韩非思想中有不少辩证法的因素。他看到事物不断地变化，指出“定理有存亡,有生死,有盛衰”,“物之一存一亡,乍死乍生,初盛而后衰者,不可为常”（《韩非子·解老》)。他在中国哲学史上第一次提出了“矛盾”的概念,对人们分析问题、表达思想至今仍有着深刻的启发作用。

韩非的政治思想为中国封建统一事业起到积极的推动作用,他的哲学思想包含了相互的唯物主义和辩证法思想,开拓了人们的思路。韩非不愧为中国历史上的一大思想家。《韩非子》是韩非主要著作的辑录,共有文章55篇,十余万字,文章风格严峻峭刻,干脆犀利,在先秦诸子散文中独树一帜。

二、法家的主要主张与思想

在先秦诸子中,针对解决相同的社会问题,儒家提倡仁爱,墨家主张兼爱,而道家则认为,仁爱和兼爱都不能拯救水深火热的人民,应该听之任之,放下权力,即“无为”的思想。三家激烈争论,各家都主张恢复古制。而主张面对未来的法家则是先秦诸子中的异类,在先秦诸子诸家当中,唯独法家的思想,是必须以性命来实践、以鲜血来祭奠的。这里面流血的、付出生命的,不但有当时许多有罪或者无辜的贵族和贫民,还有法家学派的代表人物,比如上文所提到的商鞅和韩非。法家思想核心包含以下几个方面:

1.以“法”为先

法律是法家思想的最大利器。法律有两大作用,其一是“定分止争”,也就是必须明确物的所有权。法家代表人物慎到就作了很浅显的比喻:“一兔走,百人追之。积兔于市,过而不顾。非不欲兔,分定不可争也。”一个兔子跑,很多的人去追赶,而对于集市中被贩卖的许多兔子,人们却不会去抢夺,这并不表明他们不想要,而是集市上兔子的所有权已经确定,不能再争夺了,否则就是违背法律,要受到制裁。其二是“兴功惧暴”,即鼓励人们参与战争,立功勋,从而使暴徒感到恐惧,起到威慑的作用。兴功的本质依旧是为了富国强兵,取得兼并战争的胜利。

2.贬低“仁礼”

法家格外重视法律对国家和个人的规范作用,却反对儒家的“礼”。其代表人物都认为,新兴地主阶级反对贵族垄断经济和政治利益的世袭特权,要求土地私有和按功劳与才干授予官职,这是必要的,符合历史发展的规律;而礼制是用来维护传统贵族的特权,是落后的,是要强烈反对并予以取缔的。

3.以“利”驱民

法家认为,就是因为人都有“喜利避害”的本性,社会才便于统治。管子说,商人满载货物,风雨兼程,日行千里也不觉得路途遥远,是因为受到了利益的驱使。渔人不惧危险,逆流而行,漂泊百里也不在意,也是在追逐打鱼所创造的价值。因而,商鞅得出结论:“人生有好恶,故民可治也。”法家将“喜利避害”的人性与国家的强大挂钩,用赏赐、刑罚诱使、驱使人们“耕”“战”“告奸”,

但凡生产粮食多的、征战立功的、揭发他人罪行的人，都可以得到官爵、田宅等各种嘉奖。任何人，不论其出身如何，只要严格按照国家的法令去做，就可以得到富贵荣华，而这样国家也能够富强起来。

4.“不法古、不循今”

法家极为反对保守的复古思想，主张锐意改革。他们认为既然历史是向前发展的，那么，一切法律和制度都要随着历史的发展而发展，不能复古倒退，不能因循守旧。商鞅在变法中曾明确地提出了“不法古，不循今”的主张。而韩非则更进一步发展了商鞅的主张，提出“时移而治不易者乱”，守旧的儒家则被他讽刺为守株待兔的愚蠢之人。

5.法、术、势结合的治国措施

商鞅、慎到、申不害三人分别提倡“重法、重势、重术”，且各有特点。作为法家思想的集大成者韩非，提出了将三者结合的思想。“法”是指健全法制；“势”指的是君主的权势，应当独掌军政大权；“术”指的是驾驭群臣、掌握政权、推行法令的策略和手段，其职能主要是察觉、防止犯上作乱，维护君主地位。

三、法家的局限与对后世的影响

韩非这一套集大成的法治理论，代表了先秦法家的巅峰水平，顺应了战国末期天下由分裂趋于统一的大趋势，为中央集权的封建专制统治的建立做了充分的理论准备。此后不久，统一的秦王朝的诞生正是这一理论的成功实践。但我们同样要看到韩非法治思想的局限性。它过于强调法制的力量，完全否定道德教化以及其他方面的作用；过于突出君主的权威，视臣下百姓为供其随意驱使的工具和奴仆，强调对其进行“法”的限制、“术”的驾驭和“势”的威慑。而后，秦始皇时期的焚书坑儒，便是这种局限性的极端表现，而这与韩非对人性和人与人关系的偏激认识也有很大关系。

法家的人性论主要强调人的趋利避害的心理，这当然是无可厚非的，即使是现代功利主义哲学家也有类似的看法。但是，和现代功利主义不同的是，法家并不是为人类社会追求最大多数人的最大快乐，而是要利用人们趋利避害的心理，去设计相应的赏罚制度，从而使人们的行为受到统治者的操纵，使人民在利害的驱使下为统治者富国强兵的目的服务，就是以法制导引人们全力投入农和战的活动，放弃其他任何福利的追求。

法家学派的法治理论对春秋战国之际进行封建化的改革以至秦始皇统一六国、建立中央集权专制的封建国家起了重大的作用，并成为秦王朝的统治思想。到了西汉以后，独立的法家学派逐渐消失，其法治思想被吸收到儒学的体系中，德刑并用，成为维护地主阶级专政的有力工具。但是，先秦法家对以后的一些唯物主义者和进步思想家仍产生了一定的影响。法家思想和我们现在所提倡的民主形式的法治具有根本的区别，最主要的就是法家极力主张绝对的君主集权。这一点是我们在学习和借鉴法家思想时应当注意的。

经典选读

墨子·非攻下第十九

子墨子言曰[1]：今天下之所誉善者，其说将何哉[2]？为其上中天之利[3]，而中中鬼之利，而下中人之利，故誉之与？意亡非为其上中天之利[4]，而中中鬼之利，而下中人之利，故誉之与？虽使下愚之人[5]，必曰："将为其上中天之利，而中中鬼之利，而下中人之利，故誉之。"今天下之所同义者[6]，圣王之法也。今天下之诸侯将犹多皆免攻伐并兼[7]，则是有誉义之名，而不察其实也。此譬犹盲者之与人同命白黑之名，而不能分其物也，则岂谓有别哉？是故古之知者之为天下度也[8]，必顺虑其义而后为之行[9]。是以动则不疑，速通成得其所欲[10]，而顺天鬼百姓之利，则知者之道也[11]。是故古之仁人有天下者，必反大国之说[12]，一天下之和，总四海之内，焉率天下之百姓[13]，以农臣事上帝山川鬼神[14]。利人多，功故又大，是以天赏之，鬼富之，人誉之，使贵为天子，富有天下，名参乎天地[15]，至今不废。此则知者之道也，先王之所以有天下者也。

[1]加"子"于姓上，是弟子对老师的尊称。[2]其说将何哉：这种说法应该怎么解释呢？[3]中（zhòng）：符合。[4]意亡：还是，或者。[5]下：最。[6]所同义者：认为符合"义"的。[7]免：通"勉"，尽力。[8]知（zhì）：通"智"。度（duó）：衡量。[9]顺：通"慎"，谨慎。[10]速通成得其所欲：速通成，应是"远近咸"之误。远近都能得到自己所希望的东西。[11]知：通"智"。[12]反：当作"交"，这里指与大国相交。[13]焉：乃，于是。[14]事：侍奉。[15]参：立。

今王公大人、天下之诸侯则不然，将必皆差论其爪牙之士，皆列其舟车之卒伍[1]，于此为坚甲利兵[2]，以往攻伐无罪之国，入其国家边境，芟刈其禾稼[3]，斩其树木，堕其城郭[4]，以湮其沟池[5]，攘杀其牲牷[6]，燔溃其祖庙[7]，劲杀其万民[8]，覆其老弱[9]，迁其重器[10]。卒进而柱乎斗[11]，曰："死命为上，多杀次之，身伤者为下，又况失列北桡乎哉[12]？罪死无赦！"以"惮"其众[13]。夫无兼国覆军，贼虐万民，以乱圣人之绪[14]。意将以为利天乎[15]？夫取天之人[16]，以攻天之邑，此刺杀天民，剥振神之位[17]，倾覆社稷，攘杀其牺牲，则此上不中天之利矣。意将以为利鬼乎？夫杀之人，灭鬼神之主，废灭先王，贼虐万民，百姓离散，则此中不中鬼之利矣。意将以为利人乎？夫杀之人[18]，为利人也博矣[19]。又计其费，此为周生之本，竭天下百姓之财用不可胜数也，则此下不中人之利矣。

[1]卒伍：队伍。[2]为：准备。[3]芟刈(shān yì)：残害。[4]堕：通"隳",毁坏。[5]湮（yān）：堵塞。[6]牲牷："牲"指牛、马、羊、豕、犬、鸡六畜，"牷"指纯色牲口，"牲牷"泛指牲口。[7]燔（fán）：烧。溃：毁坏。[8]刭：刺。[9]覆：灭，覆灭。[10]重器：圭、璧、钟、鼎等象征国家政权的重要宝器。[11]卒进而柱乎斗：据戴望说，"柱"乃"极"字之误，草书"极"与"柱"相似。"乎"字衍。极，亟字之借。此句应为:"卒进而极斗"。[12]失列：失其队列，意为掉队。北桡：败退。[13]惮：恐惧。[14]绪：业也。[15]意将：还是。[16]取：用。[17]剥振：破坏。[18]杀之人：据戴望说,"杀"下脱"天"字,故应为"杀天之人"。[19]博：应作"薄"。

今夫师者之相为不利者也[1]，曰将不勇，士不分[2]，兵不利，教不习，师不众，率不利和，威不圉[3]，害之不久[4]，争之不疾，孙之不强[5]，植心不坚，与国诸侯疑[6]。与国诸侯疑，则敌生虑而意羸矣[7]。偏具此物[8]，而致从事焉，则是国家失卒，而百姓易务也。今不尝观其说好攻伐之国？若使中兴师，君子[9]，庶人也必且数千，徒倍十万，然后足以师而动矣。久者数岁，速者数月。是上不暇听治，士不暇治其官府，农夫不暇稼穑，妇人不暇纺绩织纴。则是国家失卒，而百姓易务也。然而又与其车马之罢弊也[10]，幔幕帷盖，三军之用，甲兵之备，五分而得其一，则犹为序疏矣[11]。然而又与其散亡道路，道路辽远[12]，粮食不继傺[13]，食饮之时[14]，厕役以此饥寒冻馁疾病而转死沟壑中者[15]，不可胜计也。此其为不利于人也，天下之害厚矣，而王公大人乐而行之，则此乐贼灭天下之万民也，岂不悖哉[16]！今天下好战之国，齐晋楚越，若使此四国者得意于天下，此皆十倍其国之众，而未能食其地也[17]，是人不足而地有余也。今又以争地之故而反相贼也，然则是亏不足而重有余也。

[1]师者：军队。[2]分（fèn）：同"奋"。[3]圉（yù）：抵御。[4]害：据孙诒让说,"害"疑作"围",形近而误。[5]孙：据孙诒让说,"孙"无义,疑当作"系"。系,缚也。[6]与国：友善的国家。[7]敌生虑：应为"生敌虑"。羸(léi)：弱。[8]偏：为"遍"之假借字,即普遍。[9]君子：贤良将士。据孙诒让说,"君子"下有脱字,应为"君子数百"。[10]罢（pí）：通"疲"，疲劳，疲乏。[11]序疏：据孙诒让说,"序疏"二字义不可通，疑当为"厚馀"，皆形之误。厚馀，言多余也。[12]辽远：遥远。[13]粮食不继傺：疑为"粮食不傺"，不傺即不接。傺，音chì。[14]食饮之时：应为"食饮不时"。[15]厕役：应为"厮役"。[16]悖(bèi)：荒谬。[17]食：垦殖。

今遝夫好攻伐之君[1]，又饰其说以非子墨子曰："以攻伐之为不义，非利物与？昔者禹征有苗，汤伐桀，武王伐纣，此皆立为圣王，是何故也？”子墨子曰：“子未察吾言之类，未明其故者也。彼非所谓攻，谓诛也。昔者三苗大乱，天命殛之[2]。日妖宵出[3]，雨血三朝[4]，龙生于庙，犬哭乎市，夏冰，地坼及泉，五谷变化，民乃大振[5]。高阳乃命玄宫[6]，禹亲把天之瑞令，以征有苗。四电诱祇[7]。有神人面鸟身，若瑾以侍，搤矢有苗之祥。苗师大乱，后乃遂几[8]。禹既已克有三苗，焉磨为山川[9]，别物上下，卿制大极，而神民不违，天下乃静。则此禹之所以征有苗也。遝至乎夏王桀，天有诰命[10]，日月不时，寒暑杂至，五谷焦死，鬼呼国[11]，鹤鸣十夕余。天乃命汤于镳宫[12]，用受夏之大命：“夏德大乱，予既卒其命于天矣，往而诛之，必使汝堪之。”汤焉敢奉率其众[13]，是以乡有夏之境[14]，帝乃使阴暴毁有夏之城[15]。

[1]遝（dài）：通“逮”，及。[2]殛（jí）：诛杀。[3]日妖：据孙诒让说，“日妖”不可通，“日”疑当作“有”。[4]雨（yù）：下雨。[5]振：通“震”。[6]此句疑为“天乃命禹于玄宫”。[7]四电诱祇：据孙诒让说，疑当为“雷电诗振”。“雷”坏字为“田”，又误为“四”。“诗”“诱”“振”“祇”，形并相近。“诗”通“勃”，“振”通“震”，勃震：突然震动。[8]几：微也，意为不久之后就衰败了。[9]磨：通“歷”，划分。[10]诰命：据孙诒让说，“诰”疑当为“酷”，谓严命也。[11]鬼呼国：应为“鬼呼于国”。[12]镳（biāo）宫：古宫殿名。[13]焉：于是。[14]乡（xiàng）：通“向”，攻伐。[15]阴：据孙诒让说，“阴”疑为“降”之误。

少少[1]，有神来告曰：“夏德大乱，往攻之，予必使汝大堪之[2]。予既受命于天，天命融隆火于夏之城间西北之隅[3]。”汤奉桀众以克有[4]，属诸侯于薄[5]，荐章天命，通于四方，而天下诸侯莫敢不宾服。则此汤之所以诛桀也。遝至乎商王纣，天不序其德[6]，祀用失时。兼夜中，十日雨土于薄[7]，九鼎迁止[8]，妇妖宵出，有鬼宵吟，有女为男，天雨肉，棘生乎国道，王兄自纵也。赤鸟衔珪[9]，降周之岐社[10]，曰：“天命周文王伐殷有国。”泰颠来宾[11]，河出绿图[12]，地出乘黄[13]。武王践功[14]，梦见三神，曰：“予既沈渍殷纣于酒德矣[15]，往攻之，予必使汝大堪之。”武王乃攻狂夫[16]，反商之周，天赐武王黄鸟之旗[17]。王既已克殷，成帝之来，分主诸神，祀纣先王，通维四夷[18]，而天下莫不宾。焉袭汤之绪[19]，此即武王之所以诛纣也。若以此三圣王者观之，则非所谓攻也，所谓诛也。

[1]少少：片刻。[2]堪：胜利。[3]融：即祝融，古神话中的火神。隆：即丰隆，古神话中的雷神。火：焚烧。[4]有：据苏时学说，“有”下脱“夏”字。[5]属：会合。薄：地名，即“亳”，汤的都城。[6]序：据余樾说，“序”乃“享”字之误。[7]此句应为：“兼夜中十日，雨土于薄”。[8]止：通“址”。[9]珪：玉器。

[10]周之岐社：周族设在岐山上祭祀的神社。[11]泰颠：周文王大臣。宾：归顺。[12]河：黄河。绿：通“箓”。箓图，符图。黄河中浮现符图，古代是一种应天命出天子的预兆。[13]乘黄：指神马。[14]践功：据孙诒让说，“践功”疑为“践阼”之误。[15]渍（zì）：沉溺。[16]攻狂夫：据孙诒让说，“攻狂夫”疑为“往攻之”。[17]黄鸟：即“皇鸟”，凤凰之类。[18]维：通“于”。[19]袭：继承。绪：功业。

则夫好攻伐之君，又饰其说以非子墨子曰：“子以攻伐为不义，非利物与？昔者楚熊丽始讨此睢山之间[1]，越王繄亏[2]，出自有遽[3]，始邦于越[4]，唐叔与吕尚邦齐晋[5]。此皆地方数百里，今以并国之故，四分天下而有之。是故何也？”子墨子曰：“子未察吾言之类，未明其故者也。古者天子之始封诸侯也，万有余。今以并国之故，万国有余皆灭，而四国独立。此譬犹医之药万有余人，而四人愈也[6]，则不可谓良医矣。”

[1]楚熊丽：据《史记·楚世家》：“鬻熊子事文王，蚤卒，其子曰熊丽”。睢（suī）山：山名。[2]繄（yī）亏：即越王无余。[3]有遽：古地名。[4]邦：建邦，建国。[5]唐叔：周朝晋国之祖。吕尚：即姜太公，齐国之祖。[6]这里将攻伐比作用药，用药医治一万个人，只有四人存活，那么这个医生之法肯定是行不通的。墨子主张诸侯之间的独立自治，反对吞并战争。

则夫好攻伐之君又饰其说曰：“我非以金玉、子女、壤地为不足也，我欲以义名立于天下，以德求诸侯也。”子墨子曰：“今若有能以义名立于天下，以德求诸侯者，天下之服可立而待也。”夫天下处攻伐久矣，譬若傅子之为马然[1]。今若有能信效先利天下诸侯者[2]，大国之不义也，则同忧之；大国之攻小国也，则同救之。小国城郭之不全也，必使修之，布粟之绝[3]，则委之[4]，币帛不足，则共之[5]。以此效大国[6]，则小国之君说[7]。人劳我逸，则我甲兵强，宽以惠，缓易急，民必移[8]，易攻伐以治我国，攻必倍[9]。量我师举之费，以争诸侯之毙[10]，则必可得而序利焉[11]。督以正[12]，义其名，必务宽吾众，信吾师，以此授诸侯之师[13]，则天下无敌矣，其为下不可胜数也[14]。此天下之利，而王公大人不知而用，则此可谓不知利天下之巨务矣[15]。

[1]傅子：据孙诒让说，“傅”或当为“孺”。孺子，即儿童。[2]效：据孙诒让说，“效”读为“交”，同声假借字。信交，谓相交以信。[3]之绝：据王念孙说，当是“乏绝”之误。[4]委：输，输运。[5]共：通“供”。[6]效（jiāo）：结交。[7]说（yuè）：通“悦”。小国：据孙诒让说，疑“小国”亦当为“大国”。[8]移：归也。[9]攻必倍：据孙诒让说，“攻”当为“功”之借字。[10]毙：困乏而倒。[11]序利：

据王念孙说，“序利”当为“厚利”。[12]督：统率。[13]授：据孙诒让说，“授”字无义，疑当为“援”。援，引取。[14]据苏时学说，此句有脱字，当作“其为利天下，不可胜数也”。[15]巨务：大事。

是故子墨子曰：“今且天下之王公大人士君子，中情将欲求兴天下之利[1]，除天下之害，当若繁为攻伐[2]，此实天下之巨害也。今欲为仁义，求为上士，尚欲中圣王之道[3]，下欲中国家百姓之利，故当若非攻之为说，而将不可不察者此也。”

[1]中情：诚心。[2]繁为攻伐：频繁地进行战争。[3]尚：通“上”。

（[清]孙诒让：《墨子闲诂》，中华书局2001年版）

韩非子·有度第六

国无常强[1]，无常弱。奉法者强则国强，奉法者弱则国弱。荆庄王并国二十六[2]，开地三千里；庄王之氓社稷也[3]，而荆以亡。齐桓公并国三十[4]，启地三千里[5]，桓公之氓社稷也，而齐以亡。燕襄王以河为境[6]，以蓟为国[7]，袭涿、方城[8]，残齐，平中山[9]，有燕者重，无燕者轻[10]；襄王之氓社稷也，而燕以亡。魏安釐王攻赵救燕[11]，取地河东[12]；攻尽陶、魏之地[13]，加兵于齐，私平陆之都[14]；攻韩拔管[15]，胜于淇下；睢阳之事[16]，荆军老而走[17]；蔡、召陵之事，荆军破，兵四布于天下[18]，威行于冠带之国[19]；安釐王死而魏以亡。故有荆庄、齐桓则荆、齐可以霸[20]，有燕襄、魏安釐则燕、魏可以强。今皆亡国者，其群臣官吏皆务所以乱而不务所以治也。其国乱弱矣，又皆释国法而私其外[21]，则是负薪而救火也，乱弱甚矣。

[1]常：长久。[2]荆庄王：即楚庄王，春秋五霸之一。[3]氓：据顾广圻说，“氓”当作“民”，下两句同，意为百姓。[4]齐桓公：齐国国君，姓姜，名小白，春秋五霸之一。[5]启地：开拓疆土。[6]燕襄王：据顾广圻说，“襄”当作“昭”，即燕昭王，战国时期燕国君主。[7]蓟（jì）：古地名，燕国的国都，位于今北京市西南。[8]涿：燕国地名，位于今河北省涿州。方城：涿之邑也，燕国地名，位于今河北省固安县西南。[9]中山：国名。[10]这句话意为邻国得燕为党者则重，反是者轻也。[11]安釐王：名圉，战国时期魏国君主。攻赵救燕：据顾广圻说，应为“攻燕救赵”。[12]河东：故南燕国之地，在今山西省西南部。[13]陶：定陶，位于今山东省定陶县北。[14]平陆：战国时齐国五都之一。私平陆之都：把平陆占为己有。[15]拔管：占领管地。[16]睢（suī）阳：宋国地名，位于今河南省商丘市南。睢阳之事：指魏军与楚军相持于睢阳。[17]老：历时长久而衰弱。走：

退走。[18]兵：指魏之兵。[19]冠带之国：文化先进、礼仪文明的国家。[20]霸：称霸。[21]释：舍弃，背弃。私其外：在外营私。

故当今之时，能去私曲就公法者[1]，民安而国治；能去私行行公法者，则兵强而敌弱。故审得失有法度之制者加以群臣之上，则主不可欺以诈伪[2]；审得失有权衡之称者以听远事[3]，则主不可欺以天下之轻重[4]。今若以誉进能[5]，则臣离上而下比周[6]；若以党举官[7]，则民务交而不求用于法。故官之失能者其国乱。以誉为赏，以毁为罚也，则好赏恶罚之人释公行[8]，行私术，比周以相为也。忘主外交[9]，以进其与[10]，则其下所以为上者薄也[11]。交众与多，外内朋党，虽有大过，其蔽多矣[12]。故忠臣危死于非罪，奸邪之臣安利于无功。忠臣危死而不以其罪，则良臣伏矣[13]；奸邪之臣安利不以功，则奸臣进矣[14]。此亡之本也。若是则群臣废法而行私重[15]，轻公法矣。数至能人之门[16]，不壹至主之廷[17]；百虑私家之便，不壹图主之国。属数虽多，非所以尊君也；百官虽具，非所以任国也[18]。然则主有人主之名，而实托于群臣之家也。故臣曰：亡国之廷无人焉[19]。廷无人者，非朝廷之衰也。家务相益[20]，不务厚国；大臣务相尊，而不务尊君；小臣奉禄养交[21]，不以官为事。此其所以然者，由主之不上断于法[22]，而信下为之也。故明主使法择人，不自举也；使法量功，不自度也[23]。能者不可弊[24]，败者不可饰，誉者不能进，非者弗能退[25]，则君臣之间明辩而易治[26]，故主雠法则可也[27]。

[1]私曲：私心。[2]诈伪：弄虚作假。[3]权：秤锤。衡：秤杆。权衡：比喻法度。[4]天下之轻重：诸侯国的国事轻重，这里指纵横之事。[5]以誉进能：根据声誉选用人才。[6]比周：结党营私之意。离上而下比周：臣子背离君主而私下里联合勾结。[7]党：朋党。[8]释：舍弃，抛弃。[9]外交：在外交往。[10]与：指党羽。[11]薄：少。[12]蔽：遮蔽，遮盖。[13]伏：隐匿，隐蔽。[14]进：进用。[15]私重：谓朋友私相重。[16]数（shuò）：屡次。能人：即私人，指当权的大臣。[17]壹：一本"壹"作"一"，下同。[18]任国：任其事，指担当国家大事。[19]臣：韩非子自谓。[20]家务相益：谓务相益其家，致力于谋私家利益。[21]交：交往、交游。[22]断：判断，决断。[23]度（duó）：估量。[24]弊：一作"蔽"，管子亦作"蔽"，这里指遮盖，遮挡。[25]非：亦作"诽"，指责，议论。[26]明辩：谓善恶不相掩。[27]雠：用，实施。

贤者之为人臣，北面委质[1]，无有二心。朝廷不敢辞贱[2]，军旅不敢辞难[3]；顺上之为，从主之法，虚心以待令而无是非也。故有口不以私言，有目不以私视，而上尽制之。为人臣者，譬之若手，上以脩头[4]，下以脩足；清暖寒热，不得不救入；镆铘传体[5]，不敢弗搏。无私贤哲之臣，无私事能之士。故民不越乡而交，无百里之慼[6]。贵贱不相逾，愚智提衡而立[7]，治之至也。今夫轻爵禄，易去亡，以择其主，臣不谓廉。诈说逆法，倍主强谏[8]，臣不谓忠。行惠施利，收下为名，臣不谓仁。离俗隐居，而以诈非上，臣不谓义。外使诸侯，内耗其国，伺其危险之陂以恐其主[9]，曰“交非我不亲，怨非我不解”，而主乃信之，以国听之，卑主之名以显其身，毁国之厚以利其家，臣不谓智。此数物者，险世之说也[10]，而先王之法所简也[11]。先王之法曰：“臣毋或作威，毋或作利，从王之指；无或作恶，从王之路。”古者世治之民，奉公法，废私术，专意一行，具以待任[12]。

[1] 北面委质：指向君主献身。[2] 不敢辞贱：指不争尊位。[3] 不敢辞难：不畏死。[4] 脩：通“修”,修饰。[5] 镆铘（mò yé）：古代利剑名。《吕氏春秋·察今》：“不期乎镆铘。”这里泛指利剑。[6] 慼（qì）：通“戚”，亲戚。[7] 提衡：提着秤，意为抗衡，平衡。[8] 倍：又作“背”，这里指背叛，背弃。[9] 陂（bì）：倾斜，这里指国家危难时刻。[10] 险世：险恶之世，指乱世。[11] 简：弃，抛弃。[12] 待任：等待朝廷的任用。

夫为人主而身察百官，则日不足，力不给[1]。且上用目则下饰观，上用耳则下饰声，上用虑则下繁辞。先王以三者为不足，故舍已能而因法数[2]，审赏罚。先王之所守要，故法省而不侵。独制四海之内，聪智不得用其诈，险躁不得关其佞[3]，奸邪无所依。远在千里外，不敢易其辞；势在郎中[4]，不敢蔽善饰非。朝廷群下，直凑单微[5]，不敢相逾越。故治不足而日有余，上之任势使然也[6]。

[1] 给（jǐ）：够。[2] 因：依靠，根据。[3] 险躁：指险恶狡猾之人。佞（nìng）：这里指花言巧语。[4] 郎中：官名，指近侍之官。[5] 凑：有会合之义。[6] 任势：利用权势。

夫人臣之侵其主也，如地形焉，即渐以往[1]，使人主失端，东西易面而不自知。故先王立司南以端朝夕[2]。故明主使其群臣不游意于法之外[3]，不为惠于法之内，动无非法。法，所以凌过游外私也[4]；严刑，所以遂令惩下也。威不贷错[5]，制不共门。威制共则众邪彰矣，法不信则君行危矣，刑不断则邪不胜矣。故曰：巧匠目意中绳，然必先以规矩为度[6]；上智捷举中事，必以先王之法为比。故绳直而枉木斵[7]，准夷而高科削[8]，权衡县而重益轻[9]，斗石设而多益少[10]。故以法治国，举措而已矣。法不阿贵[11]，绳不挠曲。法之所加，智者弗能辞，勇者弗敢争。刑过不避大臣，赏善不遗匹夫。故矫上之失，诘下之邪，治乱决缪[12]，绌羡齐非[13]，一民之轨，莫如法。属官威民[14]，退淫殆[15]，止诈伪，莫如刑。刑重则不敢以贵易贱[16]，法审则上尊而不侵；上尊而不侵则主强而守要，故先王贵之而传之。人主释法用私，则上下不别矣[17]。

[1]即渐以往：逐渐发生改变。[2]司南：指南车，古代辨别方向用的仪器。[3]游：放纵。[4]凌：打击，压制。[5]贷：当为“贰”。贰错，即两错。“错”与“措”同，施也。[6]规矩：古代用来校正方圆的器具。[7]斲（zhuó）：同“斫”，砍，削。[8]高科：木材之凹凸。[9]县：通“悬”，悬挂。[10]斗石：古代量容积的器具。十斗为一石。[11]阿（ē）：迎合，屈从。[12]缪（miù）：通“谬”，差错。[13]绌（chù）：通“黜”，贬退。[14]属：据王念孙说，应作“厉”，有劝勉、规范之意。[15]淫：放纵。殆：通“怠”，懈怠，懒惰。[16]易：轻视。[17]不别：没有区别。

（[清]王先慎撰，锺哲点校：《韩非子集解》，中华书局1998年版）

参考书目

1. [清]王先慎：《韩非子集解：新编诸子集成》，中华书局1998年版。
2. [清]孙诒让：《墨子闲诂》，中华书局2011年影印本。
3. 蒙文通：《法家流变考》，巴蜀书社1987年版。
4. 郭沫若：《十批判书·前期法家的批判》，人民出版社2012年版。
5. 刘泽华：《先秦政治思想史》，南开大学出版社1984年版。
6. 方授楚：《墨学源流》，中华书局、上海书店1989年版。

思考题

1. 墨家的“十论”是什么？
2. 墨家“中绝”的原因是什么？
3. 法家的代表人物有哪些？他们各自的理论是什么？
4. 韩非子为什么被称为“法家集大成者”？
5. 法家的主要思想有哪些？

第五章　史家传统

中国文化源远流长，有着浩如烟海的历史文化古籍。中国史籍范围广，材料丰富，史料价值极高。中国最早出世并留存至今的记载史实的文字，当推商代的甲骨文字。从《尚书》《春秋》开始，中国的历史记载和撰述就未曾中断过。这是因为近四千年来，中国一直有完备的史官组织，不但历代王朝重视文化古籍的搜集与保存，民间私人撰史之风也同样盛行。此外，纸的普遍应用以及印刷术的发展，也为历史文化古籍的发展提供了便利的条件。

我国的史学历来备受重视。一开始，经与史、文与史相互贯通，无法截然分开。自晋以后，典籍大量增加，经史分途成为必要，此后历经漫长时月，经、史、子、集四部最终得以明确分开。而史家在数千年的发展中，逐步培养和形成了许多优良传统，这是中国文化史上的宝藏，也是世界文化史上的奇观。

第一节　史家的求真

一、书法不隐

在中国古代史学里，“书法无隐”一直是史家的优良传统。书法，是史官记事的法度；无隐，是指史官记事时直书其事，不以隐讳。“书法无隐”的优良传统一直影响着中国史学的发展，是史家提倡的精神境界，也是后人评判史家的一个标准。

1.秉笔直书

秉笔直书也就是在撰史的时候要实事求是，求真求实。早在中国史学开始兴起的时期，秉笔直书就成为史家的崇高美德而备受尊崇。

作为最早的编年体历史著作，《春秋》能够做到秉笔直书，不为强权所动，为后世史家树立了求真的榜样。春秋晋国正卿赵盾因避晋灵公的杀害而出亡，未离开国境，其堂弟赵穿弑杀灵公。史官董狐便在史策上书“赵盾弑其君”，认为赵盾身为执政大臣，灵公被杀害尚未离开国境，又不惩办凶手，应负责任。孔子因而赞董狐“古之良史也，书法不隐”（《左传·宣公二年》）。另一个事例发生在公元前548年，齐大夫崔杼杀了齐庄公，齐国太史记下“崔杼弑其君”，因而被手握大权的崔杼所杀，太史的弟弟继续写“崔杼弑其君”，也被杀。剩下的幼弟还是不屈服，仍直书其事，崔杼不敢再杀。南史氏听说太史尽死，便执简而往，欲为书之，中途听闻已经如实记载，这才回去。刘勰《文心雕龙·史传》中有“辞宗邱明，直归南、董”的名句，意思就是说，史家文辞应该以左丘明为宗匠，而直笔作书应该以南史氏、董狐为指归。北周史家柳虬也说，“南史抗节，表崔杼之罪；董狐书法，明赵盾之愆。是知直笔于朝，其来久矣”（《周书·柳虬传》）。其中所提及的“直笔”就是从“书法无隐”概括而来。

2. 直笔与曲笔

南朝刘勰在《文心雕龙·史传》篇中说道：“奸慝惩戒，实良史之笔；农夫见莠，其必锄也；若斯之科，亦万代一准焉。”就好像农夫见到田里的莠草，一定要将之除去，一个优秀的撰史之人，也是要对奸邪予以惩戒，而惩戒的方法，就是毫无隐匿地将其记录下来。这种做法也是万代同一的准则。

中国史学上确实存在有曲笔的现象，曲笔产生的原因，大多是受政治因素影响。唐朝的诸帝实录，就曾出现过几次修改，不论是修改曲笔，还是曲笔修改，都说明了曲笔的存在。

素富盛誉的唐代史学家刘知幾对史家存在的直笔与曲笔也有过相当精彩的论述。刘知幾从历史撰述是否是实录来划分直笔与曲笔。刘知幾说：“所谓直笔者，不掩恶，不虚美。”（《史通·杂说》）所谓实录者，“爱而知其丑，憎而知其善，善恶必书”（《史通·惑经》）。直笔是实录的前提，曲笔则会造成事实的歪曲。刘知幾认为，直笔和曲笔产生的社会根源，是因为史学有“记功司过，彰善瘅恶”（《史通·曲笔》）的作用，还具有“得失一朝，荣辱千载”的历史影响，使得人们产生了一种“言之若是，吁可畏乎”的心理。虽然直笔曲笔的产生有其社会根源，但曲笔会造成极坏的影响，“史之曲笔诬书，不过一二，语其罪负，为失已多”（《史通·曲笔》）。曲笔撰史不但违背了“书法无隐”的史家传统，而且违背了社会的道德规范，会造成史事上的错误，危害极大。在刘知幾看来，史家治史，必须记功司过、彰善惩恶，这一点十分重要：“乃生人之急务，为国家之要道，有国有家者，其可缺之哉！”（《史通·史官建置》）史学是治理国家的工具，通过“实录其书”，贼臣逆子、淫君乱主就会“秽迹彰于一朝，恶名被于千载”（《史通·直言》），从而达到“史之为用”的目的。因而他在《史通·史官建置》中提出：“为史之道，其流有二。何者？书事记言，出自当时之简；勒成删定，归乎后来之笔。然则当时草创者，资乎博闻实录，若董狐、南史是也；后来经始者，贵乎俊识通才，若班固、陈寿是也。必论其事业，前后不同。然相须而成，其归一揆。”史家的必备要素被刘知幾分为“收事记言”和“勒成删定”，认为此二者“相须而成”，而此二者都是以丰富和真实的记载贯穿始终的，任何得计于一时的曲笔做事，最终都会被后人发现并予以纠正。

二、事得其实

中国史家讲究直笔，书法无隐，同时史学信史的传统也要求史家在撰史的时候，要谨慎地分辨事实、选取材料。史家或史书对于历史文献的采摭、对历史事实的认识程度，是考察史家所撰之史是否可信的标准和要求。

孔子曾提出“吾犹及史之阙文也”(《论语·卫灵公》),刘勰在《文心雕龙·史传》中阐述道:“若夫追述远代,代远多伪,公羊高云‘传闻异辞’,荀况称‘录远略近’,盖文疑则阙,贵信史也。然俗皆爱奇,莫顾实理,传闻而欲伟其事,录远而欲详其迹。于是弃同即异，旁凿旁说，旧史所无，我书则传。此讹滥之本源，而述远之巨蠹也。”前人都遵循“文疑则阙”的原则而看重史学的可信性。“录远”容易生出“爱奇”之心，就会走向“诬矫”;“记近”便会囿于“世情利害”，最终导致生“回邪”。这些现象都不是建立在事实的根据上，因而是史家的大忌，并非史家应采取的采撰史料的态度。

自古以来，要想成为优秀的史家，必然要慎重地对待历史文献的采撰，“征求异说,采摭群言,然后能成一家,传诸不朽”(《史通·采撰》)。左丘明能做到“博”而“洽闻”，司马迁、班固能做到“雅”而“取信”，这都是他们采撰史料的成功之处。

班固对此也提出了“文直而事核”的“实录”说。他在《汉书·司马迁传》中写道:“……善序事理,辨而不华,质而不俚。其文直,其事核,不虚美,不隐恶,故谓之实录。”这和刘勰在《文心雕龙·史传》中所提出的“实录无隐”相呼应。“实录”是以事实为前提的，中国的史家，不论撰史、评史、注史、考史，都是把尊重历史事实置于首位的。

宋人吴缜是中国史学批评史上较早从理论上对历史事实做出明确概括的史学家。他在《新唐书纠谬·序》中提到:“夫为史之要有三：一曰事实，二曰褒贬，三曰文采。有是事而如是书，斯谓事实。因事实而寓惩劝，斯谓褒贬。事实、褒贬既得矣，必资文采以行之，夫然后成史。至于事得其实矣，而褒贬、文采则阙焉，虽未能成书，犹不失为史之意。若事实未明，而徒以褒贬、文采为事，则是既不成书，而又失为史之意矣。”如果人们将客观发生的事情如实地记录下来，让后人能直接真实地了解到过去的事，这就是“事实”。这个“事实”，并不单单只是客观发生的事情，亦非人们的主观记载，而是客观过程和主观记载的完美统一。而事实、褒贬、文采对于史家撰史是相当重要的，三者相辅相成，“因事实而寓惩劝，斯谓褒贬”，有了事实和褒贬——事实和史家评价，再辅之以文采，便有撰成优秀史书的可能。而三者中，最根本的就在于“事得其实”，褒贬和文采都必须以此为基础。

在中国史家漫长的发展历程中，形成了求真的准则与传统，直笔始终是史家的主流，史家在撰史的时候，对于历史事件和材料的收集选取也同样看重。史家一直将史书的真实可信性置于首位，因而也形成了“信史”的史家传统。

第二节　史家的经世之旨

早在中国史家产生之初，其经世之旨就已被明确提及。大抵来说，人们认为史家的职责主要分为记载实事、以明鉴戒和质问现实、以史经世两方面。孟子说：“世衰道微，邪说暴行有作，臣弑其君者有之，子弑其父者有之。孔子惧，作《春秋》。”“孔子成《春秋》而乱臣贼子惧。”（《滕文公下》）即孔子作《春秋》的目的在于褒善惩恶，以示鉴诫，而《春秋》的微言大义也对人们的言行有一个“礼”的引导作用。司马迁在《史记·太史公自序》中道：“周室既衰，诸侯恣行。仲尼悼礼废乐崩，追修经术，以达王道，匡乱世，反之于正。见其文辞，为天下制仪法，垂六艺之统纪于后世。”司马迁评述《春秋》也是从其对人们言行的鉴诫方面切入的。

一、惩恶劝善

史家的经世之用，途径之一就是其惩恶劝善功能。史官的职责除了记事，还要明辨是非，通过记事惩恶劝善，最终引为鉴戒。此外，史家直笔存真及“信史”的传统使得史书对人们的行为产生鉴戒的作用。

孔子作《春秋》时有一重要原则：“我欲载之空言，不如见之于行事之深切著明也。”（转引自司马迁《史记·太史公自序》）孔子认为与其空言高论，泛泛说教，不如通过具体事例来阐述自己的理论思想。孔子不仅高扬中国史家原有的历史意识和尚史传统，而且还超越此前史家只是单纯记录历史事件的传统认识，赋予史学褒贬惩戒的道德取向。《左传·成公十四年》中称孔子之作《春秋》：“微而显，志而晦，婉而成章，尽而不污，惩恶而劝善，非贤人谁能修之。”孔子著《春秋》，“上明三王之道，下辩人事之纪，别嫌疑，明是非，定犹豫，善善恶恶，贤贤贱不肖”，“以天下为仪表，贬天子，退诸侯，讨大夫，以达王事而已矣”(《史记·太史公自序》),故而孔子又被后世称为行“素王”之权。而《春秋》一书中所流露出的经世精神也被后人称为“春秋精神”，其惩恶劝善、以史鉴戒的精神不但影响了后世知识分子的史学观点和经世理念，也引导史家高度自觉地形成遵史、重史、信史的普遍风尚。

纵观中国史学，认为撰史应以《春秋》为法，以圣心为断，借史笔而传圣人之意的史学家，代有其人。北周史官柳虬针对汉魏以来史官“密书善恶，未足惩劝”的问题，曾指出，史家的职能不仅仅是记事而已，还要通过记事彰善惩恶，引导人们自觉向善，因而他建议：“诸史官记事者，请皆当朝显言其状，然后付之史阁。庶令是非明著，得失无隐。使闻善者日修，有过着知惧。”(《周书·柳虬传》）即史家撰史要所举必书，同时还要保证史家撰史的绝对权威性，才能使人们保持戒心，以达到惩劝的目的。

刘知幾认为，在多如繁星的历史人物中，史家应多注意那些“恶可以诫世，善可以示后”的人，因为史书的惩恶劝善宗旨是史家作史中的一个原则性的问题。他在《史通·人物》篇中还有提及：“人之生也，有贤、不肖焉。若乃其恶可以诫世,其善可以示后,而死之日名无得而闻焉,是谁之过欤！盖史官之责也。”所谓“诫世”和“示后”，都是史书的鉴戒功能。而他把能否彰善贬恶作为评判史家高低的标准，反映了他推重史家鉴戒作用的价值观。

宋人吴缜论作史的要求，也把褒贬鉴戒列在其中：“夫为史之要有三：一曰事实，二曰褒贬，三曰文采。有是事而作如是书，斯谓事实。因事实而寓惩劝，斯谓褒贬。事实、褒贬既得矣,必资文采以行之,夫然后成史。”(《新唐书纠谬·序》）事实、褒贬、文采三者都是史家作史的必然要求，都不可缺少。

二、鉴戒治乱

史家的鉴戒治乱直接源于西周初年的“殷鉴”观念。而殷鉴的观点早在周灭商之初就被提了出来。《尚书·召诰》说：“我不可不监于有夏，亦不可不监于有殷”，同时得到“惟不敬厥德，乃早坠厥命”“王敬作所，不可不敬德”等启示。其后关于殷鉴的重要性便引起了西周统治者的重视。以史鉴戒大都发生在新旧王朝的鼎革之际。由于暴亡暴兴的政治现实空前地突出了历史经验和教训的价值，故而新兴的王朝在获取政权之后，十分看重历史经验教训的总结，以期作为其当下政治决策的参考。如汉高祖刘邦在楚汉战争中取得胜利之初，就曾命令其谋臣陆贾“试为我著秦所以失天下，吾所以得天下者何，及古成败之国”(《史记·郦生陆贾列传》)。陆贾因而得以完成《新语》，系统地总结了嬴秦暴兴暴亡的历史教训。

太史公司马迁自述撰写《史记》的目的是“网罗天下放失旧闻,考之行事，稽其成败兴坏之理……亦欲以究天人之际，通古今之变，成一家之言”(《史记·太史公自序》)。同时他希望“藏之名山，副在京师，俟后世圣人君子”(《史记·太史公自序》)。也就是说，将史料与现实结合对照，从中找出朝代发展兴衰中所蕴含的道理，探索自然和社会之间的联系，希望后世之人能因之受惠。《史记》所体现的以史鉴戒治乱的思想是显而易见的。东汉著名史家班固编撰《汉书》的目的也是为了维护东汉王朝的统治。班固看到了经济对政治的影响，特别重视社会经济问题。他建议统治者发展农耕、鼓励生产；他赞誉西汉的文、宣二帝能权时施宜，信赏必罚，民安其业，政通人和；他批评武帝好大喜功，穷兵黩武，征发烦费，使百姓不堪重负……可见《汉书》大力发扬了史学劝惩鉴戒的优良传统。南朝范晔所著的《后汉书》也贯穿了同样的思想。

魏晋南北朝及隋唐时期，社会动荡，史家的注意力便转向史学的经世功能，对于史学的兴亡治乱问题展开了广泛的探讨，产生的著作也不计其数。宋人承其余绪，又有贞观、开元之治和唐末、五代之乱的比较，看重治乱问题，这是理所当然的。

北宋著名史学家司马光在《资治通鉴》中对于史学的治世功能有两句至理名言:“专取关国家盛衰，系生民休戚，善可为法，恶可为戒者。”(《进资治通鉴表》)就是要从正反两个方面来总结历史的经验教训。他也说自己要“叙国家之兴衰，著民生之休戚，使观者择其善恶得失，以为劝戒”(《进资治通鉴表》)。因此，他敢于揭露皇帝不当的言行，劝导统治者重视历史经验，听谏纳言，赏罚分明，知人善任。正因为此书旨在为皇帝提供鉴戒，故宋神宗将原书名《通志》改为《资治通鉴》。

清朝王夫之从史学的“资治”出发,对此曾进行了深入明确的阐述。他说:“所贵乎史者，述往以为来者师也。为史者，记载徒繁，而经世之大略不著，后人欲得其得失之枢机以效法之，无由也，则恶用史为？”(《读通鉴论》)在王夫之看来，历史著作不是因其繁重而有历史价值的，而是因为它写出了历史上人们的经世大略,后人能从中窥见得失关键之所在,引以为鉴。王夫之纵观历朝政治得失，最终得出“谀臣”是否得势与国之存亡相关，统治阶层是否看重宝货与政治得失相关，“风教之兴废”与朝代兴亡相关等结论，这些观点都是极具启发意义的。

史书承载的内容是丰富的、多面的,当然不仅仅是道德褒贬、明得失、治世乱，同时每朝每代的史学家和史评家对于史学的认识和要求也不尽相同，但他们对于史书经世的认识是有相通之处的。每一部史书、史论，不但在当时有极多的读者，而且在后世都有极大的影响。

第三节　史家的审美

一、秩序之美

中国史家自古便有自己独到的审美意识和审美要求,《左传》评论《春秋》:“微而显，志而晦，婉而成章，尽而不汙。” 其中便包含有明显的审美意识。中国史家的审美意识从文史不分的阶段至文史分途之后皆然。编年体史书、纪传体史书、典制体史书、纪事本末体史书的先后创造、发展，都展现出史家在外在结构上的美的创造。

中国古代史家关于秩序之美的审美意识，主要是从对于史书体裁的争论中体现出来的。史书体裁是史事编撰形式的重要方面,成书于唐高宗显庆元年(656)的《隋书·经籍志》，把中国历史文献划分为经、史、子、集四部，其中史部包括正史、古史、杂史、霸史、起居注、旧事、职官、仪注、刑法、杂传、地理、谱系、簿录13类,之后的史家大多沿袭此种分类法,并不断损益。至清代修撰《四库全书总目提要》，史部书被划分为15类，而史书的各类体裁也不断涌现，如编年体、纪传体、史评体、典制体、文征体、纪事本末体、学案体以及图和表等。史部的分类和体裁的涌现，显示了我国古代史家讲求史学秩序之美的审美要求。史家曾就编年体与纪传体、典制体与纪事本末体展开过激烈的讨论。这几种主要的史书体裁，在时间序列、事件原委、人物阶层、制度沿革上都各有其不同的秩序之美。

1.关于编年体与纪传体的辩难

编年体史书是以历史事件所发生的时间先后为中心，按年、月、日来编撰记叙历史。它出现的时间早于其他史书体裁,《春秋》《左传》《竹书纪年》等史书都是在春秋末年至战国时期的编年体史书。西汉司马迁撰《史记》，将其划分为本纪、表、书、世家、列传五部分，开纪传体之先河。此后，以人物传记为中心、结合时间顺序来撰写历史事件的纪传体史书引来效仿者无数。自此往后，关于编年体与纪传体孰优孰劣的争论便纷扰不休。

南朝刘勰所著《文心雕龙·史传》中列举出各种史书的特点，认为《史记》“本纪以述皇王，列传以总侯伯，八书以铺政体，十表以谱年爵，虽殊古式，而得事序焉”，左丘明的《左传》叙述史事，按年附录在《春秋》的经文后面，和经文相间出现，在文辞方面有简约明了的优点，但是关于人物所属的姓氏宗族并不明确。等到司马迁撰写《史记》，人物各个区别开来，便于读者查看阅览，引来后世撰史者纷纷效仿。编年体、纪传体各有得失，不可偏废。

《后汉书》的作者范晔认为，编年体史书在文字方面过于简略，对于事件发生的经过不能详尽其形，这是它的短处，而纪传体，“网罗一代，事义周悉”，能够记载下尽可能详细的史事，反映撰史者的思想态度，对后人研究史事也十分适宜，因而他才采用纪传体撰写《后汉书》。

刘知幾十分看重史书的体裁，其所撰《史通》一书中就将《二体》篇置于《六家》篇之后。同时，刘知幾并不赞同编年、纪传“惟此二家，各相矜尚”的看法，主张“辨其利害”，这样后世史家才能有更加明晰正确的审美取向，因而他在《二体》篇中将《左传》与《史记》进行比较，分论长短。他认为《左传》以日月为次，以时间为序，中国外夷，同一时间，同在世界发生的事情，都会详细地按照事件在历史上发生的先后顺序撰写。以时间为撰史基点，就形成了一种有序的秩序之美，这是《左传》的长处。但他对《左传》也提出了批评，认为它在记叙史事及述说人物的时候，“论其细也，则纤芥无遗；语其粗也，则丘山是弃”(《史通·二体》)。就是说《左传》记载说细腻时就过于详尽细致，连细草一样的细微之处都没有放过；说粗疏时就过于粗糙疏漏，像大山一样醒目明显的史事都弃之未记。这就是它的短处。刘知幾较为看重《史记》在叙事方面能详尽史事的特点，认为其在总括叙述、描述细节、补叙遗漏、涵盖各种知识等方面有不可取代的长处，本纪用来记载大事，传用来详尽小事，表则排列年代和爵位，志概括疏漏，记载天文、地理、国典、朝章，不管是明显还是隐晦、宏大还是纤细，都记录在案，形成了错落有致的秩序之美。但同时，刘知幾认为《史记》“同为一事，分在数篇，断续相离，前后屡出”，“编次同类，不求年月”，故事不连贯，而且多次出现，导致史事的记载混乱，后面发生的事情却记载在先，而先前发生的事情却记录在末尾。虽然刘知幾讨论的是《左传》与《史记》的优缺点，但从中折射出的是他对于编年体史书与纪传体史书的看法。刘知幾最终的结论是“考兹胜负，互有得失”，“欲废其一，固亦难矣”，这两者各有长短，不可偏颇，因而刘知幾的主张是编年、纪传“各有其美，并行于世”。

唐朝史官柳冕则对纪传体做了诸多批判，他在《答孟判官论宇文生评史官书》中说道：“(司马)迁之过，在不本于儒教，以一王法，使杨朱、墨子得非圣人。”柳冕论述的核心就在于“法者，凡例、褒贬是也，而迁舍之”，他将《春秋》视为圣人立法的书，认为司马迁的过错在于他不从古法，不本于经，没有遵从儒教的规范，将杨朱、墨子这种非儒家的人物也称为贤圣，偏离了儒家正统之道。而一旦偏离所谓的“道”，编年体史书写得再好，都不是正史，不是正典。

2.典制体与纪事本末体的出现

中国古代史家在表现形式上尊崇的“秩序之美”，除编年、纪传二体之外，还有典制体与纪事本末体这两种重要形式。记载史事在体裁上另辟蹊径的，是杜佑撰写的《通典》。杜佑是唐朝著名的史学家，稍晚于刘知幾，他所撰的《通典》以典章制度为核心，综合各代，贯通古今，论述典章制度的沿革，以极其缜密的逻辑体系反映历史的秩序，是一部典制体通史。《通典》不但表现了历朝历代的典章制度变革损益的秩序之美，而且还通过对国家政权职能基本设施的认识反映出社会经济、政治、民生方面的秩序之美。《通典》之后，又有《通志》《文献通考》出现，并称“三通”，其中《通典》在于以典制的历史贯通始终，《通志》则以社会的历史为核心，《文献通考》是以文献的历史一以贯之。清人继承前人“三通”，又写了“六通”——《续通志》《续通典》《续通考》《清通志》《清通典》《清通考》，共九通。民国时刘锦藻编《清续通考》，根据时代特点增加了四类，即外交、邮政、实业、宪政，共为十通。足见此种体裁的盛行。

南宋史家袁枢以《资治通鉴》为基础，将该书中所述概括为239事，分别列目，各自成篇，略按时间顺序编次，撰成《通鉴纪事本末》42卷，创立了纪事本末体。纪事本末体的优点，就是能把事情的始末原委表述清楚，这样每个重大事件内部及各个事件之间的联系便能清晰有序地表现出来，这也是一种秩序之美。南宋杨万里对此曾有论述，他认为读编年体史书《资治通鉴》的时候，因为不能即时地详细了解到一件事情的始末，就不免使人有一种疏离和茫然之感，而好的纪事本末体史书，则可以使读者对历史事件发展的详细脉络有尽可能详尽的了解，同时产生巨大的感染力，引发自身强烈的历史感。纪事本末体在南宋已有人效仿，发展至明清两代已颇具规模，出现了一大批断代的或分朝代纪事的纪事本末体史书。

清代学者章学诚曾在《文史通义》中评论编年体、纪传体、纪事本末体这三种载史体裁，他认为“神奇化臭腐，臭腐复化神奇”。中国的史书里，新的史书体裁不断涌现，旧的史书体裁也在不断发展提高，史家在撰史中遵循着“肯定—否定—否定之否定”即不断自我反思以寻求发展的规律。

总之，史家撰史，不但考虑到历史事件在时间顺序上、人物阶层上、制度沿革上、史事原委上各自的“秩序之美”，还考虑到中国历史进程中有关时间、空间、人物、事件、制度等诸多方面所构成的综合的“秩序之美”。

二、表述之美

讲求文采是中国史家的优良传统之一，中国史学把史家的“善序事”（即“善叙事”）列为良史之才的考核标准之一。善叙事所涵括的意义极广，而文字表述上的造诣是其中的主要方面。史书文字表述之美，增强了史学自身的生命力，对于扩大其社会影响力也有不可磨灭的作用。在人类历史初期，史是依附于经之上的，其后经史分途，再到融经于史，最后又提出六经皆史的看法，文和史是密切相关的。文学家通史，史学家通文，在文字叙述中难免杂有史事，史事记叙中也兼有文采。

《左传》作为一部史书，在叙事方面的成就是极为突出的。它叙事生动，文字简洁优美；善叙人物，通过具体事例来表现人物内心世界，语未了而贤愚可分；记录战争，先铺叙战前双方的准备及民心向背，战未停则胜负可定。《左传》的叙事既无虚语而又引人入胜，故而刘勰认为写史要“辞宗邱明”，即文采方面要向《左传》学习。

《史记》也是史实与文采并重的优秀史作。司马迁不仅博学多才，撰史严明，同时也文采清丽，班彪推崇司马迁的史述才华，认为其“善述序事理，辩而不华，质而不野，文质相称，盖良史之才也”。班彪认为司马迁撰写的《史记》叙事生动却不浮夸，语言朴质又无俗气。后来班固也继承了班彪的思想，又吸收了他人的看法，在《汉书》中评论道：“……然自刘向、扬雄博极群书，皆称迁有良史之材，服其善序事理，辩而不华，质而不俚，其文直，其事核，不虚美，不隐恶。”班固是从史文内容翔实、没有粉饰之辞的角度对《史记》进行评价的。司马迁的人物叙述，着重表现不同人物的不同性格，各色人物的忠良奸诈、警敏粗鲁，都在人物活动的事迹中一一浮现。而司马迁的事件描写，也会穿插一些故事情节，使人百读不厌。后人对《史记》的文学成就称颂极多，其中最能概括其特色的则是鲁迅，他将《史记》概括为“史家之绝唱，无韵之离骚”。

《汉书》也是继《史记》之后的一部文采卓越的史学名著。《汉书》前后由班彪、班固、班昭、马续四人写成，其居首功者为班固。后世称美《汉书》者，皆归功于班固。班固天资聪颖，年九岁能属文诵诗赋，等到年纪稍大的时候，就能博贯载籍，博览古籍，诸子百家的言论，无不涉猎。班固阅读广泛，学识渊深，有精湛的艺术修养，写作文章，独具风范。他写的《汉书》极富文采，范晔所著《后汉书·班固传》给予了极高的评价：“（班）固文赡而事详。若固之序事，不激诡，不抑抗，赡而不秽，详而有体，使读之者亹亹而不厌，信哉其能成名也。”范晔认为班固撰史不偏激，不任意褒贬，叙事详细有序不庞杂，对史事表述的分寸把握得很准确。

“善叙事”所涵盖的内容相当丰富，文字表述只是其中的一个重要方面。刘知幾的《史通·叙事》有“夫史之美者，以叙事为先”“夫国史之美者，以叙事为工”的表达，阐述了文字表述对于撰写史书的重要性。宋朝吴缜在《新唐书纠谬·序》中也说史书“必资文采以行之”，直接表明撰史中文采的重要性。章学诚则就如何发挥“文字之佳胜”的问题在其《文史通义》中专列《文理》一篇论述，全篇阐说闳中肆外的各方面要求，得出“言以声其心所得”的结论，认为只有心有所得，方可言之于声。中国古代史书在撰写方面的文采之美，不但是后世史家撰史的典范，同时还引来史论家的关注与重视，众多史家史论家都曾对此展开论述。

中国古代史学在数千年的发展历程中，史学意识不断滋生、发展，历代史学家史论家倾注心力，不断进行反思，继承前代史学的优秀之处，摒弃撰史过程中的短处，史家渐渐形成了自己的优良传统，使源源不绝的生命力得以延续。

经典选读

春秋左传序

[晋]杜预

《春秋》者，鲁史记之名也[1]。记事者，以事系日，以日系月，以月系时，以时系年，所以纪远近、别同异也。故史之所记，必表年以首事[2]。年有四时[3]，故错举以为所记之名也。

[1]鲁史记：鲁国国史，称为《春秋》。[2]表：显示。首：初始。[3]有四时：指有春夏秋冬四个季节。

《周礼》有史官，掌邦国四方之事，达四方之志。诸侯亦各有国史。大事书之于策[1]，小事简牍而已。《孟子》曰[2]："楚谓之《梼杌》，晋谓之《乘》，而鲁谓之《春秋》，其实一也[3]。"

[1]策：又作"册"。[2]《孟子》：书名。孟子姓孟，名轲，字子舆，与齐宣王同时。[3]一：相同，相似。

韩宣子适鲁[1]，见易象与鲁《春秋》，曰："周礼尽在鲁矣。吾乃今知周公之德，与周之所以王。"韩子所见，盖周之旧典礼经也。

[1]韩宣子：名起，春秋后期晋国卿大夫，六卿之一。

周德既衰，官失其守。上之人不能使春秋昭明[1]，赴告策书，诸所记注，多违旧章。仲尼因鲁史策书成文，考其真伪，而志其典礼。上以遵周公之遗制，下以明将来之法。其教之所存，文之所害，则刊而正之，以示劝诫，其余则皆即用旧史[2]。史有文质，辞有详略，不必改也。故传曰："其善志。"又曰："非圣人，孰能修之？"盖周公之志，仲尼从而明之。

[1]上之人：指在位之人。[2]其余：指在刊正的新意之外。

左丘明受经于仲尼，以为经者不刊之书也。故传或先经以始事，或后经以终义，或依经以辩理[1]，或错经以合异[2]，随义而发。其例之所重，旧史遗文，略不尽举，非圣人所修之要故也。身为国史，躬览载籍，必广记而备言之。其文缓，其旨远，将令学者原始要终[3]，寻其枝叶，究其所穷。优而柔之[4]，使自求之，餍而饫之[5]，使自趋之。若江海之浸，膏泽之润[6]，涣然冰释[7]，怡然理顺，然后为得也。

[1]辩：《文选》作“辨”。《五经文字》云：“辩，理也；辨，别也，经典通用。”[2]错经：若地有两名，经传互举，于文虽异，于理则合。错经以合异便是指这样的情况。[3]原始要终：互文，指追溯事情的本原，探求事件的结果。[4]优、柔：都是安然、舒缓之意。[5]餍、饫：都是饱足、饶裕之意。[6]膏泽：指雨之滋润像脂膏一般。[7]涣然冰释：像冰雪融化一般。

其发凡以言例[1]，皆经国之常制，周公之垂法，史书之旧章。仲尼从而修之，以成一经之通体。其微显阐幽[2]，裁成义类者，皆据旧例而发义，指行事以正褒贬。诸称“书”“不书”“先书”“故书”“不言”“不称”“书曰”之类，皆所以起新旧，发大义，谓之变例[3]。

[1]发凡以言例：揭示全书的体例。[2]微：隐匿。微显阐幽：指对一些明显的不合礼制的事不书，将一些深奥的道理阐明。通过这种方法，达到褒贬历史的目的。[3]谓之变例：以“凡”为正例，所以说此七者为变例。

然亦有史所不书，即以为义者。此盖《春秋》新意，故传不言凡，曲而畅之也。其经无义例[1]，因行事而言，则传直言其归趣而已[2]，非例也[3]。

[1]义例：阐明义理的事例。[2]归趣：指归、趣向。[3]例：这里指褒贬之例。

故发传之体有三[1]，而为例之情有五。一曰微而显[2]。文见于此，而起义在彼，称族，尊君命；舍族，尊夫人。梁亡、城缘陵之类是也。二曰志而晦[3]。约言示制，推以知例[4]，参会不地、与谋曰及之类是也。三曰婉而成章[5]。曲从义训，以示大顺，诸所讳辟[6]，璧假许田之类是也。四曰尽而不汙[7]。直书其事，具文见意[8]，丹楹刻桷[9]，天王求车、齐侯献捷之类是也。五曰惩恶而劝善[10]。求名而亡，欲盖而章，书齐豹盗、三叛人名之类是也。

[1]这句指上文发凡正例、新意变例、归趣非例。[2]微而显：辞微而义显。[3]晦：亦微也。志而晦：事叙而文微。[4]推以知例：推寻其事，以知其例。[5]婉：曲，委婉。[6]这句话的意思是屈曲其辞，有所避讳，以示大顺而成篇章。[7]汙（yú）：迂曲。尽而不汙：尽其事实而没有迂曲。[8]具文见意：根据文

章就能理解其意。[9]楹（yíng）：房屋的柱子。桷（jué）：方形的椽子。丹楹刻桷：柱子漆成红色，椽子雕着花纹，形容建筑精巧华丽。[10]惩恶而劝善：惩戒恶人，劝奖善人。

推此五体，以寻经传，触类而长之[1]，附于二百四十二年行事，王道之正，人伦之纪备矣[2]。

[1]触类而长之：引自《易·系辞上》："引而伸之，触类而长之，天下之能事毕矣。"指掌握一类事物、知识或规律，就能据此而增长同类事物、知识。[2]备：皆得所备。

（[清]阮元校刻：《十三经注疏·春秋左传正义》，上海古籍出版社1997年影印版）

史通·直书第二十四（节选）

[唐]刘知幾

然则历考前史，征诸直词，虽古人糟粕，真伪相乱；而披沙拣金[1]，有时获宝。案金行在历[2]，史氏尤多[3]。当宣、景开基之始[4]，曹、马构纷之际，或列营渭曲，见屈武侯[5]，或发仗云台，取伤成济[6]。陈寿、王隐咸杜口而无言，干宝、虞预各栖毫而靡述[7]。至习鉴齿，乃申以死葛走生达之说[8]，抽戈犯跸之言[9]。历代厚诬，一朝始雪。考斯人之书事[10]，盖近古之遗直欤[11]？次有宋孝王《风俗传》、王劭《齐志》，其叙述当时，亦务在审实[12]。案于时河朔王公[13]，箕裘未陨[14]；邺城将相[15]，薪构仍存[16]。而二子书其所讳，曾无惮色。刚亦不吐[17]，其斯之谓欤[18]？

[1]披沙拣金：出自钟嵘《诗品》。[2]案：考究。金行：指晋朝。[3]史氏尤多：指史氏有十八家之多，实际尚不止此。[4]宣：指宣帝司马懿。景：指景帝司马师。[5]见屈武侯：指司马懿在渭南和诸葛亮相持。《通释》引《三国志·蜀志·诸葛亮传》："亮据武功五丈原，与司马宣王对于渭南，其年卒于军。"[6]取伤成济：指魏帝曹髦发兵于云台征讨司马昭，反而被成济刺杀。[7]栖毫而靡述：停笔没有了叙述。[8]葛：指诸葛亮。达：指司马懿。此处引自习鉴齿《汉晋春秋》："杨仪等整军而出，宣王追焉。姜维令仪反旗鸣鼓，若将向宣王者，宣王乃退，不敢逼。百姓为之谚曰：'死诸葛走生仲达'。"[9]抽戈犯跸（bì）：指成济持刀刺杀魏帝曹髦一事。[10]斯人：指习鉴齿。[11]近古之遗直：指古代遗留下来的直录精神，引《左》昭十四年"仲尼曰：'叔向，古之遗直也'。"按杜注"言叔向之直，有古人遗风。"[12]审实：审视事实。[13]案：考究。河朔：指元魏。[14]箕裘未陨：宋孝王撰史时，元魏王公后裔威势尚在。[15]邺（yè）城：指高齐。[16]指王劭撰《齐志》时，高齐的遗业尚在。[17]刚亦不吐：据《诗·大雅·烝民》有"柔

亦不茹，刚亦不吐，不侮矜寡，不畏疆御”。[18]其斯之谓欤：大概就是这个吗？

盖列士徇名[1]，壮夫重气，宁为兰摧玉折，不为瓦砾长存[2]。若南、董之仗气直书[3]，不避强御；韦、崔之肆情奋笔[4]，无所阿容。虽周身之防有所不足[5]，而遗芳余烈，人到于今称之[6]。与夫王沉《魏书》[7]，假回邪以窃位，董统《燕史》，持谄媚以偷荣，贯三光而洞九泉[8]，曾未足喻其高下也。

[1]列：同“烈”。徇：同“殉”。引自《史记·贾谊传》：“列士殉名。”指烈士舍身以求美名。[2]此句的意思是，宁可做折断的兰花，破碎的玉石，也不做瓦砾而苟全性命。引自《世说新语·语言》：“毛伯成既负其才气。常称宁为兰摧玉折，不作萧敷艾荣。”[3]南：指南史。董：指董狐。[4]韦：指韦昭。崔：指崔浩。[5]周身之防：指保全自己，防备受害。[6]称：称道，称赞。[7]按《晋书·王沉传》：“沉，字处道，太原晋阳人也。……与荀顗、阮籍共撰《魏书》，多为时讳。高贵乡公将攻文帝，召沈告之，沈驰白帝，以功封安平侯。”[8]贯三光：指南、董、韦、崔的精神直冲三光。洞九泉：指王沈、董统的行为贯穿九泉。按潘岳《西征赋》有“贯三光而洞九泉，曾未足以喻其高下也”，比喻相隔甚远。

（[唐]刘知幾著，张振珮笺注：《史通笺注》，贵州人民出版社1985年版）

文史通义·史德[1]

[清]章学诚

才、学、识三者[2]，得一不易，而兼三尤难。千古多文人而少良史，职是故也。昔者刘氏子玄[3]，盖以是说谓足尽其理矣。虽然，史所贵者义也，而所具者事也，所凭者文也。孟子曰：“其事则齐桓、晋文，其文则史，义则夫子自谓窃取之矣。”[4]非识无以断其义，非才无以善其文，非学无以练其事，三者固各有所近也，其中固有似之而非者也。记诵以为学也，辞采以为才也，击断以为识也，非良史之才、学、识也。虽刘氏之所谓才、学、识，犹未足以尽其理也。

[1]本篇作于乾隆五十六年（1791）。章学诚在史学理论上的贡献之一，就是明确提出“史德”概念并加以阐释。[2]才：才艺。学：史学修养。识：评价历史的胆识和见识。[3]刘氏子玄：刘知幾，字子玄。唐代著名史学家。[4]见《孟子·离娄下》。夫子指孔子。本句意为：齐桓、晋文的事迹的记载，其文辞成为历史记载，而其中大义则被孔子继承。

夫刘氏以谓有学无识，如愚估操金[1]，不解贸化。推此说以证刘氏之指，不过欲于记诵之间，知所决择，以成文理耳。故曰：古人史取成家，退处士而进奸雄，排死节而饰主阙，亦曰一家之道然也[2]。此犹文士之识，非史识也。能具史识者，必知史德。德者何？谓著书者之心术也。夫秽史者所以自秽[3]，谤书者所以自谤[4]，素行为人所羞，文辞何足取重！魏收之矫诬，沈约之阴恶[5]，读其书者，先不信其人，其患未至于甚也。所患夫心术者，谓其有君子之心，而所养未底于粹也。

[1]估：通“贾”，商人。本句意为不善经营的商人去经营。[2]《史通·忤时》云：“古者刊定一史，纂成一家，体统各殊，指归咸别。夫《尚书》之为教也，以疏通致远为主，《春秋》之义也，以惩恶劝善为先，《史记》则退处士而进奸雄，《汉书》则抑忠臣而饰主阙。”这是他的偏见。[3]北齐魏收（506—572）恃才轻薄，其德望本不足以服众，著有《魏书》，借修史来酬恩报怨，历来为世所诟厉，号为“秽史”。[4]司马迁作《史记》，于《封禅书》内述汉武帝好神仙鬼魅方士之事甚备，故王允谓之为“谤书”。[5]沈约（441—513），南朝人，著有《晋史》《宋书》等史著，多为后世讥讽。《史通·采撰》云：“沈氏著书，好诬先代，于晋则故造奇说，在宋则多出谤言，前史所载，已讥其谬矣。”

夫有君子之心，而所养未粹，大贤以下所不能免也。此而犹患于心术，自非夫子之《春秋》，不足当也。以此责人，不亦难乎？是亦不然也。

盖欲为良史者，当慎辨于天人之际[1]，尽其天而不益以人也。尽其天而不益以人，虽未能至，苟允知之，亦足以称著述者之心术矣。而文史之儒，竞言才、学、识，而不知辨心术，以议史德，乌乎可哉？

夫是尧、舜而非桀、纣，人皆能言矣。崇王道而斥霸功[2]，又儒者之习故矣。至于善善而恶恶，褒正而嫉邪，凡欲托文辞以不朽者，莫不有是心也。然而心术不可不虑者，则以天与人参，其端甚微，非是区区之明所可恃也[3]。夫史所载者事也，事必藉文而传；故良史莫不工文，而不知文又患于为事役也。盖事不能无得失是非，一有得失是非，则出入予夺相奋摩矣[4]；奋摩不已，而气积焉。事不能无盛衰消息，一有盛衰消息，则往复凭吊，生流连矣[5]；流连不已，而情深焉[6]。凡文不足以动人，所以动人者，气也[7]。

[1]司马迁《报任少卿书》：“欲以究天人之际，通古今之变，成一家之言。”天人之际，是中国古代哲学思想的重要命题。[2]《孟子·公孙丑下》云：“以力假仁者霸，霸必有大国，以德行仁者王，王不待大。汤以七十里，文王以百里。以力服人者，非心服也，力不赡也，以德服人者，中心悦而诚服也，如七十子之服孔子也。”这里是孟子继承儒家仁爱思想的核心价值，但在现实环境中又处处受挫折，章氏在此惋惜“崇王道而斥霸功”，固然理想高迈，不过是为“儒者

之习故”，所以他们这些人就只能说说而已，没有如孔子、孟子般的大气象。这是为当时没有一流儒门传人而感叹。[3]本句大意是：研究历史，心术端正是最重要的头等大事，就像“天人之际”的区别，精微高邈，不是仅仅凭恃以这里讲通就能明白的。[4]出入予夺：裁量大事、盘算利害。奋摩：奋动手足，内心受到情绪波动而激愤不平。这是说评量事件一定有是非得失，而一旦陷入是非得失、盘算利害之后，心绪激愤不平就不能避免了。[5]流连：指依恋不舍。这句是说万事有盛衰起落变化，但难免令人感慨，而产生依恋不舍的情绪。[6]本句的意思是：这样依恋不舍的情绪没完没了，感情投入就愈加深刻。[7]本句意思是：文字本身是不会感动人心的，文字之所以有感动人心的魔力，那是因为有文气投注在里面。

（[清]章学诚著，罗炳良校注：《文史通义》，中华书局2012年版）

参考书目

1.《左传》《公羊传》《穀梁传》，中华书局影印阮元校刻《十三经注疏》本，1980年版。

2. [宋]欧阳修：《欧阳修全集·正统论》，中华书局2001年版。

3.《四库全书总目·史部正史类一·三国志》，中华书局2003年版。

4. 梁启超：《中国近三百年学术史》，三晋出版社2011年版。

5. 钱穆：《中国近三百年学术史》，商务印书馆1997年版。

6. 饶宗颐：《中国史学上之正统论》，上海远东出版社1996年版。

思考题

1. 中国古代史书主要有哪几种体例？
2. 研究历史的目的是什么？
3. 史家正统观念对于史学研究有何影响？
4. 我们现代人要以什么样的态度去研究历史？

第六章　禅宗文化

禅宗文化，广义来讲，是指以中国禅宗思想为基础逐渐发展起来的一种传统文化，它包括禅宗的核心思想、基本精神、修行方法以及禅宗对社会和文化的影响等。从狭义的角度来看，禅宗文化涉及诗歌、书法、绘画、饮食、茶道、音乐、武术、中医、农耕等方面。禅宗文化对中国及周边国家与地区的社会和文化影响巨大，尤其是对古代社会士大夫的人生哲学、审美情趣、艺术思维的影响是难以估量的。禅宗文化在中华文化中占有独特的地位，是中国传统文化一个不可或缺的部分。

第一节　禅宗概述

禅宗是印度佛教传至中国后，受到儒、道传统文化的影响被中国化了的产物。在所有佛教派别中，禅宗是最人性化的一个宗教类别，禅宗即人宗。禅宗否定经典与权威，追求心灵的自由与平等。中国禅宗是一种文化理想，是一种生命哲学和生活的艺术。

在中国禅宗的发展历程中，有一大批高僧对禅宗的宗义、修行方法、教规以及僧众的生活方式等方面做了探索和革新。总体而言，中国禅宗是向人文化、平民化、入世化的方向发展的。六祖慧能、怀让大师、马祖道一和怀海禅师是这方面的代表。

禅宗的理论核心是性静自悟，每个人都具有佛性，佛就在人的心中，只要佛性出现，人人皆可成佛，其修行方式逐渐生活化、简易化。禅宗认为日常生活中处处有禅蕴，时时有禅道，无论是在家修行还是出家修行，只要排除妄念，终能悟道成佛。怀海提倡农禅结合，在经济基础上为禅宗的发展提供了理论源泉。禅宗提倡教外别传、不立文字、直指人心、见性成佛，在思想上予以保障。

中国禅宗在发展过程中形成了三种独特的禅法形态，分别是圆悟克勤的文字禅、宏智正觉的默照禅、大慧宗杲的看话禅。一般的坐禅方法有调身、调息和调心。常见的修行方式有：参禅、参公案、看话头、禅机、棒喝、喝佛骂祖、默照、十牛图冥想法、顿悟、渐修、一行三昧、定慧双修等。

禅宗文献大致可分为三类：第一，僧传，即高僧传记，如《高僧传》《续高僧传》《宋高僧传》等；第二，语录，记录禅宗祖师及高僧说法开示的书，如《六祖坛经》《镇州临济慧照禅师语录》《庞居士语录》等；第三，灯录，介于僧传和语录之间的一种文体，实为禅宗思想史，如《五灯会元》《祖堂集》《景德传灯录》等。

第二节　禅宗的发展与流变

中华之禅宗，以释迦牟尼为初祖，直承于菩提达摩，兴盛于六祖慧能。按传统的分法，禅宗的发展大致经历四个阶段，从菩提达摩到中国开始，到六祖慧能为止，是禅宗的起始阶段，可称为早期禅宗，约两百五十年；从晚唐至南宋初，由六祖慧能门下发展为“五宗七派”，为禅宗的发展期，期间约两百五十年；自南宋初年临济宗大慧宗杲起，约三百二十年时间，为禅宗的成熟期，即中期禅宗；从元明至清乾隆之世止，约四百五十年的时间，为禅宗的衰颓期，亦称为晚期禅宗。在禅宗发展的历史过程中，可谓名家如林，流派纷呈，从菩提达摩到六祖慧能，洪州、石头二宗，到“五宗七派”，从话头禅到默照禅，等等，期间经历了众多流派之间的纷争与辩驳，呈现出分化、合流、再分化的发展规律。

一、兴起

禅宗的创始人，不管在禅宗内部还是在研究者之间，都是众说纷纭，莫衷一是。根据众多禅宗文献资料来看，大体可归纳出如下说法。

1. 佛陀扇多说。太虚大师在《与胡适之论菩提达摩书》中详细论证了此种说法，他认为中国禅宗的创始人为佛陀扇多。关于佛陀扇多的记载不多，且互相矛盾。

2. 释迦牟尼与摩诃迦叶说。据《五灯会元》记载，释迦牟尼佛用“拈花微笑”的方式“以心传心”地传授摩诃迦叶佛法。既然他们两人均被称为西天第一代祖师，那么将他们二人中的任何一位看作中国禅宗的第一代创始人，都是无可厚非的，但是，至今没有确凿的证据可证明。

3. 菩提达摩说。近代日本学者忽滑谷快天认为，菩提达摩之前，印度没有禅宗。佛学专家汤用彤和忽滑谷快天持相同的观点，“菩提达摩于梁武帝时来华，是为中国禅宗初祖”[①]。中国禅宗界普遍认为，菩提达摩是中国禅宗的最早创立者，其所创禅宗称为达摩宗。

4. 道信与弘忍说。中国社会科学院世界宗教研究所所长杜继文认为：“从菩提达摩来华至隋朝的僧璨，可看做是禅宗的酝酿期；至唐朝的道信、弘忍，是禅宗的正式形成期；到慧能、神秀分立南宗、北宗及以后南宗独盛天下，都可以看作是禅宗的发展期。”[②]道信、弘忍突破达摩禅的修行范围和传法形式，以作务和坐禅并举，重视“心法”。许多人由此认为，中国禅宗发端于道信，光大于弘忍，他们是中国禅宗的创始人。

5. 慧能（惠能）说。慧能是中国历史上最具影响的佛教高僧之一，被称为禅宗六祖。就慧能在禅宗宗派的形成方面和对禅宗传播的贡献而言，把他看作是中国禅宗的创始人，是无可指摘的。慧能及其后继者发展禅法为“不立文字，教外别传，直指人心，见性成佛”。慧能提倡“顿悟”和世俗之法，为修行者提供了便利。他重视人才的培养，他创立的禅宗称为南宗，是中国禅宗的主流，或者说是中国禅宗的正统，中国佛教的代名词。由慧能弟子法海整理成书的《坛经》，被称为经，在中国佛教史上，其语录、行事记载被称为经的，只有《坛经》一部。所以，许多人把慧能看作中国禅宗的创始人。

6. 神会和马祖道一说。神会大师，是六祖慧能晚期弟子，著名的法脉传人之一，他是荷泽宗的创立者。马祖道一，师从怀让禅师习禅，洪州禅由此发源，他也是开宗门的一代。胡适在《神会和尚遗集》中称神会是中国佛教史第一人，是中国禅宗的真正创始人，在《论禅宗史的纲领》中又称中国禅宗始于马祖。神会是南宗正统地位的确立者，马祖道一用“顿悟法门”挽救中国禅宗于危难之中，就二人对禅宗的贡献而言，胡适认为中国禅宗始于他们中的一人或二人，亦有可能。

从禅宗发端到早期禅僧太虚大师、安士高、鸠摩罗什、佛陀跋陀罗（觉贤）等对“依教修心禅”的摸索，到达摩祖师、慧可（二祖）、僧璨（三祖）以《楞伽经》开宗，道信（四祖）、弘忍（五祖）创立“东山法门”，用《楞伽经》《般若经》传宗，他们将禅宗的理论和实践相结合，使得禅修有了固定的场所，这样中国禅宗初具规模了。通常认为，中国禅宗的真正兴起是从慧能（六祖）开始的。

二、鼎盛

从公元638年六祖慧能出世，到公元1127年宋室南迁，近五百年的时间内，禅风大变，派别林立，禅宗界才人辈出。其中代表人物有青原行思、南岳怀让、

---

① 汤用彤：《隋唐佛教史稿》，中华书局1982年版，第186页。

② 杜继文主编：《中国佛教史》（4卷），中国社会科学出版社1991年版，第308页。

石头希迁、马祖道一、荷泽神会、永嘉玄觉、南阳慧忠等，他们皆出六祖门下。公元845年唐武宗灭佛，宣宗后禅宗又有新的发展，出现了沩山灵祐师徒的沩仰宗，临济义玄之临济宗，洞山良价之曹洞宗。期间，禅风时有变化。五代乱世，佛教之地位和影响皆衰微，但禅门依旧，如云门文偃之云门宗、法眼宗。这段时间，中国禅宗达到前所未有的鼎盛。

1. 牛头法融派

该派以牛头为初祖，四祖道信的门人法融为创始人。《宋高僧传》卷八记载了道信和法融师徒二人论道的过程。

关于法融（594—657），很多文献都有记载。《高僧传》记载“时庐山又有释僧融，亦苦节通灵，能降伏鬼物云”。《续高僧传》卷二十六也有翔实的记载：“梁初人，住九江东林寺。笃志泛博游化己任。曾于江陵劝一家受戒，奉佛为业。”

牛头法融派禅学思想的核心是无心说和忘情说，在论法过程中讲求无心合道、空为道本、丧己忘情、心性本空和无情有性。其禅法倾于空寂，为后世所诟病，但其思想影响到慧能门下，极大地丰富了禅风之自然风气。现今流传下来法融的禅学论著有《心铭》和《绝观论》。

牛头禅的第一世为法融，第二世为智严，第三世为慧方，第四世为法持，第五世为智威，前五世韬光养晦，潜心研习禅法。当禅法传至六世慧忠、鹤林玄素和径山法钦时，牛头禅大盛，与洛阳的荷泽神会，江南的洪州道一、石头希迁并称为中国禅宗的重镇。但因后继无人，牛头宗的影响逐渐在禅界消失，其禅法思想后来被曹溪宗所吸收，融入了石头宗。

2. 南宗和北宗

中国禅宗的两大基本派系。南宗的创立者是慧能，北宗的代表人物为神秀。他们二人皆出五祖弘忍门下。弘忍入寂后，他的门人遍布大江南北，这些门人逐渐形成了不同的派系，而慧能和神秀代表的宗系，成为中国禅宗影响最大的两大派系。

（1）宗派确立

《荐福弘辩禅师》记载：

> 第五祖弘忍大师在蕲州东山开法，时有二弟子：一名慧能，受衣法，居岭南为六祖；一名神秀，在北扬化。其后神秀门人普寂者，立秀为第六祖，而自称七祖。其所得法虽一，而开导发悟有顿渐之异，故曰南顿北渐。

由此可见，南北宗的称谓是由慧能和神秀传法的不同地域而来，这就是后世所说的“南能北秀”。所谓“南顿北渐”，指的是两种不同的禅风，或者说两种不同的习禅方式，南宗在修行过程中追求瞬间的顿悟，顿悟渐修，讲求修行方式；

北宗追求逐步领悟禅宗的精要，渐修渐悟，从而达到禅的最高境界，追求的是修禅的过程。南北二宗由于师出同门，虽然宗风和所处地域不同，但在很长一段时间里形成了中国禅宗少有的你中有我，我中有你，相互补充的盛大局面。

（2）南北分宗

神秀（606—706）是弘忍最得意的弟子。他离家到蕲州东山寺求法六载，勤奋异常，终得五祖真传。弘忍曾叹曰，“东山之法尽在秀矣”。神秀基本保持了弘忍的禅风，继承了自菩提达摩以来历代相传的“观心”禅法。弘忍之后，神秀一派逐渐成为中国北方势力最大、影响最广的宗派，北方也成为中国禅宗的中心。由于武则天政权的需要，神秀的地位被推崇到了极点，被尊为国师，所传禅法被称为官禅，北宗彻底被统治阶层认可，北宗的正统地位也得到了确认。

神秀门人众多，最著名的有四个：义福、普寂、景贤和惠福。北宗在当时的影响之大，范围之广，受众之多，可谓是“两京之间，皆宗神秀；北宗门下，势力连天”（《高僧传》）。这种情形持续近一世纪之久。

当神秀依附于统治阶级将北宗地位推向巅峰时，慧能却在岭南向普通百姓宣扬禅法。他入寂后近二十年的时间依然默默无闻，直到南北禅宗之间的法统之争开始。

神会（668？—760）是慧能晚年最得意的弟子。据载，神会在拜师慧能之前，先事神秀三年，后到曹溪慧能处苦修四年，最终得到慧能的真传。他以一己之力，将北宗拉下神坛，让南宗取代北宗而独霸天下，并由此确立了南宗在禅界的正统地位。

慧能和神秀去世后，他们的弟子神会和普寂各自以禅宗之正统自居，从而引发了中国禅宗史上最重大的事件——法统之争。争论之激烈，世所罕见。他们“以承禀为户墉，各自开张；以经纶为干戈，互相攻击”，“顿渐门下，相见如仇雠；南北宗中，相敌如楚汉”。最终，神会以“传衣为信”将神秀为代表的北宗推向非正统的境地，又借“安史之乱”将南宗推到了中国禅宗的正统地位。至此，南宗取代北宗的地位，达到了极盛，南宗慧能的六祖地位得到了确认。

3.“五宗七派”

禅宗从初祖菩提达摩到四祖道信，都崇奉《楞伽经》，以此经传心，而五祖、六祖以下则重《般若金刚经》。慧能在接受五祖弘忍法衣以后，为躲避弘忍众门徒争夺衣钵的追杀，曾到岭南避难，弘忍入寂两年后重回到故地曹溪宝林寺（今广东韶关南华寺），大力弘扬禅法，他在宝林寺传法长达37年之久。慧能为禅宗的发展奠定了坚实的理论基础，对后来禅宗各派形成派系和禅法影响极大。慧能入寂后，他的禅法很快在中国的大江南北传播开来。

南宗以南岳怀让门下的洪州宗、青原行思门下石头希迁一派的石头宗为代表。在此基础上，又形成了河北临济宗、江西曹洞宗、湖南沩仰宗、广东云门宗、江苏法眼宗五宗，这就是禅宗史上所谓的“一花开五叶”。这种盛况使得当时很多人来到慧能门下学禅，加上慧能本人十分重视对再传弟子的培养，据《坛经》记载，他的门人大概有一千人。他的弟子中比较著名的有神会、法海、法达、智常、志彻等人。除此之外，青原行思、南岳怀让、永嘉玄觉和南阳慧忠等几位禅宗史上影响很大的高僧，也都是慧能的传人。据载六祖慧能门下悟道者共有43人，他们分别在不同的地方讲授禅法。

慧能之后，曹溪禅分为曹溪北宗、曹溪南宗。曹溪北宗就是荷泽宗，曹溪南宗分化为三个支派，即石头宗、洪州宗、保唐宗，后世禅界一致认为石头和洪州为禅门正宗。从晚唐到北宋初期，曹溪宗共分出临济宗、曹洞宗、云门宗、法眼宗、沩仰宗五宗，临济门下又分出黄龙、杨岐两派，这些宗派合称为五宗七派（或叫五家七派），它们成为唐代以后佛教和禅宗的主流。到宋朝后，五宗七派只剩下临济与曹洞二宗。五宗七派主要出于石头、洪州二宗。沩仰、临济二宗出于洪州道一门下，曹洞、云门、法眼皆出于石头希迁门下。五宗七派将曹溪宗发挥到了极致，宗风禅法各具风骚。

（1）沩仰宗

中国禅宗五家之一，出自洪州宗门下，是中唐最大的禅系宗派。其弟子主要以江西南昌为活动中心，分布在潭州（今长沙）、扬州、池州（今安徽池州）、常州、韶州（今广东韶关）、鄂州（今武汉）、唐州（今河南泌阳）、两京等地。道一（709—788）门下最主要的弟子怀海“尽得心印”，主张农禅并举，创立丛林《清规》，该思想和《古清规》在中国禅宗史上具有划时代的深远意义，它对印度佛教以乞食和布施为生的方式是一种彻底的改革，对建立自给自足的中国禅宗起了巨大的推动作用，怀海是禅宗中国化的第一人。怀海弟子三千，其中著名的有灵祐和希运两人。

唐潭州沩山禅师（771—853），名灵祐，得禅法于百丈怀海禅师。沩山以“镜智”为宗，出想生、相生和流注生三种生，其禅风方圆默契，体用圆融。慧寂（814—890），师出沩山灵祐，在江西仰山弘扬禅法。仰山以“默照”为宗，出九十七圆相。所谓“默照”就是专心沉默地坐禅，用智慧使自己原本清净的灵魂知心性。九十七圆相包括六重意义，即圆相（远离语言文字）、暗机（用特殊圆形符号表示诸佛之密意）、义海（将觉海变为义海，用义解释禅悟）、子海（以文字名言显示机法，禅家常用的一种方法）、意语（不落言诠，用意显示真义）、默论（用动静、语默显示禅机）。仰山继承沩山禅旨，二宗略有不同，师徒共同创立了沩仰宗。总体而言，沩仰宗的修行理论是万物有情，皆有佛性，人若明心见性，即可成佛。沩仰宗是曹溪禅中影响最大、成立最早的支派，由于后继无人，到唐末后基本绝传了。

（2）临济宗

出自洪州宗门下的临济宗，是“五家禅”乃至中国禅宗中宗风最为强劲猛烈，禅旨最为灵活多变，波及面最为广大，渗透性最为强大，影响最为久远的宗派。临济宗提出“四料简”，以“棒”“喝”著称，其施教方式偏重于行动上的开导，较为活泼生动。该宗派的禅法思想的直接源头，可追溯到百丈怀海门下黄檗希运大禅师。

希运继承了马祖道一“即心即佛”的禅学思想，力倡“心即是佛”之说。“性即是心，心即是佛，佛即是法”，他从这一思想出发，主张“以心印心，心心不异”，后世故有“心心相印”一说。希运禅师在洪州禅向临济禅发展过渡过程中起到了承前启后的作用，他不仅是洪州禅的继承者，更是临济禅的奠基者和先驱。希运之后，临济有义玄。义玄（？—867）上承六祖慧能，历南岳怀让、马祖道一、百丈怀海、黄檗希运的禅法，以其机锋凌厉、棒喝峻烈的禅风闻名于世。现存《临济录》《祖堂集》《景德传灯录》等都有对义玄生平事迹和禅法的记载。义玄之后有风穴延沼，延沼之后有首山省念，省念之后有汾阳善昭，善昭之后有石霜楚圆。临济宗发展到唐五代时，法系已呈衰颓之势了。到了宋太祖统一中国后，由于统治者的需要，宋几代君主大力保护、扶持佛教，临济宗因此重新焕发出了巨大的活力，迅速由衰退走向兴旺。此时，宗派林立、禅法四扬，其中汾阳善昭和石霜楚圆慈明两派法系最为兴盛。石霜楚圆门下有道宽、可真、慧南、方会等得道弟子，慧南、方会各自开创了黄龙、杨岐二派。至此，禅界有了“五宗七派”的说法。

黄龙派是临济禅的支派，又称黄龙宗，为禅宗五宗七派之一。黄龙派开宗者是慧南（1002—1069）。慧南初学云门宗，后师从临济宗，是临济宗第七祖石霜楚圆门下，因其住隆兴黄龙山（在今江西修水县）而得名。

慧南是临济宗自唐五代以来，影响最大、法席兴盛的第一人。黄龙宗形成后，只经二三传承，在当时就形成了“黄龙一派，横被天下”的态势。慧南也以性空缘起说为基础传法，他的禅学体系里已有以佛为体，以道为质，以儒为用，儒、释、道三位一体的思想。慧南的这种思想，不仅对中国禅学，而且对中国文人乃至中国社会，都形成了巨大的影响。慧南之禅成为中国文人、士大夫之禅。慧南嗣法的弟子有83人，再传弟子遍布天下，其中黄龙祖心、宝峰克文、东林常总等，最为著名。

黄龙祖心，师从慧南，慧南入寂后，黄龙继任住持。祖心法嗣47人，以黄龙悟心、灵源惟清为上首。宝峰克文，从慧南处得悟，法嗣38人，以兜率从悦、泐潭文准、清凉德洪（即慧洪）为上首。慧洪著有《禅林僧宝传》《林间录》《智证传》等禅学书籍，是“文字禅”的创立者，他的禅学思想对后世影响也很大。东林常总，徒众七百余人，法嗣多达61人，其中以泐潭应干、开先行瑛为上首。

黄龙一派从兴起到衰落，只有一百六七十年的时间。

杨岐派，也称杨岐宗，是禅宗五宗七派之一，和黄龙派一样同属临济宗。杨岐派的创立者是方会（992—1049），该派因他住杨岐山（在今江西上栗县）而得名。

杨岐派传人大慧宗杲（1089—1163），传授话头禅法，使得临济宗在影响力和禅宗界的地位上超越了云门宗、曹洞宗，成为中国禅宗的主流，是禅宗与汉传佛教最具代表性的宗派。杨岐宗在中华佛教史上有着极其重要的地位和深远的影响。

方会法嗣著名的有白云守端等。守端禅师禅众云集，他的言行和禅学思想，主要记载在《白云守端禅师语录》和《白云守端禅师广录》中。守端的法嗣有五祖法演等十二人。法演有《法演禅师语录》行世，其法嗣二十二人，其中佛果克勤、佛鉴慧勤、佛眼清远三人，被称为“三佛”。克勤的法嗣有七十五人，其法流以径山宗杲（即大慧）、虎丘绍隆二派为最大。径山一派又分为灵隐、北涧二派，虎丘一派也分为松源、破庵二派。虽然宗杲的法嗣有九十四人，绍隆的法嗣只有一人，但宗杲以下几代即息，而绍隆的传承则相传不绝。

黄龙、杨岐二派几乎同时兴起，但后来黄龙法脉几乎断绝，杨岐派却恢复了临济宗的宗名和影响。禅宗后期的历史，几乎成了临济宗的历史，而临济宗后期的历史，也就成了杨岐派的历史。杨岐派禅法在宋元两代传入日本，创立派别，所谓“杨岐灯盏明千古”，至今仍是日本佛教大宗之一，它的信徒超过百万。东亚、东南亚等许多国家和我国台湾地区广有信徒。

临济宗发展到元代，又分为南北两大系统，南方以高峰原妙、中峰明本为代表，北方以海云印简为代表。

（3）曹洞宗

曹洞宗，我国禅宗五宗七派之一，五家之中流传时间最长、影响最为深远的宗派之一（另一个是临济宗）。它是由石头希迁、药山惟俨和云岩昙晟三代禅师为代表的禅者培养催生出来的一个禅宗“思想界的贵族”，曹洞宗的宗风底蕴、佛法思想均来自这三位大禅师。该派以洞山良价（807—869）为宗祖，其宗名由来有二：一说洞指洞山，曹指曹山，是师父良价所住江西宜丰县的洞山与徒弟本寂（840—901）所住吉水县的曹山名称的合指，称为曹洞宗；另一说取曹溪慧能之曹与其法孙洞山良价之洞，合称曹洞宗。但世人多认同第一种说法。曹洞宗提出“五位说”，以“回互”著称，施教方式是稳健、绵密的“行解相应”，不仅具有哲学的辩证精神，而且体现出禅宗对儒道两家思想的融合。所谓“回互”与“不回互”，是从事物之间的普遍联系、发展和变化的观点来看问题，这是一种禅对理事关系的哲学思辨，属于朴素辩证法，所以曹洞宗是禅宗诸派中哲学思辨最浓的一派。

良价圆寂后，五代十国时期，曹洞宗传法较之唐代势头不减。洞山祖庭有良价、道全、道延、慧敏等先后住持法席，曹山则有光慧、智炬、慧霞住持，道膺座下怀岳、道简、昌禅师等相继住持。真正将曹洞法脉保存下来的是云居道膺一系。此时，曹洞法嗣已遍及全国各地。

元、明、清以来曹洞宗颇为昌盛，宗风大进，名僧辈出。雪庭福裕一系传到小山宗书，分出常润、常忠两支，常忠传无明慧经，又出寿昌系，下又分出博山系、鼓山系、东苑系；常润一支传到诸缘、方念，又形成西云居山系及赣中的支系。福裕的法嗣义云、邵元还把曹洞宗传向日本；博山系下的尚已一支，则传往越南。

民国时期，曹洞传播重心转移到抚州地区。释竹慧在桃华山寺（江西宜黄县）明海处得曹洞法印后，重振石门寺。新中国成立后，释虚云1953年迁至云居山真如禅寺传扬曹洞宗。腾智为第五十六代，后有瑞之等传承，经久不衰，时至今日。

（4）云门宗

云门宗是禅宗五宗七派之一，略称云宗，隶属南宗青原法系。由文偃（864—949）创立。因文偃住韶州云门山（在今广东乳源瑶族自治县北）光泰禅院而得名。云门宗风"函盖截流"，讲求"八要"，即玄、从、真要、夺、或、过、丧、出。文偃的传法弟子有香林澄远、德山缘密等，以澄远为上首。澄远传智门光祚。光祚弟子众多，著名的有雪窦重显、延庆子荣、南华宝缘等。云门宗法嗣兴盛，弟子千人，嗣法者二十五人，以白云子祥、双泉师宽、德山缘密、双泉仁郁、守初宗慧、香林澄远等最为著名。云门宗勃兴于五代，宋代达到鼎盛，南宋开始衰微，传至元初法系已无从查考，历经二百余年。

（5）法眼宗

法眼宗，中国佛教禅宗五家之一，是五宗七派中最后一个宗派。创立者是五代文益禅师（885—958）。属南宗青原一脉。文益圆寂后，南唐中主李璟谥其为"法眼大禅师"，法眼宗由此得名。

法眼宗风"般若无知""一切现成"，《五家参详要路门》说："法眼宗先利济。"该宗在宋初盛极一时，活跃于唐末宋初的五代时期，宋中叶之后逐渐衰微。据《五灯会元》《传法正宗记》等资料统计，其传人约三百六十人。文益法嗣中，著名的有天台德韶、清凉泰钦、百丈道恒、净德智筠、永明道潜、永明延寿、灵隐清耸、报恩慧明、报慈行言、报恩法安、归宗策真等。文益、德韶、延寿被誉为"法眼宗三祖"。作为一个宗派，虽然其传承的历史不长，但是它的几位祖师都是吴越地区著名的高僧。

北宋建国后禅宗各派之间出现了合流之势，如永明延寿倡导华严禅，同时兼修持咒念佛。物盛必衰，最终禅宗不可避免地走向了衰落。

三、衰落

从元代初年（1206）到清乾隆年间，这四百五十年是禅宗衰弱时期。临济宗到元代时，分化为南北两大法系。南方以高峰原妙、中峰明本、天如惟则等为代表，北方以海云印简为代表。印简派系借助蒙古贵族势力，元初时被奉为"临济正宗"，但在禅学思想上没有大的创新与发展。南方临济宗保持宋以来众禅学的特点，并丰富和扩展了宋代"看话禅"等禅法，使临济宗保持了一定的活力。

南宋之后，禅宗衰微，后继无人。民间在莲池袾宏、藕益智旭大师的倡导下，以三教合一、禅净双修为主流，但基本上脱离了原来禅宗的精神。明朝中叶净土宗兴起，此时佛教禅净，与儒、释、道三教合一，禅宗逐渐失去生命力。明末，临济宗密云圆悟禅师的弟子汉月法藏，作《五宗原》介绍禅宗五家，以圆相为万佛之祖，称临济为正宗，受到圆悟法师的反对。清世祖爱好参禅，曾召海会寺憨璞性聪，浙江玉林通琇、木陈道忞、茚溪行森、旅庵本月、山晓本晰等进宫说法。

进入近现代后，中国禅宗日渐衰微，但在敬安、圆瑛、太虚、虚云、来果、明真、印顺等一批高僧和居士的大力扶持下，禅宗始终传承不断。

第三节　禅宗的传播与影响

中国禅宗自建立以来，迅速向各个地区和国家传播开来，迄今为止，中国禅宗传播到的地方有中国的西藏和台湾，境外的国家有日本、朝鲜、越南以及欧美等，此过程也是中国禅宗他国化的过程。其他国家和地区在中国禅宗的基础上，加上本民族宗教的特点，形成了适合自己国家和地区的禅宗，普遍受到了本民族人民的认可和喜爱。作为一种文化，禅宗或多或少地影响了中国及其他国家的方方面面，尤其是对士大夫的人生哲学、审美情趣、艺术思维影响巨大。

藏传佛教。中国唐代时（约8世纪后期），北宗神秀门人普寂的传人摩诃衍禅师，来到西藏传扬禅法。他与西藏的莲花戒经过一场史称为“顿渐之争”的辩论后，最后败北而回。这是中国禅宗史上内地禅师向西藏传播禅法的首次尝试，虽然没有得到当地宗教的认可，但是在西藏现存的大圆满、大手印中，仍可看出曾经受到汉传佛教影响的痕迹。

台湾禅宗。南明永历十五年（1661），郑成功收复台湾后，闽粤一带的佛教随着福建漳州、福州以及广东惠州、潮州的民众进入台湾，并先后修建了竹溪寺、弥陀寺、龙湖岩等寺院。除了临济宗，福清黄檗寺（黄檗宗）也对台湾寺院法脉影响深远。虚云老和尚为近代禅宗的集大成者，他于清末民初不遗余力地弘扬佛法，为后世所敬仰。农禅一脉以东初老人为代表兴建农禅寺，以法鼓山为道场发扬禅法为标志。中台山惟觉和尚以禅学教育为基础，净化社会人心。千佛山白云禅师以民营广播公司造就广大群众。

日本禅宗。从隋唐以来，中日僧人的双向交流一直存在。中国禅宗于日本镰仓时代（1192—1333）传入日本，形成日本特有的佛教禅宗系统。日本的武士道、茶道、插花、武术、传统文学等，均受到日本禅宗的影响。日本僧人明庵荣西于南宋乾道四年（1168）和淳熙十四年（1187）两度来华学习禅法，他将中国的天台宗、黄龙派禅法与日本的真言宗（密宗）三者融合，创立了日本临济宗。在镰仓幕府的支持下，他先后建京都建仁寺、报恩寺、圣福寺，法嗣众多，盛极一时。南宋嘉定十六年（1223），荣西弟子希玄道元来到中国，拜师曹洞宗如净禅师，回日本之后，于1246年建立永平寺。现在的圣严法师，即为曹洞传人。1246年，南宋禅师兰溪道隆到日本，传播杨岐派禅法，于1253年创建镰仓建长寺。清顺治十一年（1654），福建临济宗黄檗山万福寺隐元隆琦应邀到日本传授黄檗宗，后在德川幕府家纲将军的资助下，修建万福寺，创建日本黄檗宗。日本镰仓时代禅宗24派中，有20派出于杨岐派系。20世纪80年代，日本临济宗信徒逾五百万人。发展到现在，日本曹洞宗、临济宗、黄檗宗三大禅宗约有22个教派，信徒九百五十万人，寺院、传教所18579座。

朝鲜半岛禅宗。唐贞观年间（627—649），朝鲜僧人法郎、神行到中国随四祖道信和五祖弘忍学习禅法，并回国传播中国禅法，形成了到中国学习禅法的热潮，如新罗僧本加、新罗国王三子（无相）、新罗僧道一、慧哲、洪直等相继到中国学法。新罗僧道一于唐建中五年（784）来中国，在中国37年，曾拜师曹溪祖师堂、洪州开元寺西堂智藏禅师等高僧学习禅法，回国后传授南宗“顿悟”禅法，后形成“禅门九山”的盛况，道一是朝鲜曹溪宗的创始人。韩国曹溪宗的本部在韩国首尔的曹溪寺，寺院和僧人众多。

越南禅宗。东南亚各国也受到了禅宗的影响。南朝陈宣帝太建六年（574），印度僧人毗尼多流支（汉译“灭喜”）来中国随僧璨禅师学习楞伽禅法，之后去越南建法云寺，传播禅法，形成越南最早的禅宗“灭喜禅派”（或称毗尼多流支系）。唐元和十五年（820），中国禅师无言通去越南传法，形成越南佛教的主要宗派“无言通禅派”（即观壁派）。宋代雪窦重显的弟子草堂禅师在越南弘法，形成“草堂禅派”。18世纪初，中国元绍禅师在越南创“元绍禅派”，越南僧人实妙了观借鉴中国的临济禅，创建“了观禅派”。这些禅派的禅法和思想至今流传在越南各地。

欧美禅宗。现今在北美传播禅宗的人，不论来自哪一个国家，禅的根源在中国。中国人在北美传播禅宗最有力的是到旧金山弘法的度轮法师（宣化老和尚），他是虚云和尚的弟子。美国现在的禅宗主要有三支：临济禅、曹洞禅、临济和曹洞综合禅。禅宗在美国的传播，引起了世界各国的“禅学热”。现在英国、法国、德国、瑞士、比利时、意大利、挪威、瑞典、丹麦等国家，都有禅宗中心和学习禅法的民众。

禅宗对中国社会的影响也是极为深远的，包括文化、文学、艺术、现代生活等各个方面。禅宗在中国化的过程中先后受到道家和儒家思想的影响，趋于成熟后的禅宗又反过来影响和丰富了中国传统文化。禅宗在传播过程中，与中国文化及中国的士大夫们产生了千丝万缕的联系，禅宗的思想对他们的人生哲学、审美情趣、艺术思维等产生了难以估量的影响。当时的文人士大夫或引禅入文，或引禅入诗，或以禅论书画，蔚然成风。中国古代文论中的“意境”、李贽的“童心”说、袁宏道的“性灵”说、王士禛的“神韵”说等的提出，魏晋玄学思想的产生，宋明理学的产生以及唐朝的王维、孟浩然，宋朝的苏东坡等所创作的禅学诗歌，都和禅宗相关。禅宗对诗歌的影响表现在以禅入诗和以禅喻诗两个方面，正如元好问所说，“诗为禅客添花锦，禅是诗家切玉刀”（《赠嵩山隽侍者学诗》）。

绘画方面，宋人标出“墨戏”，明人始倡“画禅”。禅宗中的经典绘画很多，其中著名的作品之一是宋朝廓庵师远的《十牛图》，这幅图也是中国佛教禅宗修行的图示。禅宗除了对文学、绘画、书法的影响外，对茶道、饮食、医学、现代科学和现代人的生活等都有影响。

经典选读

高僧传·唐韶州今南华寺慧能传

释慧能，姓卢氏，南海新兴[1]人也。其本世居范阳[2]，厥考讳行瑫，武德[3]中流亭新州[4]百姓，终于贬所。略述家系，避卢亭岛夷之不敏也。贞观十二年戊戌岁生能也。纯淑迂怀，惠性间出。虽蛮风獠俗，渍染不深。而诡行么形，驳杂难测。父既少失，母且寡居，家亦屡空业无腴产。能负薪矣，日售荷担。偶闻鄽肆[5]间诵金刚般若经[6]，能凝神属垣，迟迟不去。问曰：“谁边受学此经？”曰：“从蕲州[7]黄梅冯茂山忍禅师劝持此法，云即得见性成佛也。”能闻是说，若渴夫之饮寒浆也。忙归备所须，留奉亲老。

咸亨[8]中，往韶阳，遇刘志略。略有姑无尽藏，恒读《涅槃经》[9]，能听之，即为尼辨析中义。怪能不识文字，乃曰：“诸佛理论，若取文字，非佛意也。”尼深叹服，号为行者。有劝于宝林古寺修道，自谓己曰：“本誓求师，而贪住寺取乎道也，何异却行归舍乎？”明日遂行，至乐昌县[10]西石窟，依附智远禅师，侍座谈玄。远曰：“行者迨非凡常之见龙，吾不知，吾不知之甚矣。劝往蕲春[11]五祖所印证去，吾终于下风请教也。”

未几造焉。忍师睹能气貌不扬，试之曰：“汝从何至？”对曰：“岭表来参礼，唯求作佛。”忍曰：“岭南[12]人无佛性。”能曰：“人有南北，佛性无南北。”曰：“汝作何功德？”曰：“愿竭力抱石而舂，供众而已。”如是劳乎井臼，率净人而在先；了彼死生，与涅槃而平等。忍虽均养，心何辨知？俾秀唱予，致能和汝，偈辞[13]在壁，见解分岐，揭厉不同，浅深斯别。忍密以法衣[14]寄托曰：“古我先师转相付授，岂徒尔哉？呜呼！后世受吾衣者，命若悬丝[15]。小子识之。”

能计回生地，隐于四会、怀集之间，渐露锋颖。就南海印宗法师涅槃[16]盛集，论风旛[17]之语，印宗[18]辞屈而神伏。乃为其削椎髻于法性寺，智光律师边受满分戒，所登之坛即南宋朝求那跋摩[19]三藏[20]之所筑也。

……

系曰：五祖[21]自何而识一介白衣[22]，便付衣耶？通曰："一言知心，更无疑贰。况复记心轮[23]间，如指之掌。"忍师施一味法，何以在家[24]受衣钵乎？秀师则否。通曰："是法宁选缁白，得者则传。周封诸侯，乃分分器，同姓异姓别也。以祖师甄别精粗，以衣为信。譬如三力士射坚洛叉，一摩健那射则中而不破，二钵罗塞建提破而不度，三那罗延箭度而复穿余物也。非坚洛叉有强弱，但由射势力不同耳。南能可谓那罗延射而获赏焉。"信衣至能不传，莫同夏禹之家天下乎？通曰："忍言'受传衣者命若悬丝'，如是忍之意也。又会也，禀祖法则有余，行化行则不足，故后致均部之流，方验能师之先觉，不传无私吝之咎矣。故曰知人则哲[25]也，吁！"

[1]新兴：天宝元年（742），废新州，设新兴郡，不久改名新昌郡。[2]范阳：中国古代的地名和行政区划名。范阳在历史上所辖区域多有变动，约在今北京市和河北省保定市北部。从唐大历四年（769）起，所谓"范阳"则仅限于涿州范阳县，为涿州治所，在今河北省涿州市。广义上的范阳有时和幽州通用。[3]武德：唐高祖年号。[4]流亭新州：今广东新兴县，慧能大师的出生地与圆寂地。[5]廛肆：市肆。亦泛指街市。《宋书·谢庄传》："贵戚竞利，兴货廛肆者，悉皆禁制。"[6]金刚般若经：《金刚般若经》在中国唐代已受普遍信仰，且其《灵验记》（记载神秘感应或灵验之书）也被编成《金刚般若集验记》。[7]蕲州：位于蕲春南部，长江中下游北岸，是鄂东最古老的城镇。从北周到清初，蕲州一直作为州、路、府、县级行政区的行政中心，管辖和部分管辖过蕲春、黄梅、广济、蕲水、罗田五个县。[8]咸亨：唐高宗李治的年号（670—674）。[9]《涅槃经》：佛教经典的重要部类之一，有大乘与小乘之分。[10]乐昌县：因县内有乐石、昌山而得名。[11]蕲春：位于今湖北省东南部，隶属黄冈市。[12]岭南：是指中国南方的五岭之南的地区，相当于现在广东、广西及海南全境，以及湖南、江西等省的部分地区。历史上，唐朝岭南道，也包括曾经属于中国皇朝统治的越南红河三角洲一带。[13]偈辞：佛经中的唱词。[14]法衣：道教与佛教的法事专用服饰。佛教制度允许出家僧人为养活自身可以持有如法合度的衣服，其中重复衣、上衣、下衣、裙、副裙、掩腋衣、副掩腋衣等十三种服饰是生活所必需的。不同的衣服应在不同的时间和不同的场合穿用。法衣的原料及颜色也是有选择的，如衣料不得过优过劣，颜色不用八大正色。凡僧尼所穿的被认为不违背戒律、佛法的衣服，皆可称为法衣。《释氏要览》卷上："律有制度，应法而作，故曰法衣。"[15]命若悬丝：比喻生命垂危。语出《后汉书·邓训传》："今张纡失信，

众羌大动，经常屯兵，不下二万，转运之费，空竭府帑，凉州吏人，命县丝发。”[16]涅槃：佛教用语，意义是指清凉寂静，恼烦不现，众苦永寂；具有不生不灭、不垢不净、不增不减，远离一异、生灭、常断、俱不俱等的中道体性意义；也即成佛。佛教认为，轮回是一个必然过程，人死去以后，“识”会离开人体，经过一些过程以后进入另一个刚刚出生的新生命体内，该新生命体可以是人类，也可以是动物、鬼、神。只有到达涅槃的境界方可摆脱轮回。[17]风旛：亦作风幡，指风中的旗幡。[18]印宗（627—713）：唐僧人。俗姓印，吴郡（今苏州）人，生即茹素，长而出家，通《涅槃经》。[19]求那跋摩：汉语译为功德铠，古印度僧人、译经师，刹帝利种姓。[20]三藏：又作三法藏。藏，梵语，意谓容器、谷仓、笼等。印度佛教圣典之三种分类为：经藏、律藏、论藏。[21]五祖：弘忍（601 — 675）被尊为禅宗五祖。其俗姓周，黄梅（今湖北黄梅县）人，东山法门开创者。后迁居蕲州黄梅。《祖堂集》卷二称他“幼而聪敏，事不再问”。[22]白衣：原意为白色之衣，转称着白衣者，即指在家人。[23]心轮：脐轮之上即是心轮，它有八条支脉。心轮在佛法上又称为“法身轮”，它的作用在于开展智慧（觉性）和知识。[24]在家：佛教专有名词，“出家”之对称。指成家立业，过家庭生活，可积蓄财富而自营生计之俗士。又称居家、住家、在家人。在家而归依佛法，受持三归五戒，成为佛教教团（广义之僧伽）之一员者，男称优婆塞，女称优婆夷。[25]知人则哲：谓能鉴察人的品行才能，即可谓之明智。语《尚书·皋陶谟》：“知人则哲，能官人。”曾运乾正读：“哲，智；官，任……言知人则能器使。”

（[宋]赞宁著，范详雍点校：《高僧传》，中华书局1987年版）

南岳怀让禅师[1]

南岳[2]怀让禅师者，姓杜氏，金州[3]人也。于唐仪凤二年[4]四月八日降诞，感白气应于玄象[5]，在安康之分。太史瞻见，奏闻高宗皇帝。帝乃问：“是何祥瑞？”太史对曰：“国之法器，不染世荣[6]。”帝传金州太守韩偕亲往，存慰[7]其家。家有三子，唯师最小。炳然殊异，性唯恩让[8]。父乃安名怀让。年十岁时，唯乐佛书。时有三藏[9]玄静过舍，告其父母曰：“此子若出家，必获上乘，广度众生。”至垂拱三年[10]方十五岁，辞亲，往荆州玉泉寺，依弘景律师[11]出家。通天二年[12]，受戒后习《毗尼藏》[13]。一日自叹曰：“夫出家者，为无为法。天上人间，无有胜者。”时同学坦然[14]，知师志气高迈，劝师谒嵩山安和尚。安启发之，乃直指诣曹溪[15]参六祖。祖问：“甚么处来？”曰：“嵩山来。”祖曰：“甚么物恁么来[16]？”师无语。遂经八载，忽然有省。乃白祖曰：“某甲[17]有个会处[18]。”祖曰：“作么生？”师曰：“说似一物即不中。”祖曰：“还假修证否[19]？”师曰：“修证则不无，污染即不得[20]。”祖曰：“衹此不污染，诸佛之所护念[21]。汝既如是，吾亦如是。西天般若多罗识汝足下出一马驹，踏杀天下人[22]。应在汝心，不须速说。”师执侍左右一十五年。先天二年[23]往衡岳[24]居般若寺。

开元中有沙门道一[25]在衡岳山常习坐禅。师知是法器，往问曰：“大德坐禅图甚么？”一曰：“图作佛。”师乃取一砖，于彼庵前石上磨。一曰：“磨作甚么？”师曰：“磨作镜。”一曰：“磨砖岂得成镜邪？”师曰：“磨砖既不成镜，坐禅岂得作佛？”一曰：“如何即是？”师曰：“如牛驾车。车若不行，打车即是，打牛即是？”一无对。师又曰：“汝学坐禅，为学坐佛？若学坐禅，禅非坐卧。若学坐佛，佛非定相。于无住法，不应取舍。汝若坐佛，即是杀佛。若执坐相，非达其理。”一闻示诲，如饮醍醐，礼拜，问曰：“如何用心，即合无相三昧[26]？”师曰：“汝学心地法门，如下种子。我说法要，譬彼天泽[27]，汝缘合故，当见其道。”又问：“道非色相[28]，云何能见？”师曰：“心地法眼能见乎道，无相三昧亦复然矣。”一曰：“有成坏[29]否？”师曰：“若以成坏聚散而见道者，非见道也。听吾偈曰：‘心地含诸种，遇泽悉皆萌。三昧华无相，何坏复何成！’”一蒙开悟，心意超然。侍奉十秋，日益玄奥[30]。

入室弟子总有六人，师各印可[31]。曰：“汝等六人同证吾身，各契[32]其一。一人得吾眉，善威仪。一人得吾眼，善顾盼。一人得吾耳，善听理。一人得吾鼻，善知气。一人得吾舌，善谭说[33]。一人得吾心，善古今。”又曰：“一切法皆从心生。心无所生，法无所住。若达心地，所作无碍。非遇上根，宜慎辞哉[34]！”有一大德[35]问：“如镜铸像，像成后未审光向甚么处去？”师曰：“如大德为童子时，相貌何在？”曰：“祇如像成后，为甚么不鉴照？”师曰：“虽然不鉴照，谩[36]他一点不得。”后马大师阐化[37]于江西。师问众曰：“道一为众说法否？”众曰：“已为众说法。”师曰：“总未见人持个消息来。”众无对。因遣一僧去，嘱曰：“待伊上堂时，但问作么生[38]？伊道底言语，记将来。”僧去一如师旨。回谓师曰：“马师云：自从胡乱后，三十年不曾少盐酱。”师然之。天宝三年八月十一日，圆寂于衡岳。谥大慧禅师，最胜轮之塔[39]。

[1]本文选自《五灯会元》，南宋僧普济撰。[2]南岳：衡山，我国五岳之一，位于湖南省衡阳市南岳区。[3]金州：在今天的陕西省安康市。[4]唐仪凤二年：公元677年。仪凤（676—679）是唐高宗李治的年号。[5]感白气应于玄象：出现白气，上应天象。[6]国之法器，不染世荣：这个人是国家可以承传佛法的大器，不贪恋世俗荣华。[7]存慰：看望、慰问。[8]恩让：友爱谦让。[9]三藏：全称三藏法师，是对精通佛教圣典中之经、律、论三藏者的尊称。[10]垂拱三年：公元687年。垂拱（685—688）是唐睿宗李旦的年号。[11]律师：专门研究佛教戒律的师父。[12]通天二年：公元697年。万岁通天（696—697）是武则天年号。[13]《毗尼藏》：三藏之一，是如来所说的戒律经典。藏者，包藏之义。这部经典中包藏一切戒律之法，故云藏。[14]坦然：人名。[15]曹溪：位于韶州（今广

东曲江县东南）之河。[16]恁么来：怎么来。[17]某甲：自称代词。[18]有个会处：我有点明白了。[19]还假修证否：还需要借助修持验证吗？[20]修证则不无，污染即不得：修持证验不会停止，但是再也不会受到污损、染浊了。污染：为污垢所染。[21]祇此不污染，诸佛之所护念：只此不受污染，都是因为有众佛护持。[22]西天般若多罗识汝足下出一马驹，踏杀天下人：西天般若多罗预言你门下弟子中会出现一匹马驹，佛法影响天下之人。即指其后来的传人马祖道一。般若多罗：禅家所立西天二十八祖中之第二十七祖，东天竺人。[23]先天二年：公元713年。先天（712—713）是唐玄宗李隆基的年号。[24]衡岳：南岳衡山。[25]沙门：出家修习者的通称。道一：唐江西道一禅师，姓马，被称作马祖。[26]无相三昧：了知诸法无相，而无不相，入于中道。[27]天泽：上天的恩泽。与"种子"的说法相对应。[28]色相：一切物质显现于外可以眼见的形相。[29]成坏：兴起和衰败。成、住、坏、空指的是四劫，是佛教对于生灭变化的基本观点。[30]玄奥：高深。[31]印可：证明弟子之所得，而加以赞美许可。[32]契：契合。[33]谭说：议论，谈论。[34]宜慎辞哉：说话要谨慎。[35]大德：对长辈或出家时间比自己长的人的尊称。[36]谩：谩欺，轻侮的意思。[37]阐化：阐扬教化。[38]作么生：干吗，做什么。[39]最胜轮之塔：怀让墓至今仍存，唐代宰相裴休亲笔手写"最胜轮塔"。

（[宋]普济著，苏渊雷点校：《五灯会元》，中华书局1984年版）

坛经·顿渐

时，祖师居曹溪宝林；神秀大师在荆南玉泉寺。于时两宗盛化，人皆称南能北秀；故有南北二宗顿渐之分，而学者莫知宗趣。师谓众曰："法本一宗，人有南北，法即一种，见有迟疾。何名顿渐？法无顿渐，人有利钝，故名顿渐。"

然秀之徒众，往往讥南宗祖师："不识一字，有何所长？"秀曰："他得无师之智，深悟上乘，吾不如也。且吾师五祖，亲传衣法，岂徒然哉！吾恨不能远去亲近，虚受国恩。汝等诸人，毋滞于此，可往曹溪参决[1]。" 一日，命门人志诚曰："汝聪明多智，可为吾到曹溪听法。若有所闻，尽心记取，还为吾说。"志诚禀命至曹溪，随众参请，不言来处。

时，祖师告众曰："今有盗法之人，潜在此会。"志诚即出礼拜，具陈其事。

师曰："汝从玉泉水，应是细作[2]。"对曰："不是！"

师曰："何得不是？"对曰："未说即是，说了不是。"

师曰："汝师若为示众[3]？"对曰："常指诲大众，住心观净[4]，长坐不卧。"

师曰："住心观净，是病非禅；长坐拘身，于理何益？听吾偈曰："生来坐不卧，死去卧不坐。一具臭骨头，何为立功过。"

志诚再拜曰："弟子在秀大师处学道九年，不得契悟；今闻和尚一说，便契本心。弟子生死事大，和尚大慈，更为教示！”

师曰：“吾闻汝师教示学人戒定慧法，未审汝师说戒定慧行相如何？与吾说看。”

诚曰：“秀大师说，诸恶莫作名为戒，诸善奉行名为慧，自净其意名为定，彼说如此，未审和尚以何法诲人？”

师曰：“吾若言有法与人，即为诳汝。但且随方解缚，假名三昧[5]。如汝师所说戒定慧[6]，实不可思议，吾所见戒定慧又别。”

志诚曰：“戒定慧只合一种，如何更别？”

师曰：“汝师戒定慧，接大乘人[7]；吾戒定慧，接最上乘人。悟解不同，见有迟疾；汝听吾说，与彼同否？吾所说法，不离自性；离体说法，名为相说；自性常迷，须知一切万法，皆从自性起用，是真戒定慧法，听吾偈曰：‘心地无非自性戒，心地无痴自性慧，心地无乱自性定，不增不减自金刚，身去身来本三昧。’”

诚闻偈悔谢，乃呈一偈：

“五蕴幻身，幻何究竟？回趣真如，法还不净。”

师然之。复语诚曰：“汝师戒定慧，劝小根智人；吾戒定慧，劝大智根人；若悟自性，亦不立菩提涅槃，亦不立解脱知见。无一法可得，才能建立万法；若解此意，亦名菩提涅槃，亦名解脱知见。见性之人，立亦得，不立亦得。去来自由，无滞无碍。应用随作，应语随答，普见化身。不离自性，即得自在神通，游戏三昧，是名见性。”

志诚再启师曰：“如何是不立义？”

师曰：“自性无非、无痴、无乱；念念般若观照，常离法相，自由自在，纵横尽得，有何可立？自性自悟，顿悟顿修，亦无渐次，所以不立一切法。诸法寂灭，有何次第？”

志诚礼拜，愿为执侍，朝夕不懈。

[1] 曹溪：禅宗南宗别号，以六祖慧能在曹溪宝林寺演法而得名。[2] 细作：密探。[3] 示众：教导、训示徒众。禅宗中用此语表示禅师开讲或答疑。[4] 住心观净：坐禅过程中集中精力，观想思考。[5] 三昧：谓屏除杂念，心不散乱，专注一境。[6] 戒定慧：戒律、禅定与智慧。[7] 大乘人：即修行大乘佛法的大师，大乘佛法主张度人。

（魏道儒译注：《坛经译注》，中华书局2010年版）

参考书目

1. 汤用彤：《隋唐佛教史稿》，中华书局1982年版。

2. 杜继文主编：《中国佛教史》（4卷），中国社会科学出版社1991年版。

3. 吴立民主编：《禅宗宗派源流》，中国社会科学出版社1998年版。

4. 方立天：《禅宗概要》，中华书局2011年版。

思考题

1. “禅”和“禅宗”的关系是什么？二者有何区别？

2. 我们通常所说的“五宗七派”是指哪几个禅宗流派？它们和慧能的关系是什么？

3. 何谓“以禅喻诗”？主要表现在哪几个方面？

4. 中国禅宗对现代人的生活有什么影响？具体表现在哪几个方面？

5. 如何理解禅宗的世界性？

第七章　士人传统

士人，是中国传统社会中一个特殊的阶层，这一阶层在中国政治与文化的发展中扮演着极为重要的角色。作为知识群体的士人，从春秋战国时期正式登上历史舞台以来，在两千余年的历史变迁中，发生了很大的变化。这种变化最重要的体现就是出现了士人身份获得机制的保障和形成了相对稳定的士人精神。

第一节　“士”的源起和流变

一、“士”的源起

在先秦典籍中，“士”这一称谓有多重含义，其基本含义是成年男子，所以士、女经常并称。《易·归妹》：“女承筐无实，士刲羊无血。”《诗·郑风·女曰鸡鸣》：“女曰鸡鸣，士曰昧旦。”《诗·召南·野有死麕》：“有女怀春，吉士诱之。”虽然士是成年男子，但成年男子却不一定都能成为“士”。周代是建立在各个氏族的联盟、臣属和征服的关系之上，臣服氏族的成员必然不可能拥有与统治氏族相等的权利义务。因而，周代社会就有了“乡、遂”和“国、野”的分别。以城邑为中心的居住者，是拥有基本权利和义务的“国人”，他们兼从耕战，多为周王或诸侯的同族同姓，称为“国士”。而郊外的遂人或野人则为臣服部族，负担贡赋劳役却不能成为正式战士，且不举行士冠礼。因而，相对于国人，遂人或野人即使是成年男子也不能称为“士”。由此可以看出，“士”属于贵族阶层。《说文解字》：“士，事也。数始于一，终于十。从一从十。孔子曰：‘推十合一为士。’凡士之属皆从士。”

以“事”训“士”，表明了“士”的社会角色。《礼记·王制》:“诸侯之上大夫卿、下大夫、上士、中士、下士，凡五等。”这说明士的政治地位。《国语·晋语四》:“公食贡，大夫食邑，士食田，庶人食力……。”这是说“士”的经济地位。从政治和经济地位看，士虽然属于贵族阶层，但是却是贵族的最低阶层，处于大夫和庶人之间。

二、“士”的流变

春秋时期“礼崩乐坏”，阶级结构也发生了较剧烈的变动，表现之一就是贵族地位的下降和庶民地位的上升。士处于贵族和庶人之间，是上下流动的交汇点，数量大大增加，社会角色也相应发生了变化。士本来具有的武士身份逐步转变为文士身份。

这种身份的转变主要有以下三点原因：一是诸侯争霸的现实需要。春秋以降，兼并战争和政治斗争的激烈，使当权者认识到“得人”和“用贤”的重要性，《墨子·尚贤》：“尚贤者，政之本也。”《管子·霸言》：“夫争天下者，必先争人。”各诸侯国都在提倡“选贤举能”的用人原则，这就为士人的发展提供了机会。二是作战规模的扩大和作战方式的转变。春秋早期以车战为主，作为战争主力的战士，主要由贵族和“国士”组成。后来，兼并战争日趋激烈，战争规模逐渐扩大，作战方式由车战为主转变为以步骑兵为主，作战主力也变为遂人或农人。所以，一般士人不再热衷于尚武，转而习文。三是私学的兴起。随着传统官学的衰落，周代原有的教育模式也被打破，各类私学的教育内容不再以军事科目为主，而以传播文化知识为主，培养出来的学子自然多为文士。士不再是“有职之人”，而是从封建关系中游离出来进入“士无定主”的状态，学习掌握文化知识成为他们的基本特征。

士成为春秋战国时期的“四民”之一，顾炎武《日知录》：“士、农、工、商谓之四民。”《春秋穀梁传》:“上古者有四民：有士民，有商民，有农民，有工民。”而士的职业选择就是“仕”与“学”，《论语·子张》：“仕而优则学，学而优则仕。”为了谋求发展，士人以游说自荐的方式进入仕途，由此也产生了所谓的“游士”。战国时代，士人自荐登入仕途成为社会风气，形成了“游士无宗国”的局面。士人的政治和文化活动摆脱了宗主国的束缚，为他们施展抱负、成就功业提供了广阔的空间。《史记·商君列传》载商鞅西入秦“因孝公宠臣景监以求见”；《史记·平原虞卿列传》载虞卿“蹑跻檐簦说赵孝成王”，成为赵国上卿；苏秦、张仪凭三寸不烂之舌游说人主，取得功名。战国中后期，许多有权势的大臣养士为食客。楚国春申君黄歇、齐国孟尝君田文、赵国平原君赵胜、魏国信陵君无忌等所养食客达到三千人，游士不仅成为战国时期重要的政治文化现象，同时也对列国的政治格局产生了影响。王充《论衡·效力》：“六国之时，贤才之臣，入楚楚重，出齐齐轻，为赵赵完，畔魏魏伤。韩用申不害，行其《三符》，兵不侵境，盖十五年。不能用之，又不察其书，兵挫军破，国并于秦。”“贤才之臣”大体就是指游士。

本来大夫的地位是在士之前，但在战国时期出现了“士大夫”之名，其原因一方面是士在政治舞台大显身手，士依凭个人才能平步青云，跻身于官僚阶层，以至战国时期出现了一批布衣卿相。另一方面，战国时期的大夫与春秋时期不大一样。春秋时期的大夫，大部分是靠宗亲分封而来的，并且是世袭的。战国时期的大夫正演变为官僚体系中的一个职位和爵位，大夫中多数不再是靠宗亲分封，一般也不再世袭，而是由士升上来的。

士大夫与士相比，从内涵来看主要包括以下两方面内容：一是居官和有职位的人。《周礼·考工记》：“坐而论道谓之王公，作而行之谓之士大夫。”士大夫就是职能官。《荀子·霸王》：“农分田而耕，贾分货而贩，百工分事而劝，士大夫分职而听。”士大夫是指居官履职之人。二是指有一定社会地位的文人。齐国孟尝君得势时广招门客，失势时门客纷纷离去，这些门客在《史记·孟尝君列传》中被称为“士”，而在《战国策·齐策四》中被称为“士大夫”。《韩非子·诡使》：“今士大夫不羞污泥丑辱而宦。”士大夫就是文人与官僚的结合。从士到士大夫的转变，是士人介入政治生活的明证。

封建的大一统出现以后，皇权至上，专制的皇权必然与思想文化的多样性发生矛盾冲突。历代封建统治者采用各种手段束缚规范士人的思想和行动，其中重要的方式就是通过制度化措施把士人纳入到统治阶级的体系当中。汉代设太学，实行读经入仕制度。太学是在京城设立的官学，汉武帝设五经博士，教授弟子，从此博士成为专门传授儒家经学的学官。汉初时，《易》《书》《诗》《礼》《春秋》每经只有一家，每经置一博士，各以家法教授，故称五经博士。太学生经过一年的学习后参加考试，精通一经者可入仕。为鼓励学生读书，规定太学生可以免除徭役。太学初建时，太学生为五十人，汉昭帝时增至一百人，王莽时增至一万人，汉顺帝时，太学生达到三万余人。设太学强化了士人读书做官的思想。《汉书·儒林传》曰：“自武帝立五经博士，开弟子员，设科射策，劝以官禄，讫于元始，百有余年，传业者寖盛，支叶蕃滋，一经说至百余万言，大师众至千余人，盖禄利之路然也。”

魏晋南北朝时期，九品中正制成为主要的选官制度。其主要内容是在各州郡选择“贤有识见”的官员任“中正”，中正以簿世（谱牒家世）、行状（才干、道德）、乡品（中正鉴定）为标准查访评定州郡人士，将他们分成上上、上中、上下、中上、中中、中下、下上、下中、下下九等。但到了西晋时，实际上官员都从世家大族中选定，造成“上品无寒门，下品无世族”的状况，使许多寒庶之人与仕途无缘。尽管如此，许多士人也没有放弃读书做官的念头。北朝颜之推《颜氏家训·勉学》云："自荒乱以来，诸见俘虏，虽百世小人，知读《论语》《孝经》者，尚为人师；虽千载冠冕，不晓书记者，莫不耕田养马，以此观之，安可不自勉耶？若能常保数百卷书，千载终不为小人也。"由此可见，虽时势动荡，但"学而优则仕"的观念已深深地印在士人的心灵当中。

隋统一中国后，隋文帝为了适应封建经济和政治关系的发展变化，满足封建统治阶级参与政权的要求，加强中央集权，把选拔官吏的权力收归中央，废除九品中正制，开始采用分科考试的方式选拔官员，即科举制。科举制用公开考试的办法选举人才，在一定程度上有公平竞争、择优入仕的意义。从隋唐到明清，科举制不断发展和完善，成为中国封建历史上最重要的人才选拔制度，也是士人实现人生理想和抱负的主要途径。士人经过一级级严格的考试，通过考试进入仕途。科举制为士人编织了一个个美好的梦想，激励他们奋力攀登，士人的社会地位也随着理想的实现发生变化。明清时期，科举考试大体分为四个步骤：第一步为童试。考生无论年龄大小皆称"儒生"或"童生"，参加州、县级考试，通过后称"生员"，俗称"秀才"，获此资格之后方能参加更高一级别的考试。第二步为乡试。乡试通常每三年在各省省城举行一次，又称为大比。由于是在秋季举行，所以又称为秋闱。乡试考中后称为举人，第一名称为解元，第二名至第十名称"亚元"。举人拥有参加全国性考试——会试的资格，即使会试未被录取也具备了做官的资格。第三步是会试。会试在乡试后的第二年春天在礼部举行，所以会试又称为礼闱或春闱。参加会试的是举人，取中后称为贡士，第一名称为会元。第四步为殿试。殿试是皇帝主持的考试，考策问。参加殿试的是贡士，取中后统称为进士。殿试分三甲录取：第一甲赐进士及第，第二甲赐进士出身，第三甲赐同进士出身。第一甲录取三名，第一名俗称状元，第二名俗称榜眼，第三名俗称探花，合称为三鼎甲。第二甲第一名俗称传胪。进士位居科举制的顶端，是全国性考试的佼佼者，是古代中高级官僚的主要来源。据统计，唐宰相524人，进士出身232人，占44.27%；《宋史·宰辅表》所引133名宰相中，科举出身者123名，占92.48%。明清时期的进士在中高级官员中也占很大比例。

春秋战国时期，士人身份逐步趋向于文人或文士，这就为后世的士人身份奠定了基础。此后两汉的儒生，魏晋南北朝的士族，直至唐、宋、明、清由科举入仕的文人官僚，都有着文人的特性。他们以研习儒学经典为主要内容，以参加政事为最佳生活选择，以学习和传播知识为基本的生存方式，以道德修习和"内圣外王"的理想为最佳人生目标。正是在这样的传统中，形成了中国古代士人特有的精神特征。

第二节 士人的精神特征

士人传统在中国延续了两千多年，并随着中国历史不同阶段的发展，呈现出不同的风貌。在秦汉以后，与每一时代的政治、经济、文化、思潮等方面相呼应，“士”的精神特征也相应有所变化。

秦汉时代，“士”的活动较集中地体现在以儒家为中心的“吏”与“师”两个方面。魏晋南北朝时期，儒教衰败，道家名士和佛教高僧更多体现了士人精神。隋、唐时代，诗人文士如杜甫、李白、白居易等人的昂扬的济世精神，更能代表士人的文化传承。宋代儒学复兴，范仲淹所提倡的“先天下之忧而忧，后天下之乐而乐”观念，成为后世士人的处世标准和人格理想。这一标准和理想绵延不断，直到在清代谭嗣同的“我自横刀向天笑，去留肝胆两昆仑”诗句中依然得到回响。虽然士人的面貌因历史发展各不相同，但其基本特征保持了相对的连续性。

一、强烈的社会责任感

士作为中国古代文化的学习和传播者，在传统社会中肩负着社会秩序的建构、管理和教化等多重功能，具有较为明显的“入世”精神。

士人以道自任的“入世”精神在儒家思想中表现得最为强烈。余英时说：“中国知识阶层刚刚出现在历史舞台上的时候，孔子便已努力给它贯注一种理想主义的精神，要求它的每一个分子——士——都能超越它自己个体和群体的利害得失，而发展对整个社会的深厚关怀。”[①]《论语·里仁》：“士志于道，而耻恶衣恶食者，未足与议也。”孔子强调了士的价值取向以“道”为依据，要求士要超越个体的利害得失，要对社会整体表现出深切关怀，要有一种强烈的社会责任感。孔子的思想在孟子那里得到进一步的发展。《孟子·尽心上》：“天下有道，以道殉身。天下无道，以身殉道。未闻以道殉乎人者也。”“故士穷不失义，达不离道。穷不失义，故士得己焉。达不离道，故民不失望焉。”士人的社会责任感，是以道义为追求目标，以整个文化秩序的兴衰为关怀对象，因而就体现出强烈的忧患意识和浓厚的历史使命感。

忧患意识来源于读书人对社会、民族、国家前途深切的关怀。古代士人的忧患意识表现在对事物的发展具有预见性。往往在王朝和平稳定时期，他们见微知著，察觉到潜伏的危机和面临的困境。汉文帝时，贾谊上疏，针对匈奴强大、诸侯势力扩张等问题，指出汉王朝存在着危机，即许多同姓诸侯王势力过大，

① 余英时：《士与中国文化》，上海人民出版社2003年版，第25页。

很有可能威胁中央统治。贾谊提出"众建诸侯王而少其力"(《汉书·贾谊传》),即分割诸侯王国的势力,从而达到中央集权的目的。当时社会正处于相对平稳发展阶段,贾谊似乎是在危言耸听,但后来景帝时期的吴楚七国之乱的事实证明,贾谊的预见和分析是对的。

而范仲淹的名句"居庙堂之高,则忧其民;处江河之远,则忧其君。是进亦忧,退亦忧,然则何时而乐耶?……先天下之忧而忧,后天下之乐而乐"是古代士人忧患意识的集中体现。强烈的历史使命感是我国古代知识分子的优秀品格,正是由于有这样的品格,他们不屈不挠,"天行健,君子以自强不息",甚至甘愿以身殉道。《世说新语》记述后汉陈蕃、李膺的言行:"陈仲举言为士则,行为世范,登车揽辔,有澄明天下之志。""李元礼风格秀整,高自标持,欲以天下名教为己任。"陈蕃、李膺都表现出强烈的使命感和社会责任心。唐代韩愈谏迎佛骨,被贬后,作诗云:"一封朝奏九重天,夕贬潮州路八千。欲为圣明除弊事,肯将衰朽惜残年。"表现了对国家负责的坚决态度。宋明时期,"儒者之学,以经世为用","儒者之学,务于经世",以此表明儒家与佛道基本世界观的不同,具有鲜明的入世精神。理学家们也着力提倡"正心、诚意、修身、齐家、治国、平天下"的思想。明末顾宪成主讲东林书院,也曾说:"官辇毂,念头不在君父上;官封疆,念头不在百姓上。至于水间林下,三三两两,相与讲求性命,切磨德义,念头不在世道上,即有他美,君子不齿也。"(《明儒学案》)顾宪成带领志同道合之士与宦官恶势力进行了坚决的斗争,被阉党头子魏忠贤残暴镇压。东林党精神的最大特点是关注社会政治,忧国忧民,这种精神充分表达了对国家治乱、社会安危的深切关注。明清之际,顾炎武提出"天下兴亡,匹夫有责"的观点,更是强烈的历史使命感的明确表述,成为中国知识分子的优良传统。

古代的士人以守道、护道、传道为己任,秉承"为天地立心,为生民立命,为往圣继绝学,为万世开太平"(张载语)的人格理想,把个人命运和国家的安危紧密地联系在一起,具有强烈的社会责任感和历史使命感。这是中国士人的基本精神特征,也是士人的优良思想传统。

二、完满的理想人格

中国古代士人非常注重个人的人格、道德修养,并把它与对社会的责任结合起来。冯友兰在《中国哲学之精神》中说:中国哲学所追求的最高境界是即世间而出世间的,有这等境界的人,谓之圣人。圣人的人格就是所谓的"内圣外王"。内圣是就其修养而言,外王是就其社会功用而言。在中国传统文化中,儒家和道家对于理想人格的追求各有侧重。

在儒家的心目中,理想人格具有不同的层次,最高的层次就是成为"圣人"。

孔子认为圣人高不可攀，可言而不可及："圣人，吾不得而见之矣。得见君子者斯可矣。"孟子也说："圣人之于民也，亦类也。出乎其类，拔乎其萃。"由于常人很难成为圣人，圣人往往成为仰慕和效仿的对象。相较之下，君子的人格更具实际意义，因而成为儒家所追求的目标。《周易》中有许多对君子人格的要求。如"天行健，君子以自强不息"，要求君子像天的运行一样"自强不息"，永不休止。"地势坤，君子以厚德载物"，要求君子有仁德之心。要不断、及时增进自己的道德，修治自己的功业，内心正直，行为方正（"君子进德修业，欲及时也""敬以直内，义以方外"）。要正确处理上下关系，不谄媚上级，不轻视下级，居于高贵地位而不骄傲，居于下位而不烦恼（"上交不谄，下交不渎""居上位而不骄，在下位而不忧"）等。《周易》是一本占卜书，它所要解决的是何者为"吉"的问题，但是，"吉"与"善"密切相关，因此《周易》关于"君子"的阐述也就具有伦理意义，反映出古代中国士人对个体理想人格的追求。

孔子特别注重君子的人格塑造和道德修养，《论语》中对于君子人格理想的论述也十分全面。孔子认为，在君子的人格体系中，最核心的就是"仁"。孔子云："君子去仁，恶乎成名？"（《论语·里仁》）又说："君子而不仁者有矣夫，未有小人而仁者。"（《论语·宪问》）"仁"是君子的核心人格和核心道德。在对人的态度上，要与人友善，"己所不欲，勿施于人"，"成人之美，不成人之恶"；在义利关系上，把"义"放在首位，"君子喻于义，小人喻于利"（《论语·里仁》）；在言行关系上，孔子提倡少说多做，反对言过其实、夸夸其谈，要求做到"敏于事而慎于言"（《论语·学而》）；在物质与"道"的关系上，以道为重，"谋道不谋食，忧道不忧贫"（《论语·卫灵公》）。孟子同孔子一样，将"仁"作为"君子"的核心道德，并把以"仁"为核心的道德规范进一步扩大，并且力图将它们说成是与生俱来，先天自足。孟子云："君子所性，仁义礼智根于心。"（《孟子·尽心上》）在孟子看来，仁义礼智等道德规范都是天然人性，不学而知。

宋明儒学强调"存天理，灭人欲"，把天理和伦理道德直接联系起来，认为"人伦者，天理也"，要通过学习、实践提高自身的人格修养而达到明道德之善。虽然宋明儒学的观点具有局限性，但也有其合理性，主要表现在其重视个人的人格修养，主张道德自律，以理制欲，将人的行为、欲望纳入伦理观念的指导和道德规范的约束之内，使人成为一个有道德的人。

道家的理想人格以老子和庄子为代表。老子的理想人格是"圣人"，它以绝学弃智、为道崇愚、崇尚自然为特征。庄子在老子思想基础之上进一步发展，所追求的理想人格"名号"很多，有"真人""至人""神人""圣人"等。其中"真人"最能代表其理想人格特征。《庄子·大宗师》云："古之真人，不知说生，不知恶死；其出不欣，其入不距；翛然而往，翛然而来而已矣。不忘其所始，不求其所终；受而喜之，忘而复之。是之谓不以心捐道，不以人助天，是之谓真人。"

庄子笔下的“真人”达到了“无人”“无我”的境界，他“不知说生，不知恶死”，当其降生时并不欢欣鼓舞，面临死亡时也不去抗拒，好像自由自在地来到人世，又无拘无束地离开人间。“真人”是一种虚怀住物、无人无我、效法自然的理想人格。

《庄子》中的理想人格还有“至人”“神人”“圣人”。《庄子·逍遥游》中提出“至人无己，神人无功，圣人无名”的观点。“至人”“神人”“圣人”所内含的精神境界与“真人”具有一致性。《庄子·齐物论》云：“圣人不从事于务，不就利，不违害，不喜求，不缘道；无谓有谓，有谓无谓，而游乎尘垢之外。”也即摆脱现实中的一切束缚，不把追求权势及仁义之名作为人生的旨趣，不把追求功利作为人生价值的取向。道家理想人格就是使精神与其他自然万物一样，从自然的天道中生发出来，从而达到物我两忘的境界。老子说：“人法地，地法天，天法道，道法自然。”（《老子·象元》）这是道家价值观念的核心。“道法自然”的本意在于说明道和天地万物都是以自然无为为法则。这里“无为”的含义是相对于人的有为而言的。道家所谓的“有为”是指违背自然本性的行为。如果不按照自然的本性行事而任意按照人的功利原则去行动，必然会违反自然法则，导致人的本性的丧失。老子的“道法自然”，就是顺应自然，使天地万物都处于不受外力干涉和无束缚的自然和谐状态。

在“道法自然”观念的基础上，道家否定了儒家所推崇的圣人、君子的种种人格素养和道德规范，认为儒家所鼓吹的仁义礼乐，违背了自然，是束缚人的枷锁。老子云：“大道废，有仁义。”又说：“夫礼者，忠信之薄而乱之首。”庄子也说：“屈折礼乐，呴俞仁义，以慰天下之心者，此失其常然也。”（《庄子·骈拇》）认为儒家所追求的仁义道德，虽然可以满足人们的求名之心，但却违背了人的自然本性，必然导致人性的扭曲。道家所设计的理想人格，达到真人、至人的境界，把道作为人的本体，突出强调了人的自然本性。道家的理想人格虽然缺乏儒家“经世济民”的内涵和“入世”的精神，对社会缺乏责任感及使命感，但是道家那种不为物迁、游乎尘外的超世态度，对权势的鄙夷，以及对物欲的淡化，都表现了道家对人生自由、人性高贵的张扬和肯定。

道家和儒家的理想人格是古代士人人格构建的重要组成部分，士人的人生追求、价值取向、生活态度、举止行为等方面，都不同程度地受到了这两种理想人格的影响。正如张岱年所言：“坚持人格尊严、重视社会责任心，这都是中国知识分子人文精神的主要内涵。”[①]当前，士人作为历史的社会角色已然消失，但士人精神所蕴涵的价值取向和理想观念已融入了传统文化而延续下来，潜藏在当代中国知识分子身上，对社会发展产生不可忽视的影响，这是文化惯性使然。

---

① 张岱年等著：《中国知识分子的人文精神》，河南人民出版社1994年版，第6页。

因而对于当代中国知识分子乃至中华民族而言，继承和发扬古代士人的优良传统，是责无旁贷的。

经典选读

论语·泰伯（节选）

子曰："泰伯[1]其可谓至德也已矣。三以天下让，民无得而称焉。"

[1]泰伯：周朝祖先古公亶父长子，次弟仲雍，少弟季历。古公亶父知道季历的儿子姬昌有圣德，可以将周发扬光大，想传位于季历。泰伯便奔至吴地隐居，终身不返，甘愿让位给季历。

子曰："恭而无礼则劳，慎而无礼则葸[1]，勇而无礼则乱，直而无礼则绞[2]。君子笃[3]于亲，则民兴于仁；故旧[4]不遗，则民不偷。"

[1]葸（xī）：畏惧的样子。[2]绞：说话尖刻。[3]笃：亲厚、厚待。[4]故旧：故交。

曾子有疾，孟敬子[1]问之。曾子言曰："鸟之将死，其鸣也哀；人之将死，其言也善。君子所贵乎道[2]者三：动容貌[3]，斯远暴慢矣；正颜色[4]，斯近信矣；出辞气[5]，斯远鄙倍矣。笾豆[6]之事，则有司存。"

[1]孟敬子：鲁大夫仲孙捷。[2]道：礼。[3]动容貌：使容貌庄重恭敬，举止合乎礼仪。[4]正颜色：能矜庄严栗，使脸色庄严肃穆。[5]出辞气：使说话的言辞和语气谨慎小心。人相见的时候，先见容貌，再观面色，然后是言语，所以这三者依序而言。[6]笾豆：礼器。笾豆之事，代表仪礼中的一切细节。

曾子曰："以能问于不能，以多问于寡，有若无，实若虚，犯而不校[1]。昔者吾友[2]，尝从事于斯矣。"

[1]校(jiào)：同"较"，计较。[2]吾友：通常认为是颜渊。

曾子曰："士不可以不弘毅[1]，任重而道远。仁以为己任[2]，不亦重乎？死而后已，不亦远乎？"

[1]弘毅：弘，大，这里指心胸宽广。毅：刚强。[2]仁以为己任：即“以仁为己任”。

子曰：“兴[1]于诗，立于礼，成于乐。”

[1]兴：起，开始。

子曰：“三年学，不至于谷[1]，不易得也。”

[1]至：指意念所至，即以“谷”为目标。谷：俸禄，这里指做官。

子曰：“笃信好学，守死善道，危邦不入，乱邦不居。天下有道则见[1]，无道则隐。邦有道，贫且贱焉，耻也；邦无道，富且贵焉，耻也。”

[1]见（xiàn）：同“现”。

子曰：“不在其位，不谋其政。”

子曰：“狂[1]而不直，侗[2]而不愿，悾悾[3]而不信，吾不知之矣。”

[1]狂：狂妄。[2]侗（tóng）：未成器的。[3]悾（kōng）悾：无能的样子。

子曰：“巍巍[1]乎，舜禹之有天下也而不与[2]焉！”

子曰：“大哉尧之为君也。巍巍乎，唯天为大，唯尧则之。荡荡[3]乎，民无能名[4]焉。巍巍乎，其有成功也，焕乎其有文章[5]。”

[1]巍巍：高大。[2]与（yù）：参与，关联。这里是私有、享受的意思。[3]荡荡：广远。[4]名：形容、称赞、赞美之意。[5]文章：言尧制订礼仪制度。

子曰：“禹，吾无间[1]然矣。菲[2]饮食，而致孝乎鬼神；恶衣服，而致美乎黻冕[3]；卑宫室，而尽力乎沟洫[4]。禹，吾无间然矣。”

[1]间：空隙。意为隔膜。[2]菲：菲薄，不丰厚。[3]黻冕(fǔ miǎn)：祭祀时穿的礼服叫黻，祭祀时戴的帽子叫冕。[4]沟洫：田间通水之道。

（[清]阮元校刻：《十三经注疏·论语注疏》，上海古籍出版社1997年版）

孟子·尽心章句上（节录）

孟子曰："尽其心者，知其性也。知其性则知天矣。存其心，养其性，所以事[1]天也。夭寿不贰[2]，修身以俟[3]之，所以立命也。"

[1]事：奉承而不违。[2]夭寿：生命的长短。贰：疑。[3]俟：等待。

孟子曰："求则得之，舍则失之；是求有益于得也，求在我者也。求之有道，得之有命，是求无益于得也，求在外者[1]也。"

[1]在外者：富贵利达，凡外物皆是。

孟子曰："万物皆备于我矣。反身而诚[1]，乐莫大焉。强恕而行，求仁莫近焉。[2]"

[1]反身：反躬自问。诚：诚信。[2]这句是说不懈地以推己及人的恕道去做，达到仁德的道路没有比这更直捷的了。

孟子曰："行之而不著[1]焉，习矣而不察[2]焉，终身由之而不知其道者，众也。"

[1]著：知道应该怎样。[2]察：认识其为什么这样。

孟子曰："人不可以无耻。无耻之耻，无耻矣。"

孟子曰："古之贤王，好[1]善而忘势[2]；古之贤士，何独不然？乐其道而忘人之势，故王公不致敬尽礼，则不得亟[3]见之。见且由不得亟，而况得而臣之乎？"

[1]好：喜欢。[2]势：富贵权势。[3]亟（qì）：屡次、多次。

孟子谓宋勾践[1]曰："子好游[2]乎？吾语[3]子游。人知之，亦嚣嚣[4]；人不知，亦嚣嚣。"曰："何如斯可以嚣嚣矣？"曰："尊德乐义，则可以嚣嚣矣。故士穷不失义，达不离道。穷不失义，故士得己焉；达不离道，故民不失望焉。古之人，得志，泽加于民；不得志，修身见于世。穷则独善其身，达则兼善天下。"

[1]宋勾践：姓宋名勾践，生卒年不详。[2]游：游说。[3]语：告诉。[4]嚣嚣：悠然自得无所求。

孟子曰："以佚道[1]使民，虽劳不怨。以生道[2]杀民，虽死不怨杀者。"

[1]佚道：使百姓安逸的原则。[2]生道：使百姓生存的原则。

孟子曰："霸者之民，驩虞[1]如也，王者之民，皞皞[2]如也。杀之而不怨，利之而不庸，民日迁善而不知为之者。夫君子所过者化，所存者神，上下与天地同流，岂曰小补之哉？"

[1]驩虞（huān yú）：欢娱。[2]皞(hào)皞：广大自得的样子。

孟子曰："仁言[1]不如仁声[2]之入人深也，善政不如善教之得民也。善政，民畏之；善教，民爱之。善政，得民财，善教，得民心。"

[1]仁言：对百姓仁厚的语言。[2]仁声：即仁闻，是为百姓所称赞的仁德的音乐。

孟子曰："人之所不学而能者，其良能也；所不虑而知者，其良知也。孩提之童，无不知爱其亲者，及其长也，无不知敬其兄也。亲亲，仁也；敬长，义也；无他，达之天下也。"

孟子曰："人之有德慧术知者，恒存乎疢疾[1]。独孤臣孽子[2]，其操心也危，其虑患也深，故达[3]。"

[1]疢（chèn）疾：灾患。[2]孤臣：受疏远的臣。孽子：非嫡妻所生之子。[3]达：明达事理。

孟子曰："有事君人者，事是君则为容悦者也；有安社稷臣者，以安社稷为悦者也；有天民[1]者，达可行于天下而后行之者也；有大人者，正己而物正者也。"

[1]天民：贤者，其明乎天理，适乎天性。

孟子曰："君子有三乐[1]，而王天下不与存焉[2]。父母俱存，兄弟无故，一乐也；仰不愧于天，俯不怍[3]于人，二乐也；得天下英才而教育之，三乐也。君子有三乐，而王天下不与存焉。"

[1]乐：音luò。[2]王：音wàng。与：音yù，下同。[3]怍：音zuò，惭愧。

孟子曰："广土众民，君子欲之，所乐[1]不存焉；中天下而立，定四海之民，君子乐之，所性不存焉。君子所性，虽大行不加焉，虽穷居不损焉，分[2]定故也。君子所性，仁义礼智根于心，其生色也睟[3]然，见于面，盎[4]于背，施于四体，四体不言而喻。"

[1]乐：喜爱。[2]分（fèn）：本分。[3]睟（suì）然：清和润泽的样子。[4]盎：丰厚盈溢。

孟子曰："伯夷辟[1]纣，居北海之滨，闻文王作，兴曰：'盍归乎来，吾闻西伯善养老者。'太公辟纣，居东海之滨，闻文王作，兴曰：'盍归乎来，吾闻西伯善养老者。'天下有善养老，则仁人以为己归矣。五亩之宅，树墙下以桑，匹妇蚕之，则老者足以衣帛矣。五母鸡，二母彘，无失其时，老者足以无失肉矣。百亩之田，匹夫耕之，八口之家，足以无饥矣。所谓西伯善养老者，制其田里，教之树畜，导其妻子，使养其老。五十非帛不煖[2]，七十非肉不饱。不煖不饱，谓之冻馁。文王之民，无冻馁之老者，此之谓也。"

[1]辟：躲避。[2]煖（xuān）：温暖。

孟子曰："孔子登东山[1]而小鲁，登泰山而小天下，故观于海者难为水，游于圣人之门者难为言。观水有术，必观其澜。日月有明，容光[2]必照焉。流水之为物也，不盈科不行；君子之志于道也，不成章[3]不达。"

[1]东山：这里指鲁城东边的高山，即蒙山。[2]容光：极小的缝隙。[3]成章：这里指事物达到一定阶段或一定规模。

孟子曰："鸡鸣而起，孳孳[1]为善者，舜之徒也；鸡鸣而起，孳孳为利者，跖之徒也。欲知舜与跖[2]之分，无他，利与善之间也。"

[1]孳（zī）孳：勤勉。[2]跖：盗跖，春秋时的大盗。

孟子曰："杨子[1]取为我，拔一毛而利天下，不为也。墨子兼爱，摩顶放踵利天下[2]，为之。子莫[3]执中。执中为近之。执中无权，犹执一也。所恶执一者，为其贼道也，举一而废百也。"

[1] 杨子：即杨朱，战国初期哲学家。[2] 摩顶放踵：从头顶到脚跟都磨伤。形容不辞劳苦，舍己为人。[3] 子莫：战国时鲁国贤人。

孟子曰："饥者甘食，渴者甘饮，是未得饮食之正也，饥渴害之也。岂惟口腹有饥渴之害？人心亦皆有害。人能无以饥渴之害为心害，则不及人不为忧矣。"

孟子曰："有为者，辟若掘井，掘井九轫[1]，而不及泉，犹为弃井也。"

[1] 轫：同"仞"。古代八尺为一仞。

孟子曰："仲子[1]，不义与之齐国而弗受，人皆信之，是舍箪食豆羹[2]之义也。人莫大焉亡[3]亲戚君臣上下。以其小者，信其大者，奚可哉？"

[1] 仲子：即陈仲子，孟子弟子。[2] 箪：盛饭用的竹器。豆：古代盛食物的器皿。箪食豆羹：一箪饭食，一豆羹汤，形容食物很少，也比喻小利。[3] 亡：没有，丢弃。

孟子曰："食[1]而弗爱，豕交之也[2]；爱而不敬，兽畜之也。恭敬者，币之未将[3]者也。恭敬而无实，君子不可虚拘[4]。"

[1] 食：喂养。[2] 豕交之也：（像）养猪一般。[3] 币：指礼物。将：送。币之未将：指恭敬之心在送礼之前就已存在。[4] 虚拘：被这些虚假的礼文拘束。

孟子曰："君子之所以教者五：有如时雨化之者，有成德者，有达财者，有答问者，有私淑艾[1]者。此五者，君子之所以教也。"

[1] 艾：通"刈"，获取。

公孙丑曰："道则高矣，美矣，宜若登天然，似不可及也；何不使彼为可几及，而日孳孳也？"孟子曰："大匠不为拙工改废绳墨[1]，羿不为拙射变其彀率[2]。君子引而不发，跃如也。中道而立，能者从之[3]。"

[1] 绳墨：木工取直用的工具。[2] 彀 (gòu) 率：拉开弓的限度。[3] 此句意思是他正在大道之中站立，有能力的人自会跟上。

孟子曰："天下有道，以道殉身；天下无道，以身殉道。未闻以道殉乎人[1]者也。"

[1]人：代指普通王侯，常人。以道殉乎人，即牺牲道来屈就富贵权势。

公都子曰："滕更[1]之在门也，若在所礼而不答，何也？"孟子曰："挟[2]贵而问，挟贤而问，挟长而问，挟有勋劳而问，挟故而问，皆所不答也。滕更有二焉。[3]"

[1]滕更：滕国国君的弟弟，曾就学于孟子。[2]挟：倚仗。[3]滕更有二焉：指滕更在以上"五不答"中占两条。

孟子曰："君子之于物[1]也，爱[2]之而弗仁；于民也，仁之而弗亲。亲亲而仁民，仁民而爱物。"

[1]物：禽兽草木。[2]爱：取之有时，用之有节。

孟子曰："知者无不知也，当务之为急；仁者无不爱也，急亲贤之为务。尧、舜之知而不偏[1]物，急先务也；尧、舜之仁，不偏爱人，急亲贤也。不能三年之丧，而缌、小功之察[2]；放饭流歠[3]，而问无齿决[4]，是之谓不知务。"

[1]偏：通"遍"，遍及。[2]缌、小功：丧服名。古代丧服分为斩衰、齐衰、大功、小功、缌麻五个等级。服丧期相应分为三年、一年、九个月、五个月、三个月等。此句意为不能尽三年孝期，却为三五个月的小孝而计较。[3]放饭流歠：意思是大口吃饭、大口喝汤。按礼的规定，在尊长面前这样吃喝，是大不敬的行为。放，大；歠（chuò），饮。[4]齿决：此指用牙咬断干肉。

（[清]阮元校刻：《十三经注疏·孟子注疏》，上海古籍出版社1997年版）

后汉书·党锢列传（节选）

范滂，字孟博，汝南征羌人[1]也。少厉清节，为州里所服，举孝廉、光禄四行[2]。时冀州饥荒，盗贼群起，乃以滂为清诏使，案察之。滂登车揽辔[3]，慨然有澄清天下之志。乃至州境，守令自知臧污，望风解印绶[4]去。其所举奏，莫不厌塞众议。迁光禄勋[5]主事。时陈蕃[6]为光禄勋，滂执公仪[7]诣蕃，蕃不止之，滂怀恨，投版[8]弃官而去。郭林宗[9]闻而让蕃曰："若范孟博者，岂宜以公礼格[10]之？今成其去就之名，得无自取不优之议也？"蕃乃谢焉。复为太尉[11]黄琼所辟。

[1]汝南征羌：郡县名。在今河南郾城县东南一带。[2]举孝廉、光禄四行：汉代的选举制度。四行是指敦厚、质朴、逊让、节俭。[3]辔（pèi）：驾驭牲口的嚼子和缰绳。[4]解印绶：解下印绶，谓辞免官职。[5]光禄勋：官职，负责守卫宫殿门户的宿卫之臣，后逐渐演变为专掌宫廷杂务之官。[6]陈蕃：东汉末大臣，汉桓帝时为太尉，汉灵帝时为太傅，为官耿直。[7]公仪：官家的礼仪。[8]版：官员所执的小板子，笏。[9]郭林宗：郭泰，东汉末年名士。[10]格：拘束。[11]太尉：汉代三公之一，掌管军事。

后诏三府[1]掾属[2]举谣言，滂奏刺史、二千石权豪之党二十余人。尚书责滂所劾猥多，疑有私故。滂对曰："臣之所举，自非叨秽奸暴，深为民害，岂以污简札哉！间以会日迫促，故先举所急，其未审者，方更参实。臣闻农夫去草，嘉谷必茂；忠臣除奸，王道以清。若臣言有贰[3]，甘受显戮[4]。"吏不能诘。滂睹时方艰，知意不行，因投劾去。

[1]三府：太尉、司徒、司空三公之府。[2]掾（yuàn）属：佐治的官吏。[3]贰：不实。[4]显戮：公开处死示众。

太守宗资先闻其名，请署功曹，委任政事。滂在职，严整疾恶。其有行违孝悌，不轨仁义者，皆扫迹斥逐，不与共朝。显荐异节[1]，抽拔幽陋[2]。滂外甥西平李颂，公族子孙，而为乡曲所弃，中常侍唐衡以颂请资，资用为吏。滂以非其人，寝[3]而不召。资迁怒，捶书佐[4]朱零。零仰曰："范滂清裁[5]，犹以利刃齿腐朽。今日宁受笞死，而滂不可违。"资乃止。郡中中人以下，莫不归怨，乃指滂之所用以为"范党"。

[1]显荐异节：公开推举有特殊节操的贤人。[2]抽拔幽陋：拔擢隐于陋巷、地位卑微的贤者。[3]寝：止，搁置。[4]捶书佐：鞭打主掌文书的小吏。[5]清裁：公正的裁决。

后牢脩诬言钩党，滂坐系黄门北寺狱[1]。狱吏谓曰："凡坐系皆祭皋陶[2]。"滂曰："皋陶贤者，古之直臣。知滂无罪，将理之于帝；如其有罪，祭之何益！"众人由此亦止。狱吏将加掠考，滂以同囚多婴病[3]，乃请先就格，遂与同郡袁忠争受楚毒[4]。桓帝使中常侍王甫以次辨诘，滂等皆三木囊头[5]，暴于阶下。余人在前，或对或否，滂、忠于后越次而进。王甫诘曰："君为人臣，不惟忠国，而共造部党，自相褒举，评论朝廷，虚构无端，诸所谋结，并欲何为？皆以情对，不得隐饰。"

滂对曰："臣闻仲尼之言，'见善如不及，见恶如探汤'。欲使善善同其清，恶恶同其污[6]，谓王政之所愿闻，不悟更以为党。"甫曰："卿更相拔举，迭为唇齿，有不合者，见则排斥，其意如何？"滂乃慷慨仰天曰："古之循善，自求多福；今之循善，身陷大戮。身死之日，愿埋滂于首阳山侧[7]，上不负皇天，下不愧夷、齐。"甫愍然[8]为之改容。乃得并解桎梏。

[1]黄门北寺狱：后汉狱名，多拘大臣。[2]皋陶：舜臣，被封为狱神。[3]婴病：缠绵疾病。[4]楚毒：酷刑。[5]三木囊头：以囊蒙头，三木指颈、手、足上的木质刑具。[6]善善同其清，恶恶同其污：奖励善者，以同其清操，厌恶恶者，以去其污浊。[7]首阳山：古代贤者伯夷、叔齐守义而饿死于首阳山。[8]愍（mǐn）：同情。

滂后事释，南归。始发京师，汝南、南阳士大夫迎之者数千两[1]。同囚乡人殷陶、黄穆，亦免俱归，并卫侍于滂，应对宾客。滂顾谓陶等曰："今子相随，是重吾祸也。"遂遁还乡里。初，滂等系狱，尚书霍谞理之。及得免，到京师，往候谞而不为谢。或有让滂者。对曰："昔叔向婴罪，祁奚救之，未闻羊舌[2]有谢恩之辞，祁老[3]有自伐之色。"竟无所言。

[1]两：通"辆"，指马车。[2]羊舌：春秋时晋国大夫叔向，复姓羊舌。[3]祁老：祁奚。

建宁二年，遂大诛党人，诏下急捕滂等。督邮[1]吴导至县，抱诏书，闭传舍，伏床而泣。滂闻之，曰："必为我也。"即自诣狱。县令郭揖大惊，出解印绶，引与俱亡。曰："天下大矣，子何为在此？"滂曰："滂死则祸塞，何敢以罪累君，又令老母流离乎！"其母就与之诀。滂白母曰："仲博[2]孝敬，足以供养，滂从龙舒君[3]归黄泉，存亡各得其所。惟大人割不忍之恩，勿增感戚。"母曰："汝今得与李、杜[4]齐名，死亦何恨！既有令名[5]，复求寿考，可兼得乎？"滂跪受教，再拜而辞。顾谓其子曰："吾欲使汝为恶，则恶不可为；使汝为善，则我不为恶。"行路闻之，莫不流涕。时年三十三。

[1]督邮：官名，代表太守督察县乡，宣达政令兼司法等。每郡分若干部，每部设一督邮。[2]仲博：范滂的弟弟。[3]龙舒君：范滂之父，曾为龙舒侯相。[4]李、杜：李膺、杜密，当时名贤，都遭党锢之祸而死。[5]令名：美好的名声。

论曰：李膺振拔污险之中，蕴义生风以鼓动流俗，激素行以耻威权，立廉尚以振贵势，使天下之士奋迅感概，波荡而从之，幽深牢破室族而不顾，至于子伏其死而母欢其义。壮矣哉！子曰："道之将废也与？命也！"

（许嘉璐主编：《二十四史全译·后汉书》，汉语大词典出版社2004年版）

参考书目

1. 余英时：《士与中国文化》，上海人民出版社1987年版。
2. 张岱年等：《中国知识分子的人文精神》，河南人民出版社1994年版。
3. 孙立群：《中国古代的士人生活》，商务印书馆2003年版。
4. 阎步克：《士大夫政治演生史稿》，北京大学出版社1996年版。
5. 许纪霖：《中国知识分子十论》，复旦大学出版社2003年版。

思考题

1. 中国古代"士"的基本内涵有哪些？
2. 中国古代士人的基本精神特征是什么？
3. 儒家和道家的人格理想有哪些区别？
4. 当代知识分子应如何继承古代士人的优良传统？

第二编

第八章　琴棋书画

“琴棋书画”作狭义的理解指古代评价个人才华的四艺。本章依据它们的所属类别但又不拘于四者最初的概念界定，介绍中华文化中有关个人才艺的一些知识。

第一节　琴　文　化

音乐的历史源远流长，几乎可以等同于文明的历史。在漫长的历史岁月中，传统音乐已经内化为中国人生活的一部分，流淌到我们的血液中，甚至也成为我们身份认同的标志之一。

下面为大家介绍中国音乐史中，较为重要的两个要素——中国民族乐器以及传统乐舞。

一、中国民族乐器

我国传统的民族乐器种类繁多，且各特色鲜明，风格各异，是我国民族音乐中的一笔宝贵财富。它们逐步发展，并自成体系，形成了丰富的音乐流派。

远古时期的先民们，就已经开始制作简单的乐器了。汉唐时期，中原地区不断与周边的民族交流和融合，音乐亦是如此。因此，该时期出现了由西域地区传到中原的曲项琵琶、箜篌、横吹等外来乐器。民间还出现了类似于筝的奚琴等乐器。到了宋元明清时期，乐器进一步发展，出现了拉奏乐器如胡琴，打击乐器如锣、鼓，吹管乐器如唢呐等。此外，少数民族的乐器在我国音乐历史长河中也灿若星辰。其中非常有代表性的有蒙古族的马头琴、苗族的芦笙、藏族的扎木聂等。

这些乐器都彰显着各自独特的民族特性与民族韵味。

民族乐器的分类方法各异，按照不同的标准有不同的分类方法。而我国最早出现的乐器分类法，是周代提出的“八音”分类法。所谓“八音”，并不是按照声调而进行分类，而是按照乐器的制作材质分为了金、石、土、革、丝、木、匏、竹八类。金类——錞于等，如古代著名的双鸟饕餮纹铜鼓就属于金类；石类——如磬，河南出土的鱼形磬就属于此类；土类——缶，古代的“击缶而歌”的缶，讲的便是这个乐器；革类——如鼓，著名的曾侯乙墓建鼓就是此类；丝类——如琴、筝、筑等；木——如敔，它在古代仪式音乐中起到很重要的作用；匏——如笙、竽等；竹——如篪、笛等。

按照演奏方法，可将传统乐器分为吹、弹、拉、打四类。按照德国乐器学者萨克斯和奥地利音乐学者霍尔博斯特尔在1914年提出的现代乐器分类法，传统民族乐器又可以分为体鸣乐器、气鸣乐器、膜鸣乐器和弦鸣乐器四类。

1. 吹管乐器（唢呐、竹笛）

唢呐又称喇叭或海笛，是金元时期从西域地区传来的乐器。历史上对于唢呐的文献记载有很多，如王磬（1470？—1530）在他的《西楼乐府》中就有对唢呐的描述:“喇叭、唢呐，曲儿小，腔儿大。”唢呐是由哨子、杆子和碗子组成。根据杆子的长短，可分为大、中、小三种不同形制，而根据音高则分为高、中、低三种。流传于各地唢呐形制有不同，且各兼具当地特色。唢呐自古以来在民俗活动中有举足轻重的地位，而自明代以后，在戏曲音乐中更是发挥了重要作用。唢呐的音色非常具有穿透力，在现代的民管弦乐队中，一支唢呐的声音就几乎可以“穿透”整个乐队。

现代著名的唢呐演奏家有任同祥、陈家齐等。代表性曲目有《百鸟朝凤》《山村来了售货员》等。

竹笛也是我国最传统的吹管类乐器之一。在汉代鼓吹乐中，竹笛占据了较为重要的位置。随后，在漫长的发展过程中，竹笛也产生了许多的形制，而比较主流的是曲笛与梆笛两种。曲笛的音色优美、柔和，主要流布地区在我国南方，常常用做昆曲的伴奏；梆笛的音色粗犷、明亮，主要流布地区在我国北方，常常用于梆子戏的伴奏。中国传统的竹笛与西方长笛最大的区别在于，中国的竹笛有笛膜，而西方的长笛没有。

现代著名的竹笛演奏家有江先渭、俞逊发、冯子存等。曲笛的代表曲目有《小放牛》《姑苏行》，梆笛的代表曲目有《五梆子》。

2. 拉弦乐器（二胡）

我国传统的拉弦乐器，是在胡琴类乐器的良好发展上得以成形的。在胡琴类乐器中，二胡最具有代表性，也具有广泛的群众基础。二胡又被称为“南胡”，是唐宋时期在奚琴的基础之上发展而来的。沈括就曾在《梦溪笔谈》中写道:“马尾胡琴随汉车，曲声犹自怨单于。弯弓莫射云中雁，归雁如今不寄书。”宋代陈旸《乐书》以及陈元靓《事林广记》中都对二胡的形制有所描述。现代二胡由琴筒、琴杆、千斤、琴头和琴弓等部分组成。它由五度定弦，内弦柔和，外弦相对刚健。此二弦丰富的表现力，使二胡刚柔并济，得以塑造丰富的音乐形象。在20世纪初期，著名的二胡音乐家刘天华对二胡进行了改良，从此二胡的发展走上了一条专业化的道路。

值得一提的是,著名二胡曲《二泉映月》,是华彦钧(阿炳)的代表作品之一。此曲实则是阿炳悲凉一生的写照,也是其真实的内心独白。此曲的表现空间较大,因此也成为了演奏家们音乐会竞相演奏的曲目之一，当年日本的音乐指挥家小泽征尔指挥听过此曲之后，深深为之感动。

现代著名二胡演奏家有刘天华、华彦钧、蒋风之、闵惠芬、宋飞等。著名的曲目有《病中吟》《良宵》《二泉映月》《光明行》《听松》《赛马》等。

3. 弹拨乐器(古琴)

在众多弹拨类乐器中,古琴的历史非常悠久。《诗经·雅·鹿鸣》曾记载:“我有嘉宾，鼓瑟古琴。鼓瑟古琴，和乐且沉。”

古琴的基本形制是七弦、十三徽，大致在三国时期稳定下来。古琴由琴头、琴身、琴尾、徽位、出音孔(龙池、凤沼)组成。其演奏技法繁多,主要有吟、猱、绰、注等，用简字谱演奏。古琴的音色一共有散音、按音和泛音三种，明清时期，随着古琴和古琴音乐的不断发展，出现了各种师承关系的古琴流派。其中又以蜀派、虞山派、诸城派、闽派等较为有影响力。中国古代自有“花”与“雅”之争。所谓“花”是大致代表了当时的民间音乐，而“雅”则代表了文人士大夫阶层的音乐，其代表乐器非古琴莫属。

古琴的发展从理论到实践都逐步完备，比如明代朱权编辑了一本古琴的曲谱集《神奇秘谱》，其中收录了中国历史上大多数著名的琴曲，如《广陵散》《流水》《酒狂》等，都位列其中。而到了明末清初，徐上瀛著有《溪山琴况》系统地论述了古琴的表演技法，并把古琴演奏提升到美学的高度进行研究。

著名琴曲《流水》(或叫《七十二滚拂流水》)，讲的就是伯牙与子期的知音故事。流传于我国的许多版本中，以张孔山改编的版本有较大影响。全曲大致为起、承、转、合四个部分，演奏者通过特殊的弹奏手法——“七十二滚拂”，用以表现水流湍急的宏伟气势。

现代著名的古琴演奏家有管平湖、李祥霆、曾成伟、龚一等。具有代表性的古琴曲目有《梅花三弄》《酒狂》《广陵散》《流水》《阳关三叠》《潇湘水云》等。

4. 打击乐器(鼓)

早在原始社会时期，就已经有鼓的身影。关于鼓的记载有很多，例如《山海经·大荒东经》中说道：“撅之以雷兽之骨，声闻五百里，以威天下。”《乐记》当中也曾写道：“会守拊鼓，堂上之乐众矣，所待以作者在鼓；堂下之乐众矣，所待者以作者在鼓。”魏晋南北朝以及隋唐时期，随着民族融合的进一步加强，伴随着西域音乐诸如龟兹乐、康国乐、疏勒乐传入中原后，羯鼓、毛员鼓、答腊鼓等西域乐器也一并来到了中原。唐代的南卓撰写了《羯鼓录》，专门记录羯鼓的历史，以及著名鼓手的奇闻逸事。

中国传统的鼓由鼓皮、鼓腔构成。鼓皮多由兽皮制成，如牛皮等。鼓腔材料多为木质。鼓按照其形制，大致分可分为中国大鼓（花盆鼓或缸鼓）、堂鼓、排鼓、腰鼓等。其主要演奏技法有单击、滚奏、压奏、击边等。鼓在传统音乐中,可以作为伴奏音乐和过场音乐演奏的主要乐器。在京剧中,还配有专门的“锣鼓经”。鼓与中国的文化传统有着紧密的联系，它除了在民间音乐中担任了极为重要的角色，还与中国的礼乐有着非常紧密的联系。有学者认为，鼓只能发出一个音，与皇帝所言的权威性是具有相似性的。

现代著名的鼓演奏家有李真贵、王建华等。著名的曲目有《龙腾虎跃》《鼓威》等。

二、中国传统乐舞

乐舞的历史,要追溯到原始时期。原始时期的乐舞特点是诗、乐、舞三位一体。乐舞主要表达的内容还是和当时社会人们的生活环境有关的。首先是与劳动有关的乐舞，如《弹歌》里所描述的：“断竹、续竹、飞土、逐宍。”其次，与自然灾害有关的乐舞，如《吕氏春秋·古乐》：“昔阴康氏之始，阴多滞伏而湛积，水道壅塞，不行其原。民气郁阏而滞着，筋骨瑟缩不达，故作为舞以倡导之。”最后，还有与战争、爱情等有关的乐舞。

从西周开始，乐舞逐渐成为了与政治制度结合在一起的一种音乐形式。在西周时期，中国的礼乐制度逐渐开始了萌芽。乐舞作为一种重要的音乐形式也纳入了这套带有浓厚政治色彩的典章制度中——不同的等级享有不同规模的乐舞的规格。

1. 周代乐舞——六代乐舞

六代乐舞是礼乐之中非常具有代表性的雅乐类。六代乐舞,又称“六乐”或“六舞”，它包括黄帝时期的《云门大卷》（或称《云门》），主要是祭祀天神；尧时期的《大咸》（或称《咸池》），主要祭祀地神；舜时期的《萧韶》（或称《韶》），主要祭祀四望；夏禹时期的《夏》（又名《大夏》《夏籥》），主要祭祀山川；商时期的《大濩》，主要祭祀先妣；西周时期的《大武》，主要祭祀先祖。

这些乐舞都属于雅乐，根据不同的场合，选取不同的乐舞。但是雅乐具有仪式性，是隆重繁琐的仪式中的重要组成部分。雅乐是近“正”之乐，因此其特点大多是齐奏为主，曲调单一，节拍缓慢。

2. 相和歌与相和大曲

相和歌是在汉代民歌的基础之上，吸收和融合了周代国风、战国楚声而形成的音乐。相和歌的三种调即平调、清调以及瑟调（称“相和三调”）。相和歌的主要伴奏乐器是“节”，其他的还有瑟、笛、琴等。相和歌的发展经历了三个阶段：首先是徒歌阶段，也就是清唱，无伴奏；接下来是但歌阶段，就是有人帮腔，但还是没有伴奏；最后的阶段，定型于相和歌阶段，也就是演唱者拿着一种称为“节”的打击乐器,并伴有管弦乐队的形式。因而《晋书·乐志》中记载：“相和，汉旧歌也，丝竹更相和，执节者歌。”

而相和大曲是以相和歌为基础，在表演形式上加入了舞蹈、器乐伴奏；在音乐结构上进一步扩大化（包括“艳”“趋”“解”“乱”等结构），从而形成了一种大型歌舞曲。

3. 唐代歌舞大曲

唐代歌舞大曲，又称为“燕乐大曲”或“唐大曲”。它是在相和大曲与清商大曲的基础上进一步地演变，形成的具有结构复杂、速度变化丰富的大型歌舞音乐。唐大曲经历几个阶段的演变，吸收了西域各国的音乐特点，并内化到其自有的音乐形式中。因此，它也是我国历史上民族融合的良好见证。

其结构通常分为三个部分：散序、中序、破。散序是各种器乐组合的演奏形式；中序则与开场有所对比，速度为慢板，以声乐表演为主，时常伴有舞蹈；而破是唐大曲的高潮部分，速度则由慢起渐快，以散板入节奏，以舞蹈为主要表演形式，并有器乐伴奏。

现存的唐大曲曲名约有50多部，其中以极富浪漫色彩的《霓裳羽衣曲》与气势恢宏的《秦王破阵乐》最具代表性。

第二节 棋 文 化

与琴、书、画不同，棋属于游戏范畴。介绍棋之前，有必要了解游戏的性质以及中国古代的游戏概况。

一、游戏简论

游戏是玩乐活动，能愉悦身心，激发各种才能。它有三大特征：首先，具有娱乐性；其次，有一定的规则；最后，很多游戏的创制与人类对自然、宇宙的认识有关，具有文化价值。生活中，人们对于游戏的心态较为复杂：一方面，上自帝王，下至百姓，皆难免玩游戏。另一方面，有人批判玩游戏是游手好闲的表现，会玩物丧志，比如孟子甚至把博弈与饮酒并列为“五不孝”之一。

西安半坡遗址考古发现，早在母系社会全盛时期，远古先民已把石球变为游戏的工具。纵使有人批判游戏，随着文明的演进，游戏的种类还是日渐繁多。依据不同性质与功能，中国古代游戏大致分为角力、竞技、赌博、猜射、斗智五类，它们之间存在交叉现象。

角力型游戏，比如角抵、相扑、拔河、斗禽（畜），参与者或者凭借自身力量对决，或者携禽、畜相斗。角抵又称蚩尤戏，参与者头戴兽角相互抗争。后来角抵演化为相扑，由两名大力士或巾帼高手裸袒相搏以决雌雄。少数民族中的角力游戏有蒙古族的摔跤、回族的掼牛、藏族的抱石头等。拔河，古称牵钩，古人用以祈福、禳灾，属于群体参与的大型角力游戏。斗禽（畜）是斗牛、斗羊、斗狗、斗鸡、斗鸭、斗鸟、斗蟋蟀等以动物相搏为内容的角力游戏总称。

竞技型游戏，比如投射、球戏、秋千、毽子、龙舟，这类游戏取胜的关键是技巧。投射游戏，如飞墒、打瓦、投壶、射柳、射兔，皆以在一定距离击中某物或射中某物为胜。球戏，比如蹴鞠、马球、步打、木射等，以球击中特设的靶子才算胜出。晋代已流行的秋千游戏要求参与者身体与绳索协调摆动，荡出各种姿势。踢毽子早在汉代已经出现，尤为儿童所爱，至今不衰。流传至今的赛龙舟，其源起有多种说法，以纪念屈原说最为流行，实际上在屈原以前该游戏已经出现。

赌博型游戏又称博戏，如骰子、骨牌、纸牌，胜负难料是博戏存在的基础，与钱财结合是这类游戏的最大特点。若无钱财刺激，游戏的刺激度会降低；若一味追求钱财，博戏就沦为赌博而丧失娱乐性。掷骰子是我国古代最有影响的博戏形式，与棋交叉又演化出六博、樗蒲、双陆等行棋类博戏。骨牌由骰子演化而来，麻将是骨牌中最有影响的游戏形式。出现于唐代的纸牌，古称叶子，一种是印有骨牌图案的骨牌叶子，即纸质骨牌；另一种是绘有钱索、铜钱和人物形象的马吊叶子，即马吊牌。

猜射型游戏，如射覆、谜语、酒令，参与者猜测某些事物的形状、大小、颜色、数量等以决胜负，在此过程中有智力成分参与，但判断与推理具有一定的随意性。射覆指在瓯、盂等器皿下覆盖某些物件，让人猜测。谜语的前身称为“隐语”，是春秋时期的游士委婉谏言时所用，后来去除功利目的，渐变为文字性娱乐游戏。酒令本是监督饮酒礼节的官员，后演变成劝酒的游戏，是喝酒时借猜测一些东西来助兴娱情的游戏的总称，胜者得赏或者罚负者喝酒，有猜诗、猜物、猜拳等多种形式。

斗智型游戏，如围棋、象棋、七巧板、益智图、九连环，参与者通过智力的较量获取快乐。象棋是由唐代的宝应象棋演变而来，至宋代基本定型，共32

枚棋子，棋盘由九道直线和十道横线组成。七巧板、益智图是用形状不一的木板或纸板拼出各种事物形象的拼图游戏。九连环也称“连环套”“巧环”，多用金属丝制成，共九个小环串联一起，参与者要把它们一一解开然后合并起来。

二、围棋小史

当琴棋书画并称时，“棋”指“围棋”。围棋，古代又称“弈”，由黑白两色棋子与棋盘构成，是我国古老的斗智类游戏，现已传至世界很多国家。围棋的起源有多种说法，流传较广的是尧舜说。东晋张华《博物志》言：“尧造围棋，以教子丹朱。或云：舜以子商均愚，故作围棋以教之。”此乃传说，不足为据。研究发现，围棋的产生与军事斗争有关，汉代马融《围棋赋》早有类似论述：“略观围棋兮，法于用兵；三尺之局兮，为战斗场。”围棋别称很多，比如“黑白”“方圆”“手谈”“坐隐”“忘忧”等。当下棋能达到“手谈”“坐隐”“忘忧”的程度时，围棋就变成了令人沉醉的艺术。

先秦时，围棋已为人所熟知。《左传·襄公二十五年》文中出现了以围棋说理的成语“举棋不定”，孔子在《论语·阳货》中也提及围棋：“子曰：饱食终日，无所用心，难矣哉。不有博弈者乎，为之犹贤乎已。”古代博、弈并称，孔子认为玩儿这些游戏总比无所事事强。

秦汉初期，与钱财挂钩的博戏操作简单，颇受民众欢迎；围棋技术性强，不被看重。它的竞争、平等意识与儒家的仁、礼观念相冲突，被贬为“简慢、相轻”之物。围棋在来自上的贬抑和下的敬而远之的夹缝中生存，难有作为，到了东汉才有较大发展。东汉班固有感于“博行于世而弈独绝”，作《弈旨》，肯定了围棋的正面意义：“上有天地之象，次有帝王之治，中有五霸之权，下有战国之事，览其得失，古今略备。”这番言论力图从“道”的高度确立围棋的意义，有拔高围棋之嫌。

魏晋时，围棋很受欢迎。韦曜（本名昭）《博弈论》说：“今世之人，多不务经术。好玩博弈，废事弃业，忘寝与食，穷日尽明，继以脂烛。”不仅民众如此，当时的不少著名人物也甚爱围棋。曹操的雄才大略为人熟知，他的棋艺同样青史留名。围棋的雅称“坐隐”“忘忧”“手谈”与晋代名流王坦之、祖纳、支遁有密切联系。围棋成为魏晋士人生活的重要内容，它的艺术价值在此时被充分挖掘出来。南北朝时建立了棋品制度，围棋的第一个高峰时代到来。

唐代，围棋正式成为琴棋书画“四艺”之一。张彦远所编的《法书要录》最早把琴棋书画并称。唐代还设置了棋待诏、棋博士等新的棋官制度，这里的“棋”不仅指围棋，还包括其他棋类游戏。围棋的文化地位由此得到很大提升，影响了整个社会的风气和文化价值取向。民众以善博弈为荣，不善博弈为耻。白居易、杜甫、孟郊、王建、刘禹锡、王梵志等诸多诗人都爱围棋并留下诸多咏棋诗作。

围棋在宋代得到更大程度的普及。明清是中国古代围棋发展的最高峰，范洪、过百龄、范西屏等高手辈出，围棋的竞技性得到很好发展。魏晋时围棋的艺术性与竞技性并未分化，唐宋时期明显分化，明清时期趋于完成。对于靠围棋吃饭的职业棋手而言，下棋以争胜为本，使围棋带有较浓的功利性、竞技性。对于官宦贵胄、文人士子而言，下棋重在娱乐，更看重围棋的艺术性。清末国运衰微，西方列强入侵，与琴、书、画等生活雅事一样，围棋失去了赖以存在的经济基础和相对稳定的社会环境，逐渐走向衰落。

今日的中国围棋在与日本、韩国等国的互相交流中揭开了新的一页。从解放初的“南刘（刘棣怀）北过（过惕生）”到陈祖德、聂卫平、马晓春，再到常昊、古力，国手辈出。围棋日益技术化、竞技化、功利化，在某种意义上是一种回归；但同时也失去了作为艺术的优雅品格，这也是一个不争的事实。

第三节　书　文　化

书法艺术是中华民族独特的传统艺术，在中国传统文化中有着举足轻重的地位。它的伟大与神奇，正如沈尹默所说：“世人公认中国书法是最高艺术，就是它能显出惊人奇迹，无色而具图画的灿烂，无声而有音乐的和谐，引人欣赏，心畅神怡。”[①]在浩荡的艺术长河中，书法艺术以其自身的艺术特殊性成为东方文明的一朵奇葩。它是中国自己的艺术，是华夏艺术与文明的代表。书法艺术之伟大，以其独特的艺术语言蕴涵着丰富的感情色彩、审美意识、文化内涵以及宇宙观、人生观、哲学论。这一独特的中国传统艺术，主要有以下特征：

1. 抒情性。音乐的节奏、舞蹈的动作、绘画的色彩能够直接表现人的情感。书法，则是通过线条的粗细、虚实、节奏等向我们昭示生命的律动、心灵的写照。通过线条的书写、组合、加工，或让我们感受荡气回肠的气势，或让我们领略旷世不羁的名士风度，亦或让我们陶醉于“林籁结响，调如竽瑟；泉石激韵，和若球簧”的音韵之美。陈振濂在评价张旭《古诗四帖》时写道：“线的交响曲、线的第一流的构筑、线的心灵写照……古往今来，无数人不得不匍伏于这位疯疯癫癫的线条大师脚下……”[②]看来，书法的魅力就在于线条之美以及所蕴涵的深刻意义。可以说，书法艺术就是生命之歌，是生命的光环。

---

① 沈尹默：《书法论丛》，上海教育出版社1978年版，第33页。

② 陈振濂：《历代书法欣赏》，陕西人民出版社1998年版，第87页。

唐人孙过庭在《书谱》中说："羲之写《乐毅》则情多怫郁，书《画赞》则意涉瑰奇，《黄庭经》则怡怿虚无，《太师箴》则纵横争折，暨乎《兰亭》兴集，思逸神超，私门诫誓，情拘志惨，所谓涉乐方笑，言哀已叹。"人的喜怒哀乐，内心情感的复杂多变，在中国书法里都能够得以表现。人们往往通过书法这一艺术形式来表达自己的情感，抒发自己的情怀。韩愈在《送高闲上人序》里说："张旭善草书，不治他技，喜怒窘穷，忧悲愉佚，怨恨思慕，酣醉，无聊，不平，有动于心，必于草书焉发之。"苏轼的《黄州寒食诗帖》是他被贬谪黄州时所作，哀怨愁闷之情溢于笔端，感情流露如飞流直下，淋漓酣畅；颜真卿的《祭侄文稿》表现了特定的政治历史环境下，创作者满腔激越的哀痛、悲愤，与坚定不移的凛然正气。艺术作品往往作用于人类丰富的精神世界，并脱胎于人们在生命历程中的种种感悟，书法艺术是人类内心情感世界的一种表现，也是东方含蓄与豪放境界完美结合的体现，更是人类生命本质的升华。

2. 抽象性。书法艺术的抽象性与汉字形态的产生、发展有着密切的关系。汉字造型的独特性可以体现在其作为一种抽象的表意文字，很大程度上是对所指向的客观事物进行抽象、简化，并用一种有机组合的笔画符号来传达意义。例如"水"与"田"二字，就是对自然界原物象的某些特定形态要素进行提取，从某种象形的指向上呈现了汉字的抽象化。书法艺术立足于黑白二色的鲜明对比，囊括天地，并蓄万物，通过运笔、结构、线条等呈现出方圆粗细，曲直枯润，铁画银钩等多种形态，流露出如龙蛇飞动，如千里阵云，如惊鸿游龙的气势与生机。书法艺术看似没有直接描绘出自然界的种种物象，却通过抽象化的线条与创作者主体精神的有机结合，展示了自然界一呼一吸之间的磅礴动势与盎然生机，展示了天人合一的深远境界。书法艺术植根于博大精深的中国传统文化，体现了含蓄内敛的哲学意味与物我之间和谐并存、情理相融的人文意义，是生命意义的升华，也是人法地、地法天、天法道、道法自然的精神境界与东方哲理的绝佳呈现。

3. 线条性。这是由书法艺术本身所决定的。书法可以说就是线条的艺术，离开了线条这一特殊媒介，书法也就不能称之为书法了。汉字造型的独特性决定了书法创作需遵循点画线条的原则，而线条同时也是书法作品美感的重要元素，卫铄的《笔阵图》就表现出了书法中线条本身所具有的艺术美感。然而这样的线条美感很难孤立地成立，必须通过线条之间的相互穿插、构合等形成合乎艺术要求的文字形态，才能表现出书法作品的神采与韵律。

汉字的不同线条组合构成了汉字的多种面貌，这一客观的组合技巧结合书法的笔墨技巧，使得书法宛如获得生命一般展示出多姿多彩的艺术性。线条的美感有血肉筋骨之分，能有效地体现出每个汉字结构、形态的不同侧重点。例如偏旁部首的线条不能喧宾夺主，不能运笔过重而在笔墨之间抢占汉字主体部分的视觉感。正是这种血肉筋骨的合理组合，才能呈现出一个个完美的汉字造型，从而将神采与力量倾注于原本运用于日常生活交流的汉字中，使之呈现出与日常使用所不同的情感性、生命力。这种有机组合的动态美，同时带给了书法作品施展气韵的空间。中国传统文化讲究“气”可为万物的本原，而书法艺术的“气”则可为气格、气象、气骨，它是创作者“天人合一”的理想境界的呈现。通过线条的种种合理组合，气韵跃然纸间，可以为欣赏者所感知。这一气韵的呈现，不仅是书法家高超技艺和表现能力的有力体现，也是线条与线条之间极具艺术技巧的有机组合的重要表现。

可见，线条作为书法的重要组成部分，必须经过合理的结合才能表现出书法的艺术魅力，而一切点画线条的有机结合立足于书法家对细节处理的精准独到，并与书法家在具体创作中的高超技巧与娴熟经验紧密相连。

书法作为中国文化的重要组成部分，有着不容忽视的文化价值。虚实结合、变化多样的传统书法艺术是古代文人刚柔相济、天人合一的人生观与世界观的良好体现，同时也传达了知识分子坚持修身养性，讲求风骨气韵，追求自由豪迈的文化精神。书法艺术还是中华民族传统审美倾向的展现，通过对黑白二色的静态处理，揭示出了虚实相生的对立统一，证明了万事万物阴阳互补、和谐共存的关系，是含蓄天然、兼容并蓄的东方哲理的有力例证，展现了中华民族的深厚文化底蕴与深远思想意境。书法对中华民族传统文化的形成起到了至关重要的作用，它作为中华文化宝库中夺目闪耀的瑰宝，历经千年变迁，依旧展现着经久不衰的迷人魅力。

第四节　画　文　化

绘画是平面艺术的典型样式，通过运用线、面、形、色等艺术语言，以及构图、造型、设色等艺术手段，在二维空间中塑造静态的艺术形象，表现创作者的审美认识和审美理想。而中国绘画以独特的审美追求和形式风貌区别于西方绘画，成为世界艺术中别样的风景。

国画历史悠久，最早的战国帛画（代表作《马王堆T型帛画》）、汉代的画像石画像砖（代表作《弋射收割图》）为中国画的时空观和表现手法奠定了基础，自魏晋南北朝以来以线造型，涌现出许多著名画家，如顾恺之（代表作《洛神赋》）、陆探微、张僧繇等。隋唐时期，绘画的各个画科以独立的姿态登上舞台，如吴道子（代表作《送子天王图》）、阎立本（代表作《历代帝王图》）的历史肖像画，边鸾（代表作《《玉兰图》）、刁光胤等的花鸟画，张萱（代表作《虢国夫人游春图》）、周昉的宫廷人物画，李思训（代表作《江帆楼阁图》）、李昭道（代表作《明皇幸蜀图》）的青绿山水，而王维（代表作《山阴图》）更是被誉为山水画的“南宗之祖”。

宋元是山水画全面成长成熟时期。北宋山水完善了以北方山水景象为主题的“全景山水”，李成（代表作《读碑窠石图》）、范宽（代表作《溪山行旅图》）是其代表。与之并行的是“米点山水”（米芾、米友人）代表的南方景象。南宋山水简意虚旷，以“南宋四大家”（李唐、刘松年、马远、夏圭）为代表。元代是中国山水画的巅峰时期，“元四家”（一说赵孟頫、吴镇、黄公望、王蒙，一说黄公望、王蒙、倪瓒、吴镇）的出现标志着从思想理念到形式语言的文人山水画传统的成熟。

明清绘画对之前绘画技巧及理论进行了总结，有崇古、有创新，为中国绘画艺术作出卓越贡献。近代以来涌现的大师如张大千、黄宾虹、傅抱石等继承发展中国绘画艺术，使传统艺术迸发出新的生机。当代国画运用新材料、新技法、新观念，为中国民族绘画拓展出新的发展空间，发扬民族精神与创新精神。

中国画在世界美术领域中自成体系，有着强烈的民族特色：

1. 毛笔、宣纸等构成独特的工具材料体系。国画在绢、宣纸上用水调墨和色，用毛笔绘制，有卷轴、屏风、扇面、册页等画幅形式。毛笔的笔头是用动物的毫毛加工所制，按笔头原料可分为兔毫、羊毫、狼毫（黄鼠狼毫）。宣纸分为生宣、熟宣。生宣未经加工处理，渗水性强，适用于泼墨、写意；熟宣是用矾处理过的宣纸，不易渗透水墨，适用于工笔画。墨色分为水墨和设色，水墨有着干湿浓淡黑等变化，设色分为金碧、青绿、泼彩、浅绛等形式。

2. 独特的透视构图方法。国画不同于西方科学透视方法，使用散点透视，构图形式不受时间空间的制约，营造出理想范式。西方油画通常采用焦点透视法，观察者固定一点，把能摄入镜头的景象如实描绘，物体的远近大小受物理规律限制。而国画的观察点是移动的，不受时空限制，不同立足点、不同时间点的景象皆可入画。因而国画一个画幅可以表示“咫尺千里”的境界，也可表示事件的先后顺序。如宗白华所言，国画的视角并不是由眼睛得来的，而是“用心灵的眼笼罩全景。”①

3. 以线造型为主的造型手段。中国绘画中的线条不仅仅是线，而是以线带面、以线体形，从线条的起伏中表达绘画对象的品质。如东晋画家顾恺之的线条人称“春蚕吐丝描”②，因线条描法形似游丝而得此名，用中锋笔尖圆匀细描，秀劲古逸。与顾恺之一脉传承而来的“密体”不同，以吴道子为代表的“疏体”是以绞转为主的“莼菜描”笔法，用笔变化自如，描绘生动贴切，如汤垕所谓的“八面如塑”，张彦远所说“气韵雄壮，笔记磊落”。而后来吴道子勾画的线条也被

① 宗白华：《美学散步》，上海人民出版社1981年版，第96页。

② （元）夏文彦：《图绘宝鉴》卷二，形容顾恺之线描为“春蚕吐丝”，飘逸之态如“春韵浮空，流水行地”。

称作“吴带当风”，突出了人体曲线和自然的结合，所画人物、衣袖、飘带，具有迎风起舞的效果，动感澎湃。

4. 墨分五色。中国画的色彩法是把色彩从光中分离，在单一的墨色里把色彩当作一种观念重新处理。“墨即是色”，是因为墨反映了自然的本性“道”。“墨分五色”（张彦远《历代名画记》），是指以水调节墨的浓淡表现事物的五色之相。尽管各家对“五色”说法不一，或指焦、浓、重、淡、清，或指浓、淡、干、湿、黑，但用意可以肯定，即要求黑色有丰富的变化，描绘出事物气韵生动的本相。墨的浓淡变化就是色的层次变化，“墨分五色”，就是使各种色彩可以用多层次的水墨色度代替。中国用色在“墨”中可以看到丰富的色彩，解散色彩形式，具有哲学意味。

5. 重气韵重意境。南齐画论家谢赫在《古画品录》中曾归纳绘画六法，第一则即为“气韵生动”，表明中国画追求气韵这一品格，人物画要表现人物精神，花鸟画要寓情于物寄托品格，山水画要“山水以形媚道”。在绘画分品中以“逸品”“神品”等为最高。中国绘画还追求意境，体现在画面上是情景交融、主客合一的状态，从溯源上看受到老庄哲学、魏晋玄学和禅宗的直接影响。如宗炳在《画山水序》中提出“应目会心”，就是要求画家在作画时主客体交融，达到“万趣融其神思”的境界。在画面上用水墨、写意、留白等手段表达言外之意、画外之情。

6. 南北综论。明末的绘画理论家董其昌借禅宗南北两派的“顿、渐”修行方式比喻绘画，把唐以来山水画中的文人画与院体画区分，以文人画体系比喻为南宗、院体画比喻为北宗。在画家阵营上，南宗以文人士大夫、高人逸士以及虽居官位而心存隐逸、又非贵族的画家为阵营。而北宗是以贵族和从属于贵族的院体画家为主要队伍的。在笔法上，“文则南，硬则北，不在形似，以笔墨求之”。南宗柔软、悠淡，北宗快猛、躁动。南北综论是站在文人画家的立场上评价画史，并由此出现“崇南抑北”的思想，历史影响深远。

国画是中华文化的一枚瑰宝，它的特点源于中华民族悠久的传统文化和美学思想，在造型上讲究“以形写神”“形神兼备”，通过对物象的传移摹写，追求其“气韵”“意境”，抒发胸臆、寄托情思，讲究“画中有诗”“虚实相生”，重在“媚道”。在画面表现上还重视“诗书画印”的有机结合，增强审美趣味，极具中国艺术精神。

经典选读

周礼·春官宗伯·大司乐[1]（节选）

大司乐掌成均[2]之法，以治建国之学政，而合[3]国之子弟焉。凡有道者[4]

有德者[5]，使教焉，死则以为乐祖，祭于瞽宗[6]。以乐德教国子：中、和、祗、庸、孝、友[7]。以乐语教国子：兴、道、讽、诵、言、语[8]。以乐舞教国子：舞《云门》《大卷》《大咸》《大韶》《大夏》《大濩》《大武》[9]。以六律、六同、五声、八音、六舞大合乐[10]，以致鬼神示，以和邦国，以谐万民，以安宾客，以说[11]远人，以作动物。

[1]大司乐：官名，为乐官之长，兼掌学政，亦称大乐正。[2]成均：周代的五所大学之一。这五所大学分别是：辟雍、成均、上庠、东序、瞽宗。五所大学中，以辟雍为最尊，国子无事不敢进入。其次以成均为尊。所以成均也可作为大学的通称。[3]合：合聚。[4]道者：多才艺者。[5]德者：有德行者。[6]瞽宗：周代的大学之一。瞽（gǔ）：乐人。[7]这句话指乐中包含的六德。中：通“忠”。和：刚柔适当。祗：敬。庸：有常。孝：孝敬父母。友：善待兄弟。[8]兴：作譬喻。道：通“导”，借古论今。讽：背诵。诵：抑扬顿挫地背诵。言：主动发言。语：回答问题。[9]这句话指周代保存的上古音乐。黄帝时的音乐为《云门》《大卷》。尧的音乐为《大咸》。舜的音乐为《大韶》。禹的音乐为《大夏》。商汤的音乐为《大濩》。武王的音乐为《大武》。[10]六律：通指黄钟、太簇、姑洗、蕤宾、夷则、无射六阳律。六同：大吕、夹钟、仲吕、林钟、南吕、应钟六阴律。五声：又称五音，指宫、商、角、徵、羽。八音：中国传统器乐吹打乐的一种。西周时已将当时的乐器按制作材料分为金、石、丝、竹、匏、土、革、木八类。六舞：又名“六乐”，参见注[9]。大合乐：谓遍作六代之乐。[11]说：同“悦”，愉悦。

（[清]阮元校刻：《十三经注疏·周礼注疏》，上海古籍出版社1997年影印本）

荀子·乐论

夫乐者，乐也[1]，人情之所必不免也，故人不能无乐。乐则必发于声音，形于动静，而人之道[2]，声音、动静，性术之变尽是矣。故人不能不乐，乐则不能无形，形而不为道[3]，则不能无乱。先王恶其乱也，故制《雅》《颂》[4]之声以道之，使其声足以乐而不流[5]，使其文足以辨而不諰[6]，使其曲直、繁省、廉肉、节奏，足以感动人之善心[7]，使夫邪汙[8]之气无由得接焉。是先王立乐之方也，而墨子非之，奈何！

[1]夫乐者：乐（yuè），音乐。乐（yuè）也：喜悦。[2]人之道：指人之所以为人。[3]道：同“导”，引导。[4]《雅》《颂》：《诗经》中的两类乐曲。“雅”是正的意思，分为《大雅》和《小雅》两种。《颂》是宗庙祭祀的舞曲，分为《周颂》《鲁颂》《商颂》三种。[5]流：淫放，淫荡。[6]辨：通“辩”，指通其辞达其意。諰（xǐ）：当作“偲”，指使乐之文辞足以明了而不邪。[7]曲直：指声音迴曲放直。繁省：多与少，繁密与简约。廉肉：指乐声的高亢激越与婉转圆润。[8]汙（wū）：同“污”。

（梁启雄：《荀子简释》，中华书局1983年版）

梦溪笔谈·霓裳羽衣曲[1]

[宋]沈括

刘禹锡[2]诗云："三乡陌[3]上望仙山，归作《霓裳羽衣曲》。"又王建[4]诗云："听风听水[5]作《霓裳》。"白乐天[6]诗注云："开元中，西凉府节度杨敬述[7]造。"郑嵎[8]《津阳门诗》注云："叶法善[9]尝引上入月宫，闻仙乐。及上归，但记其半，遂于笛中写之。会西凉府都督杨敬述进《婆罗门曲》，与其声调相符，遂以月中所闻为散序[10]，用敬述所进为腔[11]，而名《霓裳羽衣曲》。"诸说各不同。今蒲中逍遥楼楣上有唐人横书[12]，类梵字，相传是《霓裳》谱，字训不通，莫知是非。或谓今燕部[13]有《献仙音曲》，乃其遗声。然《霓裳》本谓之道调法曲[14]，今《献仙音》乃小石调[15]耳，未知孰是。

[1]霓裳羽衣曲：唐代乐曲名。传自西凉，本名《婆罗门曲》，经玄宗润色而改名。[2]刘禹锡（772—842）：字梦得，洛阳人。为中唐著名诗人。[3]三乡陌：一作"三乡驿"。相传唐玄宗于三乡驿楼上望女几山（在今河南宜阳），归来后作《霓裳羽衣曲》。[4]王建（约765—830）：字仲初，颍川（今河南许昌）人。唐后期诗人。[5]听风听水：相传西域龟兹国君臣听风水之声而创制乐曲。[6]白乐天：即白居易（772—846），字乐天，下邽（今陕西渭南）人。中唐著名诗人。[7]杨敬述：开元间以羽林大将军、西凉都督充河西节度使，曾因御突厥战败被削官爵。[8]郑嵎：字宾先，唐宣宗时进士。其《津阳门诗》为七言长句，凡一千四百句，成一百韵。[9]叶法善（616—720）：唐初道士。以道术历事高宗至玄宗五朝，以至封为越国公。[10]散序：各种乐器次第发声而尚无节拍的序曲。因无节拍，故不伴舞。[11]腔：腔调，曲调。[12]蒲：蒲州（今山西永济县）。横书：即横行书写的字，与汉字传统上的纵行书写不同。[13]燕部：唐宋音乐部类之一，即燕乐。混合传统雅乐及西凉乐，供宴飨用。北宋时有二十八调。[14]道（qiú）调：古代音乐以宫音为主的乐调之一。法曲：是歌舞大曲中的一部分，也是隋唐宫廷燕乐中的一种重要形式。[15]小石调：古代音乐以商音为主的乐调之一。

（[宋]沈括著，张富祥译注：《梦溪笔谈》，中华书局2009年版）

棋经

得算[1]篇第二

棋者，以正合其势[2]，以权制其敌[3]。故计[4]定于内，而势成于外。战未合而算胜者，得算多也。算不胜者，得算少也。战已合而不知胜负者，无算也。兵法曰："多算胜，少算不胜，而况于无算乎？由此观之，胜负见矣。"[5]

[1]算：兵家之计。[2]势：态势。[3]敌：敌手。[4]计：算，计策。[5]引于《孙子·计篇》。

合战篇第四

博弈之道，贵乎谨严[1]。高者在腹，下者在边，中者占角，此棋家之常然[2]。法曰：宁输数子，勿失一先[3]。有先而后，有后而先。击左则视右，攻后则瞻前。两生勿断[4]，皆活[5]勿连。阔不可太疏，密不可太促[6]。与其恋子以求生，不若弃之而取势；与其无事而强行，不若因之而自补。彼众我寡，先谋其生。我众彼寡，务张其势。善胜者不争，善陈[7]者不战。善战者不败，善败者不乱[8]。夫棋始以正合，终以奇胜。必也四顾其地，牢不可破，方可出人不意，掩人不备。凡敌无事而自补者，有侵绝之意也。弃小而不救者，有图大之心也。随手而下者，无谋之人也。不思而应者，取败之道也。诗云："惴惴小心，如临于谷。"[9]

[1]谨严：谨则虑精不妄施，严则势整莫能敌。[2]常然：常规。[3]先：先手。[4]断：隔断。[5]活：自活。[6]促：局促。[7]陈：同"阵"，列阵。[8]乱：溃乱。[9]引于《诗·小雅·小宛》。

（《棋经》，台北商务印书馆《影印文渊阁四库全书》本）

书谱（节选）

[唐]孙过庭

余志学之年[1]，留心翰墨，昧钟、张之余烈[2]，挹羲、献之前规[3]，极虑专精，时逾二纪，有乖入木之术[4]，无间临池之志[5]。观夫悬针垂露之异[6]，奔雷坠石之奇，鸿飞兽骇之资，鸾舞蛇惊之态，绝岸颓峰之势，临危据槁之形。或重若崩云，或轻如蝉翼；导之则泉注，顿之则山安；纤纤乎似初月之出天崖，落落乎犹众星之列河汉；同自然之妙有，非力运之能成；信可谓智巧兼优，心手双畅；翰不虚动，下必有由。一画之间，变起伏于峰杪[7]；一点之内，殊衄挫于毫芒[8]。况云积其点画，乃成其字；曾不傍窥尺牍[9]，俯习寸阴；引班超以为辞，援项籍而自满[10]；任笔为体，聚墨成形；心昏拟效之方，手迷挥运之理，求其妍妙，不亦谬哉！然君子立身，务修其本。杨雄谓诗赋小道，壮夫不为，况复溺思毫厘、沦精翰墨者也！夫潜神对弈，犹标坐隐之名；乐志垂纶，尚体行藏之趣[11]。讵若功定礼乐，妙拟神仙，犹埏埴之罔穷，与工炉而并运[12]。好异尚奇之士，玩体势之多方；穷微测妙之夫，得推移之奥赜。著述者假其糟粕，藻鉴者挹其菁华，固义理之会归[13]，信贤达之兼善者矣。存精寓赏，岂徒然欤！而东晋士人，互相陶染。至于王、谢之族，郗、庾之伦[14]，纵不尽其神奇，咸亦挹其风味。去之滋永，斯道愈微。方复闻疑称疑、得末行末[15]，古今阻绝，无所质问；设有所会，缄秘已深；遂令学者茫然，莫知领要，徒见成功之美，不悟所致之由。或乃就分布于累年，向规矩而犹远，图真不悟，习草将迷[16]。假令薄能草书，粗传隶法[17]，则好溺偏固，自阂[18]通规。讵知心手会归，若同源而异派；转用之术[19]，犹共树而分条者乎？加以趋变适时，行书为要；题勒方畐[20]，真乃居先。草不兼真，殆于专谨；真不通草，殊非翰札[21]。真以点画为形质，使转为情性；草以点画为情性，使转为形质。草乖使转[22]，不能成字；真亏点画，犹可记文。回互虽殊，大体相涉。故亦旁通二篆，俯贯八分，包括篇章，涵泳飞白[23]。若毫厘不察，则胡、越殊风者焉。至如钟繇隶奇，张芝草圣，此乃专精一体，以致绝伦。伯英不真，而点画狼藉；元常不草，使转纵横。自兹以降，不能兼善者，有所不逮，非专精也。虽篆、隶、草、章，工用多变，济成厥美，各有攸宜。篆尚婉而通，隶欲精而密，草贵流而畅，章务检而便。然后凛之以风神，温之以妍润，鼓之以枯劲，和之以闲雅。故可达其情性，形其哀乐，验燥湿之殊节[24]，千古依然；体老壮之异时，百龄俄顷。嗟乎，不入其门，讵窥其奥者也！

[1]志学之年：十五岁。孔子云“吾十有五而志于学”。[2]钟：钟繇(yóu)，字元常，三国时期曹魏著名书法家，相传为楷书的创始人。张：张芝，字伯英，东汉书法家，擅长草书中的章草，时有“草圣”之称。[3]羲、献：即王羲之、王献之父子，东晋书法家。王羲之有“书圣”之称，其子王献之有“小圣”之称，两人合称“二王”。[4]乖：不相当，此处可理解为欠缺。[5]无间：即坚持不懈。临池：学习书法。[6]悬针：书法中称竖画的名词之一，凡竖画下端出锋的，其锋如针之悬，故称“悬针”。垂露：书法直画的一种形态，其收笔处如下垂露珠，垂而不落，故名。[7]峰杪(miǎo)：笔锋。杪：树枝的细梢。[8]衄挫(nǜ cuò)：亦作“衂挫”，犹衄折，顿挫。[9]尺牍：指墨迹，字迹。[10]引班超以为辞：不能专心学书的人常以班超投笔从戎的事为借口。援项籍而自满：学不好书法的人拿项羽学书不成的事来自我安慰。[11]坐隐：下围棋的别称。行藏：语本《论语·述而》：“子谓颜渊曰：‘用之则行，舍之则藏。惟我与尔有是夫！’”此处用意偏指“藏”。[12]此句大意为：书法功可宣扬礼乐，变幻无穷，神秘莫测，非对弈垂纶可比。讵：岂，表示反问。[13]这句话意指书法是“义”与“理”的合一。[14]王、谢、郗、庾：指东晋时显族琅琊王氏、陈郡谢氏、高平郗氏、颍川庾氏。书法代表人物有王羲之、王献之、郗鉴、庾亮等。[15]闻疑称疑、得末行末：指后世学者对该怀疑的言论不辨真假便大加称道，得到一些末流的东西便盲目效法。[16]真：楷书。草：草书。[17]隶：魏晋至唐，楷书亦称隶书。[18]阂：阻隔不通。[19]转：书法术语，笔画转换方向时的一种用笔技法，区别于折锋。[20]畐：同

"幅"。[21]翰札：书札，翰牍。[22]乖：背离，违背。[23]二篆：指大篆、小篆。八分：隶书的一种。魏晋至唐代，楷书也称隶书，原先有波磔的隶书则被称为"八分"。飞白：亦称"草篆"。一种书写方法特殊的字体，笔画呈枯丝平行，转折处笔路毕显。[24]燥湿之殊节：用笔浓淡、轻重的变化。

（《历代书法论文选》，上海书画出版社1979年版）

送高闲上人序[1]

[唐]韩愈

苟可以寓其巧智，使机应于心，不挫于气，则神完而守固，虽外物至，不胶于心。尧、舜、禹、汤治天下，养叔治射[2]，庖丁治牛，师旷治音声，扁鹊治病，僚之于丸[3]，秋之于弈[4]，伯伦之于酒[5]，乐之终身不厌，奚暇外慕[6]？夫外慕徙业者，皆不造其堂，不哜其胾者也[7]。

[1]高闲上人：即高闲，唐朝时僧，生卒年不详，工书法。上人：即上德之人，比丘的尊称。[2]养叔治射：《战国策》载"楚有养由基者，善射，去柳叶者百步而射之，百发百中。"[3]僚之于丸：春秋时楚国勇士熊宜僚，善弄丸为戏，可敌五百人。[4]秋之于弈：《孟子》载"弈秋，通国之善弈者。"[5]伯伦：西晋刘伶的字，沛国人，喜饮酒，撰有《酒德颂》等文。[6]外慕：对本行以外的事物感兴趣，别的爱好。[7]哜（jì）：略尝一点。胾（zì）：切成的大块肉。

往时张旭善草书[1]，不治他技。喜怒窘穷，忧悲愉佚[2]，怨恨思慕，酣醉、无聊、不平，有动于心，必于草书焉发之。观于物，见山水崖谷，鸟兽虫鱼，草木之花实，日月列星，风雨水火，雷霆霹雳，歌舞战斗，天地事物之变，可喜可愕，一寓于书。故旭之书，变动犹鬼神，不可端倪[3]，以此终其身而名后世。

今闲之于草书，有旭之心哉！不得其心而逐其迹，未见其能旭也。为旭有道[4]，利害必明，无遗锱铢，情炎于中，利欲斗进，有得有丧，勃然不释，然后一决于书，而后旭可几也[5]。

[1]张旭：唐代书法家，以草书著称。唐文宗曾下诏，将李白的诗歌、裴旻的剑舞和张旭的草书定为"三绝"。传世作品有《古诗四帖》（传）、《千字文》《郎官石柱记》等。[2]愉佚：亦作"愉逸"，安逸、快乐。[3]端倪：边际，头绪。指张旭草书神奇，变幻莫测。[4]为旭：指学习张旭。[5]几：靠近。

今闲师浮屠氏[1]，一死生，解外胶[2]。是其为心，必泊然无所起；其于世，必淡然无所嗜。泊与淡相遭，颓堕委靡，溃败不可收拾，则其于书得无象之然乎[3]！然吾闻浮屠人善幻，多技能，闲如通其术，则吾不能知矣。

[1]浮屠：佛教译语，即佛陀，又称“浮图”。[2]一死生，解外胶：佛家认为，生即死，死即生，二者本为一体。明白了这个道理，外界的一切也就置之度外了。[3]此句大意为：高闲心态寂静，处世淡然，表现于书法，必将了无生气。

（[唐]韩愈著，马其昶校注:《韩昌黎文集校注》，上海古籍出版社1986年版）

画山水序

[南朝宋]宗炳

圣人含道映物，贤者澄怀味像[1]。至于山水，质有而趋灵[2]，是以轩辕、尧、孔、广成、大隗、许由、孤竹之流[3]，必有崆峒、具茨、藐姑、箕、首、大蒙之游焉[4]。又称仁智之乐焉。夫圣人以神法道[5]，而贤者通；山水以形媚道[6]，而仁者乐。不亦几乎？余眷恋庐、衡，契阔荆、巫[7]，不知老之将至。愧不能凝气怡身，伤跕石门之流[8]，于是画象布色，构兹云岭。夫理绝于中古之上者，可意求于千载之下；旨微于言象之外者，可心取于书策之内。况乎身所盘桓，目所绸缪[9]，以形写形，以色貌色也？且夫昆仑山之大，瞳子之小，迫目以寸[10]，则其形莫睹；迥以数里[11]，则可围于寸眸。诚由去之稍阔，则其见弥小[12]。今张绢素以远映，则昆、阆之形可围于方寸之内。竖划三寸，当千仞之高；横墨数尺，体百里之迥[13]。是以观画图者，徒患类之不巧[14]，不以制小而累其似，此自然之势。如是，则嵩、华之秀，玄牝之灵，皆可得之于一图矣[15]。夫以应目会心为理者，类之成巧，则目亦同应，心亦俱会。应会感神，神超理得。虽复虚求幽岩，何以加焉？又神本亡端[16]，栖形感类[17]，理入影迹[18]，诚能妙写，亦诚尽矣。于是闲居理气，拂觞鸣琴[19]，披图幽对[20]，坐究四荒[21]，不违天励之丛[22]，独应无人之野。峰岫峣嶷[23]，云林森眇。圣贤映于绝代，万趣融其神思。余复何为哉？畅神而已[24]。神之所畅，孰有先焉[25]？

[1]澄：澄清，沉淀。澄怀：指凝神静气，使心无杂念。味：体味，品味。[2]质有而趋灵：指山水有形质而体现神灵。[3]轩辕：指黄帝。广成：即广成子，古代传说中的神仙，年一千余岁而不老。大隗（wěi）：古代的神明，黄帝曾拜访过他。许由：尧舜时代的贤人，曾拒绝了尧的让位。孤竹：指伯夷、叔齐。孤竹君二子不赞同周武王伐纣而隐居首阳山。[4]崆峒、具茨、藐姑、箕、首、大蒙：各大名山。[5]法：效法。[6]媚：亲近。[7]契阔：怀念。[8]跕（tiē）：拖着鞋子走路，指游览。[9]绸缪：缠绵、束缚。[10]迫：接近。[11]迥：遥远，远离。[12]弥：更加。[13]体：体现，展现。[14]徒：只，仅仅。患：担忧。类：像，似。[15]玄牝（pìn）:《老子·六章》:“谷神不死，是谓玄牝。玄牝之门，是谓天地根，绵绵若存，用之不勤。”具体有多种解释，有天与地、鼻与口、上与下、父精与

母血和肾、元神、黄庭中丹田、心之左右二窍等诸说。[16]亡端：没有具体的形体可见。[17]栖形感类：神寄托于形之中，而感通于绘画之上。[18]影迹：指山水画作品。[19]拂觞：指饮酒。觞：酒杯。[20]披：展开。[21]究：穷究，探求。四荒：四方的荒远之地，指大千世界。[22]丛：丛生的树木。[23]峰岫峣嶷（yáo yí）：指高山悬崖。峣、嶷：都是指高的样子。[24]畅：通畅。[25]孰有先焉：还有什么比这更重要的呢？孰：什么。先：重要。

（[南朝宋]宗炳著《〈画山水序〉校注》，人民美术出版社1985年版）

林泉高致·山有三远

[宋]郭熙

山有三远。自山下而仰山颠，谓之高远；自山前而窥山石后，谓之深远。自近山而望远山，谓之平远。高远之色清明，深远之色重晦[1]，平远之色，有明有晦。高远之势突兀，深远之意重叠，平远之意冲融而缥缥缈缈[2]。其人物之在三远也，高远者明了，深远者细碎，平远者冲澹[3]；明了者不短，细碎者不长，冲澹者不大。此三远也。

[1]晦：昏暗。[2]冲融：充溢弥漫。[3]冲澹：冲和淡泊，淡而有味。

（[宋]郭熙著，周远斌校：《林泉高致》，山东画报出版社2010年版）

参考书目

1. 陈四海：《中国古代音乐史》，国际文化出版社1995年版。
2. 何云波：《弈境——围棋与中国文艺精神》，北京大学出版社2006年版。
3. 宗白华：《美学散步》，上海人民出版社1982年版。
4. 李泽厚：《美的历程》，生活·读书·新知三联书店2009年版。
5.《历代书法论文选》，上海书画出版社2012年版。

思考题

1. 什么是“八音分类法”？
2. 中国古代游戏大致分为哪几类？请举例说明。
3. 如何理解中国书法艺术的精神？
4. 怎样理解中国绘画的独特性？

第九章　古典诗词小说

诗歌几乎是所有文学的最初形式，诗的音节与先民乃至我们自身的生命节奏同构，诗的韵律伴随着一字一句的抑扬吟咏，成为天地间最美丽的声响。中国是诗的国度，诗歌这株芳草在中国肥沃的土壤里扎根绽放，馨香融进华夏的记忆，一代又一代流传不息。词或称“诗余”的起源历来聚讼不已，撇开这层不谈，词是古典文学中精致的珠玉。小说在中国古典文学的正统观念里是“街谈巷语，道听途说”“小道”类的东西。即使在这样的轻视和冷落下，中国古典小说仍旧取得了丰硕的收获。

第一节　诗 词 艺 术*

中国古代诗词历史悠久、源远流长，是传统文化中不可或缺的一部分。

诗歌几乎是世界所有古老文学的初始形式，中国也不例外。鲁迅在《中国小说的历史的变迁》一文中曾谈道：“在文艺作品发生的次序中，恐怕是诗歌在先，小说在后的。诗歌起于劳动和宗教。原因有二：其一，因为劳动时，一面工作，一面唱歌，可以忘却劳苦，所以从单纯的呼叫发展开去，直接发挥自己的心意和感情，并偕有自然的韵调；其二，因为原始民族对于神明，渐因畏惧而生敬仰，于是歌颂其威灵，赞叹其功烈，也就成了诗歌的

*请参看中国大学开放课程：爱课程网站→资源共享课→《中华文化》(四川大学雷汉卿)→第三章：中国古代诗歌。

起源。”[1]在这里，鲁迅不但指出了诗歌是中国最早的文学形式，同时还论述了诗歌产生的两大源头：劳动与宗教。回溯中国古代诗歌的浩浩长河，从悄然潺湲到波涛滚滚，其间积累了无数珍贝，等待着我们去重新发现与认知。

《诗经》和《楚辞》共同构成了中国古典诗歌的源头。《诗经》是中国第一部诗歌总集，它不但确立了中国诗歌抒情言志的优良传统，而且还以其语言艺术、体裁结构对后世影响深远。《楚辞》则在继承《诗经》“风雅”精神的基础上，更以其迷离神奇的楚地气息、变化错综的句式、出人意表的大胆想象为中国诗歌增添了一份浪漫的气息。

两汉乐府是指由朝廷乐府系统或相当于乐府职能的音乐管理机关搜集、保存并流传下来的汉代诗歌。汉乐府诗歌按作用主要分为两部分。一部分是供执政者祭祀祖先神明使用的效庙歌辞，其性质与《诗经》中“颂”相同；另一部分则是采集民间流传的俗乐，世称为乐府民歌。乐府民歌平实质朴、生气淋漓，《汉书·艺文志》指出其具有“皆感于哀乐，缘事而发”的重要特点。乐府诗所表现的多是人们普遍关心的敏感问题，道出了那个时代的苦与乐、爱与恨，以及对于生死的人生态度。

《古诗十九首》最早见于南朝萧统编选的《昭明文选》，其作者应为东汉末年的底层文人。这19首诗歌语言自然生动，具有天然浑成的艺术风格，内容多为游子思妇之辞，反映了社会动荡、世道浇漓下人们的痛苦与惆怅。《古诗十九首》是乐府诗文人化的重要标志，在后世得到了极高的评价，钟嵘称其“文温以丽，意悲而远，惊心动魄，可谓几乎一字千金”（《诗品》），刘勰许之以“五言之冠冕”。

“建安”是东汉末年汉献帝的年号，起讫时间为196—220年。这一时期曹操执掌大权，文学领袖都是曹家人物，著名的“建安七子”也多活动在这期间，故以“建安文学”指称那个时代的文学整体风貌。这一时期，曹氏父子不但在政治领域驰骋，而且在文学领域也极具活力。曹操的诗歌创作多借乐府旧题，抒写胸臆，《短歌行》表明了作者求贤如渴的心境；《步出夏门行》组诗苍凉劲健，体现出一代政治领袖豪迈的胸襟抱负。曹植命途多舛，但文思敏捷，辞章富艳，文学成就很高，钟嵘称之为“骨气奇高，词采华茂”。《洛神赋》用笔设章工丽豪奢，描情摹态细腻生动，是古代辞赋中不可多得的佳作；《白马篇》气势勃勃，建功立业的豪情溢于字里行间，特别是“捐躯赴国难，视死忽如归”一行成为千古传诵的名句。王粲以诗赋见长，《登楼赋》《七哀诗》不仅是其文学创作的精华，而且还是建安文学中抒情小赋和诗歌的代表作，由于其文学上的贡献，被刘勰推之为“七子之冠冕”。

“正始”是魏齐王曹芳的年号（240—249），一般所说的正始文学还包括正

① 《鲁迅全集》第九卷，人民文学出版社2005年版，第312页。

始至西晋立国（265）期间的文学。这一时期，由于司马氏在政治上专权擅政，大肆挞伐异己，跻身其中的士人往往悲观遁世，诗文创作也不敢直抒胸臆，呈现出一片凄凉萧瑟的文学景观。阮籍“悲愤哀怨，隐晦曲折”的文学创作正是“正始之音”的主要代表。阮籍的《咏怀诗》或隐晦寓意，或直抒心迹，表现了处在风声鹤唳的政治环境下，一位有着敏感心灵的诗人的切肤之痛、真诚之思。同时，阮籍的精神苦难不仅是个人的，其诗中所塑的形象更是整整一代文人的群体肖像。阮籍大力写作五言诗，并且创新性地使用组诗进行抒情咏怀，对后世产生了不小的影响，形成了以抒情组诗表现个人复杂、深微的情感的文学特点。后世给予阮籍“忧时悯乱，兴寄无端，而骏放之致，沉挚之词，诚足以睥睨八荒，牢笼万有”的极高评价，开后代左思《咏史》组诗、陶渊明《饮酒》组诗之先河。

陶渊明及其文学创作是中国古代诗歌史上一个需格外注意的现象。陶渊明是中国士大夫精神的一个重要归宿。许多士大夫在仕途上失意潦倒，厌倦官场之时，通常会回归到陶渊明的文学天地之中，以期从他的身上寻找新的人生价值，聊以慰藉。白居易、苏轼、陆游、辛弃疾等莫不如此。于是，不为五斗米折腰也就成了中国士大夫精神世界的一座堡垒，用以保护自己出世入世的自由，而平淡自然也就成了他们心目中高尚的艺术境地。因陶渊明的吟咏，酒和菊也已成为他的象征。此外，陶渊明的诗歌创作能把情、景、事、理巧妙地融为一体，同时又能在平淡中见警策，朴素中见绮丽，天然清新的诗歌语言给人以极大的艺术享受，为后人所推崇。苏轼曾用“质而实绮，癯而实腴”概括陶诗的艺术风格。

一旦提及诗歌，浮现在中国人脑海的第一个词必定是“唐诗”二字，一种文体与一个时代并置在一起，可见这一时代此种文体的兴盛和繁荣。而关于唐诗繁盛的原因，从古至今众说纷纭。首先，唐代发达的经济为唐诗的兴起提供了坚实的保障。初唐的贞观之治，盛唐的开元之治，都是中国古代历史上为数不多的治世。我们可以从杜甫的“稻米流脂粟米白，公私仓廪俱丰实”一句，窥得那个时代的河海清晏与国泰民安。其次，开明的文化、民族政策为唐诗的创新发展提供了可靠的制度保障。杜甫《饮中八仙歌》提及李白的趣事：“李白一斗诗百篇，长安市上酒家眠。天子呼来不上船，自称臣是酒中仙。”由此可见唐代对士人的宽容和理解。唐代国力强盛，并且由于其相对公平地对待少数民族，使得不同民族间大规模的交流成为可能，异域文化的融入给唐代诗人提供了全新的视角和未曾有过的新鲜素材，极大地拓展了唐诗的疆域，所以唐诗气象阔大，为后世所不及。最后，历史积累给唐代诗歌打下了良好的基础。唐诗之前的南朝齐梁宫体诗，一方面在声律的实践上有重大突破，总结出了较为系统的“四声八病”说，为唐代近体诗的发展起了不可替代的作用。另一方面，宫体诗纤弱的语言和萎靡的风格为唐代文人提供了深刻的教训，他们正是在激烈抨击“宫体诗”的基础上，建立起了属于自己的诗歌王国。鲁迅曾说“唐后无诗”，正是对唐诗巨大成就和崇高地位的肯定。

唐朝诗歌多按初唐、盛唐、中唐和晚唐四段区分。初唐大致是指从唐初到唐玄宗先天时期（618—712），是唐代诗歌走向兴盛的准备阶段。初唐前期诗歌受南朝齐梁诗风的影响较大。贞观时期的上官仪，因其位高权重，其清绝隽永、绮错婉媚的诗歌风格为当时人所效仿，号称“上官体”，还未能完全步出齐梁窠臼。“初唐四杰”的诗文虽然仍未完全摆脱绮丽余习，但已初步扭转了当时的文学风气，他们以“思革其弊”为己任，呈现出新旧过渡的创作特色。陈子昂是转变唐朝诗风的关键人物，他以自身创作实践和振聋发聩的理论主张很大程度上摒弃了齐梁诗风的影响，为迎接盛唐之音作了关键性的铺垫。

盛唐是诗歌全面繁荣时期，名家辈出，诗歌创作的主要题材是边塞和山水田园。边塞诗派以高适、岑参、王昌龄为代表，其作品气氛浓郁、情调悲壮，多用七言歌行或七绝。田园山水诗人当属王维、孟浩然最负盛名，他们的诗多反映闲适、退隐的思想情绪，其色彩清淡，意境深幽，多用五言律绝和五言古体，其中以王维成就最高。李白、杜甫是盛唐诗歌的两座高峰。李白以其内容丰赡，气势雄放，想象丰富，风格飘逸而著称，不但以天才的诗美流芳百世，其人格形象更成为后世津津乐道的话题。杜甫的诗有“诗史”之称，忠实地记录了国家的变乱和人民的苦难；其风格总体呈现为“沉郁顿挫”，具有厚重香醇的审美品格；同时在诗歌语言、格律、技巧等方面，他主张转益多师，广泛地吸取前人和并世作者的经验，为后世诗歌的发展开辟了众多途径。

中唐大约为玄宗天宝年间至文宗太和年间，中唐诗歌可分为前后两期，前期诗歌创作处于低潮，后期重又出现繁荣景象。受王维、孟浩然之影响，大历至贞元年间出现了韦应物、刘长卿等以山水诗为主的诗歌创作；而元结、顾况等新乐府先驱的诗歌创作，则注重反映现实民生；以钱起、卢纶等“大历十才子”和李益的边塞诗创作，都继承了高适、岑参的诗风。贞元以后出现了以元稹、白居易为代表，张籍、王建、李绅等人参加的新乐府运动，以韩愈、孟郊为代表的追求奇崛险怪的韩孟诗派，以及风格奇谲怪诞的诗人李贺。此外，刘禹锡、柳宗元的诗歌创作也都独具一格。中唐后期的两大诗派是新乐府派和韩孟诗派。

晚唐时期受藩镇割据、宦官专权、朋党之争的影响，唐朝国威一去不返，士人在其诗文创作里显现出一派末世的肃杀和悲凉。晚唐诗歌的基本特点表现在两个方面。其一，在情感内涵上，晚唐诗很少展现开阔而超越的精神气局和富于理想气质的激情，更多地转向了对日常人情、男女情爱这些一般内容的表现，抒情基调以感伤低回为主，呈现出幽微细腻、沉迷绮艳、清丽淡远、怨刺讥弹等表现风格。其二，在艺术内涵上，晚唐诗一方面继承了中唐诗学推重“人工之美”的创作方向，追求语言与构思的雕琢与锻炼，发展了中唐以来的苦吟诗风，形成了独具特色的深婉艺术取向；另一方面，又对中唐诗学进行调整，推重天真隽永的风神，表现出对盛唐诗学的回归，同时也流露出注重平淡，讲求意味的倾向。上述两个方面，共同造就了晚唐诗歌阴柔细腻、小巧蕴藉的诗歌意境，为中国古典诗歌的艺术世界增添了极为独特的景致。

“古歌旧调君休唱，听取新翻杨柳枝。”曲子词的出现，给中国古代的诗坛注入了一股优美芬芳的气息。词以它美妙的韵律，丰富的色彩，委婉的情调，不仅作为一种重要文体而与五七言诗抗衡，而且还以比诗更高的艺术魅力吸引着今天的读者。可是，这条艺术长河的源头何在？从古到今众说纷纭。由于词与五七言诗最显著的外部区别是它那长短不一的句式，因此，大量的探源者便在这里大做文章。通常的讲法有四种：第一，诗词同源，古已有之。清代著名词论家汪森指出：“自有诗，而长短句即寓焉。《南风》之操，《五子之歌》是已。周之《颂》三十一篇，长短句居十八；……是非词之源乎？”他认为《诗经》中长短句相杂的诗就是词的雏形，有诗就有词。第二，词源于汉乐府。究其原因为词与乐府诗歌都具备句式参差不一且能够入乐歌唱两大特点。第三，词产生于齐梁时代。从古至今，持这种观点者为数不少。刘大杰的《中国文学发展史》和文学研究所编的《中国文学史》都持这一观点。第四种说法最为流行，即认为词产生于初盛唐，主要从近体诗发展而来。胡仔《苕溪渔隐丛话》称：“唐初多五七言，唐中后渐变为长短句。”他们认为词中严密的平仄声律不是凭空而来的，只有律诗的高度成熟才会引发词的形成，早期的词大都以五七言律诗的句式为主便是一个力证。词的别称“诗余”也说明了词对诗的继承关系。“诗余”说有两种意义：一是有诗以后才有词，另一是作诗之闲余去作词。不管哪种解释都符合词产生于近体诗这一说法。除了“诗余”“长短句”之外，词的别称还有很多，如“曲子词”“乐府”等，这些别称揭示了词与音乐的密切关系。[①]

宋词以描写艳情为主。张炎说：“簸弄风月，陶写性情，词婉于诗。盖声出于莺吭燕舌间，稍近乎情可也。”就是对这方面特征的一个总结。宋词似是抒写艳思恋情的专门文体，它长短错落的句子，和谐轻妙的音韵，无一不适合风月儿女之情的细致描摹。宋词的题材集中在伤春悲秋、离愁别绪、风花雪月、男欢女爱等方面，与“艳情”有着直接或间接的关系。婉约派的主要内容是侧重儿女风情。结构深细缜密，重视音律谐婉，语言圆润，清新绮丽，具有一种柔婉之美，但内容比较窄狭。由于长期以来词多趋于婉转柔美，人们便形成了以婉约为正宗的观念。以李后主、柳永、周邦彦等词家为“词之正宗”正代表了这种观念。婉约词风长期支配词坛，直到南宋姜夔、吴文英、张炎等大批词家，无不从各个方面受到其影响。后来，随着民族矛盾的激化和国家形势的濒危，由苏轼开创的豪放一派逐渐兴盛，形成了和婉约派相抗衡的一支。豪放派的特

① 陶尔夫：《北宋词史》，黑龙江人民出版社2008年版，第1-27页。

点，大体是创作视野较为广阔，气象恢弘雄放，情感慷慨激昂；喜用诗文的手法、句法和字法写词，语词宏博，用事较多，不拘守音律。北宋黄庭坚、晁补之、贺铸等人都有这类风格的作品。南渡以后，由于时代巨变，悲壮慷慨的高亢之调有增无减，词人纷纷用词作为武器，快意表达自己的国恨家仇，一时蔚然成风，辛弃疾更成为创作豪放词的一代巨擘和领袖。豪放词派不但屹然别立一宗，震烁宋代词坛，而且广泛地沾溉词林后学，从宋、金直到清代，历来都有标举豪放旗帜，大力学习苏轼、辛弃疾的词人。在两宋词坛上，豪放与婉约交相辉映，相反相成，相得益彰，共同构成了中国词史上一道绚丽夺目的彩虹。

从木铎声声的《诗经》，到瑰丽浪漫的《楚辞》；从古朴慷慨的"建安"，到平和冲淡的陶渊明；从雍容不迫的盛唐气象，到牙板轻拍的两宋清歌……古典的词采华章几乎伴随着每一代中国人的成长，它铭刻在整个民族的记忆和血脉里，已经成为文化机体里气韵贯通的一部分。

第二节 小说艺术

"小说"一词最早见于《庄子·外物》："饰小说以干县令，其于大达亦远矣。""县"通"悬"字，高也；"令"，美也；"干"，追求。是说靠修饰琐屑的言论以求高名美誉，那和玄妙的大道相比，可就差得远了。春秋战国时，学派林立，百家争鸣，许多学人策士为说服王侯接受其思想学说，往往设譬取喻，征引史事，巧借神话，多用寓言，修饰言说以增强文章效果。庄子认为此皆微不足道，故谓之"小说"，即"琐屑之言，非道术所在"，这正是小说的初始含义。东汉桓谭在其所著的《新论》中，对小说如是说："若其小说家，合丛残小语，近取譬论，以作短书，治身理家，有可观之辞。"认为小说仍然是"治身理家"的短书，而不是为政化民的"大道"。东汉班固在《汉书·艺文志》中写到："小说家者流，盖出于稗官。街谈巷语，道听涂说者之所造也。孔子曰：'虽小道，必有可观者焉，致远恐泥，是以君子弗为也。'然亦弗灭也。闾里小知者之所及，亦使缀而不忘。如或一言可采，此亦刍荛狂夫之议也。"这是史家和目录学家对小说所作的具有权威性的解释和评价。班固认为小说是"街谈巷语、道听涂（同"途"字）说者之所造也"，虽然认为小说仍然是小知、小道，但从另一角度触及到小说讲求虚构，植根于生活的特点。

在简要回顾了"小说"这个词的内涵演变后，我们可以得出这个结论：中国古典小说虽然琳琅满目、历史悠久，但却不受到官方正统文学的重视和理解，甚至在一定程度上还受到排挤和压迫。即使是在这样的环境下，中国古典小说仍旧取得了极高的艺术成就。从《世说新语》片言只语就传神刻画出的魏晋士人群体，到《红楼梦》洋洋洒洒塑就的囚于高墙深院的痴情儿女；从凝练玄异的《搜神记》，到生动活泼的《西游记》；从“始有意为小说”的唐传奇，到“浮白载笔，仅成孤愤之书”的《聊斋》……中国古典小说不但塑造了一个个令人印象深刻，同时极具中国气派的人物形象，而且在长期的写作和传承中，提高了小说语言的表现力和艺术性，形成了中国小说特有的篇章结构和固定主题。

古典小说的历史积淀厚重丰实，其萌芽最早可以追溯到先秦两汉时期。当时社会出现的神话传说、寓言故事、史传文学成为古典小说叙事的源头。神话传说已经具备人物和情节两个基本因素，如“夸父逐日”“精卫填海”等为后世所熟知的神话，不但初具故事雏形，而且还在情节中生动传达出人物独有的性格。散见于诸子百家书中的寓言典故提供了小说创作的借鉴经验，《孟子》《韩非子》《庄子》《战国策》等书中保留了大量的寓言故事。例如《韩非子》中的“自相矛盾”“滥竽充数”等小故事，将思想性和艺术性完美结合，给人以智慧的启迪，为后世小说创作提供了良好的典范。先秦两汉的历史著作已经有比较完整的结构、人物形象和历史背景，并且后世有多种小说、戏剧直接取材于这些史传资料。如《左传》《史记》《汉书》等，都有流传千古的名篇，它们不但以纪史为己任，更以其戏剧性和文学性而昭彰。

魏晋南北朝时期，古典小说有了初步的发展。在这一时期，出现了志怪、志人小说。严格意义上说这仍然算不上是小说，只能算是小说的雏形。《世说新语》是这个时期的优秀作品，全书共一千多则，记述自汉末到刘宋时名士贵族的逸闻轶事，主要为相关人物评论、清谈玄言和机智应对的故事。《王子猷居山阴》是《世说新语》中的名篇，王徽之“乘兴而行，兴尽而返”的豁达不羁，不仅仅是其个人所独有的品格，更是整个魏晋一代士人的整体精神风貌。鲁迅对《世说新语》评价极高：“记言则玄远冷隽，记行则高简瑰奇。”虽然如此，我们也必须认识到，《世说新语》不管从篇幅和形制，还是从语言与人物塑造来说，都太过简略。《搜神记》在中国古典小说史上也具有独特的地位，它是一部记录古代民间传说中神奇怪异故事的小说集，作者是东晋的史学家干宝。它是集我国古代神话传说之大成的著作，搜集了古代的神异故事共四百多篇，开创了我国古代神话小说的先河。蒲松龄在《聊斋志异》序言中这样写道：“才非干宝，雅爱搜神。”由此可见对其人其书推崇备至。鲁迅在《故事新编》中，更是直接将《搜神记》中的《三王墓》改造为名篇《铸剑》，他所看重的是《三王墓》一文体现出的纯粹的复仇与反抗意识。

唐代时期，古代小说的发展趋于成熟，鲁迅在《中国小说史略》中这样概括唐朝对小说发展的重要意义：“始有意为小说。”这一时期，逐渐形成了独立的文学形式——传奇体小说，标志着我国的小说脱离了历史领域而成为文学创作。唐代三大爱情传奇是此时期的标志性作品。它们分别是《莺莺传》《李娃传》《霍小玉传》。其中尤以著名文人元稹创作的《莺莺传》影响深远。《莺莺传》语言优美，描述生动，善于在叙事中刻画人物的性格与心理。崔莺莺的形象在这篇传奇中得到了较好的塑造，她既有青春的骚动、对爱情的渴望，又在道德礼教的压抑下一再犹豫徘徊、矛盾不已。在《莺莺传》的影响下，后世出现大批以崔莺莺和张生的恋爱为题材的文学作品，如董解元的《西厢记诸宫调》、王实甫的《西厢记》等。

宋代市民社会逐渐兴起，突出表现在手工业和商业的繁荣，为民间说唱艺术的发展提供了场所和观众，话本这种新的文学形式逐渐产生。话本是说话人所用的底本，已初具小说雏形和规模，在以后的流传过程中话本又不断加入新的元素，逐渐成熟。明代经济的继续发展和印刷业的空前发达，为小说脱离民间口头创作进入文人书面创作提供了必要的物质条件。明代中叶，白话小说作为成熟的文学样式正式登上文坛。

明代文人创作的小说主要有白话短篇小说和长篇小说两大类。其中，长篇小说又可以概分为四类，即讲史小说、神魔小说、世情小说和公案小说。它是由宋元说话艺术中的讲史一类发展而来的。历史演义以一朝一代的历史事实作基础，吸取野史杂说和民间传说的内容，敷演扩大而成。“七分事实，三分虚构”是其特点。元末明初罗贯中的《三国演义》是最典型的历史演义小说，也是中国第一部历史演义小说，代表了历史演义小说的辉煌成就。英雄小说也是在宋元讲史的基础上发展起来的，它与历史演义小说的不同之处在于它不拘泥于一朝一代的历史事件的演变，而是以描写理想化、传奇式的英雄人物为主，明初施耐庵所著的《水浒传》是英雄小说的代表作品，标志着中国古典小说现实主义艺术趋于成熟。神魔小说受到宗教不同程度的影响，内容涉及鬼神魔怪，充满奇异的幻想。吴承恩的《西游记》是神魔小说中最优秀的一部。此外，许仲琳所著的《封神演义》也是影响较大的一部。世情小说是以社会现实生活，尤其是家庭生活为题材，刻画种种世态人情的小说以《金瓶梅》为代表。《金瓶梅》是中国第一部文人独立创作的长篇小说，它摆脱了历史故事、历史传说对小说创作的束缚，转向现实题材，开始对日常生活作细致的描写，这是中国小说发展史上的重要进步。明后期描写冤狱诉讼的公案小说兴起，是社会黑暗、政治腐败的反映。较著名的公案小说有李春芳的《海刚峰先生居官公案传》和无名氏的《包孝肃公百家公案演义》等。这类小说在歌颂清官的同时，也在一定程度上反映了当时社会政治的黑暗和阶级矛盾的尖锐，但艺术上显得粗糙。明代的白话短篇小说也获丰收。冯梦龙辑纂的《喻世明言》《警世通言》《醒世恒言》合称“三言”，收入宋、元、明话本及拟话本120篇。题材多取自稗史或传说，有宋元旧作，也有明人拟作，经冯梦龙润色加工，反映出当时市民阶层的思想、生活和情趣，对后世的白话小说及戏曲都有很大影响，该作品与凌蒙初编著的拟话本集《初刻拍案惊奇》《二刻拍案惊奇》，合称“三言二拍”。《杜十娘怒沉百宝箱》即选自《警世通言》。在小说中，杜十娘被塑造为一个纯洁刚贞的风尘女子，她从良之志由来已久，私下里积攒财物置入“百宝箱”，以期作为从良后的资财。不料她所看重的李甲却私下将杜十娘卖给他人，杜十娘怒斥负心汉和奸诈小人，抱箱投江而死。杜十娘的悲剧不仅仅是个人的，更是整个社会黑暗的明证，作者寓深情于一个烟花女人，其批判的意味甚为浓烈。

清初至乾隆时期是清小说发展的全盛时期，不论是质量还是数量与前代相比都有较大发展。清代小说基本是文人的创作，虽有历史、传说等素材的借鉴，但作品多取材于现实生活，较充分地体现了作者个人的意愿，在结构、叙述和描写人物等方面也多臻于成熟。乾隆年间产生的《聊斋志异》和《红楼梦》，分别把文言小说和白话小说的创作推向顶峰。

文言小说自唐传奇之后虽历有新作，如《剪灯新话》《夷坚志》等，但大多故事情节简单、文采不足，《聊斋志异》如异军突起，大大提振了文言小说的历史地位和艺术魅力。蒲松龄在《聊斋志异》自序最后感叹道：“知我者，其在青林黑塞间乎！”作者以集腋成裘的方式完成了这部小说，倾注了其毕生的精力。于是，一个个鲜活而又可爱的狐鬼花妖跃然纸上，一段段文言写就却明白如话的精彩篇章现于世人。在众多鬼妖之中，有憨笑不止、纯洁如玉的婴宁，有知恩图报、宛然似人的聂小倩，当然也有森然凌厉、阴险毒辣的画皮……《聊斋志异》的魅力远不止其塑造了一系列生动的鬼狐形象，更在于其每每在一篇结尾附上“异史氏曰……”领起的段落，用以提炼和讽刺故事中提到的不公现象。郭沫若评价说：“写鬼写妖高人一等，刺贪刺虐入骨三分。”信如此言，我们在阅读《聊斋志异》这本书时，不应当只是消闲解闷，而应深入体会作者寓于其中的爱和恨。

《红楼梦》以曹雪芹家族生活为原型，以贾宝玉与林黛玉、薛宝钗的爱情与婚姻悲剧为主要线索，描写了贾氏家族由盛到衰的历史，反映出进入末期的中国封建社会不可避免的崩溃结局和初步的民主主义思想倾向。《红楼梦》情节缜密，细节真实，语言优美。作者善于刻画人物，塑造出许多富有典型性格的艺术形象，如贾宝玉、林黛玉、薛宝钗、王熙凤、晴雯等，取得卓越的艺术成就。《红楼梦》是一部大书，它并不只是一部言情小说，更是一部对君主专制社会末期四大家族的兴衰史的概述，这已经逾越了言情小说的范围。《红楼梦》起于言情而终于言情，但不止于言情，这样才能衬出情的深度与厚度。在如此精妙的布局和秩序下，这等空间、这群人物中，看似庞杂的故事在作者的笔下事无巨细，分明清晰地娓娓道来。鲁迅在《中国小说史略》中评价说：“全书所写，虽不外悲喜之情，聚散之迹，而人物事故，则摆脱旧套，与在先之人情小说甚不同。……

盖叙述皆存真，闻见悉所亲历，正因写实，转成新鲜。”围绕着《红楼梦》的研究，甚至形成了一门专门的学问“红学”，由此可见本书在中国古代小说中的显要地位。

自宋迄清，产生长篇小说三百余部，短篇小说数以万计。这些作品以前所未有的广度和深度反映了当时社会生活的各个方面，成为人民群众认识社会和文娱生活的主要文学样式。发迹于讲唱的中国白话小说形成了单线结构，重视情节，通过动态刻画人物，语言生动上口，风格独特，而大规模的文人和群众密切融合的创作方法也为世界文学提供了少见的范例。这些小说不仅对中国后世的文学、戏剧、电影有巨大影响，也对日本、朝鲜、越南等国的文学创作产生过巨大影响，其中的优秀作品被翻译成十几种文字，为世界文化交流作出了重要贡献。我们面对这笔遗产时，一定要细加甄别，取其精华，去其糟粕，只有这样，古典小说的价值才会继续在当下产生积极的影响，成为中华民族不可或缺的精神宝藏。

经典选读

饮马长城窟行（节选）

枯桑知天风，海水知天寒[1]。

[1]知：谓岂知也。枯桑无枝叶，则不知天风；海水不凝冻，则不知天寒。

陌上桑（节选）

行者见罗敷，下担捋髭须[1]；少年见罗敷，脱巾著帩头[2]。

耕者忘其耕[3]，锄者忘其锄；来归相喜怒[4]，但坐观罗敷。

[1]《说文解字》：“担，负何也。背曰负，何曰担。”《释名》：“担，任也，任力所胜也。”《说文解字》：“髭，口上须也。”《释名》：“髭，姿也，为姿容之美也。”[2]脱巾：一作“脱帽”。《方言》：“两复结谓之帻巾，或谓之承露巾，或谓之覆发巾。”《释名》：“帩头，帩钞也，钞发使上从也。”《汉制考》：“后汉向栩好被发著绛绡头。”[3]忘其耕：一作“忘其犁”。[4]相喜怒：一作“相怨怒”。

（吴兆宜：《玉台新咏笺注》，中华书局1985年版）

行行重行行（节选）

胡马依北风，越鸟巢南枝[1]。

[1]李善注引《韩诗外传》曰：“诗云‘代马依北风，飞鸟栖故巢’，皆不忘本之谓也。”李周翰曰：“胡马出于北，越鸟来于南，依望北风，巢宿南枝，皆

思旧国。”

迢迢牵牛星（节选）

盈盈一水间，脉脉不得语[1]。

[1]李善注引《尔雅》曰：“脉，相视也。”郭璞曰：“脉脉，谓相视貌也。”

短歌行（节选）

[汉]曹操

青青子衿，悠悠我心[1]。
但为君故，沉吟至今[2]。

[1]青青子衿：青领。悠悠我心：其心悠悠，谓相思也。[2]李善本无此二句。刘良曰：“君为知交也。”沉吟：喻深思之意。

洛神赋（节选）

[汉]曹植

其形也，翩若惊鸿，婉若游龙[1]，荣曜秋菊，华茂春松[2]。仿佛兮若轻云之蔽月，飘飖兮若流风之回雪[3]。

[1]翩：鸟疾飞貌，此引申为飘忽摇曳。惊鸿：惊飞的鸿雁。婉：蜿蜒曲折。此句本宋玉《神女赋》：“婉若游龙乘云翔。”[2]荣：丰盛。华：华美。二句形容洛神容光焕发，肌体丰盈。[3]飘飖：动荡不定。回：旋转。

白马篇（节选）

[汉]曹植

名编[1]壮士籍，不得中顾私。捐躯赴国难，视死忽如归[2]！

[1]名编：一作“名在”。[2]李善注引《吕氏春秋》管子云：“平原广城，车不结轨，士不旋踵，鼓之，三军之士视死如归。”

七哀诗（节选）

[汉]王粲

南登霸陵岸[1]，回首望长安。
悟彼下泉人[2]，喟然伤心肝。

[1]李善注引《汉书》曰:“文帝葬霸陵。”[2]《毛诗序》曰:“《下泉》，思治也。曹人……思明王贤伯也。”

登楼赋（节选）

[汉]王粲

兽狂顾以求群兮，鸟相鸣而举翼[1]。原野阒其无人兮，征夫行而未息[2]。

[1]《楚辞》曰：“狂顾南行。”王逸曰：狂，犹遽也。《大戴礼·夏小正》曰：“鸣也者，相命也。”[2]李善曰：“原野阒（qù）无农人，但有征夫而已。”《周易》曰：“阙其户，阒其无人。”《埤苍》曰：“阒，静也。”《毛诗》曰：“駪駪征夫。”

咏怀诗

[晋]阮籍

其一

夜中不能寐，起坐弹鸣琴。
薄帷鉴[1]明月，清风吹我衿。
孤鸿号[2]外野，翔鸟鸣北林。
徘徊将何见，忧思独伤心[3]。

[1]李善注引《广雅》曰:“鉴，照也。”[2]李善注引《广雅》曰:“号，鸣也。”[3]李善曰:“嗣宗身仕乱朝，常恐罹谤遇祸，因兹发咏，故每有忧生之嗟。虽志在刺讥，而文多隐避。百代之下，难以情测，故粗明大意，略其幽旨也。”

其二

嘉树下成蹊，东园桃与李[1]；
秋风吹飞藿，零落从此始[2]。

[1]李善注引班固《汉书·李广赞》曰：“谚曰：桃李不言，下自成蹊。”[2]李善注引《说文解字》曰：“藿，豆之叶也。”《楚辞》曰：“惟草木之零落。”

（《六臣注文选》，中华书局1987年版）

碣石篇

[汉]曹操

观沧海（节选）

日月之行，若出其中[1]。
星汉[2]灿烂，若出其里。

[1]行：运行。若：好像。[2]星汉：银河。

龟虽寿（节选）

老骥伏枥[1]，志在千里；
烈士暮年，壮心不已[2]。

[1]《说文解字》曰：“骥，千里马也。”枥：马槽。[2]烈士：在此指有抱负，志向高远的人。已：停止。

（[南朝]沈约撰：《宋书》，中华书局1974年版）

归园田居

[晋]陶渊明

其一

羁鸟[1]恋旧林，池鱼思故渊。
开荒南野际，守拙归园田。

[1]羁鸟：被束缚的鸟。羁：束缚。

其二

种豆南山下[1]，草盛豆苗稀。
晨兴理荒秽，带月荷锄归。
道狭草木长，夕露沾我衣。
衣沾不足惜，但使愿无违。

[1]种豆南山，是即事，也是用典。表示唾弃富贵，种田自给。《汉书·杨恽传》：“天彼南山，芜秽不治。种一顷豆，落而为萁。人生行乐耳，须富贵何时。”

饮酒（节选）

[晋]陶渊明

采菊东篱下，悠然[1]见南山。

山气日夕佳，飞鸟相与还[2]。

此中有真意[3]，欲辨已忘言[4]。

[1]悠然：超远貌。[2]相与还：合群结伙而归。[3]真意：自然意趣。《庄子·渔父》曰："真者，所以受于天也，自然不可易也。故圣人法天贵真，不拘于俗。"[4]此句意为归鸟群使人感受到真朴自然意趣，忘了再去辨析。李善注："言者，所以在意也，得意而忘言。"

时运（节选）

[晋]陶渊明

迈迈时运[1]，穆穆[2]良朝。

袭[3]我春服，薄言东郊[4]。

山涤馀霭[5]，宇暧微霄[6]。

有风自南，翼彼新苗[7]。

[1]迈迈：步步迈进。时运：四时运转。[2]穆穆：温和。[3]袭：取用。[4]此句意为到了东郊。薄：至，到。[5]霭：云气。[6]霄：雨霓，即雨后的虹。[7]翼：扇动。陶澍注引王棠曰："新苗因风而舞，若羽翼之状，工于肖物。"

（逯钦立校注：《陶渊明集》，中华书局1979年版）

渭川田家（节选）

[唐]王维

即此羡闲逸，怅然歌《式微》[1]。

[1]歌一作"吟"。《式微》:《诗经》篇名，其中有"式微，式微，胡不归"之句，表归隐之意。

山居秋暝

[唐]王维

空山新雨后，天气晚来秋。

明月松间照，清泉石上流。

竹喧归浣女，莲动下渔舟。

随意春芳歇[1]，王孙自可留。

[1]春芳歇：春天的芳华凋谢了。歇：消散。

（赵殿成：《王右丞集笺注》，上海古籍出版社1961年版）

梦游天姥吟留别（节选）

[唐]李白

世间行乐亦如此，古来万事东流水。别君去兮何时还？且放白鹿青崖间，须行即骑访名山。安能摧眉折腰[1]事权贵，使我不得开心颜。

[1]摧眉：低首。折腰：曲躬。

长干行（节选）

[唐]李白

妾发初覆额，折花门前剧[1]。
郎骑竹马来，绕牀[2]弄青梅。
同居长干里，两小无嫌猜。

[1]剧：戏。[2]牀（chuáng）：床。

峨眉山月歌

[唐]李白

峨眉山月半轮秋，影入平羌[1]江水流。
夜发清溪向三峡，思君不见下渝州。

[1]平羌(qiāng)：江名，即今青衣江，在峨眉山东北。源出四川芦山，流至乐山汇入岷江。

蜀道难（节选）

[唐]李白

问君西游何时还，畏途巉岩[1]不可攀。但见悲鸟号古木，雄飞雌从绕林间。

又闻子规啼夜月，愁空山。蜀道之难，难于上青天，使人听此凋朱颜。连峰去天不盈尺，枯松倒挂倚绝壁。飞湍瀑流争喧豗[2]，砯崖[3]转石万壑雷。其险也若此，嗟尔远道之人胡为乎来哉！

[1]巉(chán)岩：山石高峻之貌。[2]豗(huī)：撞击。此处为喧声。[3]砯(pīng)：水击岩之声。

梁甫吟（节选）

[唐]李白

白日不照吾精诚，杞国无事忧天倾。猰貐[1]磨牙竞人肉，驺虞[2]不折生草茎。手接飞猱搏雕虎，侧足焦原未言苦[3]。智者可卷愚者豪[4]，世人见我轻鸿毛。力排南山三壮士，齐相杀之费二桃[5]。吴、楚弄兵无剧孟，亚夫咍[6]尔为徒劳。

[1]猰貐（yà yǔ）：传说中吃人的怪兽。[2]驺（zōu）虞：传说中不食生物，不履生草的仁兽。[3]此二句言自己既有能力又有胆识。[4]《抱朴子》曰："愚夫行之，自矜为豪。"[5]《晏子春秋》载，晏婴用两个桃子设计，使得齐国三猛士产生争执进而全部自杀身亡。[6]咍（hāi）：嗤笑也。

（[清]王琦注：《李太白全集》，中华书局1977年版）

登高（节选）

[唐]杜甫

风急天高猿啸哀，渚清沙白鸟飞回。
无边落木萧萧下，不尽长江滚滚[1]来。

[1]滚滚：相继不绝。

茅屋为秋风所破歌（节选）

[唐]杜甫

俄倾风定云墨色，秋天漠漠向昏黑。布衾多年冷似铁，娇儿恶卧踏里裂。牀[1]头屋漏无干处，雨脚如麻未断绝。自经丧乱少睡眠，长夜沾湿何由彻[2]。安得广厦千万间，大庇天下寒士俱欢颜，风雨不动安如山。呜呼！何时眼前突兀见此屋？吾庐独破受冻死亦足。

[1]牀（chuáng）：床。[2]彻：彻晓，即达旦意。

兵车行（节选）

[唐]杜甫

信知生男恶，反是生女好。生女犹得嫁比邻，生男埋没随百草。君不见，青海头，古来白骨无人收。新鬼烦冤旧鬼哭，天阴雨湿声啾啾[1]！

[1]啾（jiū）啾：犹言唧唧。呜咽声。

（[清]仇兆鳌：《杜诗详注》，中华书局1979年版）

琵琶行（节选）

[唐]白居易

千呼万唤始出来，犹抱琵琶半遮面。转轴拨弦三两声，未成曲调先有情。弦弦掩抑声声思，似诉平生不得志。低眉信手续续弹，说尽心中无限事。轻拢慢捻抹复挑，初为霓裳后六幺[1]。大弦嘈嘈如急雨，小弦切切如私语[2]。嘈嘈切切错杂弹，大珠小珠落玉盘。间关莺语花底滑，幽咽泉流冰下难[3]。冰泉冷涩弦凝绝，凝绝不通声渐歇。别有幽愁暗恨生，此时无声胜有声。银瓶乍破水浆迸，铁骑突出刀枪鸣。曲终收拨当心画，四弦一声如裂帛。东船西舫悄无言，唯见江心秋月白。

[1]霓裳：即《霓裳羽衣曲》。六幺：即《六幺》，唐代有名的大曲之一。[2]嘈嘈：声众也。切切：形容声音轻细而急促。[3]间关：鸟鸣声。幽咽：遏塞不畅状。冰下难：泉流冰下阻塞难通，形容乐声由流畅变为冷涩。

长恨歌（节选）

[唐]白居易

在天愿作比翼鸟，在地愿为连理枝[1]。天长地久有时尽，此恨绵绵无绝期。

[1]比翼鸟：传说中的鸟名，据说只有一目一翼，雌雄并在一起才能飞。连理枝：两棵树的枝干合生在一起。古人常用此二物比喻情侣相爱、永不分离。

咏怀

[唐]白居易

尽日松下坐，有时池畔行。
行立与坐卧，中怀澹无营[1]。
不觉流年过，亦任白发生。
不为世所薄，安得遂闲情？

[1]澹（dàn）：恬静、安然的样子。无营：无所谋求。

忆江南

[唐]白居易

江南好，风景旧曾谙[1]。日出江花红胜火，春来江水绿如蓝。能不忆江南？

[1]谙（ān）：熟悉。

观刈[1]麦（节选）

[唐]白居易

足蒸暑土气，背灼炎天光[2]。
力尽不知热，但惜夏日长。

[1]刈（yì）：割。[2]此句意即双脚受地面热气熏蒸，脊背受炎热的阳光烘烤。

（谢思炜撰：《白居易诗集校注》，中华书局2006年版）

赤壁赋（节选）

[宋]苏轼

壬戌之秋，七月既望，苏子与客泛舟，游于赤壁之下。清风徐来，水波不兴。举酒属[1]客，诵明月之诗，歌窈窕之章。少焉，月出于东山之上，徘徊于斗牛之间。白露横江，水光接天。纵一苇之所如，凌万顷之茫然。浩浩乎如冯虚御风[2]，而不知其所止，飘飘乎如遗世独立，羽化而登仙。

[1]属（zhǔ）：在此引申为劝酒。[2]冯（píng）：通“凭”，乘。御：驾驭。

（孔凡礼点校：《苏轼文集》，中华书局1986年版）

江城子（节选）

[宋]苏轼

会挽雕弓如满月，西北望，射天狼[1]。

[1]天狼：星名，在东井东南。古代以为天狼星主侵掠，以喻贪残、盗贼等。此以天狼喻西夏。

念奴娇·赤壁怀古

[宋]苏轼

大江[1]东去，浪淘尽、千古风流人物。故垒[2]西边，人道是、三国周郎赤壁。乱石穿空，惊涛拍岸，卷起千堆雪。江山如画，一时多少豪杰。　遥想公瑾当年[3]，小乔初嫁了，雄姿英发[4]。羽扇纶巾，谈笑间、强虏[5]灰飞烟灭。故国神游[6]，多情应笑我，早生华发。人生如梦，一尊还酹[7]江月。

[1]大江：古代专指长江。[2]故垒：旧时营垒。[3]当年：当时。或解作盛壮之年。[4]雄姿：仪态杰出非凡。英发：才华横溢。[5]强虏：此指曹军。[6]故国：本义为旧都，此指旧地赤壁古战场。神游：神往。[7]酹（lèi）：以酒洒地表示祭奠。

水龙吟（节选）

[宋] 苏轼

不恨此花飞尽，恨西园、落红难缀[1]。晓来雨过，遗踪何在？一池萍碎。春色三分，二分尘土，一分流水。细看来，不是杨花点点，是离人泪。

[1] 难缀：难以收拾。

临江仙·夜归临皋（节选）

[宋] 苏轼

长恨此身非我有[1]，何时忘却营营[2]。夜阑风静縠纹[3]平。小舟从此逝，江海寄余生[4]。

[1] 此言在仕宦中，拘于外物而身不由己也。[2] 营营：纷扰貌。[3] 縠(hú)纹：风息浪平，水纹如縠。[4] 此二句谓弃官归隐，浪迹江湖。

（邹同庆、王宗堂著：《苏轼词编年校注》，中华书局2002年版）

登快阁（节选）

[宋] 黄庭坚

落木千山天远大，澄江[1]一道月分明。

[1] 澄江：指赣江。

（刘尚荣校点：《黄庭坚诗集注》，中华书局2003年版）

虞美人

[宋] 黄庭坚

天涯[1]也有江南信，梅破知春近。夜阑[2]风细得香迟，不道晓来开遍、向南枝。　玉台[3]弄粉花应妒，飘到眉心住[4]。平生个里[5]愿杯深，去国十年[6]

老尽、少年心。

[1]天涯：此指词人所在的宜州贬地。[2]夜阑：夜残，夜将尽时。[3]玉台：玉镜台。[4]宋武帝女寿阳公主，日卧含章殿檐下，梅花落于头上，成五出之花，拂之不去。自后便有梅花妆。[5]个里：这里，其中。[6]去国十年：指离开汴京十年。

（马兴荣，祝振玉校注：《山谷词》，上海古籍出版社2001年版）

水调歌头（节选）

[宋]辛弃疾

门外沧浪水，可以濯吾缨[1]。

[1]：据《楚辞·渔父》，屈原被放逐后遇渔父，渔父劝他审时度势，屈原表示不肯屈从于时势，渔父听后一边摇船而去，一边唱道："沧浪之水清兮，可以濯吾缨；沧浪之水浊兮，可以濯吾足。"词人化用此典，意在进一步表明自己的志节情操。

破阵子

[宋]辛弃疾

醉里挑灯看剑，梦回吹角连营。八百里[1]分麾下炙，五十弦[2]翻塞外声。沙场秋点兵。　马作的卢飞快，弓如霹雳弦惊。了却君王天下事，赢得生前身后名。可怜白发生！

[1]八百里：牛。[2]五十弦：瑟。

菩萨蛮·书江西造口壁（节选）

[宋]辛弃疾

青山遮不住，毕竟东流去。江晚正愁余[1]，山深闻鹧鸪。

[1]愁余：我感到忧愁。

水龙吟·登建康赏心亭

[宋]辛弃疾

楚天千里清秋，水随天去秋无际。遥岑[1]远目，献愁供恨，玉簪螺髻[2]。落日楼头，断鸿[3]声里，江南游子。把吴钩看了，栏干拍遍，无人会，登临意。　休说鲈鱼堪脍，尽西风季鹰归未？求田问舍，怕应羞见，刘郎才气。可惜流年，忧愁风雨[4]，树犹如此！倩[5]何人唤取，红巾翠袖[6]，揾[7]英雄泪？

[1]遥岑（cén）：远山。[2]玉簪螺髻：形容远山秀美。玉簪：碧玉簪。螺髻：螺旋盘结的发髻。[3]断鸿：失群的孤雁。[4]风雨：比喻飘摇的国势。[5]倩：请。[6]红巾翠袖：代指女子。[7]揾（wèn）：拭，擦。

（邓广铭：《稼轩词编年笺注》，上海古籍出版社1993年版）

如梦令

[宋]李清照

其一

昨夜雨疏风骤。浓睡不消残酒。试问卷帘人[1]，却道海棠依旧。知否，知否？　　应是绿肥红瘦。

[1]卷帘人：指正在卷帘之侍女。

其二

常记溪亭日暮，沉醉不知归路。兴尽晚回舟，误入藕花深处。争渡[1]，争渡，惊起一滩鸥鹭。

[1]争渡：用力划桨，希望小舟快行。

念奴娇

[宋]李清照

萧条庭院，又斜风细雨，重门须闭。宠柳娇花寒食近，种种恼人天气[1]。险韵[2]诗成，扶头酒醒，别是闲滋味。征鸿过尽，万千心事难寄。　　楼上几日春寒，帘垂四面，玉阑干慵倚。被冷香消新梦觉，不许愁人不起。清露晨流，新桐初引，多少游春意。日高烟敛，更看今日晴未？

[1]此句谓春色之令人烦恼。[2]险韵：韵部中字少而艰僻之韵。

蝶恋花

[宋]李清照

泪湿罗衣脂粉满。四叠阳关，唱到千千遍。人道山长山又断，萧萧微雨闻孤馆。　　惜别伤离方寸乱[1]。忘了临行，酒盏深和浅。若有音书凭过雁，东莱不似蓬莱远。

[1] 方寸乱：谓心绪烦乱。

点绛唇

[宋] 李清照

蹴[1]罢秋千，起来慵整[2]纤纤手。露浓花瘦，薄汗轻衣透。

见有人来，袜刬[3]金钗溜。和羞走。倚门回首，却把青梅嗅。

[1] 蹴（cù）：踏。[2] 慵整：懒洋洋地收拾。[3] 袜刬（chǎn）：仅穿袜子走路，写惶遽之状。

（徐培均：《李清照集笺注》，上海古籍出版社2002年版）

三王墓（节选）

[晋] 干宝

客持头往见楚王，王大喜。客曰："此乃勇士头也。当于汤镬[1]煮之。"王如其言。煮头三日三夕，不烂。头踔[2]出汤中，踬目[3]大怒。客曰："此儿头不烂，愿王自往临视之，是必烂也。"王即临之。客以剑拟王，王头随堕汤中。客亦自拟己头，头复堕汤中。三首俱烂，不可识别。乃分其汤肉葬之，故通名"三王墓"。

[1] 镬（huò）：形如大盆的容器。[2] 踔（chuō）：跳，跳跃。[3] 踬（zhì）目：瞪眼。

（汪绍楹校注：《搜神记》，中华书局1979年版）

王子猷居山阴

[南朝宋] 刘义庆

王子猷[1]居山阴，夜大雪，眠觉，开室命酌酒，四望皎然。因起彷徨，咏左思《招隐诗》，忽忆戴安道。时戴在剡[2]，即便夜乘小船就之。经宿方至，造门不前而返。人问其故，王曰："吾本乘兴而行，兴尽而返，何必见戴！"

[1] 王子猷（yóu）：名徽之，东晋琅邪临沂人。大书法家王羲之之子。[2] 剡（shàn）：剡县，即今浙江嵊州。

（徐震堮：《世说新语校笺》，中华书局1984年版）

莺莺传（节选）

[唐]元稹

数夕，张生临轩独寝，忽有人觉之。惊骇而起，则红娘敛衾携枕而至。抚张曰："至矣！至矣！睡何为哉？"并枕重衾而去。张生拭目危坐久之，犹疑梦寐，然而修谨以俟[1]。俄而红娘捧崔氏而至，至则娇羞融冶，力不能运支体，曩[2]时端庄，不复同矣。是夕旬有八日也，斜月晶莹，幽辉半牀[3]。张生飘飘然，且疑神仙之徒，不谓从人间至矣。有顷，寺钟鸣，天将晓，红娘促去。崔氏娇啼宛转，红娘又捧之而去，终夕无一言。张生辨色而兴，自疑曰："岂其梦邪？"及明，睹妆在臂，香在衣，泪光荧荧然，犹莹于茵席而已。

[1]俟（sì）：等待。[2]曩（nǎng）：以往，从前，过去的。[3]牀（chuáng）：床。

（[宋]李昉等编：《太平广记》，中华书局1961年版）

杜十娘怒沉百宝箱（节选）

[明]冯梦龙

十娘推开公子在一边，向孙富骂道："我与李郎备尝艰苦，不是容易到此，汝以奸淫之意，巧为谗说，一旦破人姻缘，断人恩爱，乃我之仇人。我死而有知，必当诉之神明，尚妄想枕席之欢乎！"又对李甲道："妾风尘数年，私有所积，本为终身之计。自遇郎君，山盟海誓，白首不渝。前出都之际，假托众姊妹相赠，箱中韫藏[1]百宝，不下万金。将润色郎君之装，归见父母，或怜妾有心，收佐中馈，得终委托，生死无憾。谁知郎君相信不深，惑于浮议，中道见弃，负妾一片真心。今日当众目之前，开箱出视，使郎君知区区千金，未为难事。妾椟中有玉，恨郎眼内无珠。命之不辰，风尘困瘁，甫得脱离，又遭弃捐。今众人各有耳目，共作证明，妾不负郎君，郎君自负妾耳！"于是众人聚观者，无不流涕，都唾骂李公子负心薄倖。公子又羞又苦，且悔且泣，方欲向十娘谢罪。十娘抱持宝匣，向江心一跳。众人急呼捞救。但见云暗江心，波涛滚滚，杳无踪影。可惜一个如花似玉的名姬，一旦葬于江鱼之腹！

三魂渺渺归水府，七魄悠悠入冥途。

[1]韫（yùn）藏：收藏。

（严敦易校注：《警世通言》，人民文学出版社1956年版）

罗刹海市（节选）

[清]蒲松龄

马至是孤立，倜[1]然不自安。遂上疏乞休致，不许；又告休沐[2]，乃给三月假。

于是乘传载金宝，复归山村。村人膝行以迎。马以金资分给旧所与交好者，欢声雷动。村人曰："吾侪[3]小人受大夫赐，明日赴海市，当求珍玩，用报大夫。"问："海市何地？"曰："海中市，四海鲛人，集货珠宝；四方十二国，均来贸易。中多神人游戏。云霞障天，波涛间作。贵人自重，不敢犯险阻，皆以金帛付我辈，代购异珍。今其期不远矣。"问所自知，曰："每见海上朱鸟来往，七日即市。"马问行期，欲同游瞩，村人劝使自贵。马曰："我顾沧海客，何畏风涛？"未几，果有踵门寄资者，遂与装资入船。船容数十人，平底高栏。十人摇橹，激水如箭。凡三日，遥见水云幌漾之中，楼阁层叠，贸迁之舟，纷集如蚁。少时，抵城下。视墙上砖，皆长与人等。敌楼高接云汉。维舟而入，见市上所陈，奇珍异宝，光明射眼，多人世所无。

[1]僩（xiàn）：意即不自安。[2]休沐：凡百官十日一休沐。[3]侪（chái）：辈。

画皮（节选）

[清]蒲松龄

蹑迹而窗窥之，见一狞鬼，面翠色，齿巉巉[1]如锯。铺人皮于榻上，执彩笔而绘之；已而掷笔，举皮，如振衣状，披于身，遂化为女子。

[1]巉（chán）：高岩，状其牙之长。

（张友鹤辑校：《聊斋志异》，中华书局1962年版）

参考书目

1. [晋]干宝：《搜神记》，汪绍楹校注本，中华书局1979年版。
2. [清]何文焕：《历代诗话》，中华书局2004年版。
3. [清]彭定求、杨中讷等编：《全唐诗》，中华书局2008年版。
4. 沈伯俊：《水浒研究论文集》，中华书局1994年版。
5. 欧阳健、萧相恺编订：《宋元小说话本集》，中州古籍出版社1987年版。
6. 唐圭璋编：《全宋词》，中华书局1999年版。
7. 汪辟疆校录：《唐人小说》，上海古籍出版社1978年版。
8. 郭绍虞：《沧浪诗话校释》，人民文学出版社2005年版。

思考题

1. 谈谈《古诗十九首》的文学魅力和巨大影响。
2. 简述阮籍《咏怀诗》的艺术风格及其历史地位。
3. 请简要论述唐代成为诗歌盛世的原因。
4. 试梳理词的萌芽、发展及流变。
5. 请结合具体文献，阐述小说的含义及特征。

第十章 传统戏曲

中国传统戏曲作为中国传统艺术的重要组成部分之一，具有独特的艺术魅力。传统戏曲是一门综合性的艺术，追其起源，与中国传统的乐舞精神密切相关，包括诗歌、音乐、舞蹈、杂技、说唱等元素，先秦时期诗、乐、舞、技、说不分的“百戏”可以说是后世戏曲、曲艺、乐舞等的滥觞。随着历史的发展，在宋金时期，戏曲独立出来形成完备的艺术形态。

第一节 戏曲艺术的发展演变

一、从娱神到娱人——戏曲艺术的萌芽

戏曲的产生离不开乐舞艺术的发展，研究艺术的发展史，原始艺术的最初形式是诗、乐、舞三位一体。先民们在生产与生活中用歌舞来表达对自然的敬畏与感恩，表达对生命繁衍的喜悦与对死亡的恐惧之情。随着人类社会的发展，对神的祭祀由群体参与发展为由能歌善舞的人专门担任，称之为“巫”。如“拊石击石”，使百兽率舞的夔。进入原始部落的后期，具有神权、政治权的部落首领任用“巫觋”专司祭祀仪式的歌舞。周代，楚、越的巫风甚炽，屈原《九歌》的创作就是因当时巫术祭祀时的歌舞“其词鄙俚”。王国维在《宋元戏曲考》中提到“盖群巫之中必有像神之衣服形貌动作者，而视为神之凭依，故谓之为灵，……灵之为职，……盖后世戏曲之萌芽，已有存焉者”。

当统治阶级不再满足于祭祀时的歌舞表演时，专门在宫廷中任用侏儒优人表演。王国维认为，巫觋与优人

的区别在娱神与娱人；巫以女为之，优以男为之；巫以歌舞为主，优以调戏为主。正是以歌舞为主的巫与以调戏为主的优形成并行的歌舞与百戏的发展路线，对戏曲的发展产生了深刻的影响。在后来的发展进程中它们之间相互独立又相互渗透。从祭祀歌舞到享乐观赏的歌舞，从娱神到娱人，是戏曲发展的重要转折点，标志着从实用功能逐渐转化成为具有审美特征的艺术表演形式。

先秦至周代以来，中国传统精神乐舞文化占据了重要的位置，周公的"制礼作乐"以"礼别异，乐和同"，乐教精神对后世中国文化产生了深远的影响。在朝堂上用于大型祭祀的音乐被称为雅乐，雅乐不仅包括音乐，还有伴随音乐的舞蹈。周代整理乐舞以纪念黄帝、尧帝、舜帝和禹帝，其中纪念大禹治水的《大夏》，八人成列称之为八佾。佾是奏乐舞蹈的行列，也是表示社会地位的乐舞等级、规格。一佾指一列八人，八佾为八列六十四人。"八佾"即是一种大型的集体奏乐舞蹈。先秦时期雅乐的繁盛，从出土的钟磬乐器可窥见一斑，如"曾侯乙墓的编钟"。

与宫廷歌舞相区别的是流行于民间的乐舞，被称为散乐。早期散乐包括与民间宗教祭祀有关的"傩舞""巫舞"以及表演于贵族家庭堂上娱乐的舞蹈。"傩舞""巫舞"在当今民间仍然能见到表演。随着周朝的覆灭，礼崩乐坏，各诸侯势力强大，不再是礼乐所能限制的，而诸侯的强大首先就表现为不再遵守"八佾""六佾"的严格规定。

雅乐对宫廷表演艺术的垄断在秦代被打破，秦代设专门乐舞机构"乐府"供享乐。如《史记》曾记载秦二世胡亥举行过"作角抵优俳之观"，这展示了当时的散乐状况。这种"角抵戏"到汉代包括了"乐舞、杂技、魔术"，通称为"百戏"。两汉时期乐舞文化达到了一个高峰，承袭秦制设立"乐府"，吸纳民间艺人、乐师，更进一步促进了这一时期娱乐表演艺术的发展。民间散乐的发展为达官贵人的家庭宴会享乐乃至宫廷的大型表演提供了丰富的源泉。秦代的角抵戏《蚩尤戏》、西汉时期的《东海黄公》已具有故事表演性。《蚩尤戏》以两人头戴牛角作角抵状，随乐起舞，效黄帝与蚩尤之战。《东海黄公》的表演较《蚩尤戏》更进一步，已有具体人物扮演，一人演老虎，一人扮黄公。黄公为会法术的"巫"，赴东海杀虎结果为虎所杀，角色按照故事预定情节打斗。这已不再停留在《蚩尤戏》的阶段，已具有相对完备的故事情节，呈现出人物扮演与再现生活的特征。故有人将《东海黄公》看做是中国戏曲艺术的雏形，认为百戏表演是孕育了中国传统戏曲艺术的武库和土壤。

东汉张衡《西京赋》就刻画出当时角抵戏的繁盛场面："临迥望之广场，程角抵之妙技。"角抵戏包括各种歌舞、杂技、幻术、武艺表演。其中"总会仙倡"是一场规模宏大的有仙景神山布置、有人扮演仙人仙兽的歌舞表演。这种舞台表演、场景布置可以说是戏曲舞台表演的早期形式，而角抵戏中的各种技艺形成了后来戏曲艺术中的跌扑、翻腾等技巧表演。“总会仙倡”是各种技艺的融汇，并发展成为后来融唱、念、做、打、舞为一体的综合性艺术。

汉代的辞赋家傅毅著的《舞赋》记录了汉代时期的“盘鼓舞”，其中用极其精练准确的文字概括了汉代歌舞的艺术特征，即“于是蹑节鼓陈，舒意自广。游心无垠，远思长想。其始兴也，若俯若仰，若来若往。雍容惆怅，不可为象。其少进也，若翔若行，若竦若倾，兀动赴度，指顾应声，罗衣从风，长袖交横”。而这也被认为是后世戏曲舞蹈的表演准则。汉代歌舞的相和大曲是一种集器乐、舞蹈与歌唱为一体的表演形式。相和大曲的歌舞表演具有较强的观赏性和娱乐性，对于歌舞戏的形成产生了重要影响。

歌舞戏是一种以歌舞的表演方式来叙述故事的艺术形式。魏晋南北朝时期，持续三百多年的社会动荡，中央集权统治的瓦解，儒家礼教思想的式微在一定程度上促进了思想的解放，民间散乐和百戏的发展迅猛。魏明帝在宫廷之中设总章观为专门的享乐观赏之所。他大量征集民间倡优、俳优进宫献演，表演中既有伎乐歌舞，又包括角抵、杂技等，各种表演形式之间相互影响借鉴，促成了歌舞戏的产生。北齐时期出现了《代面》《拔头》《踏摇娘》等歌舞戏。其中《踏摇娘》以且步且歌的方式出场，表现夫妻之间的情感纠葛，一人唱完众人相和。且夹杂了夫妻做斗殴状表演，这可以说是角抵、歌舞、说唱相结合的表现。这出戏在内容上有完整的情节，形式上有人物角色扮演，“和声伴唱”说白，以及角抵技艺展现，已经初步具有戏曲表演艺术的雏形，体现出综合混成的艺术风格。王国维在《宋元戏曲考》中认为：“由是观之，则古之俳优，但以歌舞及戏谑为事。自汉以后，则间演故事；而合歌舞为演一事者，实始于北齐。顾其事至简，与其谓之戏，不若谓之舞之为当也。然后世戏剧之源，实自此始。”认为中国戏曲源自于此，并认为随着西域贸易的频繁，外国的音乐皆于此时进入中国，对中国同样产生了影响。

先秦以来的倡优、俳优表演在发展过程中不断丰富。魏晋时期形成的俗讲的说唱艺术对戏曲艺术曲白相结合的表现形式产生了影响。俗讲是僧、道将经文故事以讲唱的方式表现出来。自魏晋以来民间寺庙竞相举行法会，法会多以百戏散乐来吸引信众，达到宣讲佛经的目的。这种用经文来宣讲的故事就成为了变文。变文作为一种说唱文学，多用韵文和散文交错组成，如敦煌石窟里发现的《大目乾连冥间救母变文》。讲唱方式受到了广泛欢迎，表演者的范围逐渐突破了僧、道，民间艺人也用这种讲唱方式来进行表演，表演的内容包括历史故事、民间传说，如《伍子胥变文》《孟姜女变文》。这些讲唱世俗故事的变文在讲唱过程中不断被加工润色、铺排渲染，遂成为形象生动且情节跌宕起伏的文学作品。

隋唐时期，国家逐渐统一，社会稳定，经济逐渐繁荣。这一时期帝王大兴散乐集演，宫廷乐舞、百戏表演对这一时期的文化艺术的极大繁荣起到了促进作用。唐玄宗甚至精通音律、喜爱表演，并在梨园旁边设教坊，故后世戏曲子弟统称“梨园弟子”。他亲自挑选太常寺坐部伎子弟三百人，且教授其“丝竹之戏”。魏晋时期源自民间的歌舞戏《踏摇娘》《代面》《拔头》进入宫廷教坊，并不断被加工，改造提高成为艺术表现形式相对成熟的节目，在宴会中供娱乐欣赏。这些歌舞戏在不断的表演中逐渐形成戏曲表演的雏形。

二、从独立到综合——宋元南戏的形成

自唐代社会以来的散乐、百戏、歌舞戏等艺术随着市民社会不断发展，渐渐摆脱其功能性，发展成为满足人们娱乐需求的文艺形式。新兴的市民在精神文化上的需求，促进了宋元社会勾栏、瓦舍的形成与发展。歌舞表演不再局限于寺庙，而是具有了独立的专门表演场所和相对稳定的表演人员。这一时期多种艺术形式从各自独立到相互借鉴吸收，再到综合发展，为宋元南戏的形成提供了契机。

宋元南戏的形成受到了多种艺术的影响。首先是源自唐代参军戏的宋杂剧的影响。这一时期宋杂剧从演出角色到演出内容、风格等都逐渐丰富与完善起来，形成了较为固定的角色类型，表演形式为说唱，并且保留了参军戏的滑稽戏表演。同时宋杂剧又吸收了大曲歌舞剧的特点。宋代的大曲歌舞剧在隋唐的歌舞戏的基础上不断发展，以词入曲，形成歌词，并且逐渐形成了叙事的歌舞，如史浩《剑舞》。

其次，宋代讲唱艺术中的诸宫调是自北宋发展起来艺术形式，它促使宋元南戏形成了完整的曲调和完整的故事内容。诸宫调是一种有说有唱，用白与曲相间的说唱方式叙述故事的曲艺艺术。曲用韵文，白用散文；曲以歌唱，白以讲说。它突出的特点是将不同宫调的音乐和谐地组织在一起来讲故事，并且将各种传奇和灵怪故事纳入其中。而说话艺术作为说唱艺术的一种，为宋元南戏的形成提供了广泛的题材内容及人物刻画技巧。

再次，自宋朝南迁，留在北部金朝的杂剧艺人，在宋杂剧的基础上进一步发展出一种结构完善的表演艺术，这种艺术的脚本称为“金院本”。这种艺术与宋杂剧相似，形成了角色行当的表演，发展了自上古优戏到参军戏以来的滑稽调戏的特点。

南戏正是在多元艺术的影响下逐渐发展形成的一种综合性表演艺术。作为中国戏曲最早的表现形式，它形成于北宋宣和后至南宋光宗朝，即公元12世纪左右，源于南北宋之交的浙江温州（古称永嘉）一带的民间，最早的戏文为永嘉人所作《赵贞女蔡二郎》《王魁》。《张协状元》是现存最完整的早期南戏剧本。明徐渭《南词叙录》：“南戏始于宋光宗朝，永嘉人所作《赵贞女》《王魁》二种实首之。”南戏融合了宋杂剧、南方民间小曲、说唱等艺术元素，它的特点是具

有庞大的体制而曲词通俗质朴；以民间故事作为主要的表现内容，戏曲长度可长可短。南戏的舞台上“生”“旦”“净”“末”“丑”“外”“贴”等角色分制，全剧围绕“生”“旦”正剧的表演展开故事情节，辅以“净”“末”“丑”的插科打诨。

三、北杂剧与南戏的交替繁荣——元杂剧与明传奇

南戏与北杂剧是源自南宋与金朝对峙的政治格局，各自受到地域文化的影响而沿着自己的方向发展。

宋元时期，经历了金人、蒙古人统治的北方地区，战乱的苦痛与创伤、异族的压迫与歧视加深了文人的生命悲剧意识，他们需要通过艺术来宣泄内在压抑的情感，表达生命的诉求。元朝处于社会底层的文人们利用民间戏曲、杂剧来表达对现实黑暗的控诉，实现人生的寄寓。而文人创作的加入使本来内容粗糙、艺术形式相对质朴的杂剧在内容题材的广度和深度上得到拓展，艺术表达形式更加完善，这带动了杂剧艺术的迅速发展与繁荣。北杂剧在金院本的基础上吸收散曲艺术特点，与诸宫调相融合，发展成为元杂剧。元杂剧迎来了第一个发展的高峰。

元杂剧的内容涉及现实生活各个方面，题材广泛而深刻，尤其以文人剧作独领风骚，出现了元曲四大家：关汉卿、马致远、郑光祖、白朴。他们以文人“愤而著书”的精神，用杂剧来控诉现实，突出下层普通善良的人们的悲惨遭遇和抗争精神，封建统治阶级及其帮凶、爪牙成为戏剧作品抨击的对象，表现了社会的阶级对立，称颂人民的反抗精神。这一时期涌现了大量的经典著作，如《窦娥冤》《梧桐雨》《赵氏孤儿》《汉宫秋》《西厢记》《墙头马上》《拜月亭》《倩女离魂》《救风尘》等，它们在戏曲史上独树一帜，无法超越。

除了内容题材的深刻和广泛，元杂剧在艺术形式上也形成了完整而严格的体制。首先，四折一楔子，是元杂剧最常见的剧本结构形式，包括开端、发展、高潮、结尾四个阶段。楔子则是为了交代情节或贯穿线索，往往在全剧之首或折与折之间。“折”是音乐组织的单元，也是全剧矛盾冲突的自然段落。其次，元杂剧在北方散曲的基础上，采用北曲联套的形式。每一折用一个套曲，每一个套曲一般都连缀同一宫调的若干支曲牌，形成完整的曲调结构。再次，讲究角色行当，分为旦、末、净、杂，且有宾白，即道白或说白。在唱、白之外还有其他的动作，包括人物行为动作、打斗动作、舞蹈动作、表情动作。由此可以看出后世戏曲讲究的唱、念、做、打在元杂剧就已经初步成形。

元代独特的历史与社会现实环境促成了元杂剧的兴盛。与此同时，南戏也不断走向繁荣，形成四大南戏，包括《荆钗记》《白兔记》《拜月记》《杀狗记》。到元末，高明《琵琶记》等的出现，标志着南戏达到了成熟的阶段。《琵琶记》是元代南戏的集大成之作，是温州名士高明对早期南戏（宋代）《赵贞女蔡二郎》

的改编。《琵琶记》在戏剧体制和作品思想上皆有巨大的建树，并对明清的戏曲产生了深远影响，被称为“南戏之祖”。

明代生产力的不断发展，市民阶层的兴盛壮大促进了民间文艺活动的繁荣。南戏在民间广受欢迎，在各地竞相演出的过程中与方言相结合而形成了南戏各类声腔剧种，主要有海盐腔、余姚腔、弋阳腔、昆山腔四大声腔。南戏的生命力正体现在其与广泛的群众需求紧密相连。

弋阳腔起源于江西弋阳地区，后在南北各地繁衍发展，成为活跃于民间的主要声腔之一。清李调元《剧话》说：“弋腔始弋阳，即今‘高腔’。”故弋阳腔又通称高腔。”清李渔《闲情偶寄》说：“‘弋阳’‘四平’等腔，字多音少，一泄而尽。又有一人启口，数人接腔者，名为一人，实出众口。”就指出了弋阳腔的特点，即一人启口，数人接腔。一唱众和、喧闹热烈的演唱方法，在隋唐时代的歌舞小戏《踏摇娘》中已经出现。这种出自劳动群众的秧歌、号子、山歌的演唱方式，正体现了南戏“顺口可歌”的特点。弋阳腔以鼓击节、人声帮和的特点在后世各地戏曲高腔艺术中仍然被保留下来。

余姚腔是浙江的余姚、慈溪一带的戏文子弟所创的声腔。在接受北曲的基础上，以清唱为主，仅以小音量的打击乐器伴奏，唱腔简单明快；唱口比较平稳柔和；音调低缓轻软，抒情色彩较浓；文辞通俗，曲文中夹进念白。

海盐腔因其形成于浙江海盐而得名，其唱腔清柔委婉，为官僚士大夫所爱好。演唱时以鼓、板及铜器等打击乐器为伴奏。若是清唱，则只用拍板或以手击节伴之。

昆山腔，作为一支影响中国戏曲艺术的声腔剧种，发源于江苏昆山、太仓地区。昆腔的特点是曲词典雅，汤显祖在《宜黄县戏神清源师庙记》中指出昆腔和海盐腔的共同特点是“体局静好，以拍为之节”，行腔婉转、表演细腻、舞蹈飘逸。昆曲以鼓、板控制演唱节奏，以曲笛、三弦等为主要伴奏乐器，其唱念语音为“中州韵”。在明朝嘉靖年间，昆腔经过以魏良辅为代表的一批戏曲音乐家改造，对声律和唱法进行了改革创新，吸取了海盐腔、弋阳腔等南曲的长处，发挥昆山腔自身“流丽悠远”的特点，吸收北曲的演唱方法和结构严谨的特点，以笛、箫、笙、琵琶、弦子等伴奏乐器，造就了一种细腻优雅，集南北曲优点于一体的“水磨调”，通称昆曲。昆曲在文人们的手里，逐渐从民间艺术中脱颖而出，成为典雅精致的艺术表现形式，获得了广泛欢迎，并在明代中后期发展成为影响最大的戏曲形式。昆曲在内容与表现形式上进行了深入的探索与开拓，形成了完善严谨的体系，从而对其他地方戏曲产生了深远的影响，被称为“百戏之祖”。

明传奇是明代戏曲的主体，它的繁荣标志着中国戏曲发展的新阶段。明传奇的特点是语言表达更加文雅，体制规范化；在音乐上更加讲究格律，继承南戏的腔调和北剧的曲牌，形成“南北合套”。

随着明代社会经济的繁荣，新兴的市民阶层有了更高的精神需求，产生出追求个性解放的思想。这种个性解放的人文思想首先表现在戏曲艺术之中，要求文艺反映现实“市井”生活，这正是当时市民阶层意识觉醒的体现。明传奇在明中后期发展至顶峰时期，与这一时期文人的人文思想追求紧密相关。他们倡导以“情”反“理”，使这一时期传奇在思想上提升到一个全新的高度，开始高扬人性，关怀人的存在。代表人物有汤显祖、沈璟等。汤显祖的代表作为“临川四梦”：《牡丹亭》《紫钗记》《邯郸记》《南柯记》。其中《牡丹亭》以“至情”来反对封建礼教，追求婚姻自由，要求个性解放，成为明传奇的经典代表之作。以沈璟为代表的吴江派是曲律派的代表。他对昆曲的曲律进一步规范，重视声律；主张语言要通俗本色。沈璟所写的传奇合称为《属玉堂传奇》，代表作是《义侠记》。

明传奇不仅在艺术表现形式上趋于成熟完善，唱、念、做、舞、打齐全，服饰类型化，脸谱多样化，角色行当齐全；舞台道具的运用逐渐发展起虚实结合的表现手法；舞台表演上形成技巧的范式化，男扮女旦演出逐渐成熟；以宴会和堂会演出为主要表现场所。明传奇不仅在艺术表演上取得了巨大的发展，在理论上也涌现出一批杰出的戏曲理论家，如徐渭、朱权、潘之恒、王骥德、吕天成、凌蒙初、汤显祖、祁彪佳等，并产生了第一部综合性较强的戏曲理论著作——《太和正音谱》。

四、花腔与雅腔的交相融合——京剧艺术的形成

昆曲的唱腔华丽，表演细腻，体制完善，其审美趣味迎合了上层统治阶级喜好，受到士大夫阶层的青睐。清初至清中叶，昆曲在京城、苏、杭等东部地区流行，被视为“正音”“雅部”，奠定了其在戏曲艺术中的地位。同时昆曲的表演风格对其他地方戏曲的声腔也产生了影响，形成了具有地域特色的昆腔流派，因此被称作昆腔声腔系统，或简称昆腔腔系。但是，各流派在原有的剧目、音乐表演等方面仍然保持着共性，它们是清代前期戏曲声腔系统的组成部分，时称“南昆、北弋、东柳、西梆”之“南昆”指的就是昆腔声腔系统。昆腔应观众欣赏的需求，形成以演折子戏为主的演出风尚。折子戏是本戏里的一折，或是一出，是一种从全本传奇剧目中摘选出来的出目，如《牡丹亭》中的《闺塾》《惊梦》《拾画》，《玉簪记》里的《追别》。昆腔艺人对折子戏的精心加工，使折子戏表演矛盾集中，人物形象鲜明而丰满，各角色行当的舞台表演技艺得到明显的提高。这一表现风格也影响了弋腔和其他地方戏曲的表演。康熙年间，洪昇的《长生殿》和孔尚任的《桃花扇》的问世，把昆腔传奇创作推向了高峰。两位作家也被称为“南洪北孔”，代表了传奇最后的辉煌。

洪昇《长生殿》写唐明皇和杨贵妃的故事，将李杨二人的爱情放在安史之乱的历史背景和唐朝由盛转衰的历史转折点去描写，表达了作者对历史规律的

深刻认识。作品以情贯穿全剧，推崇人间“至情”，将刻画现实的写作手法与唯美浪漫的风格有机结合。

孔尚任的《桃花扇》是“借离合之情，写兴亡之感，实事实人，有凭有据”。剧本把个人的爱情遭遇与国家民族的命运紧密地联系在一起，写出作家对民族兴亡的深切思考，以生动的形象深刻地揭示了明末的黑暗，谴责了南明昏王当朝，权奸掌柄，争权夺利，置国家危亡于不顾的腐朽政治。

这一时期戏剧理论也取了巨大的成就，李渔的《闲情偶寄》，是中国戏曲的集大成之作。他的戏剧理论主要见于《闲情偶寄》中的《词曲部》和《演习部》，人们将这两部称为《笠翁曲话》。他在戏剧理论方面的贡献主要集中在以下几点：首先，强调结构的重要性；其次，认为戏曲创作要注意语言通俗化和个性化、情趣性，应少用事用典；再次，提高说白在戏曲中的地位，认为曲白同样重要，从而促进了戏剧艺术的形成；最后强调戏曲的审美性，指出写戏就是为了演出。李渔也创作戏曲作品，其剧作10种，总名曰《笠翁十种曲》。

到了康乾时期，一批地方戏曲声腔剧种逐步进入城市，生机勃勃，与昆腔竞演于舞台，获得广大群众的欢迎。从此，戏曲舞台不再是传奇戏的天下，昆曲有了来自民间的竞争者。

“花部”声腔纯朴而通俗、热情且具有煽动性。它们代表了大众的美学观念，与士大夫阶层推崇的典雅昆腔形成鲜明对比。以“雅部”昆腔为主导的时代里，这些地方声腔剧种与高腔一起被称为“花部”。花者，杂也，自然是有别于“正音”的诸腔杂调，所以又统称为“乱弹”。作为雅部的昆曲注重文词与声律兼美，而花部则是带有板腔变化体的风格。花部声腔主要包括弦索腔、西秦腔、乱弹腔、皮黄腔、吹拨腔以及高腔五种声腔。

从乾隆年间直至嘉庆、道光两朝，各种声腔、剧本在竞争、交流、融合中蓬勃发展。各地声腔成熟后，纷纷涌入京城，逐渐吸引了大量观众，从乾隆初年开始，京城观众的审美趣味发生了根本改变，喜欢花部，厌听昆曲，在戏曲舞台上昆腔由兴盛走向衰落。花雅之争使得各种声腔之间相互学习借鉴，北京作为角力的中心，在各种竞争交融中促进了京剧的形成。京剧是由江南入京的徽班在徽调的基础上吸收汉调，又受昆腔、京腔、梆子腔的影响发展而来。京剧的形成可以分为三个进程：徽班进京与称盛，徽汉合流，余三胜、张二奎、程长庚“老生三鼎甲”代表人物的出现。

徽班进京发生于乾隆五十五年（1790），四大徽班三庆、四喜、和春、春台奉旨进京给皇帝祝寿。徽班为了满足京城不同层次观众的需求，在声腔上兼收并蓄，加以融合改造，形成了以皮黄腔为主的表演风格。

徽班于嘉庆、道光年间达到极盛，于是有汉调艺人为了发展而搭徽班唱戏。最早见于记载的名演员是米喜子。道光年间，有名的汉调艺人有余三胜、王洪贵、李六。他们用湖广音演唱的皮黄腔被称为汉调，他们搭徽班唱戏逐渐形成徽汉合流。

道光以后，京剧在北京正式形成。以余三胜、张二奎、程长庚为代表的各行当优秀艺人促成了徽调与汉调的融合，又吸收昆腔、京腔（高腔）、梆子等诸腔杂调，衍变成京剧皮黄戏。观众称他们是老生“三杰”“三鼎甲”。程长庚被称为京剧的开山鼻祖。

五、“三鼎甲”与“四大名旦”——京剧的兴盛

同治、光绪年间，京剧逐渐走向成熟，迎来了它的第一个繁盛期，各行当人才辈出，沈蓉圃绘的“同光十三绝”是这一时期优秀演员的代表。在“老生三鼎甲”之后，孙菊仙、汪桂芬、谭鑫培，被誉为新“三鼎甲”。其中谭鑫培被称作“伶界大王”，独领风骚。他把京剧艺术推向一个新的境界，成为京剧成熟期的旗帜性人物。京剧的繁盛使皮黄戏班和艺人于咸丰末年被传入宫内演戏，宫内优厚的物质条件推动了它艺术上的成熟。这一时期清朝统治阶层以慈禧为代表，喜好戏曲，尤嗜皮黄，在一定程度上也影响了京剧艺术审美风格。

进入20世纪，清朝没落，社会动荡，京剧名艺人离开封建贵族的支持，完全投身于社会文化市场。五四以后，禁女伶的旧制被打破，使女子也可以入园表演，在一定程度上丰富了京剧艺术的表演。动荡的社会促成社会思潮的解放，在20年代至40年代，京剧艺术迎来了第二个高峰，一批优秀京剧演员迅速成长。这个时期京剧流派众多，被公认的旦行有梅兰芳派、尚小云派、程砚秋派、荀慧生派；生行有余叔岩派、马连良派、麒麟童派；净行有金少山派、郝寿辰派、侯喜瑞派；丑行有萧长华派等。每个流派的创始者都拥有一批数量可观的剧目，所以这个时期也是京剧文学的繁荣期。

梅兰芳（1894—1961）为京剧“四大名旦”之首、“梅派”艺术创始人。他嗓音圆润、唱腔柔婉、身段优美、表情细致，对中国戏曲旦角表演艺术影响深远，以他为代表的中国戏曲表演艺术被认为是当今世界三大主要表演体系之一。其代表作品有《贵妃醉酒》《霸王别姬》《天女散花》《宇宙锋》《生死恨》《游园惊梦》等。

进入20世纪以后，民间戏曲发展以满足各地底层老百姓的文艺需求为主，这些自小戏发展而来的民间戏曲具有极为浓郁的民间乡土气息，如越剧、评剧、黄梅戏，这些戏在发展中又吸收京剧、梆子等老剧种的艺术营养，表演上得以成熟。

六、从传统到现代——戏曲的当代风貌

新中国成立以后，伶人摆脱了千百年地位低下的境遇，促成了新时期戏曲

艺术的再次繁荣。1951年，中国戏曲研究院成立。国家领导人毛泽东为中国戏曲研究院题词“百花齐放、推陈出新”，既要求戏曲艺术在继承传统的基础上积极创新，又要求各个剧种在自由竞赛中相互促进，共同发展。经过十余年的发展，到1959年前后，京剧的艺术生命又到了第三个顶峰。这个时期的繁荣是以演员阵容的强大、梯队的完整为标志的。《白蛇传》《将相和》《穆桂英挂帅》《野猪林》等优秀剧目的出台，也将京剧文学的发展推向了一个高峰。

随着新中国社会的发展，要求文艺反映现实，服务工农大众，京剧只演古典传统剧目的局面遇到了严重挑战。为了响应国家的文艺政策，京剧艺术家们对传统戏曲题材的内容进行了大胆创新。1963年，文化部下达文件要求各地剧团编演现代题材京剧，准备参加全国汇演。“1964年京剧现代戏观摩演出大会”的举行，把京剧编演现代戏的活动推向一个高潮，共推出35个剧目，其中著名的有《红灯记》《芦荡火种》《奇袭白虎团》《智取威虎山》《黛诺》《六号门》《红嫂》等。

随着“文化大革命”运动的掀起，京剧艺术发展遭受重创，传统戏曲剧目彻底禁演，传统京剧的传承也被迫中断。当时的文艺界编演了革命现代京剧《智取威虎山》《红灯记》《沙家浜》《海港》《奇袭白虎团》，新编芭蕾舞剧《红色娘子军》《白毛女》，交响音乐《沙家浜》等八部舞台艺术作品，被奉为文艺创作的“样板戏”，当时中国的戏曲舞台只允许这种“革命现代京剧”表演方式，地方剧种也不能例外。直到“文革”结束，经过一系列拨乱反正的工作，文艺开始走向全面的复兴，戏曲队伍也开始恢复元气，传统剧目重新进入观众视野。

从“文革”结束到1980年，全国已恢复了两百多个剧种，两千多个剧团，全国的戏曲工作者已达二十多万人。中国戏剧家协会于1983年设立戏剧梅花奖表彰戏剧优秀演员，最初每年评选一次，后改为两年一评，是新中国成立以来最具影响的全国性戏剧演员评奖活动，对新时期的戏曲走向复苏起到了推动作用。

随着社会的发展，在戏曲如何“推陈出新”的问题上，戏曲界做出了不懈的努力，1980年以后，新兴历史戏和现代戏蓬勃发展。新兴历史戏有《新亭泪》《秋风辞》《徐九经升官记》《巴山秀才》《五女拜寿》等，现代戏有《四姑娘》《八品官》《六斤县长》《红柳绿柳》等。随着改革开放，人们生活水平不断提高，对于文化艺术的需求日益增加，传统戏曲艺术表演形式难以满足现代社会的要求。戏曲受到了来自电影、电视等现代艺术形式的威胁，戏曲的内容和表现形式难以与新兴艺术相媲美，逐渐走向衰退。1990年12月20日至1991年1月12日在北京隆重举行“纪念徽班进京200周年振兴京剧观摩研讨大会”，会上江泽民总书记指出“振兴京剧、振兴戏曲、振兴民族艺术，再创辉煌，具有重大而深远的意义”，对于新时期戏曲艺术的发展起到了促进作用。为了促进京剧艺术的发展，国家文化部、广播电影电视部、中国京剧艺术基金会联合发起，并与地方政府联手，于1995年举办首届中国京剧艺术节，此后每三年举办一次。艺术节的宗旨是展示优秀京剧作品，汇集尖子人才，交流艺术经验，吸引群众参与，促进京剧繁荣。艺术节上推出一批优秀京剧剧目，其中获奖的剧目有《曹操与杨修》《狸猫换太子》《岳云》《西施归越》等。

第二节　传统戏曲的特征

一、戏曲与曲艺——“演故事”与“讲故事”

关于戏曲，王国维在《戏曲考原》中说：“戏曲者，谓以歌舞演故事也。”这个概念得到了学界的一致认同。纵观戏曲艺术的发展可以发现，它与曲艺、乐舞艺术始终交织在一起，直到公元12世纪才与曲艺艺术分道扬镳，成为独立的艺术表演体系。中国艺术研究院主编的《说唱艺术简史》中说：“戏曲艺术运用歌舞说白来演故事，戏曲演员在舞台上‘现身说法’，曲艺艺术则是通过说唱来讲故事。”认为戏曲艺术的特征在于“现身说法”，演员以角色扮演的方式来表现故事，重点在“演”。而曲艺艺术最大的特点是“讲故事”，重点在于“讲”。正是曲艺的“讲”形成了曲艺“一人一台戏”的特点，因此自古以来曲艺艺术对于讲的人的要求很高，必须多才多艺才能做到“一人一台戏”。在东汉说唱俑中我们就可以看到说唱艺人的表现力，而现代曲艺艺术中也保持了这一突出特征，如相声、清谈等。即使有扮演角色，曲艺艺术仍然是以第三人称方式来叙述。而戏曲艺术的“演”就表现出不同的角色，且以第一人称的方式来叙述，以歌舞的方式来加以展现。这也形成了中国戏曲艺术与古希腊戏剧、印度梵剧的区别所在。

戏曲艺术与曲艺艺术的区别，还在于对乐舞表演艺术的吸收，特别是将歌舞表演形式与叙述有机结合，具有强烈抒情性的特征。其实，崇尚乐舞的精神早就植根于中华民族的意识深处，从上古时期就已形成乐与舞相结合来表达情感的表演形式，如《尚书·益稷》中就有“击石拊石，百兽率舞”，而《山海经》中有“操干戚而舞”，《吕氏春秋·古乐篇》中也有“昔葛天氏之乐，三人操牛尾，投足以歌八阕”。从周代礼乐精神的发达到汉魏时期士大夫对乐舞推崇，我们都可以看出乐舞精神对中国传统文化的深刻影响。乐舞抒情的表现方式使戏曲艺术表演只能是代言体式的叙述。而作为戏曲艺术的姊妹曲艺艺术，同样包含了叙述与抒情，曲艺艺术虽然也有唱的表现形式，但讲故事是其主要艺术特征。曲艺艺术抒情性是由曲艺的叙述性决定的。它以讲为中心，一般不像戏剧那样注重人物内心的独白，它的抒情性主要是叙述者自己的情感抒发。

二、戏曲与戏剧——传统与现代的舞台表演体系

王国维在《宋元戏曲考》中以“戏曲”为名，“戏曲”于是成为“中国传统戏剧”的专称。这也区别于西方自古希腊以来形成的戏剧表演体系。王国维对戏曲的定义是“合歌舞以演故事”，也指出代言体是戏曲区别于其他文类的重要特点。因此戏曲表演就具有了舞台表演的各种元素，包括演员、剧场、诗歌、舞蹈、音乐、代言体、演故事等。

戏剧是指以对话、动作、舞蹈、音乐等形式来叙事的舞台表演艺术的总称。文学上的戏剧是指为戏剧表演所创作的脚本，即剧本。戏剧的表演形式包括话剧、歌剧、舞剧、音乐剧等，是由演员扮演角色在舞台上当众表演故事情节的一种综合艺术。戏剧在西方起源于古希腊的悲剧艺术。

戏剧的概念内涵大于戏曲，应当说戏曲是戏剧艺术的一种，是带有中国传统舞台艺术特征的表演体系。

戏曲表演艺术特有的唱、念、做、打的程式和手、眼、身、步的身段表现形成了中国舞台艺术的独特手法。抒情性与叙事相结合，假定性情境与社会生活内蕴真实相结合是戏曲艺术的独特体现，区别于西方以话剧为主体的戏剧表演形式。话剧主要以人物对话的方式来表现，注重对现实的再现和反映，舞台多以实景的方式呈现。演员的表演包含了两大体系，即“斯坦尼斯拉夫斯基体系”的“体验派”与“布莱希特体系”的“间离化”。但无论是哪一体系都强调演员在客观现实生活中找到创造角色的依据，塑造出真实、生动的人物形象。而戏曲的人物塑造有程式化的倾向性，无论是扮相的脸谱还是身形手法的表现都有固定的模式，且在现实生活的基础上有一定的艺术夸张。

经典选读

西厢记·长亭送别（节选）

[明]王实甫

【老法本[1]上】今日送张生赴京，十里长亭，安排下筵席。我和长老先行，不见张生、小姐来到。〔旦，生，贴同上〕〔旦〕今日送张生上朝取应，早则离人伤感，况值那暮秋天气，好烦恼人也呵！悲欢聚散一杯酒，南北东西万里程。

【端正好】碧云天，黄花地[2]，西风紧。北雁南飞，晓来谁染霜林醉？总是离人泪[3]。

【滚绣球】恨相见得迟，怨归去得疾。柳丝长玉骢难系[4]，恨不倩疏林挂住斜晖。马儿迍迍行[5]，车儿快快随，却告了相思回避，破题儿又早别离[6]。听得

道一声去也，松了金钏；遥望见十里长亭，减了玉肌：此恨谁知？

【贴】姐姐今日怎么不打扮？〔旦〕你那知我的心哩！

【叨叨令】见安排着车儿，马儿，不由人熬熬煎煎的气；有甚么心情花儿，靥儿[7]，打扮得娇娇滴滴的媚；准备着被儿，枕儿，则索昏昏沉沉的睡；从今后衫儿，袖儿，都揾做重重叠叠的泪。兀的不闷杀人也么哥！兀的不闷杀人也么哥！今已后书儿，信儿，索与我凄凄惶惶的寄[8]。

[1]老法本：这里指普救寺的法本。[2]“碧云天”二句：化用范仲淹《苏幕遮》词“碧云天，黄叶地”。[3]总是离人泪：化用苏轼《水龙吟》“点点是，离人泪”。[4]玉骢：毛色青白相间的马。[5]迍迍：缓慢的样子。[6]“却告了”二句：意为刚结束了相思之苦，又开始了离别之愁。破题：唐宋人在诗赋起首点破题意，称为破题，后世引申为事情的开端。[7]靥：原指脸颊上的酒窝，这里指面颊上的装饰品。[8]索：须，当。凄凄惶惶：急忙，迫切，这里指及时。

（[明]毛晋编：《六十种曲·西厢记》，中华书局2007年版）

长生殿·第三十八出弹词（节选）

[明]洪昇

【南吕】【一枝花】不隄防余年值乱离，逼拶得岐路遭穷败。受奔波风尘颜面黑，叹衰残霜雪鬓须白。今日个流落天涯，只留得琵琶在。揣羞脸上长街[1]又过短街。那里是高渐离击筑悲歌，倒做了伍子胥吹箫也那乞丐[2]。

[1]揣羞脸：用衣袖把脸遮掩起来。[2]伍子胥：春秋时代楚国人，楚王害死了他的父、兄，他到吴国，相传曾在吴市吹箫乞食。

【梁州第七】想当日奏清歌趋承金殿，度新声供应瑶阶。说不尽九重天上恩如海：幸温泉骊山雪霁，泛仙舟兴庆莲开，玩婵娟华清宫殿[1]，赏芳菲花萼楼台。正担承雨露深泽，蓦遭逢天地奇灾：剑门关尘蒙了凤辇鸾舆，马嵬坡血污了天姿国色。江南路哭杀了瘦骨穷骸。可哀落魄，只得把霓裳御谱沿门卖，有谁人喝声采！空对着六代园陵草树埋[2]，满目兴衰。

[1]玩婵娟：赏月。[2]六代：即六朝，吴、东晋、宋、齐、梁、陈，先后以建康为京都。

【转调货郎儿】唱不尽兴亡梦幻，弹不尽悲伤感叹，大古里凄凉满眼对江山。我只待拨繁弦传幽怨，翻别调写愁烦，慢慢的把天宝当年遗事弹。

（[明]洪昇著，徐朔方校：《长生殿》，人民文学出版社1958年版）

牡丹亭·惊梦[1]（节选）

[明]汤显祖

【绕地游】〔旦上〕梦回莺啭，乱煞年光遍[2]。人立小庭深院。〔贴〕炷尽沉烟，抛残绣线，恁今春关情似去年[3]？

【乌夜啼】〔旦〕晓来望断梅关[4]，宿妆残[5]。〔贴〕你侧着宜春髻子恰凭阑[6]。〔旦〕翦不断，理还乱[7]，闷无端。〔贴〕已分付催花莺燕借春看。〔旦〕春香，可曾叫人扫除花径？〔贴〕分付了。〔旦〕取镜台衣服来。〔贴取镜台衣服上〕"云髻罢梳还对镜，罗衣欲换更添香。"镜台衣服在此。

[1]《惊梦》由《绕地游》和《山坡羊》两套组成。[2]乱煞年光遍：到处都是大好春光。[3]恁：为何。关情：牵动人的情怀。似：胜似，胜过。[4]梅关：即大庾岭，宋代在这里设有梅关。[5]宿妆残：隔夜的残妆。[6]宜春髻子：相传立春那天，妇女剪彩作燕子状，戴在髻上，上贴"宜春"二字。[7]"翦不断"二句：语出南唐后主李煜词《相见欢》。

【步步娇】〔旦〕袅晴丝吹来闲庭院[1]，摇漾春如线[2]。停半晌、整花钿[3]。没揣菱花[4]，偷人半面，迤逗的彩云偏[5]。〔行介〕步香闺怎便把全身现！〔贴〕今日穿插的好。

【醉扶归】〔旦〕你道翠生生出落的裙衫儿茜[6]，艳晶晶花簪八宝填[7]，可知我常一生儿爱好是天然。恰三春好处无人见[8]。不隄防沉鱼落雁鸟惊喧，则怕的羞花闭月花愁颤[9]。〔贴〕早茶时了，请行。〔行介〕你看："画廊金粉半零星，池馆苍苔一片青。踏草怕泥新绣袜，惜花疼煞小金铃。[10]"〔旦〕不到园林，怎知春色如许！

[1]袅：细长的。晴丝：游丝、飞丝。虫类所吐的丝缕，常在空中飘游。[2]摇漾春如线：春光如晴丝一般摇荡撩人。[3]花钿：古代妇女头上戴的首饰。[4]没揣：不意，没想到。菱花：借指镜子。古时所用铜镜的背面一般铸有菱花，故称。[5]"迤逗"句：谓杜丽娘照镜子害羞，将头发弄偏。迤逗：引惹，挑逗。彩云：头发的代称。[6]翠生生：颜色极鲜艳。出落的：显出，衬托出。茜：红色。[7]艳晶晶：光彩夺目的样子。花簪八宝填：镶嵌着多种宝石的簪子。[8]三春：孟春、仲春、季春。[9]"不隄防"二句：极言美貌。[10]《开元天宝遗事》："天宝初，宁王……于后园中纫红丝为绳，密缀金铃，掣于花梢之上。每有鸟鹊翔集，则令园吏掣铃索以掣之。盖惜花之故也。"疼：因惜花常常掣铃，连小金铃都被

拉得疼煞了。

【皂罗袍】原来姹紫嫣红开遍，似这般都付与断井颓垣[1]。良辰美景奈何天[2]，赏心乐事谁家院！恁般景致，我老爷和奶奶再不提起[3]。〔合〕朝飞暮卷，云霞翠轩；雨丝风片，烟波画船——锦屏人忒看的这韶光贱[4]！〔贴〕是花都放了，那牡丹还早。

【好姐姐】〔旦〕遍青山啼红了杜鹃，荼蘼外烟丝醉软[5]。春香呵，牡丹虽好，他春归怎占的先！〔贴〕成对儿莺燕呵。〔合〕闲凝眄[6]，生生燕语明如剪[7]，呖呖莺歌溜的圆[8]。〔旦〕去罢。〔贴〕这园子委是观之不足也[9]。〔旦〕提他怎的！〔行介〕

【隔尾】观之不足由他缱[10]，便赏遍了十二亭台是枉然，到不如兴尽回家闲过遣[11]。

[1] 断井：废弃了的井。颓垣：倒了的墙。[2] 奈何天：无可奈何的时光。[3] 老爷、奶奶：这里指杜丽娘的父母。[4] 锦屏人：闺中人，这里杜丽娘自指。忒：太。韶光：大好春光。[5] 荼蘼：一种花名。烟丝：即上文所说的晴丝。[6] 凝眄：眼睛紧盯着。[7]"生生"句；谓燕子的叫声清脆明快。生生：形容叫声清脆。明如剪：明快如剪刀。[8]"呖呖"句：形容莺啼声圆润动听。[9] 不足：不厌。[10] 缱：留恋、牵挂。[11] 过遣：清遣，排遣。

（[明]汤显祖著，徐朔方、杨笑梅校注:《牡丹亭》，人民文学出版社1982年版）

桃花扇·余韵

[清]孔尚任

【哀江南】【北新水令】山松野草带花挑[1]，猛抬头秣陵重到[2]。残军留废垒，瘦马卧空壕；村郭萧条，城对着夕阳道。

【驻马听】野火频烧，护墓长楸多半焦[3]。山羊群跑，守陵阿监几时逃。鸽翎蝠粪满堂抛，枯枝败叶当阶罩；谁祭扫，牧儿打碎龙碑帽。

【沈醉东风】横白玉八根柱倒，堕红泥半堵墙高，碎琉璃瓦片多，烂翡翠窗棂少，舞丹墀燕雀常朝[4]，直入宫门一路蒿，住几个乞儿饿殍。

【折桂令】问秦淮旧日窗寮[5]，破纸迎风，坏槛当潮，目断魂消。当年粉黛，何处笙箫[6]。罢灯船端阳不闹，收酒旗重九无聊[7]。白鸟飘飘，绿水滔滔，嫩黄花有些蝶飞，新红叶无个人瞧。

[1]"山松"句：形容苏昆生挑柴草、信步走来的形象。[2] 秣陵：秦汉时期对南京的称呼。[3] 长楸：高大的楸树。古代常种于道旁。《离骚·九章·哀郢》

王逸注："长楸，大梓。"[4]丹墀：古代臣子朝见皇帝或宫妃舞蹈的宫殿阶台之地。[5]窗寮：亦作"窓寮"。窗里面的窗，亦泛指窗。[6]粉黛：借指歌伎。笙箫：代指箫声。[7]酒旗：亦称酒望、酒帘、青旗、锦旆等，是我国古代酒店悬挂于路边用于招揽生意的锦旗。

【沽美酒】你记得跨青溪半里桥，旧红板没一条。秋水长天人过少，冷清清的落照，剩一树柳弯腰[1]。

【太平令】行到那旧院门，何用轻敲，也不怕小犬哰哰[2]。无非是枯井颓巢，不过些砖苔砌草。手种的花条柳梢，尽意儿采樵；这黑灰是谁家厨灶？

【离亭宴带歇指煞】俺曾见金陵玉殿莺啼晓，秦淮水榭花开早，谁知道容易冰消。眼看他起朱楼，眼看他宴宾客，眼看他楼塌了。这青苔碧瓦堆，俺曾睡风流觉，将五十年兴亡看饱。那乌衣巷不姓王[3]，莫愁湖鬼夜哭，凤凰台栖枭鸟[4]。残山梦最真，旧境丢难掉[5]，不信这舆图换稿[6]。诌一套哀江南，放悲声唱到老。

[1]长板桥本是歌伎集居之地，如今却美景全消。不但昔日横跨青溪的半里长桥如今已没有一片红板，并且行人稀少，唯有冷清的夕照下，孤独的残柳。[2]哰哰：鸟兽鸣叫。此处指狗吠。[3]"乌衣巷"句：借王导、谢安势衰，乌衣巷转换主人的历史，感叹现实的兴废。[4]"莫愁"两句：巧用地名表变化：从莫愁到哭，由凤凰到枭鸟，写出了人民对山河易色的深悲巨痛。凤凰台：金陵城台，南朝时有凤凰落于此。[5]残山、旧境：意为故国。[6]舆图：地图。意为地图变色，江山换主。

（[清]孔尚任：《桃花扇》，人民文学出版社1998年版）

踏摇娘·采桑女

郑重　王要

女：（悠扬、凄婉地）野花迎风飘摆，好像是在倾诉衷肠；绿草凄凄抖动，如无尽的缠绵依恋；初绿的柳枝轻拂悠悠碧水，搅乱了芳心柔情荡漾。为什么春天每年都如期而至，而我远行的丈夫却年年不见音讯……

男：离家去国整整三年，为了梦想中金碧辉煌的长安，为了都市里充满了神奇的历险，为了满足一个男儿宏伟的心愿。现在终于锦衣还乡，又遇上这故人般熟识的春天，看这一江春水，看这清溪桃花，看这如黛青山，都没有丝毫改变，也不知我新婚一月就别离的妻子是否依旧红颜？对面来的是谁家女子，生得满面春光，美丽非凡！

男：这位姑娘，请你停下美丽的脚步，你可知自己犯下什么样的错误？

女：（声音千娇百媚）这位官人，明明是你的马蹄踢翻了我的竹篮，你看这宽阔的道路直通蓝天，你却非让这可恶的畜生溅起我满身污点，怎么反倒怪罪是我的错误？

男：（声音轻柔，充满真情）你的错误就是美若天仙，你婀娜的身姿让我的手不听使唤，你蓬松的乌发涨满了我的眼帘，看不见道路山川，只是漆黑一片；你明艳的面颊让我胯下的这头畜生倾倒，竟忘记了他的主人是多么威严。

……

女：快快住嘴吧，你这大胆的罪人，你虽貌似天神，心却比铁石还要坚硬，双目比天地还要幽深。看鲜花缠绵，我比它们还要柔弱；看野蝶迎风飞舞，我比它们还要纷忙迷乱。看在上天的分上，别再开启你那饱满生动的双唇，哪怕再有一丝你那呼吸间的微风，我也要跌入你的深渊，快快走远吧，别再把我这个可怜的女子纠缠……

男：看野花缠绵，我比它们还要渴望缠绵；看野蝶迎风飞舞，我的心也同样为你纷忙迷乱。任什么衣锦还乡，任什么荣耀故里，任什么结发夫妻，任什么神明责罚。它们加起来也抵不上你的娇躯轻轻一颤。随我远行吧，离开这满目伤心的地方，它让你我双双经受磨难……

（郑重，王要：《大明宫词》剧本，人民文学出版社2000年版）

琵琶记·糟糠自厌[1]

[元]高明

〔旦上[2]〕

[1]厌：通“餍”，饱，满足。[2]旦：戏曲角色名，扮演剧中女主角。这里扮演赵五娘。这出戏共四个角色，外、净分别扮演蔡伯喈的父母；末，扮演邻居张太公。

【山坡羊】乱荒荒不丰稔的年岁[1]，远迢迢不回来的夫婿。急煎煎不耐烦的二亲，软怯怯不济事的孤身己[2]。衣尽典，寸丝不挂体。几番要卖了奴身已，争奈没主公婆教谁管取[3]？〔合[4]〕思之，虚飘飘命怎期？难捱，实丕丕灾共危[5]。

【前腔】滴溜溜难穷尽的珠泪，乱纷纷难宽解的愁绪。骨崖崖难扶持的病体[6]，战钦钦难捱过的时和岁[7]。这糠呵，我待不吃你，教奴怎忍饥？我待吃你呵，教奴怎生吃？〔介[8]〕苦！思量起来不如奴先死，图得不知他亲死时。〔合前〕〔白〕奴家早上安排些饭与公婆，非不欲买些鲑菜[9]，争奈无钱可买。不想婆婆抵死埋冤[10]，只道奴家背地吃了甚么东西。不知奴家吃的却是米膜糠秕，又不敢教他知道，便做他埋怨杀我，我也不分说。苦！这糠秕怎的吃得下。〔吃吐介〕

[1]稔：庄稼成熟，丰收。[2]不耐烦：不能忍受。身己：指自己的身体。《广

韵》："己，身也。"[3]争奈：怎奈。管取：看觑，关照，照顾。[4]合：南戏中的过曲，常连用两支以上，最后几句相同的，称为"合头"。在上曲合头上只注一"合"字，下曲不再重出曲文，仅注"合前"二字，意为"合头同前"。合头合唱时多,也有独唱的。有时没有合头,"合"则专指独唱。[5]实丕丕：实实在在。[6]骨崖崖：骨瘦如柴的样子。[7]战钦钦：即战兢兢。是忧虑重重，时提警戒之心的意思。[8]介：戏曲术语。南戏、传奇剧本里关于动作、表情及效果等的舞台提示，同元杂剧剧本中的"科"。[9]鲑菜：泛指鱼类菜肴。[10]埋冤：即埋怨。

【孝顺歌】呕得我肝肠痛，珠泪垂，喉咙尚兀自牢嗄住[1]。糠那，你遭砻被舂杵，筛你簸扬你，吃尽控持[2]。好似奴家身狼狈[3]，千辛百苦皆经历。苦人吃着苦味，两苦相逢，可知道欲吞不去[4]。〔外净潜上探觑介〕

【前腔】〔旦〕糠和米，本是两倚依，被簸扬作两处飞，一贱与一贵，好似奴家共夫婿，终无见期。丈夫，你便是米呵，米在他方没寻处。奴家恰便似糠呵，怎的把糠救得人饥馁？好似儿夫出去,怎的教奴供给得公婆甘旨[5]？〔外净潜下介〕

【前腔】思量我生无益，死又值甚的！不如忍饥死了为怨鬼。只一件公婆老年纪，靠着奴家相依倚，只得苟活片时。片时苟活虽容易，到底日久也难相聚。谩把糠来相比,这糠尚兀自有人吃,奴家骨头,知他埋在何处？〔外净上〕〔净〕媳妇，你在这里吃甚么？（旦遮糠介）（净搜夺糠介）〔旦〕公公，你看么？真个背后自逼逻东西吃[6]，这贱人好打！〔外〕你把他吃了，看是什么物事？〔净慌吃介〕〔吐介〕〔外〕媳妇，你逼逻的是甚么东西？〔旦哭介〕

【前腔】这是谷中膜,米上皮,将来逼逻堪疗饥。〔外〕这是糠,你却怎的吃得？〔旦〕尝闻古贤书，狗彘食人食[7]，公公，婆婆，须强如草根树皮。〔外、净白〕这的不嗄杀了你？〔旦〕嚼雪餐毡，苏卿尤健[8]；餐松食柏，到做得神仙侣[9]，纵然吃些何虑？〔白〕公公，婆婆，别人吃不得，奴家须是吃得。〔外、净白〕胡说！偏你如何吃得？〔旦唱〕爹妈休疑，奴须是你孩儿的糟糠妻室[10]！〔外、净哭介，白〕原来错埋冤了人，兀的不痛杀了我！〔倒介〕〔旦叫介〕

[1]嗄住：卡住，噎住。[2]砻：去稻壳的磨碾。这里用作动词。控持：磨难，折磨。[3]好似：浑如，直似。[4]可知道：难怪。[5]甘旨：美味的食物。特指供养父母的食物。[6]逼逻：安排，张罗。[7]狗彘食人食：语出《孟子·梁惠王》，原意是"狗彘，食人食"，是说狗和猪竟吃人的食物。这里反用其意，指原是狗和猪吃的东西，人却在吃。彘：猪。[8]"嚼雪餐毡"二句：苏卿即西汉苏子卿，名武。《汉书·苏武传》载，武帝时苏武出使匈奴，匈奴逼降，不从，被关在大窖中。绝不饮食，"天雨雪，武卧啮雪，与旃毛并咽之"，得不死。尤：犹。[9]"餐松食柏"二句：即以松、柏的叶子、果实充饥。旧传神仙不食人间烟火，《抱朴

子·仙药篇》载，秦王子婴的宫人避乱入山，有老人教她吃松叶松子，遂不饥不渴，冬不寒，夏不热，至汉成帝时仍在。《列仙传》亦有类似事，言赤松子好食柏子食，齿落更生。[10]糟糠妻室：即结发之妻。《后汉书·宋弘传》载，宋弘官拜太中大夫，光武帝欲以新寡之姐湖阳公主妻之，弘对曰："贫贱之知不可忘，糟糠之妻不下堂。"事遂作罢。

（[明]毛晋编：《六十种曲·第1册》，中华书局2007年版）

智取威虎山

甘洒热血写春秋

今日痛饮庆功酒，壮志未酬誓不休。来日方长显身手，甘洒热血写春秋。

迎来春色换人间

【二黄导板】穿林海跨雪原气冲霄汉！

【回龙】抒豪情寄壮志面对群山。

【原板】愿红旗五洲四海齐招展，哪怕是火海刀山也扑上前。我恨不得急令飞雪化春水，

【散板】迎来春色换人间！

【西皮快板】党给我智慧给我胆，千难万险只等闲，为剿匪先把土匪扮，似尖刀插进威虎山，誓把座山雕埋葬在山涧，壮志撼山岳，雄心震深渊，待等到与战友会师百鸡宴，捣匪巢定叫它地覆天翻！

共产党员

【西皮原板】共产党员时刻听从党召唤，专拣重担挑在肩。一心要砸碎千年铁锁链，为人民开出（那）万代幸福泉。

【二六】明知征途有艰险，越是艰险越向前。任凭风云多变幻，革命的智慧能胜天。

【快板】立下愚公移山志，能破万重困难关。一颗红心似火焰，化作利剑斩凶顽！

提起栾平气难按

【西皮小导板】提起栾平气难按，

【原板】全不顾江湖中"义"字当先。奶头山被攻破我二人幸免，我劝他改换门庭投靠威虎山。人各有志不能强勉，他不该——他不该恶语伤人吐狂言。"座山雕也要听侯专员调遣，八大金刚无名鼠辈更不值一谈。"

【流水】他自称凤凰要把高枝占，侯专员树大根深是靠山。说话间掏出图一卷，

【摇板】投专员献宝图定可升官。他得意洋洋笑眯了眼，从屋里端出酒一坛。我一连灌他三大碗，栾平他醉成泥一滩。

【流水】我乘机把他这件衣服换，跨上了青鬃马，趁着漫天大雪，一口气跑

上威虎山。崔旅长抬头请观看，宝图献到你面前。

（《智取威虎山》，上海京剧团集体改编及1970年7月演出本）

参考书目

1. 王国维：《王国维文学论著三种·宋元戏曲考》，商务印书馆2001年版。
2. 王国维：《海宁王忠悫公遗书》（四集）2，海宁王氏1927年版。
3. 周贻白：《中国戏曲史发展纲要》，上海古籍出版社1979年版。
4. 麻文琦、谢雍君、宋波：《中国戏曲史》，文化艺术出版社1998年版。
5. 余丛：《中国戏曲史略》（第2版），人民音乐出版社2003年版。
6. 吴乾浩：《当代戏曲发展学》，文化艺术出版社2007年版。

思考题

1. 如何认识从娱神到娱人的转变对原始艺术发展的作用？
2. 从王国维的“戏曲者，谓以歌舞演故事也”谈对戏曲艺术特征的理解。
3. 如何理解诗、乐、舞三位一体的原始艺术与戏曲艺术之间的关系？
4. 如何理解曲艺、戏曲、戏剧三者之间的关系？

第十一章 三大史诗

中华文化是多民族一体的文化，史诗是中华文化多民族文化中绚丽的乐章。藏族民间说唱体长篇英雄史诗《格萨尔》、蒙古族英雄史诗《江格尔》和柯尔克孜族传记性史诗《玛纳斯》并称为中国少数民族的三大英雄史诗。“三大史诗”属古代叙事长诗，其篇幅浩瀚，每部都在几十万行以上；其气势磅礴，每部都采用生动而具有民族地域特色的笔法，叙述了一系列英雄传说或重大历史事件，为后人描绘了一幅幅波澜壮阔、起伏跌宕的历史画面，反映了广大人民追求公平正义、和平安宁、和谐幸福的崇高理想，是藏族、蒙古族、柯尔克孜人民的精神食粮，同时也是中华民族文化艺术宝库中光彩夺目的瑰宝。展现了中华文化多元共存、各具特色的多元文学、文化风貌，也体现了中国各民族间互相交流、共同发展的历史发展轨迹。

第一节 《格萨尔》

传唱千年的史诗《格萨尔》也叫《格萨尔王传》，是我国藏族人民创作的一部伟大的英雄史诗，大约产生在古藏族氏族社会开始瓦解、奴隶制国家政权逐渐形成的历史时期，即公元前300年至公元6世纪之间。它是世界上迄今发现的演唱篇幅最长的史诗。从目前所搜集的资料来看，《格萨尔》有120多卷、100多万诗行、2000多万字，其字数远远超过世界几大著名史诗的总和。《格萨尔》主要在居住于中国青藏高原的藏族、蒙古族、土族、裕固族、纳西族、普米族等民族中流传，采用以韵散兼行的方式，讲述了格萨尔王为救护生灵而投身下界，率领岭国人民降伏妖魔、抑强扶弱、完成人间使命后返回天国的英雄故事。它既是族群文化多样性的熔炉，又是多民族民间文化可持续发展的见证。

一、故事梗概

史诗《格萨尔》讲述了这样一个故事：很久以前，天灾人祸在藏区大肆蔓延，妖魔鬼怪恣意横行，黎民百姓生活在水深火热之中。大慈大悲的观世音菩萨为普度众生摆脱苦海，就向阿弥陀佛请求，派天神之子下凡降魔。神子推巴噶瓦发愿来到藏区，当了黑头发藏人的君王——格萨尔王。格萨尔王被创作者塑造成一位神、龙、念（藏族原始宗教里的一种厉神）三者合一的半人半神的英雄，并被赋予了特殊的品格和非凡的智慧，降临世间完成降妖伏魔、锄强扶弱、造福百姓的神圣、伟大使命。格萨尔来到人间后多次遭到陷害。不过他自身的奇异力量和诸位天神的保护令他免遭毒手，并铲除了害人的妖魔与鬼怪。降伏了人间妖魔之后，格萨尔功德圆满，与母亲郭姆、王妃森姜珠牡等一同返回天界。规模宏大的史诗至此结束。

从其故事结构看，《格萨尔》纵向概括了藏族社会发展史的两个重大的历史时期，横向包容了大大小小近百个部落、邦国和地区，纵横数千里，内涵广阔，结构宏伟。主要分成三个部分：第一，降生，即格萨尔的降生部分；第二，征战，即格萨尔降伏妖魔的过程；第三，结束，即格萨尔返回天界。三部分中，以第二部分“征战”内容最为丰富，篇幅也最为宏大。除著名的四大降魔史——《北方降魔》《霍岭大战》《保卫盐海》《门岭大战》外，还有18大宗、18中宗和18小宗，每个重要故事和每场战争均构成一部相对独立的史诗。

《格萨尔》史诗以其独特的串珠结构，融汇了众多神话、传说、故事、歌谣、谚语等，形成了气势恢宏、篇幅浩繁的“超级故事”。史诗说唱传统在一定意义上是地方性知识的汇总——宗教信仰、本土知识、民间智慧、族群记忆、母语表达等，史诗说唱传统还是唐卡、藏戏、弹唱等传统民间艺术创作的灵感源泉，同时也是现代艺术形式的源头活水，不断强化着人们尤其是年轻一代的文化认同与历史连续感，因而《格萨尔》史诗传统堪称民族文化的“百科全书”。

《格萨尔》属于串珠式结构，具有很强的开放性，不断包容和吸纳新的故事内容，而且把藏族的许多叙事文类，如神话、传说、故事、民歌、谚语等，吸纳到史诗中，形成壮观的叙事画卷。这在人类口头演述艺术的历史上堪称奇迹。

二、艺术特点

《格萨尔》是多民族共享的口头史诗，是草原游牧文化的结晶，代表着古代藏族民间文化与口头叙事艺术的最高成就，同时也是一部形象化的古代藏族历史。它卷帙浩繁，内容庞杂，气势磅礴，规模宏伟，历史悠久，流传广泛，是一部不朽的英雄史诗。它设置了广阔而又深刻的叙事背景，以宏伟的气势风貌和精妙的艺术技巧描绘了主人公格萨尔不怕艰险、不畏强暴，以顽强的意志和奇异的神力征战四方、降伏妖魔、锄强扶弱、造福百姓的英雄业绩，热情地颂扬了正义击败邪恶，光明战胜黑暗的伟大斗争，间接地反映了藏民族各个关键历史阶段以及当时社会的基本结构形态，表达了广大人民群众追求公平正义和未来光明生活的美好愿望和崇高理想，展现了纷繁的民族关系及其逐步走向多元一统的历史发展过程，其深刻的主题揭示了社会历史发展的必然趋势，具有重要的历史意义。

《格萨尔》是在藏族古代神话传说、诗歌和谚语等民间文学的丰厚基础上产生和发展起来的。它就像一个能装乾坤的大宝袋，一座文学艺术和美学的大花园，植根于当时社会生活的沃土，不但概括了藏族历史发展的重大阶段和进程，揭示了深邃而广阔的社会生活，还塑造了数以百计的人物形象。其中，无论是正面的英雄还是反面的暴君，无论是男子还是妇女，无论是老人还是青年，都刻画得个性鲜明，形象突出，给人留下了不可磨灭的印象，尤其是对以格萨尔为首的众英雄形象的描写最为出色，成为藏族文学史上不朽的典型。通过人物本身的语言、行动和故事情节来实现塑造人物形象，是《格萨尔》史诗的特色之一，因此人物虽然众多，却没有给人雷同和概念化的感觉。同是写英雄人物，但各不相同，写格萨尔是高瞻远瞩，有领袖气派；写总管王则是机智、仁厚，有长者风度。嘉察被写得勇猛刚烈，丹玛则是智勇兼备。人人个性突出，个个形象鲜明。对妇女形象的塑造更是语言优美，栩栩如生。例如《霍岭大战》中这样描述岭国格萨尔的王妃珠牡：美丽的姑娘在岭国，她往前一步能值百匹骏马，她后退一步价值百头肥羊，冬天她比太阳暖，夏天她比月亮凉；遍身芳香赛花朵，蜜蜂成群绕身旁；人间美女虽无数，只有她才配大王；格萨尔大王去北方，如今她正守空房。

《格萨尔》是一首悲壮苍凉、大气磅礴的诗篇，一首洋溢着蓬勃生机、充满着青春活力的诗篇，一首孕育着创造精神、闪烁着智慧光芒的诗篇。它的产生、流传、演变和发展过程，是藏族历史上少有的一种文化现象，其时间之久，跨度之大，在我们伟大祖国多民族的文学发展史上，乃至世界文学史上也不多见。自原始社会末期的氏族社会，经历奴隶主专政和奴隶制社会，到封建农奴制时代，直至今天的社会主义时代，这部伟大的英雄史诗依然在辽阔的青藏高原广泛传唱，深受藏族人民的喜爱，表现出了强大的艺术生命力。

三、对中国文化传承的价值与意义

《萨格尔》全面反映了藏族及相关族群的历史、社会、宗教、风俗、道德和文化，至今仍是民众历史记忆和文化认同的重要依据，也是中国族群文化多样性和人类文化创造力的生动见证。史诗从生成、基本定型到不断演进，包含了藏民族文化的全部原始内核，在不断地演进中又融汇了不同时代藏民族关于历史、社会、自然、科学、宗教、道德、风俗、文化、艺术的知识，具有很高的学术价值、美学价值和欣赏价值，是研究古代藏族的社会历史、阶级关系、民族交往、道德观念、民风民俗、民间文化等问题的一部百科全书，被誉为“东方的荷马史诗”。

《格萨尔》是一部活形态的史诗，堪称人类口头表达艺术的一个生动鲜活的样本。被称为“钟肯”的优秀民间说唱艺人，以不同的风格从遥远的古代吟唱至今。千百年来，史诗艺人一直担任着讲述历史、传达知识、规范行为、维护部族、调节生活的角色，以史诗对民族成员进行温和教育。格萨尔的演述歌手类型很多，仅以藏族歌手来说，按说唱技艺的习得和传承方式的不同，就有神授艺人、闻知艺人、掘藏艺人、吟诵艺人、圆光艺人等多种类型。在上述主要五种艺人中，神授艺人是最为特别的艺人群体。他们大多自称有过奇异的经历，故事和讲述故事的能力来自“神授”。这些艺人大多生活在祖传艺人世家或《格萨尔》广泛流传地区，有着较为特殊的生活经历，虽然绝大多数不识字，但都记忆力超群，同时具备惊人的口头创造活力，基本都能说唱至少一二十部。艺人们在千百年的史诗吟唱中，为表达民族情感、促进社会互动、秉持传统信仰发挥了重大作用，同时也为强化民族认同、价值观念和影响民间审美取向做出了积极贡献。

《格萨尔》的伟大艺术魅力还体现在其非凡的传播力上。《格萨尔》滥觞于青藏高原，那里蒙古人和藏人长期比邻而居。《格萨尔》很可能首先在这两个民族中先后扎根，并随后在周边的民族中广为传播，在土族、裕固族、纳西族、普米族、白族等地区都有传唱，地域上跨越了西藏、青海、四川、甘肃、云南、内蒙古、新疆等多个省区。《格萨尔》在多民族中传播，不仅是传承民族文化、凝聚民族精神的重要纽带，同时也是各民族相互交流和相互理解的生动见证。在境外的不丹、尼泊尔、锡金、印度、巴基斯坦、蒙古、俄罗斯等国也都有流传。作为一种语言演述艺术，《格萨尔》的跨文化传播的影响力、传播地域的广阔性以及涉及语言的众多性，在世界上也是极为罕见的。

《格萨尔》研究受到国际国内学者的重视，学术成果累累。国外学者从20世纪初开始系统地研究《格萨尔》，其中，法国学者大卫·妮尔和石泰安对藏族《格萨尔》的研究，成果卓著，影响深远。20世纪50年代以来，我国在史诗的搜集、整理、出版和研究方面，做了大量的工作。用藏文、蒙古文和汉文等出版的各种版本的《格萨尔》超过100种，部分章节或故事梗概已被翻译成了英、俄、德、法、日、芬兰等国的文字出版。在中国召开了五届《格萨尔》史诗国际学术研讨会，近年来的国际藏学研讨会上，均设有关于史诗《格萨尔》的专题论坛。“格萨尔学”已成为国际藏学研究和国际史诗学研究中的一个重要分支。如今《格萨尔》的说唱传统面临着由传统生活方式变迁带来的新挑战，为此，格萨尔史诗传统的牵头保护单位中国社科院民族文学所采取了一系列行之有效的措施，开辟了“口头传统田野研究基地”项目，在本土社会和民间文化的土壤上探讨史诗的传承规律和保护策略，为《格萨尔》史诗的存续和发展做出了积极的努力。

第二节 《江格尔》

一、故事梗概

《江格尔》大概产生于蒙古社会还不发达的氏族社会末期至奴隶社会初期阶段。它以英雄江格尔来命名，长达10万行左右，是蒙古族卫拉特部英雄史诗。人们对史诗名字“江格尔”一词的释义，历来解释不一，波斯语释为“世界的征服者”，突厥语释为“战胜者”“孤儿”，藏语释为“江格莱”的变体，蒙古语释为“能者”。史诗《江格尔》主要讲述了阿鲁宝木巴地方以江格尔为首的12名英雄，同芒奈汗、布和查干等进行斗争，收复江格尔许多部落，建立起一个强盛国家的故事。

传说江格尔是宝木巴地方的首领乌琼·阿拉达尔汗之子，两岁时，父母被魔鬼掳去杀害。藏在山洞里的小江格尔被善良的人收养。江格尔从小就具有超常的智慧、高尚的品德、惊人的体力和高强的武艺。从七岁开始，他就建功立业，兼并了邻近四十二个部落，被臣民推举为可汗。以江格尔为首领的勇士们用他们超人的智慧和非凡的才能不断战胜来自周围部落的入侵，击败以蟒古斯为头目的邪恶势力的进攻，逐渐扩大自己的力量、财富和领地，继而建立了以宝木巴为核心的美好家园。这里四季如春，人们过着丰衣足食、相亲相爱的和平生活。但是这引起了江格尔的仇敌的嫉恨，江格尔手下的能工巧匠、善马贤妻都成了被掠夺的目标。史诗围绕着抢婚、夺财、强占牧地展开了一幅幅惊心动魄的战争场面，从中我们可了解远古蒙古社会的经济文化、生活习俗、政治制度等诸多方面。

二、艺术特点

整体而言，《江格尔》篇章结构严谨，语言丰富优美，风格粗犷豪迈，故事情节具有蒙古说唱艺术的特点。

从人物塑造方面来看，《江格尔》成功地塑造了许多栩栩如生的人物形象。其中理想化的正面形象大都是半人半神式的英雄。他们一方面有着现实生活中的各种禀性特征，又有着天神的非凡智慧和本领。这些英雄不但具有疾恶如仇、勇猛善战，忠于家乡、忠于人民的共同性格特征，而且各自也具有比较鲜明的个性特征。此外，《江格尔》还较为出色地刻画了一些普通劳动者的形象，在艺术创作方面也是别具匠心的。以其中描写最成功的英雄形象洪古尔为例。史诗饱含感情地说洪古尔身上集中了“蒙古人的99个优点”，体现了草原勇士的一切优秀品质。他对人民无限忠诚，对敌人无比痛恨，有山鹰般的勇敢精神，有顽强不屈的斗志。他热爱家乡、热爱人民，不畏强暴，为了宝木巴粉身碎骨也心甘情愿，突出地体现了蒙古民族吃大苦耐大劳，顽强坚定和英勇尚武的性格。而描写圣主江格尔，则反复铺叙了他苦难的童年与艰苦的战斗经历，把他描写成一位机智、聪明、威武、能干，深受群众拥戴，为宝木巴事业奋斗不息的顶天立地的英雄人物。他作为一代开国汗主，是国家的缔造者、组织者和领导者，受到众勇士和人民的衷心拥戴。他成为众勇士的榜样、头脑和灵魂，人民的希望，是宝木巴繁荣昌盛的象征。

从框架结构来看，《江格尔》是由数十部作品组成的一部大型史诗，除一部序诗外，其余各部作品都有一个完整的故事，可以独立成篇。其中有些作品在故事情节方面有一定的联系，但大多数作品的情节互不连贯，这些作品很难找出它们的先后顺序。贯穿整个《江格尔》的是一批正面人物形象。

《江格尔》的开篇是一部优美动听的序诗。它称颂江格尔的身世和幼年时代的业绩，讴歌江格尔的像天堂一样的幸福家乡宝木巴地方和富丽宏伟的宫殿，赞扬江格尔的闪烁着日月光辉的妻子和智勇双全、忠诚无畏的勇士们，介绍了《江格尔》的故事背景、主要人物，并且揭示了全书的主题思想，是这部史诗的楔子。

从叙述题材来看，《江格尔》繁多的故事归纳起来大致有三大类：结义故事、婚姻故事和征战故事。其中最后一类故事最为常见。《江格尔》在继承远古中短篇英雄史诗婚姻和征战两类题材和主题的同时，又新增加了部落联盟的题材和主题，从而把远古中短篇史诗所反映的氏族与氏族、部落与部落之间的婚姻、征战斗争扩大到部落联盟，把塑造氏族、部落首领单个或几个英雄形象扩大到塑造以江格尔、洪古尔为代表的部落联盟英雄群体，在更加广阔的历史背景上深刻地反映了蒙古氏族制度瓦解、奴隶制度确立的过程。这样内容深广、人物众多的鸿篇巨制，在远古时期的蒙古族文学，甚至整个蒙古族文学史上都是首屈一指的。

从诗歌的艺术特征来看，《江格尔》继承、发展了蒙古族古代民间创作的艺术传统和艺术手法，语言优美精练，想象大胆奇特，擅长夸张、渲染，以富于浪漫主义色彩著称。在语言运用、表现手法等艺术风格方面具有鲜明的民族特色。它大量运用丰富优美的卫拉特民间口语，融合穿插蒙古族古代民歌、祝词、赞词、格言、谚语，并且大量采用铺陈、夸张、比喻、拟人、头韵、尾韵、腹韵等手法，还博采蒙古族民间文学中的各种韵文样式（包括民间歌谣、民间叙事诗等）在艺术上的特点、长处，用以增强表现力，达到了蒙古族传统民间韵文创作的一个高峰。它富于变化的音韵格律在蒙古族诗歌发展史上占有承前启后的重要地位。从《江格尔》的音韵格律中，一方面可以发现萨满教祭词神歌等蒙古族诗歌音韵格律最初的萌芽形态，另一方面也可以看到蒙古族诗歌音韵格律走向成熟的发展轨迹。这就使它不但成为研究蒙古族诗歌音韵格律发展的重要资料，而且成为学习蒙古族诗歌音韵格律的基本典范。

综上所述，《江格尔》通过其丰富的思想内容和生动的艺术形象，描绘了洋溢着草原生活气息的风景画与生活图景，体现了蒙古民族特有的性格特征和审美情趣。它叙述的故事曲折动听，塑造、描绘出的为捍卫自己美好家园而浴血奋战的可亲可敬的人物形象及其可贵精神使史诗获得了代代相传永不衰竭的生命力，是蒙古族民间文学的一个瑰宝。

三、对中国文化传承的价值与意义

《江格尔》以其独有的艺术魅力，深深扎根于蒙古族人民群众的沃土之中。从13世纪左右诞生起，主要由“江格尔齐”在民间传唱，流传至今。“江格尔齐”，蒙古语意为专门演唱史诗《江格尔》的民间艺人。他们以超群的记忆、丰富的知识，受到牧民们的尊重。另外，因为蒙古族很早就有自己的文字，所以《江格尔》又有蒙古文手抄本流传于民间，叫“立江格尔”。新中国成立后，人民政府组织专家学者进行《江格尔》的整理工作。我国第一个《江格尔》的正式版本是1958年内蒙古人民出版社出版的13章蒙古文版；1980年，新疆人民出版社出版了15章蒙古文版；汉译本有1983年人民文学出版社和1988年新疆人民出版社分别出版的15章本。

《江格尔》卷帙浩繁，规模宏大，广泛地反映了从最初产生到定型之前各个历史时代的社会生活和人民群众的思想愿望。这部具有强烈爱国主义、英雄主义精神的大型史诗，通过一系列瑰丽多彩的画卷和可歌可泣的故事，表达了一个伟大的真理：出类拔萃的英雄人物和全体人民群众同心协力，紧密团结，进行艰苦卓绝的斗争，就能克敌制胜，保卫家乡，创建和平、幸福、美好的生活。《江格尔》以其丰富的社会、历史、文化内容，艺术上所达到的高度成就，在蒙古族文学史、社会发展史、思想史、文化史上都占有重要地位，是蒙古民族文化的瑰宝。《江格尔》是继单篇史诗、串联复合史诗之后出现的大型并列复合史诗。这种并列复合史诗的结构实际已经成为蒙古族长篇英雄史诗结构的规范。作为蒙古族远古文学中最重要的民间文学体裁代表——英雄史诗，《江格尔》无疑是其中篇幅最长、容量最大，同时也是艺术表现力最强的史诗。它代表了蒙古族英雄史诗的最高成就，也代表了蒙古族远古文学的最高成就，成为蒙古族文学发展史上的一个高峰。

最后，《江格尔》还为认识远古蒙古人朴素的神幻浪漫的审美观念提供了丰富的内容，如：对通人言晓人意、将外在形体美与内在精神美融为一体的“蒙古马”的审美观念，对以力、勇、义为基本性格特征的部落英雄人体美与个性美的审美观念，对与英雄相对立的贪婪、凶恶、残暴的蟒古斯的审美观念，对兽形类比的审美观念，对理想化的自然美与社会美的审美观念，等等。这一系列以游牧文化（含狩猎文化）为根基的独特的审美观念对蒙古族传统的民族审美意识的形成、发展同样具有承前启后的重要意义。2006年5月20日，《江格尔》经国务院批准列入第一批国家级非物质文化遗产名录。

第三节 《玛纳斯》

《玛纳斯》是柯尔克孜族的英雄史诗。据材料记载共有八部，总数多达20余万行。从广义上讲，《玛纳斯》指整部史诗，从狭义上讲则仅指第一部。《玛纳斯》与《格萨尔》《江格尔》的不同之处在于，《玛纳斯》所描绘的并非一个主人公，而是一家子孙八代人。整部史诗是以第一部主人公的名字来命名的。《玛纳斯》主要讲述了柯尔克孜族人民不怕艰难，敢于抗争，积极创造理想生活的一系列故事，并对美好的爱情进行了热烈的颂扬。

一、故事梗概

《玛纳斯》一共分为八大部。

第一部《玛纳斯》，也是最精彩的一部分，叙述了第一代英雄玛纳斯联合分散的各部落和其他民族受奴役的人民共同反抗卡勒玛克、契丹统治的业绩。第二部《赛麦台依》，叙述玛纳斯死后，其子赛麦台依继承父业，继续与卡勒玛克斗争。因其被叛逆坎乔劳杀害，柯尔克孜族人民再度陷入卡勒玛克统治的悲惨境遇。第三部《赛依台克》，描述第三代英雄赛麦台依之子赛依台克严惩内奸，驱逐外敌，重新振兴柯尔克孜族的英雄业绩。第四部《凯耐尼木》，述说第四代英雄赛依台克之子凯耐尼木消除内患，严惩恶豪，为柯尔克孜族人民缔造了安定生活。第五部《赛依特》，讲述第五代英雄凯耐尼木之子赛依特斩除妖魔，为民除害。第六部《阿斯勒巴恰、别克巴恰》，讲述阿斯勒巴恰的夭折及其弟别克巴恰如何继承祖辈及其兄的事业，继续与卡勒玛克的统治进行斗争。第七部《索木碧莱克》，讲述第七代英雄别克巴恰之子索木碧莱克如何战败卡勒玛克、唐古特、芒额特部诸名将，驱逐外族掠夺者。第八部《奇格台依》，叙说第八代英雄索木碧莱克之子奇格台依与卷土重来的卡勒玛克掠夺者进行斗争的英雄业绩。

史诗的每一部都可以独立成篇，内容又紧密相连，前后照应，共同组成了一部规模宏伟壮阔的英雄史诗。

《玛纳斯》第一部长达73000多行，故事情节最为曲折动人，也流传最广。它从柯尔克孜族的族名传说和玛纳斯家族的先世唱起，一直唱完玛纳斯领导人民反抗卡勒玛克和契丹人黑暗统治的战斗的一生。玛纳斯诞生前，统治柯尔克孜族人民的卡勒玛克王由占卜者处获悉：柯尔克孜族人民中将要降生一个力大无比、长大后要推翻卡勒玛克人统治的英雄玛纳斯。卡勒玛克汗王遂派人四处查找，并把所有怀孕的柯尔克孜族妇女一一剖腹查看，以便杀死即将诞生的玛纳斯。但在机智的柯尔克孜族人民的保护下，玛纳斯终于在阿尔泰的布鲁勒套卡依地方平安地降生。目睹人民的苦难生活，使玛纳斯从小就对外来的掠夺者充满了仇恨，他立志要为本民族报仇雪耻。玛纳斯还在幼年时，就已经是一个力大无比的英雄。他同情贫穷的人民，把自己家的财产分赠他们；他参加劳动，在炎热的吐鲁番耕种庄稼。他长大后信任贤能，团结四面八方的勇士，统一了被分散的柯尔克孜各部落，联合邻近被压迫的民族，南征北战，使各族人民过上了欢乐富裕的生活。他被拥戴为汗王，成为当时被卡勒玛克奴役的各族人民公认的领袖。后来，他不听贤慧的助手——爱妻卡尼凯的劝告，带着40位勇士和大队兵马，对契丹人的京城进行远征。玛纳斯在这次远征中身负重伤，回到塔拉斯后逝世，柯尔克孜族人民重新陷于灾难之中。

《玛纳斯》是一部典型的具有深刻思想性和高度人民性的英雄史诗。一个承载着深重历史感的思想主题贯穿史诗始终：把所有深受奴役的人民团结起来，号召他们一起反抗异族统治者的压迫和剥削，并为争取未来的政治自由和美好生活进行不屈不挠的英勇抗争。史诗展现了广大人民不可战胜的历史潜力和顽强不屈的精神面貌，歌颂了古代柯尔克孜族人民反抗入侵者的英雄情怀和抗争意志。

二、艺术特点

《玛纳斯》通过曲折动人的情节和优美的语言，反映了历史上柯尔克孜族人民反抗卡勒玛克、契丹人的奴役，以及肃清内奸、惩处豪强、斩除妖魔、为民除害的斗争，表现了古代柯尔克孜族人民争取自由、渴望幸福生活的理想和愿望。《玛纳斯》的各部在人物塑造、故事情节的安排上颇多创见，在语言艺术方面具有浓郁的民族特色。史诗中的丰富联想和生动比喻，均与柯尔克孜族人民独特的生活方式、自然环境相联系。史诗中常以高山、湖泊、急流、狂风、雄鹰、猛虎来象征或描绘英雄人物，并对作为英雄翅膀的战马作了出色的描写。仅战马名称就有白斑马、枣骝马、杏黄马、黑马驹、青灰马、千里驹、银耳马、青斑马、黑花马、黄马、青鬃枣骝马、银兔马、飞马、黑儿马、银鬃青烈马、短耳健马等等。史诗中出现的各类英雄人物都配有不同名称和不同特征的战马。史诗几乎包含了柯尔克孜族所有的民间韵文体裁，既有优美的神话传说和大量的习俗歌，又有不少精练的谚语。《玛纳斯》是格律诗，它的诗段有两行、三行、四行，也有四行以上的。每一诗段行数的多寡依内容而定。每个诗段都押脚韵，也有部分兼押头韵、腰韵的。每一诗行多由7个或8个音节组成，亦间有11个音节一行的。各部演唱时有其各种固定的曲调。

三、对中国文化传承的价值与意义

在柯尔克孜语中，演唱《玛纳斯》的民间歌手叫做“玛纳斯奇”。每逢喜庆节日欢聚时，“玛纳斯奇”都会被邀请来演唱《玛纳斯》。吟唱史诗已经变成了柯尔克孜牧民的一种传统习俗。史诗演唱时不以乐器伴奏，歌手靠变化的曲调来表现其歌唱的感染力。其曲调随故事情节而变化，时而高亢，时而低沉，时而迅疾，时而舒缓。有的“玛纳斯奇”会从夜晚一直唱到天明，有的还会连续演唱几天几夜。《玛纳斯》就是靠这些“玛纳斯奇”的演唱而代代传承下来。此外，民间的手抄本为其广泛流传发挥了很大的作用。

《玛纳斯》不仅是一部价值巨大的文学遗产，还是一部丰富全面的百科全书，内容涉及柯尔克孜族语言、历史、民俗、宗教等多个方面，因此，它不但具有很高的文学审美价值，而且具有极为重要的学术研究价值。比如说史诗中出现的古老词汇、有关族名来历的传说、历次迁徙的具体路线，古代中亚、新疆各民族的分布状况及其相互关系，以及有关古代柯尔克孜族游牧生活中家庭各成员之间的关系、武器与生产工具的制造、居住饮食、服饰娱乐、婚丧祭典和信仰伊斯兰教前的萨满教习俗等方面的大量描写都被学术界视为极其珍贵的研究资料。

新中国成立后，我国政府对《玛纳斯》开始进行有计划的采集、记录工作。从1961年起，中央和新疆有关部门密切合作，多次组织过汇集、记录、翻译工作。在北京和新疆柯尔克孜文学工作者的努力下，目前八部《玛纳斯》的记录、整理工作已经完成。新疆维吾尔自治区还成立了《玛纳斯》工作组。1984年新疆人民出版社出版了柯尔克孜文的第一部第一册和第二部的第一册，其他几部也将陆续出版，各部汉译本也正准备出版。世界上不少国家都有专家从事《玛纳斯》的研究工作，发表了许多论文，也出版了一些专著。《玛纳斯》的研究，已逐渐发展成一门新的学科——玛纳斯学。2006年5月20日，经国务院批准，我国将《玛纳斯》列入第一批国家级非物质文化遗产名录。

经典选读

格萨尔王（节选）

引笺

在这银雕玉琢的雪山之邦的浩瀚传奇里，在这滴翠飘香的草原上化生的悲壮歌剧中，激荡着壮士的爱国豪情和妇女的无限忧愤，展示出一个民族的性格和阵战的风云……

“不要随心所欲地纵马挥戈侵犯他国，如若敌人胆敢蹂躏祖国的土地一寸，我们将万众一心奋勇抗击决不后退……”让这凝血的誓言永远召唤英雄的儿孙。

恶贯满盈的顽敌必遭霹雳神剑的判决，伸张正义的人民定会得到自由女神的亲吻，胜利的硕果属于那些不畏强暴的英雄，霍岭战争的结局就是最生动的说明。

南瞻部洲雄狮大王的业绩有口皆碑，举世罕见的藏族英雄史诗与时空并存，它比白螺和法鼓鸣奏更具永恒的魅力[1]，以风暴般的抒情震撼千百万读者的心魂。

[1] 白螺：密教常用法器，又称为法螺、宝螺、金刚螺。法鼓：一种譬喻，扣鼓诫兵进众，以譬佛之说法为诫众进善者。《无量寿经上》:“扣法鼓，吹法螺。”喻佛说法之庄严。

像一块斑斓的宝石，镶嵌在皑皑雪域和茫茫草原之间，炫耀着神奇、美丽的光彩，如诗，如画，胜似仙境，这就是南瞻部洲雄狮大王岭·格萨尔主宰的花花岭国[1]。民富国强，一向安乐升平。然而世事多变，也不可能永远保持平静、幸福的时光。

木虎年[2]，多事之秋，岭·格萨尔王为了拯救处在水深火热之中的北地众生，到北方雅尔康的向梅日接城降伏恶魔去了。一去三年，渺无音讯。不幸与灾难，就像觊觎已久的妖鹫，乘虚而至，降临在花花岭国了。

在岭国西北面，有个霍尔国，兵强马壮，独霸一方，不时还向外邦扩张，进行武力侵略。这个王国由霍尔吉乃亥托杜王的三个王子掌管政事。大王子住的是黑帐房，人们叫他黑帐王；二王子住的是白帐房，人们叫他白帐王；三王子住的是黄帐房，就叫黄帐王。其中白帐王最为跋扈，以猛虎自喻，号称“虎帽王”，他集大权于一身，刚愎自用，无所不为。

木兔年冬天[3]，白帐王南赤赞布的妃子，汉地噶拉古官的公主噶司拉茂忽然去世了。次年正月，召唤战争的海螺与震荡人心的法鼓在霍尔国上空齐鸣，大臣、属从急忙聚集到帐前，因不知发生了什么大事而议论纷纷。这时白帐王昂然走出，站在帐前向众亲王和大臣们高声唱道：

噶司公主不幸离开尘寰，撇下我大王形影孤单，我要再找一位绝代佳人，把我白帐王终身陪伴。给我的拉如王子作继母，给我的众位辛巴作主母，给霍尔王国作主妇，让艳丽的容光照耀我疆土。

辛巴们哪[4]！要有个头戴珊瑚的妃子，住进我黄金构筑的庭院；要有个足蹬四色花靴的妃子，跨进我绿松石雕琢的门坎；要有个手指白嫩的妃子，推开我白木白螺镶嵌的门扇。

要有个善会引火烧炊的妃子，我的库房堆满了紫色的茶砖，要有个挤奶巧手的妃子，我的奶牛遍布白沟河畔；要有个会牵马坠镫的妃子，迎接我征战凯旋。仙姿神采的美人在何处啊？你们即刻寻访送进这华贵宫殿。

白帐王南赤赞布唱完，巴图尔羌纳穆亥布奏道[5]：威武的白帐古仰王啊[6]，容臣大胆冒昧呈禀：阿钦霍尔难找这样的美女，心目中的妃子得到外邦去寻聘。

请派雪白的小银鸽，飞到梵天那里访问；请派花花的小孔雀，飞到半空山神那里找寻；请派红嘴小鹦鹉，飞到龙王那里查询；请派哇啦哇啦的黑老鸦，飞到各国各邦去寻聘。

只要不辞千辛万苦，一定能找到称心如意的妃子；忧悒的时光不会太久[7]，幸福的预言将从大王的金口里开始。

[1] 格萨尔："花冠""花蕊""发髻"之意。格萨尔为岭国国王，故又称作"岭·格萨尔王"。其尊称为"南瞻部洲雄狮王"。他是《岭·格萨尔王》史诗的主人公。[2] 木虎年：甲子年。[3] 木兔年：乙卯年。[4] 辛巴：屠夫。在霍尔，各部首领或武官用此称谓，自命杀人英雄，后世讽为嗜杀者。[5] 巴图尔：勇武的称号，类似于千夫长，为霍尔地区官职名。[6] 古仰王：对白帐王的尊称。[7] 忧悒（yì）：忧愁不安。

（王歌行整理：《岭·格萨尔王：霍岭战争》，中国民间文艺出版社1985年版）

江格尔（节选）

序诗

一

在那古老的黄金世纪，在佛法宏扬的初期，孤儿江格尔[1]，诞生在宝木巴圣地[2]。

江格尔是塔海兆拉可汗的后裔，唐苏克·宝木巴可汗的孙子，乌琼·阿拉达尔可汗的儿子。

江格尔刚刚两岁，蟒古斯袭击了他的国土[3]，江格尔成为孤儿，受尽了人间的痛苦。

江格尔刚刚三岁，阿兰扎尔骏马也只有四岁[4]，小英雄跨上神驹，冲破三大堡垒[5]，征服了最凶恶的蟒古斯——高力金。

江格尔刚刚四岁，冲破四大堡垒，使那黄魔杜力栋改邪归正。

江格尔刚刚五岁，活捉了塔海地方的五个魔鬼，使他们不再作恶生非。

就在江格尔五岁那一年，摔交手蒙根·西克锡力克把他活捉，孤儿江格尔做了大力士的俘虏。

江格尔刚刚六岁，冲破六大堡垒，打断千百枝刀枪，降服了显赫的阿拉谭策吉。阿拉谭策吉的宫殿，像画儿一样美丽。他在江格尔的手下，做了右手头名勇士[6]。

孤儿江格尔刚刚七岁，打败了东方的七个国家，英名传遍四方，威震天下。

江格尔的阿兰扎尔骏马跑得飞快的时候，江格尔的金柄长枪无比锋利的时候，江格尔雄姿英发，正当青春年少，他拒绝了周围四十九个可汗的美女，从东南方，聘娶了诺敏·特古斯可汗的女儿。

江格尔牧养的骏马，个个飞快无比；江格尔召募的勇士，人人英勇无敌；周围四十二个可汗的国土，都被荣耀的江格尔征服。江格尔的宝木巴地方，是幸福的人间天堂。那里的人们永葆青春，永远像二十五岁的青年，不会衰老，不会死亡。

江格尔的乐土，四季如春，没有炙人的酷暑，没有刺骨的严寒，清风飒飒吟唱，宝雨纷纷下降，百花烂漫，百草芬芳。

江格尔的乐土，辽阔无比，快马奔驰五个月，跑不到它的边陲，圣主的五百万奴隶，在这里繁衍生息。

巍峨的白头山拔地通天，金色的太阳给它撒满了霞光。苍茫的沙尔达嘎海，有南北两个支流，日夜奔腾喧笑，闪耀着璀璨的光芒！

江格尔饮用的奎屯河水，清冽甘美，汹涌澎湃，不分冬夏，长流不竭。

宝木巴的主人，是孤儿江格尔。他权掌四谛，造福人民[7]，英雄的业绩，光照人间，勇士的美名，遐迩传诵。

[1]江格尔：蒙古语中“强者”或者“主人”的同义词。[2]宝木巴：山川海洋之名称，寓意圣地、仙境、乐园。[3]蟒古斯：恶魔，是蒙古史诗中的反面形象。[4]阿兰扎尔：江格尔的坐骑。[5]堡垒：关卡、要塞，地势险峻、易守难攻之地。[6]右手头名勇士：右贤王。[7]四谛：佛教四真谛——苦、集、灭、道。

二

在那洁白的毡房，六千又十二名勇士纷纷喧嚷：“要为江格尔建筑一座宫殿，这宫殿要巍峨壮丽，举世无双！”

周围的四十二个可汗议论：在何等吉庆宝地，建筑这座宫殿？要向着光明，向着太阳，在芬芳的大草原南端，在平顶山之南，十二条河流汇聚的地方，在白头山的西麓，在宝木巴海滨，在香檀和白杨环抱的地方，建筑这座奇迹般的宫殿最为吉祥。

最好的日子，最好的时辰，四十二位可汗率领六千又十二名能工巧匠，破土动工。

珊瑚玛瑙铺地基，珍珠宝石砌墙壁，北墙上嵌镶雄狮的獠牙，南墙上嵌镶梅花鹿角。

阿拉谭策吉老人，洞悉未来九十九年的吉凶，牢记过去九十九年的祸福，他用洪亮的声音宣布：“这宫殿要庄严雄伟，比青天低三指；要是筑到九重天上，对江格尔并不吉利。”

六千又十二名能工巧匠，先筑中间的主殿，再建五个高大的角楼。

宫殿的入口，嵌镶明亮的水晶石，宫殿的出口，装饰火红的玻璃。祝福北方的人民奶食丰富，北墙上裱糊斑鹿皮；祝福南方的人民肉食充裕，南墙上裱糊梅花鹿皮。

宫殿外面的四角，镶上火镜；宫殿里面的四角，镶上金刚。

江格尔的这座宫殿，高十层，光华四射，五彩缤纷，矗立在绿色的草原上，雄伟，庄严，美丽，辉煌。周围四十九种魔王，望而生畏，不敢前来侵犯。

宫殿的前面，悬挂着一面金光灿灿的黄旗。这黄旗在套子里，发出艳艳红光；抽出了套子，放射出七个太阳的光芒。

（《江格尔·序诗》，人民文学出版社1983年版）

玛纳斯（节选）

玛纳斯之死

你的智慧超人的嫂子卡妮凯，和巴卡依在一起悄悄商议：“君王玛纳斯的病情沉重，我们应该为他准备后事。伊奇克力克山谷中间，有一座险峻的悬崖峭壁，那里有一条河水流淌，那个地方十分隐蔽。我们派去阿克巴里班吧，他是能举起骆驼的大力士。在峭壁上挖开岩洞，给君王玛纳斯修建墓地。”他俩商量后这样决定，卡妮凯准备了食品和用具。牵来了高大的单峰骆驼，把大力士阿克巴里班派去。

卡妮凯抑制着心中的悲痛，给一千峰骆驼鞴上鞍子。从奥波里驮来红粘土，送到了君王玛纳斯的墓地。准备了六十把坎土曼[1]，请来了六十名大力士，宰杀了八万头肥壮阉羊，取下了它们的油脂，把粘土和羊毛搅和在一起，让大群公羊踩踏和泥。用踩好的粘泥造成砖块，砖块烧铸得十分结实。卡妮凯心中如此盘算：我要为玛纳斯修造陵墓，让它成为人世间的奇迹；即使过上六个世纪，砖块也不会被风雨剥蚀；即使过上九个世纪，谁也休想把陵墓迁移。骄傲的陵墓永不倒塌，时光在它面前也只好回避。请来技艺高超的工匠，把勇士们的生涯画在墓壁。玛纳斯骑在阿克库拉马上，巴卡依高擎飘扬的大旗。英雄楚瓦克威风凛凛，向交劳依戳出锐利矛枪。色尔阿克面庞绯红，骑着骏马驰骋沙场。阿里曼别特威严无比，胯下的黄花骏马像旋风一样。你的嫂嫂卡妮凯的才干，女人中有谁能把她比上。人们仰望着宏伟的陵墓，个个点头，一迭连声地赞扬。

卡妮凯承受着巨大的悲痛，匆匆地来到包克木龙面前。"包克木龙兄弟，请听我言！若是玛纳斯一旦死去，应该邀请宾客奔赴葬宴。我的儿子赛麦台依年幼，这件事情叫我十分作难！包克木龙，我请求你，把消息给各地亲朋送传。你还要为我保守秘密，不能让敌人知道消息。你由一处走向另一处，莫要告诉你去的地址。你先去请一位知心朋友，他就是英雄阔克别律，玛纳斯要和他畅谈友谊。你离开那里就住托云多别走去，清托什托克前来聚首，不要耽误了雄狮的葬礼。然后，你就去往阿特巴什，考少依大力士就住在那里。他心胸开朗，做事果断，请他来把雄狮的后事料理。再请你告诉全体阿拉什人，我要款待显贵和平民，我要为雄狮举行盛大葬礼，请他们骑上骏马火速启程！"

听罢夫人卡妮凯的吩咐，包克木龙勇士如此回禀："我崇敬的卡妮凯夫人，我一定去完成这个神圣使命。只是我的骏马已年老力衰，恐怕难以走完遥远的路程。请你把金钢利剑给我佩带，再让我把阿克库拉骏马骑乘。"卡妮凯给阿克库拉鞴上鞍具，又把金钢剑插入鞘内。包克木龙担当了信使，跨上骏马，纵马奔驰。

再说阔克别律从梦中醒来，心中充满无限的悲哀和惆怅："我的朋友玛纳斯去远征，听说他已回到塔拉斯家乡。我应该去把他探望慰问，和他叙谈友谊互吐衷肠。"阔克别律正要整装上路，忽听门外马蹄嗒嗒作响。他匆匆忙忙地走出门外，看见包克木龙来到门旁。阔克别律热情地接待信使，焦急地询问玛纳斯的情况："富庶的塔拉斯水草是否充足？牛羊驼马是否膘肥体壮？雄狮玛纳斯是否吉庆如意？老人巴卡依是否康泰安详？阿里曼别特、楚瓦克是否健在？阿古巴依、色尔阿克是否健康？他们的矛尖是否依然锐利？他们的宝剑是否闪闪发光？卡妮凯和绮依尔迪夫人，她们的身体是否安泰福康？赛麦台依明亮的星星，是否在健康幸福地成长？"

听罢阔克别律的问候，包克木龙的眼泪盈眶："此次的远征损失惨重，玛纳斯英雄损兵折将。不少将士捐躯沙场，没有几个人回到家乡！阿里曼别特献出了生命，楚瓦克英雄战死在疆场。阿古巴依、色尔阿克都已牺牲，阔克确英雄在战斗中死亡。雄狮玛纳斯身负重伤，至今昏迷，卧病在床。他不停地呕吐血块，看来他的生命不会久长。卡妮凯夫人为此十分不安，特派我前来把你拜访，请你快马加鞭，日夜兼程，火速去把玛纳斯探望！"

包克木龙说这番话时，阔克别律的儿子站在一旁。这个心地善良的阔云阿里，长得和他的父亲没有两样。阔云阿里听罢如此说道："父亲啊，让我和你一同去吧，我的骑术非常精良；骏马奔驰像飞箭一样，我也要去为玛纳斯奔丧！"

阔克别律答应了儿子的要求，并辔蹿行[2]，骏马像鸟儿般飞翔。他们从一地奔向一地，来到了白云缭绕的托云别里。托什托克听到雄狮病危，骑马扬鞭，匆匆赶去。悲痛的消息传遍各地，德高望重的考少依痛哭不已，快马加鞭，飞箭般地奔驰。包克木龙和阔云阿里勇士，他们来到了宽广的纳曼干，把消息告诉了奥里亚恰里。"我们是卡妮凯夫人的信使，日夜兼程来到了这里。我们给你送来不幸的消息，雄狮玛纳斯将要离开人世！"没等阔云阿里把话说完，侏儒似的奥里亚恰里口出恶语："玛纳斯的死活和我有何干系，谁愿意去你们的那个塔拉斯！若是你真心想请我们，就该牵来鞴好鞍具的马匹，鞍具要十分精致华丽。还要给我准备美味佳肴，给我送上丰富的厚礼，若是缺少其中的任何一件，你就马上离开我们这里！"

[1]坎土曼：新疆地区的一种铁制农具，有锄地、挖土等用途。[2]辔：驾驭牲口用的嚼子和缰绳。蹿（zuān）：向上或向前冲。

（《玛纳斯》，新疆人民出版社1992年版）

参考书目

1. 任钦道尔吉：《江格尔论》，方志出版社2007年版。

2. 阿地里·居玛吐尔地：《〈玛纳斯〉史诗歌手研究》，民族出版社2006年版。

3. 角巴东主：《格萨尔王传》，高等教育出版社2011年版。

思考题

1. 哪部史诗被称为"东方的荷马史诗"？

2. 从叙事主人公来看，《玛纳斯》与《格萨尔》《江格尔》的不同之处在哪里？

3. 专门演唱史诗《江格尔》的民间艺人称作什么？

4. 为什么《格萨尔》史诗传统被认为是民族文化的"百科全书"？

第三编

第十二章 中医文化

中医是一门历史悠久的关于人、社会与自然的综合学科，包括医学、药学，涉及人文、天文、地理等内容，与古埃及医学、古印度医学和古罗马医学合称为四大传统医学。在历史的不断推进与发展中，当其他的传统医学的身影渐渐隐退时，中医相对完整地保存下来。到了近现代，随着西方自然科学和哲学的进入，西方医学的思维方式和研究方法构成了对中医学的挑战，中医面临着巨大的冲击。在中西医相互影响与交流中，两种文化不时碰撞出激烈的火花，无数国内外医家与学者都在努力寻找二者和谐发展之路。

第一节 历史源流

关于中医的起始，至今还无准确定论，可能源于原始社会或更早，其起源发展和人类的实践、人与大自然的互动密不可分。

一、春秋战国时期

春秋战国时期，医学已有疾医（内科医生）、疡医（外伤科医生）、食医（营养医生）和兽医之分。《史记·扁鹊仓公列传》记载扁鹊（秦越人）曾为带下医、小儿医、耳目痹医（五官科）。

《黄帝内经》为古代医家托轩辕黄帝名之作，一般认为成书于春秋战国时期，为中国现存最早的中医经典理论专著。《难经》是一部与《黄帝内经》相媲美的古典医籍，成书于汉之前，相传系扁鹊所著，其内容包括生理、病理、诊断、治疗等方面。

二、秦汉时期

《神农本草经》为中国现存最早的药物学专著。它总结了汉以前人们的药物知识，载药365种，并记述了君、臣、佐、使、七情和合、四气五味等药物学理论。东汉著名医学家张仲景著《伤寒杂病论》，提出了六经辨证体系及以脏腑辨杂病理论，记载有方剂269首，被誉为“方书之祖”，后世又将该书分为《伤寒论》和《金匮要略》。

三、魏晋南北朝时期

西晋医家皇甫谧著《针灸甲乙经》，全书12卷，128篇。该书为中国现存最早的针灸专书，其内容包括脏腑、经络、腧穴、病机、诊断、针刺手法、刺禁、腧穴主治等。书中经过考察确定了腧穴349个，论述了各部穴位的适应证与禁忌，总结了操作手法等，对世界针灸医学影响很大。梁陶弘景，著名的医药家、炼丹家、文学家，著有《本草经集注》，载药合计730种，大大扩展了可供使用的药物种类。陶弘景确立了按药物自然属性和治疗属性分类的方法。

四、隋唐时期

巢元方等人集体编写的《诸病源候论》，是中国现存最早的病因证候学专著，分别论述了内、外、妇、儿、五官等各科疾病的病因、病机和症状，对一些疾病的病因及发病已有比较详尽而科学的记录，如对寸白虫病因，麻风、漆疮病病因和证候的描述。《唐新修本草》（又名《唐本草》），是中国古代第一部由政府颁行的药典，也是世界上最早的国家药典，比欧洲纽伦堡政府颁行的《纽伦堡药典》早883年。唐代著名医学家孙思邈，著成《备急千金要方》（简称《千金要方》或《千金方》）、《千金翼方》。其中《千金要方》分为30卷，载方5 300首；《千金翼方》亦30卷，对临床各科、针灸、食疗、预防、养生等均有论述。公元752年，王焘著成《外台秘要》，全书共40卷，载方六千余首，可谓集唐以前方书之大成。

五、宋代

宋政府对中医人才比较重视，设立“太医局”，作为培养中医人才的最高机构。学生所学课程包括《素问》《难经》《伤寒论》和《诸病源候论》等。针灸医官王惟一曾设计铸造铜人两具（1026），精细刻制了十二经脉和穴位，作为针灸教学和考试医师之用。公元1057年，宋政府专设“校正医书局”，有计划地对历代重要医籍进行了搜集、整理、考证和校勘。

六、金元明清时期

金元时代,出现了许多独具特色的医学流派。其中代表性的有四大家,即"寒凉派"刘完素,"攻邪派"张从正,"补土派"李东垣,"养阴派"朱震亨。明代医药学家李时珍历时27年之久,写成了《本草纲目》,收载药物1 892种,附方11 096个,对中国和世界药物学的发展做出了杰出的贡献。

大约在11世纪,中医即开始应用"人痘接种法"预防天花,成为世界医学免疫学的先驱。明代吴又可指出"戾气"的传染途径是自口鼻而入,无论体质强弱,触之皆病,深化了对瘟疫、温热类疾病的认识。清代,中医在治疗温病方面成就突出,代表著作有叶桂的《温热论》,薛生白的《湿热条辨》,吴瑭的《温病条辨》及王士雄的《温热经纬》等。清代医学家王清任写成《医林改错》,改正了古代医书在人体解剖方面的一些错误,强调了解剖知识对医生的重要性,并发展了瘀血致病理论与治疗方法。

七、近现代时期

近百年来,随着西医在中国广泛传播,社会上形成中医、西医、中西医结合并存的局面。一些医家逐渐认识到中西医各有所长,因此试图把两种学术加以汇通,逐渐形成了中西医汇通学派。其代表人物及其著作是:唐宗海之《中西汇通医书五种》,朱沛文之《华洋脏腑图像合纂》,张锡纯之《医学衷中参西录》等。

近年来,在国际医学界,中医尤其是针灸引起极大关注,世界卫生组织(WHO)指出,很多针灸和一些草药的有效性得到了科学研究的较强支持,但是对于其他的传统疗法还需要进行进一步研究。

现如今,受到西方医学的冲击与影响,中医的发展面临着巨大机遇与挑战。

第二节 中医学派

在中医药发展史上,通过不断的实践、总结、发展,逐渐形成了许多学术流派。

春秋战国时代,学术界涌现多种思想流派,形成百家争鸣之象,医学是这股文化洪流的一个重要分支,受主导文化思潮的影响。因立论的学术宗旨不同,研究的角度、方法与手段不同,以及研究者所持的观念、所处的地域环境不同而形成不同的医疗方式和学术见解,形成用针、用药和重切脉的三大派。到西汉时期形成重针灸和切脉的医经一派(致力于基础理论方面研究的一派),以及重视使用药物方剂的经方派(重视运用经验方的一派)两大派别。

东汉末年，医学家张仲景开创六经辨证体系，奠定了辨证论治的理论基石，著成《伤寒论》一书，其学术脉络承传，成为一大医学学派“伤寒学派”（围绕东汉名医张仲景所著《伤寒论》，探讨张仲景论治伤寒的学说和辨证论治规律，以及研究张仲景本人、《伤寒论》版本流传的学派）。

宋代重视文化、科技发展，中医学也得到了大力发展，并为形成金元时代医学流派的多家争鸣局面打下基础。《四库全书总目提要》把这种传统文化和医学的变迁现象称为“儒之门户分于宋，医之门户分于金元”。在金元时代有被称为“四子学派”的四大医家，即刘完素（即刘河间）、李东垣、张子和（即张从正）、朱丹溪（即朱震亨）。他们各有所长。以刘完素为代表的寒凉派，是以阐发火热病机为中心内容的一个医学流派，开始于研究外感病之火热病机，继而演变为研究内伤之阴虚火旺病机。它促进了中医学病机学说的发展，亦为后来温热学派奠定了基础。李东垣师承张元素，治疗上十分注重脾胃，著有《脾胃论》，为补土派代表人物；张子和立论邪之法而主攻下，创立攻邪派；朱丹溪则撰著《阳有余阴不足论》《相火论》，创立了养阴学派。上述四大家，又据其师承和地域，可概括为以刘完素为代表的河间学派和以李东垣为代表的易水学派。

明清时期在治疗外感热病方面有所创新，在病因上从温热立论，提出了卫气营血辨证及三焦辨证方法，发展成为温热学派，代表人物有“温病四大家”：叶天士、吴鞠通、王孟英、薛雪。清末民初，西医学传入中国以后，有一批中医学家如王宏翰、朱沛文、唐容川、张锡纯等，主张中西医学汇聚而沟通之，而衍成汇通学派。该派虽然历时较短，但提倡取长补短，注重办刊兴学，起到传承中医的作用，又成为中西医结合的先导，在中西医结合的道路上进行了理论及实践方面的先驱性尝试。

明代王肯堂在《明医杂著》中说道：“外感法仲景，内伤法东垣，热病用河间，杂病用丹溪，一以贯之，斯之大全矣。”中医学派各有特点，又有明显的传承性，学派间的学术争论扩大了认识的广度与深度。古往今来一直存在伤寒学派与温病学派，河间学派与易水学派之间的争论等，在各家交流争鸣中，各学派不断吸收他派之长，改进自派不足，多种学术思想理论互相渗透交叉，形成中医学派多家争鸣、不断丰富的现状，并将为中医开创更加多彩的未来。

第三节　中医理论及临床

一、中医理论

中医理论，通常称为中医基础理论，主要包括阴阳学说、五行学说、藏象学说、经络学说、气血津液学说、五运六气学说、体质学说、病因学说、病机学说、养生学说等，全面系统地阐述了人体的生理、病理，并用于指导临床诊治。

1. 阴阳学说

阴阳学说是以自然界运动变化的现象和规律来探讨人体的生理和病理的变化，从而说明人体的机能活动、组织结构及其相互关系的学说。

一般情况下，运动着的、外向的、上升的、温热的、明亮的属于阳；相对而言，静止的、内守的、下降的、寒冷的、晦暗的属于阴；对于人体具有推进、温煦、兴奋等作用的物质和功能归属于阳，对于人体具有凝聚、滋润、抑制等作用的物质和功能归于阴。阴阳是相互关联的多种事物，也可以是一个事物的两个方面。

阴和阳是相对的，存在着对立制约、互根互用、消长平衡和相互转化等关系，二者不是孤立、静止不变的，而是相互联系、相互影响的。

2. 五行学说

五行学说是以木、火、土、金、水五类物质的特性及其生克制化规律来认识、解释自然的系统结构，人体内脏之间的相互关系，脏腑组织器官的属性，运动变化及人体与外界环境的关系的理论体系。

《尚书·洪范》指出："五行一曰水，二曰火，三曰木，四曰金，五曰土。水曰润下，火曰炎上，木曰曲直，金曰从革，土爰稼穑。"形象地归纳了五行的特性。"水曰润下"表明水具有滋润、向下的特性，因此将具有寒凉、滋润、向下运行特点的事物，归属于水。"火曰炎上"指火具有温热、上升的特性，引申为具有温热、升腾作用的事物，均归属于火。"木曰曲直"指树木的生长形态为枝干曲直，向上向外周舒展，引申为具有生长、升发、条达舒畅等作用或性质的事物，归属于木。"金曰从革"是说金具有肃杀、收敛、变革的特性，凡具有类似清洁、肃降、收敛等性质或作用的事物，归属于金。"土爰稼穑"是指土有种植和收获作物的作用，引申为具有生化、承载、受纳作用的事物，归属于土，故有"土载四行"和"土为万物之母"之说。中医将世间万物归纳成五行属性，而这五行之间又存在生、克、乘、侮的关系，将种种事物联系起来。

五行相生指的是事物的相互滋生、促进或助长的关系，如木生火、火生土、土生金、金生水、水生木。五行相克，指的是事物的相互克制、制约或抑制的关系，如木克土，土克水，水克火，火克金，金克木。

五行相乘与相侮，是五行关系在某种因素作用影响下所产生的反常现象。相乘，即相克得太过。相克与相乘是有区别的，相克是正常情况下的制约关系；相乘则是正常制约关系遭到破坏以后的过度克伐，是反常现象。在人体，则前者是生理状态，后者则为病理状态。相侮，即相克的反向，又叫反克。如金应克木，若木气亢极，不受金制，反而侮金，即为木（亢）侮金；金本克木，若金气虚衰，则木因其衰而侮金，即为木侮金（衰）。

3.藏象学说

研究人体脏腑的生理功能、病理变化及其相互关系的学说称为藏象学说，是中医基础理论的核心组成部分。脏，古作藏，指居于体内的脏腑；象，指脏腑的功能活动和病理变化反映于体外的种种征象。

4.五运六气学说

五运包括木运、火运、土运、金运和水运，指自然界一年中春、夏、长夏、秋、冬的季候循环。六气则是一年四季中风、寒、暑、湿、燥、火六种气候因子。运气学说是根据天文历法参数用来推算、预测天象、气候、疾病发生流行的规律，并提供预防、养生的方法。

5.经络学说

是研究人体经络的生理功能、病理变化与脏腑相互关系的学说。经络被定义为人体内运行气血的通道，起沟通内外、网络全身的作用。在病理情况下，经络系统功能发生变化，会呈现相应的症状和体征，通过这些表现，可以诊断机体疾病。

6.气血津液学说

气血津液是人体维持生命活动所必需的营养物质和动力，它们的不足和运行输布的失常是基本病机的重要组成部分。气血津液学说是研究人体气血津液生理功能、病理变化及其相互关系的学说。

二、中医临床

1.理、法、方、药体系

理、法、方、药是中医学关于诊断与治疗操作规范的四大要素。理：根据中医学理论（包括阴阳五行、气血津液、脏腑经络等理论）对病变机理作出的准确的解释。法：通过望、闻、问、切四法收集生理、病理情况，根据八纲、气血津液、病性、脏腑、卫气营血、三焦、六经等辨证体系，针对病变机理所确定的相应的治则治法。方：是根据治则治法选择最恰当的代表方剂或其他治疗措施。药：根据四气五味、归经等原理，对方剂中药物君、臣、佐、使的配伍及其剂量的最佳选择。中医临床实践讲求辨证论治，辨证论治是指通过四诊收集患者的病史、症状等临床资料，根据中医理论进行综合分析，分辨出症候，并拟定治疗方法。中医理论贯穿在预防与养生实践中的过程，是理法方药运用于临床的过程，为中医学的基本特色。

2.治疗方法

中医通过数千年的发展，形成了丰富多样的治疗方法，如砭石、针刺、汤药、艾灸、导引、布气、祝由等。

砭石之法，即用砭石治疗疾病。经考证，砭石多指泗滨砭石（出自《尚书·禹贡》："泗滨浮磬。"产于山东泗水之滨，故名泗滨砭石）。砭石治疗根据中医经络穴位理论，使用"感、压、滚、擦、刺、划、叩、刮、拍、揉、振、拔、温、凉、闻、挝"16种方法（砭术16法），直接或间接在皮肤上操作，疏通经络，调理气血，排除经络、皮肤、肌肉等部位的病理产物，达到缓解病情、治愈疾病的目的。

针刺、汤药、艾灸、导引则是现今常见的中医治疗方法，而布气、祝由相对较少使用。布气、祝由两词都见于中医经典著作《黄帝内经》，《内经·天元纪大论》："太虚廖廓，肇基化元，万物资始，五运终天，布气真灵，惚统坤元。"《素问·移精变气论》："黄帝问曰：余闻古之治病，惟其移精变气，可祝由而已。"布，有布施、敷布、施舍之意。布气即谓向他人发气治病，亦称灌气气功。苏轼在《东坡志林》中指出："学道养生者，知足之余，能以气与人……谓之布气。"祝，敬祝，有恭敬之意；由，疾病产生的缘由、来由。合起来讲，就是恭敬查明病人患病的原因和疾病的由来，恭敬地运用祝由方法，通过药、咒、法术、心理工作等方法，化解病人的疾病。

中医治疗方式方法多样，经实践验证大多具有简便廉效的特点，因而受到人们的认可与欢迎。

3.临床分科

中医学的分科，最早见载于主要反映周代制度的《周礼》。从书中可以看到当时中医学已分为四科，即食医、疾医、疡医和兽医。食医相当于营养科，疾医相当于内科，疡医相当于外科。发展到现在，受到西医分科体系及理念的影响，中医临床分科已趋向细分化，内科、外科、妇科、儿科、五官科、骨科、保健科、康复理疗科等，都是常见的临床分科。

经过数千年的积累与总结，中医不同的分科都有丰富的论著。以外科为例，西汉前后问世的《金创瘈疭方》是我国第一部外科医学专著，今已失传。南北朝时有了我国现存最早的外科医学专著《刘涓子鬼遗方》（成书于499年），载有痈疽的鉴别诊断之法和内外处方140个。王焘的《外台秘要》载方六千余首，是外科方药的重要参考文献。

第四节　中 医 典 故

一、中医四大经典

中医四大经典指的是中医发展史上起到重要作用、具有里程碑意义的四部经典巨著，对古代乃至现代中医都有着巨大的指导作用与研究价值。关于四大经典的具体组成一直存在争议，目前学术界一般将《黄帝内经》《难经》《伤寒杂病论》《神农本草经》看做是中医四大经典。

《黄帝内经》简称《内经》，是我国现存医书中最早的典籍之一，非一人一时之作，成书于战国至秦汉时期。原书18卷，其中9卷名《素问》；另外9卷汉晋时被称为《九卷》或《针经》，唐以后被称为《灵枢》。每部分各为81篇，共162篇。《素问》主要论述了自然界变化的规律、人与自然的关系等，《灵枢》的核心内容为脏腑经络学说。《黄帝内经》是中国现存最早的研究人的生理学、病理学、诊断学、治疗原则和药物学的传统医学巨著，总结了春秋至战国时期的医疗经验和学术理论，并吸收了秦汉以前有关天文学、历算学、生物学、地理学、人类学、心理学的知识，运用阴阳、五行、天人合一的理论，对人体的解剖、生理、病理以及疾病的诊断、治疗与预防，做了比较全面的阐述。它在理论上建立了中医学的“阴阳五行学说”“脉象学说”“藏象学说”“经络学说”“病因学说”“病机学说”“病症”“诊法”“养生学”“运气学”等学说，反映了中国古代天人合一思想，确立了中医学独特的理论体系，成为中国医药学发展的理论基础和源泉。

《难经》原名《黄帝八十一难经》，相传为扁鹊所撰。但据考证，该书是一部托名之作，约成书于东汉以前（一说在秦汉之际）。“难”是“问难”之义，或作“疑难”解；“经”乃指《内经》，即问难《内经》。作者把自己认为的难点和疑点提出，然后逐一解释阐发，部分问题做出了发挥性阐解。该书以问难的形式，亦即假设问答，以解释疑难的体例予以编纂，故名为《难经》。全书共分81难，对人体腑脏功能形态、诊法脉象、经脉针法等诸多问题逐一论述。内容包括脉诊、经络、脏腑、阴阳、病因、病理、营卫、腧穴、针刺等基础理论，同时也列述了一些病证。该书以基础理论为主，结合部分临床医学，在基础理论中更以脉诊、脏腑、经脉、腧穴为重点。其中1～22难论脉，23～29难论经络，30～47难论脏腑，48～61难论病，62～68难论腧穴，69～81难论针法。书中对命门和三焦的学术见解以及所论七冲门（消化道的7个冲要部位）和八会（脏、腑、筋、髓、血、骨、脉、气等精气会合处）等内容，丰富和发展了中医学的理论体系。该书还明确提出“伤寒有五”（包括中风、伤寒、湿温、热病、温病），并对五脏之积、泻痢等病多有阐发，为后世医家所重视。全书内容简扼，辨析精微，在中医学典籍中常与《内经》并提，被认为是最重要的古典医籍之一，在中医学发展史上占有非常重要的地位。

《伤寒杂病论》为东汉张仲景所著。《神农本草经》又名《神农本草》，简称《本草经》《本经》，是中国现存最早的药学专著。

二、中医故事

在我们的生活中常常会听到一些和中医相关的词汇，如杏林春暖、悬壶济世、岐黄之术等，这些大家耳熟能详的词语之后往往都有一段故事或者传说。

相传三国时期，吴国有一位名叫董奉的医生，他常年为人治病，却不接受别人的报酬。得病的人，他给治好了，就让病人种植杏树。这样十几年以后，就形成了一大片杏林。每到杏子熟时，他告知人们，谁要买杏子，只要装一盆米倒入他的米仓，便可以装一盆杏子。董奉又把用杏子换来的米，救济贫苦的农民。“杏林”的说法一直流传了下来。人们在称赞有高尚医德、精湛医术的医生时，往往用“杏林春暖”“誉满杏林”“杏林高手”等词句来形容。“杏林”也成了医学界的代名词。

费长房，汝南（今河南上蔡西南）人，有一天他看到一位在竹杖上挂了葫芦的老人（即壶翁）在市集中卖药，当天黑集市散去之后，壶翁就跳入葫芦中。当时只有费长房一人看到，他觉得很奇怪，为了弄清楚壶翁的来历，费长房便以酒款待，壶翁清楚其来意后，便请他隔日再来。当他再来时，壶翁邀他一起进入葫芦中，只见壶中内有乾坤，大厅布置得整齐华美，佳肴满桌，他立刻拜壶翁为师，学习医术与修仙之道。几年后，费长房艺满，也开始悬壶济世行医。后人因而称名医治病为悬壶济世。

黄帝是传说中的中华夏民族始祖，人文初祖，中国远古时期部落联盟首领。现存中国最早的中医理论专著《内经》，即托黄帝与岐伯等讨论医学，并以问答的形式而成,又称《黄帝内经》。后世称中医学的“岐黄”“岐黄之术”,即源于此。

第五节　中医与中国传统文化

中医也包含着许多传统文化理念，中医与中国传统文化密切联系，相辅相成。

一、哲学思想

如果说，儒释道是中国传统文化的典范，那么它们所强调的天人合一、中庸之道、对立统一、人与自然的和谐发展等哲学思想，在中医文化中都有所体现。

从中医整体观来说，认为人体是一个有机的整体，机体内的各个系统是相互联系相互影响的；人和自然界是有联系的，人受到自然界的制约，反过来人也能改变自然界。人体本身具有统一性、完整性。人体各个组成部分之间在结构上是不可分割的，在生理上是相互联系、相互支持而又相互制约的，在病理上也是相互影响的。一般来说，人体某一局部的病理变化，往往与全身的脏腑、气血、阴阳的盛衰有关。由于脏腑、组织和器官在生理、病理上的相互联系和相互影响，因而就决定了在诊治疾病时，可以通过面色、形体、舌象、脉象等外在的变化，来了解和判断其内在的病变，以作出正确的诊断。

人体与自然界也是密不可分的。自然界的变化随时影响着人体，人类在能动地适应自然和改造自然的过程中维持着正常的生命活动。举例来说，季节气候对人体有影响：春温、夏热、长夏湿、秋燥、冬寒。生物在这种气候变化的影响下，会有春生、夏长、长夏化、秋收、冬藏等相应的转变。对应的脉象也有春弦、夏洪、秋浮、冬沉的不同。许多疾病的发生、发展和变化也与季节变化密切相关，如春季常见温病，夏季多发中暑，秋季常见燥症，冬季多有伤寒。这种人与自然相统一的特点也被中国古代学者称为“天人相应”，与传统思想中的“天人合一”理论相符合。

整体观念是中国古代唯物论和辩证思想在中医学中的体现，它贯穿于中医学的生理、病理、诊法、辩证和治疗等各个方面。阴阳五行学说是我国古代朴素的辩证唯物的哲学思想。古代医学家借用阴阳五行学说来解释人体生理、病理的各种现象，并用以指导总结医学知识和临床经验，这就逐渐形成了以阴阳五行学说为基础的医学理论体系。这些都体现了中医与传统文化哲学思想密切相关。

二、道德规范

传统文化强调孝、礼仪、仁义、慈悲仁爱、善于实践、顺应自然，孕育滋养了中医道德规范体系。

《大医精诚》为唐朝著名医家孙思邈所著《备急千金要方》中起始之卷，乃是中医学典籍中论述医德的一篇极重要文献。《大医精诚》论述了有关医德的两方面内容：一为医者要有精湛的医术，认为医道是“至精至微之事”，习医之人必须“博极医源，精勤不倦”。二是要求医者要有高尚的品德修养，以“见彼苦恼，若己有之”的心，秉持“大慈恻隐之心”的信念，坚持“普救含灵之苦”的行为，而不要“恃己所长，经略财物”。

医学家道德不仅体现在医学著作中，在生活实践中，无数中医医学家们也坚定不移地身体力行贯彻始终。医圣张仲景济世救人、仁爱为怀。无论是为皇帝和达官贵人，还是为穷苦百姓治病，他一视同仁，尽心尽力。他精研医学，注重实践，曾为弄清断肠草的毒性，置个人安危不顾，细品毒草，几乎死去。南宋名医陈自明，毕生研究妇产科，为不计其数的妇女解除痛苦。他特别憎恨一些庸医的不正之风，说："用心不臧，贪人财利，不肯便提伐病之利，惟恐速效而无所得，是祸不及，功不大矣。"他还批评"有医者得一二方子，以为秘传，惟恐人知之"。《妇人大全良方》《外科精要》为其传世医学著作。明代名医吴有性，在传染病盛行时，不顾个人安危，多次进入疫情严重的地区，详细观察和研究病因，找出对策，救治病人无数，编写著作《瘟疫论》，为中医防治传染病做出杰出贡献。

关于历代医家医德的故事举不胜举，他们拥有的不仅是高超医术、不朽著作，更用具体行动展示着对中国优良传统文化道德规范的履行、传承与发扬，无论从学术上还是思想品德方面都是我们的学习典范。

经典选读

上古天真论（节选）

昔在黄帝[1]，生而神灵[2]，弱而能言[3]，幼而徇齐[4]，长而敦敏[5]，成而登天[6]。乃问于天师曰[7]：余闻上古之人，春秋皆度百岁[8]，而动作不衰；今时之人，年半百而动作皆衰者，时世异耶？人将失之耶？岐伯对曰：上古之人，其知道者[9]，法于阴阳[10]，和于术数[11]，食饮有节，起居有常，不妄作劳，故能形与神俱，而尽终其天年，度百岁乃去。今时之人不然也，以酒为浆，以妄为常，醉以入房，以欲竭其精，以耗散其真，不知持满[12]，不时御神[13]，务快其心，逆于生乐，起居无节，故半百而衰也。

[1]黄帝：按《史记》，黄帝姓公孙，名轩辕，继神农氏而有天下，都轩辕之丘，以土德王，故号黄帝。[2]神灵：聪明之至也。[3]弱：始生百日之称。[4]徇：从善。齐：中正。[5]敦：厚大。敏：感而遂通，不疾而速。[6]成而登天：谓治功成，天年尽，在位百年，寿百十一岁而魂归于天也。[7]天师：对岐伯的尊称。[8]度：越。[9]道：造化之名。[10]法：取法。[11]和：调和。术数：修身养性之法。[12]持满：处在盛满的地位。[13]御：统御。

夫上古圣人之教下也，皆谓之虚邪贼风，避之有时，恬惔虚无[1]，真气从之，精神内守，病安从来？是以志闲而少欲，心安而不惧，形劳而不倦，气从以顺，各从其欲，皆得所愿。故美其食，任其服，乐其俗，高下不相慕，其民故曰朴。是以嗜欲不能劳其目[2]，淫邪不能惑其心，愚智贤不肖，不惧于物，故合于道。所以能年皆度百岁而动作不衰者，以其德全不危也。

[1]恬：安静。憺(dàn)：朴素。虚：湛然无物。无：幽深莫测。[2]嗜欲：人欲。目：精神所注之处。

黄帝曰：余闻上古有真人者[1]，提挈天地，把握阴阳，呼吸精气，独立守神，肌肉若一，故能寿敝天地[2]，无有终时，此其道生。

[1]真人：得道的人。[2]敝：尽。

中古之时，有至人者[1]，淳德全道，和于阴阳[2]，调于四时[3]，去世离俗，积精全神，游行天地之间，视听八远之外[4]，此盖益其寿命而强者也，亦归于真人。

[1]至：极。[2]和：合。[3]调：顺。[4]八远：八荒。

其次有圣人者[1]，处天地之和，从八风之理[2]，适嗜欲于世俗之间[3]。无恚嗔之心[4]，行不欲离于世，被服章[5]，举不欲观于俗，外不劳形于事，内无思想之患，以恬愉为务，以自得为功，形体不敝[6]，精神不散，亦可以百数。

[1]圣人：次于真人、至人者。[2]八风：风从南方来，曰大弱风；风从西南方来，曰谋风；风从西方来，曰刚风；风从西北方来，曰折风；风从北方来，曰大刚风；风从东北方来，曰凶风；风从东方来，曰婴儿风；风从东南方来，曰弱风。详见《类经·运气类三十五》。[3]适：安便。[4]恚(wèi)：怒。嗔：恶。[5]服章：五服五章，尊德之福。《尚书·皋陶谟》曰："天命有德，五服五章哉。"[6]敝：坏。

其次有贤人者[1]，法则天地[2]，象似日月[3]，辨列星辰[4]，逆从阴阳[5]，分别四时，将从上古[6]，合同于道，亦可使益寿，而有极时[7]。

[1]贤：善。贤人：次于圣人者。[2]法则：效法。[3]象：取法。[4]辨：别。列：分解。[5]逆：反。从：顺。[6]将：随。[7]极：尽。

六节藏象论（节选）

帝曰：藏象何如[1]？岐伯曰：心者，生之本[2]，神之变也[3]，其华在面[4]，其充在血脉[5]，为阳中之太阳，通于夏气。肺者，气之本，魄之处也[6]，其华在毛，其充在皮，为阳中之太阴，通于秋气。肾者，主蛰封藏之本，精之处也[7]，其华在发，其充在骨，为阴中之少阴，通于冬气。肝者，罢极之本[8]，魂之居也，其华在爪，其充在筋，以生血气，其味酸，其色苍，此为阳中之少阳，通于春气。

[1]藏：内脏。象：表现出的样子。[2]本：根本。[3]变：变化。[4]华：光彩。面：面容。[5]充：足。[6]处：所在之处。[7]精：五脏六腑之精。[8]罢(pí)：疲乏，疲劳。

脾胃大肠小肠三焦膀胱者，仓廪之本，营之居也[1]，名曰器，能化糟粕转味而入出者也，其华在唇四白，其充在肌，其味甘，其色黄，此至阴之类，通于土气。凡十一脏，取决于胆也。

[1]营：水谷之精气。

经脉别论（节选）

食气入胃，散精于肝[1]，淫气于筋[2]。食气入胃，浊气归心[3]，淫精于脉。脉气流经，经气归于肺，肺朝百脉，输精于皮毛。毛脉合精，行气于府[4]。府精神明，留于四脏，气归于权衡。权衡以平，气口成寸，以决死生。饮入于胃，游溢精气[5]，上输于脾。脾气散精，上归于肺。通调水道，下输膀胱。水精四布，五经并行[6]，合于四时五脏、阴阳揆度以为常也[7]。

[1]精：食气之精华。[2]淫：浸淫。[3]浊：食气之厚者。[4]府：气聚之腑，谓气海，亦谓膻中。[5]游：浮游。溢：涌溢。[6]五经：五脏的经络。[7]揆度(duó)：揣度，估量。

（《黄帝内经素问》，人民卫生出版社1963年版）

太阳脉证

太阳之为病[1]，脉浮[2]，头项强痛而恶寒[3]。

[1]太阳病：六经病之一，分经证和腑证。由外感风寒所致。经病包括太阳中风与太阳伤寒，腑病包括太阳蓄水证和太阳蓄血证。六经病即太阳病、阳明病、少阳病、太阴病、少阴病、厥阴病。[2]脉浮：表病脉。[3]恶寒：因风寒所伤，故恶之。头项强痛恶寒：表病证。

太阳病，发热，汗出，恶风[1]，脉缓者[2]，名为中风。

[1]恶风：汗出表虚，为风抵触，故谓恶风。[2]脉缓：风性柔软，故脉缓。

太阳病，或已发热，或未发热，必恶寒、体痛、呕逆[1]，脉阴阳俱紧者，名曰伤寒。

[1]呕逆：严重的干呕。

太阳病，发热而渴，不恶寒者，为温病[1]。

[1]温病：有别于中风伤寒之恶寒发热，温病内外皆热。

发汗已，身灼热者，名曰风温[1]。

[1]风温：温病误汗的变证，治以萎蕤汤等方。

太阳病，关节疼痛而烦[1]，脉沉而细者，此名湿痺[2]。

[1]烦：热头痛。[2]痺（bì）：同“痹”，指由风、寒、湿等引起的肢体疼痛或麻木的病。

太阳病，欲解时，从巳至未上[1]。

[1]巳：巳时，上午9–11点。未：未时，下午1–3点。上：最上，最优。

欲自解者，必当先烦，乃有汗而解。何以知之？脉浮。故知汗出解也。

太阳病未解，脉阴阳俱停，必先振栗汗出而解[1]。但阳脉微者，先汗出而解。但阴脉微者，下之而解[2]。若欲下之，以调胃承气汤。

[1]栗（lì）：发抖。[2]下：导泻，中医治疗的一种方法。

太阳病，下之而不愈，因复发汗，以此表里俱虚，其人因致冒[1]，冒家汗出自愈[2]。所以然者，汗出表和故也，得里未和，然后复下之。

[1]冒：头目被气雾蒙覆，视物模糊，头昏不清。[2]冒家：头目昏冒者。

问曰："病有战而汗出[1]，因得解者，何也？"答曰："脉浮而紧，按之反芤[2]，此为本虚，故当战而汗出也。其人本虚，是以发战，以脉浮，故当汗出而解。若脉浮而数，按之不芤，此人本不虚。若欲自解，但汗出耳，不发战也。"

[1]战：战栗。[2]芤（kōu）：葱。芤脉在中医上指重按时中间无而两边有的脉搏，好像手指按葱管的感觉。

问曰："病有不战不汗出而解者，何也？"答曰："其脉自微，此以曾经发汗，若吐、若下、若亡血，以内无津液。此阴阳自和，必自愈，故不战不汗出而解也。"

问曰："伤寒三日，脉浮数而微，病人身凉和者，何也？"答曰："此为欲解也。解以夜半，脉浮而解者，濈然汗出也；脉数而解者，必能食也；脉微而解者，必不汗出也。"

（[清]柯琴著，赵辉贤校注：《伤寒来苏集》，上海科学技术出版社1956年版）

脏府经络先后病脉证第一

夫人秉五常[1]，因风气而生长[2]，风气虽能生万物，亦能害万物。如水能浮舟，亦能覆舟。若五藏元其通畅，人即安和。客气邪风[3]，中人多死。千般疢难[4]，不越三条。一者，经络受邪入脏府，为内所因也；二者，四肢九窍，血脉相传，壅塞不通，为外皮肤所中也；三者，房室金刃，虫兽所伤。以此详之，病由都尽。若人能养慎，不令邪风干忤经络；适中经络，未流传府藏，即医治之。四肢才觉重滞[5]，即导引吐纳，针灸膏摩，勿令九窍闭塞；更能无犯王法，禽兽灾伤，房室勿令竭乏，服食节其冷热、苦酸、辛甘，不遣形体有衰，病则无由入其腠理。腠者，三焦通会元其之处，为血气所注。理者，是皮肤脏府之文理也。

[1]五常：五行。五行之气为风、暑、湿、燥、寒；五行之味为酸、苦、甘、辛、咸。[2]风气：泛指自然气候。[3]邪风：相对于正风。正风，从八方应时而来，相生和缓之主气；邪风，从其冲后而来，相克冲劣之客气。[4]疢（chèn）：热病。[5]滞：不流通。

问曰：上工治未病[1]，何也？师曰：夫治未病者，见肝之病，知肝传脾，当先实脾；四季脾王不受邪，即勿补之。中工不晓相传[2]，见肝之病，不解实脾，惟治肝也。夫肝之病，补用酸，助用焦苦，益用甘味之药调之。酸入肝，焦苦入心，甘入脾。脾能伤肾，肾气微弱，则水不行；水不行，则心火气盛，心火气盛，则伤肺；肺被伤，则金气不行[3]；金气不行，则肝气盛；肝气盛，则肝自愈。此治肝补脾之要妙也。肝虚则用此法，实则不在用之。经曰：虚虚实实，补不足，损有余。是其义也。余脏准此[4]。

[1]上工：良医。未病：生病之前。[2]中工：常医。[3]金气：阳明燥金之气。《素问·六微旨大论》："复行一步，金气治之。"[4]余脏：其余四脏。

问曰：病人有气色见于面部[1]，愿闻其说？师曰：鼻头色青，腹中痛，苦冷者死；(一云：腹中冷，苦痛者死）鼻头色微黑者，有水气[2]；色黄者，胸上有寒；色白者，亡血也[3]；设微赤非时者[4]，死。其目正圆者，痉[5]，不治。又色青为痛，色黑为劳，色赤为风，色黄者便难，色鲜明者有留饮。

[1]气：五色之光华。色：青、赤、黄、白、黑。[2]水气：水肿。[3]亡血：血液的失亡。[4]非时：色赤为热为风，若见于冬，为非其时。[5]痉：痉挛，抽筋。

师曰：病人语声寂然，喜惊呼者，骨节间病；语声喑喑然，不彻者[1]，心膈间病；语声啾啾然，细而长者，头中病[2]。

[1]不彻：声不响亮而不了彻。[2]头：当是"腹"字，应为传写之讹。病：一作"痛"。

师曰：息摇肩者[1]，心中坚[2]；息引胸中上气者[3]，咳；息张口短气者，肺痿唾沫。

[1]息：一呼一吸。摇肩：抬肩。[2]心中坚：胸中壅满。[3]胸中上气：胸中之气上逆。

师曰：吸而微数[1]，其病在中焦[2]，实也，当下之即愈，虚者不治。在上焦者[3]，其吸促[4]；在下焦者[5]，其吸远[6]。此皆难治。呼吸动摇振振者，不治。

[1]微数：匀促。[2]中焦：人体部位名，三焦之一。中焦在三焦的中部，指上腹部分。它的主要功用是助脾胃，主腐熟水谷，泌糟粕，蒸津液，化精微，是血液营养生化的来源。[3]上焦：三焦的上部，从咽喉至胸膈部分。主要功能是敷布水谷精气至全身，以温养肌肤、骨节，通调腠理。[4]促：当是"远"字，为传写之讹。[5]下焦：三焦的下部，指下腹腔自胃下口至二阴部分。能分别清浊，渗入膀胱，排泄废料，其气主下行。[6]远：当是"促"字，为传写之讹。

师曰：寸口脉动者[1]，因其旺时而动[2]，假令肝旺色青，四时各随其色，肝色青而反色白，非其时色脉，皆当病。

[1] 寸口：诊脉的部位，属手太阴肺经，位于两手桡骨头内侧的桡动脉处，因该处太渊穴距鱼际仅一寸，故名。[2] 旺时：当时至而气旺，乃脉乘之而动，其色亦应之。

问曰：有未至而至，有至而不至，有至而不去，有至而太过，何谓也？师曰：冬至之后，甲子夜半，少阳起。少阳之时，阳始生，天得温和。以未得甲子，天因温和，此为未至而至也；以得甲子，而天未温和，此为至而不至也；以得甲子，而天大寒不解，此为至而不去也；以得甲子，而天温如盛夏五六月时，此为至而太过也。

师曰：病人脉浮者在前，其病在表；浮者在后，其病在里。腰痛背强不能行[1]，必短气而极也。

[1] 强（jiàng）：僵硬。

问曰：经云：厥阳独行[1]，何谓也？师曰：此为有阳无阴，故称厥阳。

[1] 厥：逆。

问曰：寸脉沉大而滑，沉则为实，滑则为气，实气相搏[1]，血气入脏即死[2]，入腑即愈，此为卒厥[3]，何谓也？师曰：唇口青，身冷，为入脏，即死；如身和，汗自出，为入腑，即愈。

[1]“寸脉沉大而滑，沉则为实，滑则为气，实气相搏”十八字文理不顺，应为衍文。[2] 血：当是“厥”字，为传写之讹。[3] 卒：通“猝”，突然，急遽。

问曰：脉脱入藏即死，入府即愈，何谓也？师曰：非为一病，百病皆然。譬如浸淫疮，从口起流向四肢者，可治；从四肢流来入口者，不可治。病在外者可治，入里者即死。

问曰：阳病十八，何谓也？师曰：头痛，项、腰、脊、臂、脚掣痛。阴病十八，何谓也？师曰：咳，上气、喘、哕[1]、咽、肠鸣、胀满、心痛、拘急。五藏病各有十八，合为九十病；人又有六微，微有十八病，合为一百八病。五劳，七伤，六极，妇人三十六病，不在其中。清邪居上，浊邪居下，大邪中表，小邪中里，槃饪之邪[2]，从口入者，宿食也。五邪中人[3]，各有法度：风中于前，寒中于暮，湿伤于下，雾伤于上，风令脉浮，寒令脉急，雾伤皮腠，湿流关节，食伤脾胃，极寒伤经，极热伤络。

[1]哕（yuě）：呕吐，气逆。[2]槃饪（qǐng tuō）：饮食。[3]五邪：风、寒、湿、雾、饮食。

问曰：病有急当救里救表者，何谓也？师曰：病，医下之，续得下利[1]，清谷不止[2]，身体疼痛者，急当救里；后身体疼痛，清便自调者[3]，急当救表也。

[1]下利：痢疾与泄泻的统称。[2]清谷：谷物完整不消化。[3]清便自调：指大便正常。清：同"圊"。圊，厕。

夫病痼疾[1]，加以卒病[2]，当先治其卒病，后乃治其痼疾也。

[1]痼疾：旧病。[2]卒病：新病。

师曰：五脏病各有得者愈[1]；五脏病各有所恶[2]，各随其所不喜者为病。病者素不应食，而反暴思之，必发热也。

[1]各有得者愈：《内经》云：肝色青，宜食甘；心色赤，宜食酸；肺色白，宜食苦；脾色黄，宜食咸；肾色黑，宜食辛，此五脏得饮食而愈者。[2]各有所恶：心恶热，肺恶寒，肝恶风，脾恶湿，肾恶燥。

夫诸病在脏，欲攻之，当随其所得而攻之，如渴者[1]，与猪苓汤，余皆仿此。

[1]如渴者：此三字之后当有"小便不利"四字，为传写之遗。

（[清]吴谦编：《医宗金鉴·订正仲景全书金匮要略注》，人民卫生出版社1973年版）

参考书目

1. [明]张介宾：《类经》，人民卫生出版社1965年版。

2. [清]柯琴:《伤寒来苏集》，上海科学技术出版社1956年版。

3. [清]吴谦编:《医宗金鉴·订正仲景全书金匮要略注》，人民卫生出版社1973年版。

思考题

1. 六经辨证体系源自于哪里?
2. 什么是中医阴阳学说?
3. 试举例说明中医五行学说。
4. 如何理解中医整体观?
5. 请从中医角度谈谈你对“天人相应”的看法。
6. 谈谈“仁”在中医文化中的运用。

第十三章　养生文化

中国的传统文化中有着丰富的养生理论。在传统的中医理论中，古人具有强烈的因果观念和自然意识，注重身体保养、疾病预防的思想多于治病的理论。《黄帝内经》有曰："圣人不治已病治未病，夫病已成而后药之，乱已成而后治之，譬犹渴而穿井，斗而铸兵，不亦晚乎？"时至今日，起源于古老的中华文明的养生文化仍焕发出夺目光彩，对现代文明具有深远的影响。

第一节　养生文化的起源和发展

"养生"一词最早见于《庄子·养生主》："善哉！吾闻庖丁之言，得养生焉。"庖丁在宰杀牛的时候，由于摸索到了牛肉的生长肌理、骨节结构的规律，所以能够使刀锋在狭窄的骨缝之间游走，而不会产生碰撞，他的刀使用三年不用打磨，依然十分锋利。梁惠王从他的故事中领悟出养生之道，即通过遵循自然规律，达到保养身体、延年益寿的目的。

《周礼·天官冢宰》中记载，周代的医师根据其不同职责，分为食医、疾医、疡医、兽医等。医学巨著《黄帝内经》的问世，标志着系统的养生理论的形成，如调和阴阳、顺应自然等原则，以及调情志、适寒温、和五味、针灸等多种养生方法，而且强调"治未病"这一预防为主的原则，将养生和预防疾病密切结合在一起，具有重要意义。著名医学家扁鹊生于战国时期，他医技精湛，创造了许多治疗疾病的方法。司马迁在《史记》中说："至今天下言脉者，由扁鹊也。"这种强烈的重生意识和丰富的养生实践为我国源远流长的养生文化打下了坚实的理论基础。

从秦汉至隋唐，是佛家、道家养生文化的兴盛时期，出现了炼丹术、神仙术、服石法、房中术之类的养生法。皇帝们也热衷于追求长生不死，如秦始皇、汉武帝，这也使得“仙丹妙药”一度成为养生文化的重点追求。汉武帝时的淮南王刘安也招方术之士，著有“神仙黄白之术”，但今已基本佚失。

道教崇尚成仙，注重养生，道教典籍多有养生之法。东汉末年道教创立，五斗米道的创教人张道陵精研《黄帝九鼎神丹经》《太清金液神丹经》，并传之后世。东汉时期的魏伯阳所著的《周易参同契》，奠定了中国传统内外丹学的理论基础。他阐述了炼丹和气功的理论方法，但也指出了金石对人的危害。其书关于气功的论述，至今仍有研究价值。此时道教养生注重外丹术，又称金丹术、黄白术等，主要指用炉鼎烧炼金石，做成延年益寿的丹药。《周易参同契》也被称为“万古丹经王”。东晋道教学者、著名炼丹家、医药学家葛洪就酷爱“神仙导养之法”，在阅读先秦两汉经典的基础上，把神仙方术与儒家纲常相结合，提出了具有新见解的儒道兼修、内外丹共同修炼的养生术。葛洪在《抱朴子内篇》中提出了养生哲学理论和养生实践结合的养生方法，又在总结华佗“五禽戏”的基础上创编了龙导、虎引、龟咽、燕飞、蛇屈、猿据、兔惊等运动养生术，追求神仙长生。其后，南北朝时期的陶弘景也擅长炼丹。《南史》记载，他曾为梁武帝炼丹，“色如霜雪，服之体轻。及帝服飞丹有验，益敬重之”。陶弘景还撰写了《养性延命录》和《导引养生图》等著作，强调养神应当“少思寡欲”,“游心虚静，息虑无为”，炼形应当“饮食有节，起居有度”，再以导引、行气之术为辅助，可求延年益寿。这一时期，虽然道家著作都写到内外丹，但是道家养生修炼主要还是以外丹术为重心，直到唐朝末期，内丹术才渐渐成为主流。

在内丹术中，阴阳互补是极为重要的观念，房中术也往往被视为重要部分。葛洪的《抱朴子·遐览》就载有《素女经》。在道家学说中，素女是古代文献中的一位女神，曾授予黄帝房中术。《素女经》依托素女所言，讲述了古代性学知识。

佛教在汉明帝时期传入中国。佛学的传入，对我国医药养生的发展也有一定促进作用，据隋唐史书记载，传入的佛教医书有十余种。佛学中的养生健身思想往往和佛教教义结合在一起，隋代智觊法师所著《六妙门》(即《小止观》)、《摩诃止观》(即《大止观》)，以及阐述心理修养的《百法明门论》《妙云集》等，都是讲述养生的佛教书籍。汉唐时期的医者和养生学者也往往吸取佛教理论，将其纳入中华养生文化之中。

优秀的医者继承了养生治病的医学传统，对其作出了重大贡献。汉末名医张仲景勤求古训，博采众方，他根据临床实践经验，撰写了《伤寒杂病论》，不但创建了六经辨证法，也阐明了养生的作用。如“所食之味，有与病相宜，有与病为害者，若得宜则益体，害则成疾”。同时的名医华佗，精通方药、针灸甚至外科手术，对养生问题也很有研究。《三国志·华佗传》说他“晓养性之术，时人以为年且百岁而貌有壮容”。他重视运动对健身的作用，通过模仿虎、鹿、熊、猿、鸟（鹤）五种动物的动作，编制了“五禽戏”，开创了我国导引术套路术式的先河。五禽戏可以用来防治疾病，强身健体，对后世医疗保健体操的发展有重大影响。

唐代的皇帝们也多信道教，在他们的推崇下，道教及道教的养生术都有很大进展。但是外丹术往往含有毒性，很多人也为此付出了生命，唐朝的皇帝也多有服用丹药中毒死亡的。受时代风气影响，唐代炼丹家众多，尤为著名的是“药王”孙思邈，他在炼丹方面的主要著作有《太清丹经要诀》《存神炼气铭》等。孙思邈倡导修身养性，并提出了很多具体的养生方剂及养生运动，对传统的养生理论和方法进行了总结生发。他的《千金方》在食疗、养生、养老方面做出了巨大贡献。

由于外丹术的常见危害，在晚唐时期，以天人合一思想为指导、以人体为鼎炉、以自身的精气为药物、在体内烧炼结丹的内丹术逐渐兴起，外丹术从元代就渐渐衰落了。

到了宋代，我国传统养生文化又有了新发展。道家养生不再注重炼制丹药服用，而转向炼制黄白，即药金药银，也就是今天所说的合金。修炼内丹也成为道家养生的主要追求。钟离权和吕洞宾就是发展内丹道的先行者。他们大概是唐末五代人，后来被神化成为八仙中人。他们提出修炼内丹要“炼形成气，炼气成神，炼神合道”，具体操作则带有宗教性和神秘性。

北宋末年，官方出版了《圣济总录》，普及了医药知识，并详细论述了当时流行的“运气”学说，介绍了很多养生法。宋代宫廷编著的方剂书《太平圣惠方》中也有许多关于养生保健的内容，尤其强调食补，记述了各种药粥、药酒的制作方法。宋代整理的《大宋天宫宝藏》及其辑要本《云笈七签》，虽是道家书籍，但书中记述了很多导引、气功、按摩等方法，对于养生保健具有很大的价值。

除了宫廷和医者对养生感兴趣外，文人们也开始注重对养生的探究。苏轼和沈括各有养生学著作传世，后人整理编纂而成《苏沈良方》，主张以清淡饮食和运动作为养生的方法。欧阳修通过自身实践，认为“劳其形者长年，安其乐者短命”，保持运动才能长寿。在导引术方面，宋代出现了一套动静结合的练身法——八段锦。八段锦分为坐势和站势两种。坐势练法运动量小，适于起床前或睡觉前锻炼。站势运动量大，适于大众锻炼。八段锦每一节动作都有针对性，所以练起来目的更为明确。

金元时期道教全真派长春真人丘处机被成吉思汗赐号“神仙”，掌管天下道教。但元代后来两次焚道藏经，使道家炼丹术遭到压制，黄白术也流入民间，渐渐成为民间骗术。明代皇帝也多信道教，明成祖下旨编修《道藏》，但是自明世宗死于服用丹药，外丹术备受打击。李时珍在《本草纲目》中也批评了外丹术。

清代道家的内外丹术基本注重个人修炼，也多流入民间，不再具有曾经的显赫地位。

明清时期是养生文化的集大成时期，养生著作的编纂和出版达到了历史顶峰。明清养生文化在吸收前代文化的基础上，主要强调综合调理、简要易行的养生方法。如李时珍的《本草纲目》，注重食疗；尤乘的《寿世青编》，完善五脏调养；汪绮石的《理虚元鉴》，提出如何诊治虚劳；张景岳的《类经》，论述了温补观念；冷谦的《修龄要旨》，讲述气功养生；李梴的《医学入门》，提出动静结合的辩证养生法；曹庭栋的《老老恒言》，总结了老年养生的要点。其余如袁黄的《摄生三要》、胡文焕的《寿养丛书》、息斋居士《摄生要语》、王祖源辑《内功图说》、陆懋修的《世补斋医书》、黄克楣《寿身小补》、徐大椿的《医学源流论》等，都各有精要之处，为养生文化的发展做出了重要贡献。

明代以后，武术的发展和《道藏》的成书，又推动了导引术的进步和发展。明清时期还创编了太极拳、易筋经十二势、十二段锦等传统养生术。《遵生八笺》中记载的八种导引术，甚至在1895年被译成英文流传于国外。

到了近代，由于战争频仍，西学东渐，中国传统医学和养生学几乎被全盘否定，受到了很大冲击。直到新中国成立，中华养生学才开始重新继承传统，并且与西方营养学等养生学科结合，在国家组织下建立了多种研究结构，开拓了中华养生文化的新局面。

第二节　养生文化的理论要点

说起养生，我们首先要梳理养生理论中对“生命”的认知，只有认识了什么是“生命”，我们才能知道如何保养生命。《黄帝内经·宝命全形论》云：“人以天地之气生，四时之法成。”认为生命是一种“太虚元气”，秉承天地的自然规律，并且要顺应四时变化。《庄子·知北游》说：“人之生，气之聚也，聚则为生，散则为死。”生命活动就是气的聚散过程。而气依据什么规律来聚散，就是《黄帝内经·生气通天论》里说的“生之本，本于阴阳”。《周易》认为“阳化气，阴成形”，生命的过程就是不断化气和成形的过程，两者互相依存，互相转化。所以从大处来说，生命的平衡就来自于阴阳的平衡，而养生的一切方法都是为了让阴阳之气达到平衡状态，从而能够顺应自然，延年益寿。

再向下延伸，具体管理我们生命健康的是“精”和“神”。《黄帝内经·经脉》中说：“人始生，先成精，精成而脑髓生，骨为干、脉为营、筋为刚、肉为墙、皮肤坚而毛发长。”《黄帝内经·天年》说：“失神者死，得神者生。”“阴阳”“气”“精”“神”几个方面共同掌管了我们的身心健康，正如《黄帝内经·生气通天论》中所说“阴平阳秘，精神乃治；阴阳离决，精气乃绝”。这就是我们传统养生文化中关于生命运行规律的理解。

“天人感应”是养生文化的一个重要范畴。“天人感应”是《周易》的思想精髓，《周易》把天、地、人视为一个整体，主张人应该效法天地。《文言》有云：“夫大人者，与天地合其德，与日月合其明，与四时合其序。”《黄帝内经·四气调神大论》将这个观点生发，提出了“四气调神”的养生方法。《黄帝内经直解》解释为：“四气调神者，随着春夏秋冬四时之气，调肝心脾肺肾五脏之神志也。”根据四时协调脏腑，是养生的重要原则之一。《黄帝内经·调经论》说：“五脏之道，皆出于经遂，以行血气，血气不和，百病乃变化而生。”指出协调脏腑要畅通经络，使血气能够好好运行。而《黄帝内经·顺气一日分为四时》更进一步，提出了昼夜晨昏和人的身体调养的关系。《黄帝内经·八正神明论》和《黄帝内经·异法方宜论》更是阐发了日月星辰和地理环境与人体健康的关系。这就要求我们在生活中顺应自然，合乎规律地安排作息，才能取得最好的养生效果，并保持健康。

王夫之在《周易外传》说：“动静互涵，以为万变之宗。”动静互涵，也是养生文化从《周易》发展而来的重要范畴之一。《思问录》曰：“太极动而生阳，动之动也；静而生阴，动之静也。”动静、阴阳虽然是对立的概念，但是它们又互相转化，形成一种对立统一的辩证关系。

《黄帝内经·六微旨大论》论述了动和静的辩证关系，并指出了升降出入是宇宙万物自身变化的普遍规律。这就产生了日后的虚静养生学说和运动养生学说。老子认为“静为躁君”，主张“致虚极，守静笃”，《黄帝内经·病机气宜保命集》指出：“神太用则劳，其藏在心，静以养之。”认为神气清静，减少欲望，是健康长寿的一个重要方面。同时，《吕氏春秋·达郁》中说：“形不动则精不流，精不流则气郁。”主张以运动来促进精气流通，气血畅达，从而使人身体健康。这两种说法都很有道理，而且我们也可以看出，它们强调的“静”或“动”的对象是不同的。“静”的是“神”，“动”的是“精”，正如《类经·医易》所说：“天下之万理，出于一动一静。”动以养形，静以养气，二者是相辅相成的。所以心神欲静，形体欲动，形神合一，动静结合，才是养生大道。

综合起来，正如李梴在《医学入门·保养说》中所言：“避风寒以保其皮肤、六腑”，“节劳逸以保其筋骨五脏”，“戒色欲以养精，正思虑以养神”，“薄滋味以养血，寡言语以养气”。也就是要顺应四时来保护机体内外机能，在生活和工作中要注重劳逸结合，以免损伤身体，在精神心理方面追求清静平淡。另外，在顺应自然规律的同时还可以使用针灸、推拿按摩等方法调节经络，采用食补或药物等保养身体，通过锻炼来强健体魄，使人的身体内外协调，增加抵抗力，达到人与自然、体内脏腑阴阳气血的平衡统一，方能延年益寿，生活幸福。

第三节　养生文化的运用

《黄帝内经·上古天真论》说："上古之人，其知道者，法于阴阳，和于术数，食饮有节，起居有常，不妄作劳，故能形与神俱，而尽终其天年，度百岁乃去。"这里的"道"，就是养生必须遵循的自然规律。人能否尽享天年，就在于他是否懂养生之道，是否能够把养生之道贯彻到生活中去。随着历史的发展，中华养生文化也逐渐发展出一系列方法，综合起来可以分为以下几个方面：饮食养生、起居养生、运动养生和精神养生。

一、饮食养生

俗话说，"民以食为天"。《黄帝内经》说："五谷为养，五果为助，五畜为益，五菜为充，气味合而服之，以补精益气。"宋代医学家陈直在《寿亲养老新书》中也道："食者，生民之天，活人之本也。故饮食进则谷气充，谷气充则气血盛，气血盛则筋力强。"这些都阐明了饮食在养生中的基础地位。

我国传统养生文化一向注重饮食，最早的有关食疗著作是秦汉时期的《神农本草经》，唐代也有孙思邈的《千金·食治》、孟诜的《食疗本草》、昝殷的《食医心鉴》等食疗专著。后世医者和养生者更是在长期实践中积累了丰富的知识和宝贵经验，逐渐形成了一套具有中华民族特色的饮食养生理论。

总体来说，饮食养生是希望通过饮食搭配，合理地补充人体所需的营养，以达到补精益气、协调脏腑的效果，从而促进人体健康。所以饮食养生主要注重两方面的内容：一是辨明各种食物的性质，并探讨其搭配功效；二是纠正饮食不当的不良习惯。

首先我们要学会辨识食物的性质，才能知道我们该吃些什么来养生。《黄帝内经》云："天食人以五气，地食人以五味。"五气是指风、寒、暑、湿、燥，五味是指辛、甘、酸、苦、咸。而五味对应五气，也对应五脏。但是五味并不是随便可以食用的，要分别对应五气和五脏的情况来选择性服用。孙思邈的《卫生歌》指出："春月少酸宜食甘，冬月宜苦不宜咸，夏月增辛聊减苦，秋辛可省但欲酸。"这就是根据时令来指导人们吃什么食物。《黄帝内经·五脏生成论》指出："多食咸，则脉凝泣而变色；多食苦，则皮槁而毛拔；多食辛，则筋急而爪枯；多食酸，则肉胝皱而唇揭；多食甘，则骨痛而发落。此五味之所伤也。"所以，五味虽各有所补，但是也不能食用过多，否则还会起反作用。《黄帝内经·生气通天论》总结为："谨和五味，骨正筋柔，气血以流，腠理以密，如是则骨气以精，谨道如法，长有天命。"根据自身情况，根据时令，搭配食用各种性质的食物，就能取得良好的健身效果。

古代养生学者还把食物按性能分为三大类，即寒凉类、平性类、温热类。寒凉性食物多有滋阴清热、泻火毒的作用，如西瓜、甜瓜、香蕉、黄瓜、苦瓜、冬瓜等；温热性食物多有温经活血、助阳散寒的作用，如辣椒、花椒、栗子、大枣、胡桃仁、羊肉等。人们应根据"虚则补之，实则泻之；寒者热之，热者寒之"的原则选择性食用。

其次，饮食养生要注意定时定量。《千金要方·养性序》指出："不欲极饥而食，食不可过饱；不欲极渴而饮，饮不可过多。饱食过多，则结积聚；渴饮过多，则成痰澼。"《黄帝内经·痹论》也说："饮食自倍，肠胃乃伤。"《管子》说："饮食节，……则身利而寿命益"，"饮食不节……则形累而寿命损"。可见，饮食并不以过多为好，而要适度，饮食过多或过少，都会引发身体不适。

《尚书》中就有"食哉惟时"之论。孙思邈在《千金要方》中指出："食欲数而少，不欲顿而多。"而民间俗语也有"早饭宜好，午饭宜饱，晚饭宜少"的说法。早晨经过一夜睡眠，人体肠胃消耗比较大，需要及时补充；中午则是承上启下之时，需要饱食以保证能量的供应；晚上则要吃少，避免造成睡觉后人体机能减退而不消化的情况。孙思邈的《摄养枕中方》更提出："食止，行数百步，大益人。"饭后散步，可帮助消化，对人体健康是很有好处的。

另外，我们还应注意饮食卫生。《论语·乡党》说："鱼馁而肉败不食，色恶不食。"张仲景在《金匮要略》中也说："秽饭、馁肉、臭鱼食之皆伤人。"食物腐败不洁，吃了是要致病的。《千金要方·养性序》说："勿食生肉，伤胃，一切肉惟须煮烂。"尤其是肉类，一定要吃熟食。我们还要注意一些饮食禁忌，尤其是食物相克，如螃蟹和柿子同食会导致腹泻、狗肉和黄鳝同食会伤肝等。

二、起居养生

清代名医张隐庵说："起居有常，养其神也，不妄劳作，养其精也。夫神气去，形独居，人乃死。能调养其神气，故能与形俱存，而尽终其天年。"人们起居作息、日常生活要有规律，这是强身养生、延年益寿的一个重要原则。

《黄帝内经》说："久视伤血，久卧伤气，久坐伤肉，久立伤骨，久行伤筋。"清代颜元在《雪斋先生言行录》中说："养生莫善于习动，夙兴夜寐，振起精神，寻事去做，行之有常，并不因疲，日益精壮。"可见起居养生首先要注重适可而止，行立坐卧都要有度，才能保持健康。孙思邈《千金要方·道林养性》说："养生之道，常欲小劳，但莫疲及强所不能堪耳。"劳逸结合是保持健康的一个重要方面。"动"能够锻炼身体机能，而"静"能让身体得到合理的休息。动静互涵，才是养生要术。

唐人孙思邈《千金翼方》说："山林深远，固是佳境。……背山临水，气候高爽，土地良沃，泉水清美。……地势好，亦居者安。"居住环境是养生的一个重要方面。陈继儒在《养生肤语》中说："人之起居，室之栖止，须秘密坚固，高朗干燥。"丘处机的《摄生消息论》说："檐下、过廊、弄堂、破窗皆不可纳凉。"人所居住的地方要干燥防风才好，尤其要注意不能在风急之处纳凉。曹庭栋在《老老恒言》中提倡人们种植花木，可以颐养情性。宋代蔡季通的《睡诀》中说："先睡心，再睡眼。"睡眠要求人先要心神宁静，才能安然入睡。至于睡觉的姿势，孙思邈在《千金要方·道林养性》中说："屈膝侧卧，益人气力，胜正偃卧。"即侧卧比仰卧要好。佛教认为"吉祥睡"，如同卧佛的姿势是最好的，"右侧卧，睡如弓"。张君房编《云笈七签》云："夜寝燃灯，令人心神不安。"晚上睡觉不应该有灯的亮光，不然会让人心神不安。陶弘景《养性延命录·杂诫篇》说："夜卧勿覆头。"

至于如何穿衣，古人也有精辟之论。丘处机的《摄生消息论》说："春季天气寒暄不一，不可顿去棉衣。老人气弱骨疏体怯，风冷易伤腠理，时备夹衣，温暖易之。一重减一重，不可暴去。"而"冬季宜寒甚方加棉衣，以渐加厚，不得一顿便多，唯无寒而已"。穿衣不可过暖过寒，不然都有损健康。《千金要方·道林养性》说："凡大汗勿偏脱衣，喜得偏风，半身不遂。"出了汗不能立刻脱衣服，不然容易被寒邪所侵，会得中风。又说："湿衣与汗衣皆不可久着，令人发疮及风瘙。"被汗湿透的衣服要更换，不然容易得疮。

关于洗漱，曹庭栋《老老恒言》写道："晨起漱口，其常也。""洗面水不嫌过热，热则能行血气，冷则气滞，令人面无光泽。"唐人刘祠的《混俗颐生录》说："每日一浴，冀通血脉，腠理通和。"宋人陶穀的《清异录》说："梳头洗脚长生事，临卧之时小太平。"葛洪的《枕上记》说："坐卧莫当风，频于暖处浴。"另有药浴、温泉浴等养生浴法，可见古人在生活起居之中非常注意各个细节，以此来保养健康。

从"天人感应"的思想出发，中华传统养生文化也非常注重四时养生。《周易·系辞》中说："变通莫大乎四时。"《黄帝内经·四气调神大论》说："夫四时阴阳者，万物之根本也。所以圣人春夏养阳，秋冬养阴，以从其根，故与万物沉浮于生长之门。逆其根，则伐其本，坏其真矣。故四时阴阳者，万物之始终也，死生之本也。逆之则灾害生，从之则苛疾不起，是谓得道。"春季养生，《老老恒言》云："春冻未泮，下体宁过于暖，上体无妨略减，所以养阳之生气。"《摄生消息论》云："当春之时，食味宜减酸增甘，以养脾气。"夏季养生，《黄帝内经·四气调神大论》指出："使志无怒，使华英成秀，使气得泄，若所爱在外，此夏气之应，养长之道也。"冷谦《修龄要旨·四时调摄》云："四月，……增酸减苦，补肾助肝，调养胃气。"

秋季养生，《黄帝内经·藏气法时论》说：“肺主秋……肺欲收，急食酸以收之，用酸补之，辛泻之。”冬季养生，《黄帝内经·四气调神大论》云：“冬三月，此为闭藏。水冰地坼，无扰乎阳；早卧晚起，必待日光。……去寒就温，无泄皮肤，使气亟夺，此冬气之应，养藏之道也。”四季相偕，顺应其时，就能健康长寿。

房事养生也是起居养生的一个重要方面。《孟子·告子》曰“食色，性也”，《礼记·礼运》曰“饮食男女，人之大欲存焉”。阴阳之道，互补互存，历来被我国传统养生学者所重视。元代李鹏飞在《三元延寿参赞书》中说：“男女居室，人之大伦，独阳不生，独阴不成，人道有不可废者。”男女相合，生儿育女，是人类繁衍的需要，也是人的生理需要。《抱朴子》说：“阴阳不交，伤也。”《素女经》也说：“阴阳不交，则生痈瘀之疾，故幽、闲、怨、旷，多病而不寿。”古人一般认为男女之欲是一种自然现象，如果强行禁止，反而会导致身体损伤。但是房事亦要有节制，夫妻生活适度，才是养生之道。

三、运动养生

宋代养生学者蒲虔贯在《保生要录·调肢体门》中道：“导引每日频行，必身轻目明，筋节血脉调畅，饮食易消，无所壅滞。”导引就是古代的一种以呼吸吐纳、屈伸俯仰、活动关节为主的健身方法，如我们前文介绍过的五禽戏、八段锦等，就是我们今日所言的医疗保健体操。导引术起源于上古，在春秋战国时代就很流行，如《庄子·刻意》就有“吐故纳新，熊经鸟申，为寿而已矣”的记载。早期的导引术还包括气功和按摩，后来逐渐各具特色，各有理论。

导引“导气令和，引体令柔”，主要包括意守、调息、动形三个方面。精神专注，才能凝神静息，导气血运行，以意领气，以气动形，实际是一种融导引、气功、武术、医理为一体的具有中华民族特色的养生方法。尤其是道家健身术，继承了老庄传统，尤其讲求炼气调息，如清代徐文弼的《寿世传真》说：“气是延生药，心为使气神，能从调息法，便是永年人。”佛教健身术讲坐禅和武术。在练气和练意的基础上，进行运动锻炼，是养生的一大功法。如我国流传较广的太极拳，“太极”之名来自《周易·系辞》中“易有太极，是生两仪”，“太极”指万物的原始“浑元之气”，其动而生阳，静而生阴，阴阳二气此消彼长，相互转化。太极拳就取意于此。在运动过程中，它要求静心用意、连绵不断、刚柔相济，并由二十四式或四十二式动作连贯使出，达到身心一体的境界，从而收到延年益寿的效果。

中国传统养生文化认为，人之所以能健康存活，只因为体内的“气”周流畅通，如果真气壅塞，人就会生病。按摩主要用手或辅助器械来按摩穴位经络，分为按、摩、推、掐、揉等法，从而疏通经络，畅达气血。《黄帝内经·血气形志》说：“……经络不通，病生于不仁，治之以按摩。”《黄帝内经·调经论》也指出:“神不足者,视其虚络,按而致之。”如孙思邈的《千金翼方》中记载的“老子按摩法”,就是分别按摩推拉身体各个部位,从而达到健身目的。陶弘景的《养性延命录·导引按摩》中也提到一个增强视力的方法:“平旦以两手掌相摩令热,熨眼三过,次以指搔目,令人目明。”

针灸也是以经络学说为基础的一种强身治病疗法。针法是用不同的针具刺激人体的经络穴位,通过提、插、捻、转、迎、随、补、泻等不同手法,以达到疏通经络、调整人体机能的目的;灸法采用艾绒或其他药物,借助于药物烧灼、熏熨等温热刺激,以起到调整经络、温通气血的作用。

四、精神养生

人有七情六欲,这是一种本能,但是如果有过多的情绪压抑在心中不能发泄,或者情绪波动太剧烈太持久,就会导致精神紊乱,从而形成疾病。所以精神心理健康也是人体健康的一个重要环节,精神养生也是养生文化一个不可或缺的部分。

我国传统养生文化非常注重人的精神方面的表现,从人的精神分析致病原因,如《黄帝内经·疏五过论》说:“切脉问名,当合男女,离绝菀结,忧恐喜怒,五脏空虚,血气离守。”也有从人的生理方面来分析如何导致精神不愉的,如《黄帝内经·本神》说:“肝气虚则恐,实则怒。……心气虚则悲,实则笑不止。”《东医宝鉴·内景》说:“七情伤人,惟怒为甚,盖怒则肝木克脾土,脾伤则四脏俱伤矣。”怒则伤肝,从而导致五脏受损。而惊恐更易导致一些精神方面的疾病,甚至无法治愈。

《黄帝内经·上古天真论》言:“精神内守,病安从来?”把握住自己的精神,才能调节身体,得到健康。《黄帝内经》指出:“是以志闲而少欲,心安而不惧,形劳而不倦,气从以顺,各从其欲,皆得所愿……所以能年皆度百岁而动作不衰。”清静心神,减少欲望,使精神处于一种安定的状态,就能身心健康。明代的《寿世保元》说:“积善有功,常存阴德,可以延年。”明代王文禄也在《医先》中说:“养德、养生无二术。”养生学者往往也把培养高尚的道德品质和养生相联系,认为提高人的道德品质,可以让人的精神得到安宁和喜悦,从而达到养生的目的。

培养兴趣爱好,在工作和学习之余,进行一些娱乐活动,对颐神养性、防病健身有很大作用。娱乐活动多种多样,琴棋书画、旅游观光都是健康愉悦的活动。《礼记·乐记》说:“诗言其志也,歌咏其声也,舞动其容也,三者本于心,然后乐器从之,是故情深而文明,气盛而化神,和顺积中,而英华发外。”美妙动听的音乐可以让人精神焕发。《老老恒言·消遣》中说:“笔墨挥洒,最是乐事。”赏玩或自己创作书画,都能陶冶情性。古人云“读万卷书,行万里路”,更是把读书和旅游结合在一起,既开拓视野,增进见识,又得到了身心的锻炼。

中华养生文化从上古发展而来，以古代哲学和中医理论为基础，博大精深。它体现了中华民族期盼健康和长寿的美好愿望，也为今天人们的身心健康提供了有益的参考。探索开发中华传统养生文化的精华，并结合今天我们的医疗实践，必能让养生文化成为一棵长青之树，为人类的生存发展作出伟大的贡献。

经典选读

黄帝内经·四气调神大论

春三月，此谓发陈[1]。天地俱生，万物以荣，夜卧早起，广步于庭，被发缓形[2]，以使志生，生而勿杀，予而勿夺，赏而勿罚，此春气之应，养生之道也；逆之则伤肝，夏为寒变，奉长者少。

夏三月，此谓蕃秀[3]。天地气交，万物华实，夜卧早起，无厌于日，使志勿怒，使华英成秀，使气得泄，若所爱在外，此夏气之应，养长之道也；逆之则伤心，秋为痎疟，奉收者少，冬至重病。

[1]发：启发。陈：陈积、陈旧的。发陈：发育万物，启故从新。[2]缓：和缓，举动舒徐之意。[3]蕃，茂。蕃秀：阳气浮长，故为茂盛而华美。

秋三月，此谓容平[1]。天气以急，地气以明，早卧早起，与鸡俱兴，使志安宁，以缓秋刑，收敛神气，使秋气平，无外其志，使肺气清，此秋气之应，养收之道也；逆之则伤肺，冬为飧泄[2]，奉藏者少。

[1]容平：万物皆盛实而平定。[2]飧（sūn）泄：因消化不良而引起的泄泻之病。

冬三月，此谓闭藏。水冰地坼[1]，无扰乎阳，早卧晚起，必待日光，使志若伏若匿，若有私意，若已有得，去寒就温，无泄皮肤，使气亟夺。此冬气之应，养藏之道也；逆之则伤肾，春为痿厥，奉生者少。

[1]坼（chè）：裂。

天气，清净光明者也，藏德[1]不止，故不下也。天明则日月不明[2]，邪害空窍。阳气者闭塞，地气者冒明，云雾不精，则上应白露不下。交通不表，万物命故不施，不施则名木多死。

[1]藏：隐而不露。德：明德。[2]不明：天不藏德则日月为之不明。

恶气不发，风雨不节，白露不下，则菀槀[1]不荣。贼风数至，暴雨数起，天地四时不相保，与道相失，则未央绝灭[2]。唯圣人从之，故身无奇病，万物不失，生气不竭。

[1]菀（yùn）：通“蕴”，郁结，蕴积。槀（gǎo）：禾秆。[2]未央绝灭：大限未至而有绝灭之患。

逆春气则少阳不生，肝气内变。逆夏气则太阳不长，心气内洞。逆秋气则太阴不收，肺气焦满。逆冬气则少阴不藏，肾气独沉。

夫四时阴阳者，万物之根本也。所以圣人春夏养阳，秋冬养阴，以从其根，故与万物沉浮于生长之门。逆其根，则伐其本坏其真矣。故阴阳四时者，万物之终始也，死生之本也，逆之则灾害生，从之则苛疾不起，是谓得道。道者，圣人行之，愚者佩[1]之。

[1]佩（bèi）：违背之意。

从阴阳则生，逆之则死；从之则治，逆之则乱。反顺为逆，是谓内格[1]。

是故圣人不治已病，治未病；不治已乱，治未乱，此之谓也。夫病已成而后药之，乱已成而后治之，譬犹渴而穿井，斗而铸锥[2]，不亦晚乎？

[1]内格：格拒其五脏相生之气，而反逆行也。[2]锥：一种兵器。

（[清]张隐庵集注：《黄帝内经素问集注》，上海科学技术出版社1959年版）

周易参同契（节选）

[汉]魏伯阳

12章　阴阳精气

乾坤刚柔[1]，配合相包。阳秉阴受[2]，雌雄相须[3]。偕以造化，精气乃舒[4]。坎离冠首，光耀垂敷。玄冥难测[5]，不可画图。圣人揆度，参序元基。四者混沌[6]，径入虚无。六十卦用，张布为舆。龙马就驾[7]，明君御时。和则随从[8]，路平不邪。邪道险阻，倾危国家。

[1]刚柔：阳爻为刚，阴爻为柔。阴阳合德，而刚柔有体。[2]秉：秉与。[3]相须：相对注视，传递情爱信息。[4]精：信息。气：能量。舒：舒布。精流气布是古

代关于有形的万物生长的基本理论。[5]玄：元，信息。冥：暗，低于肉眼分辨度。玄冥：即元精，原始的信息。[6]混沌：天地未辟，阴阳未分之貌。[7]龙马：北斗。丹道：以身为舆，以意为马，以心为御。[8]《周易·兑》："和，兑之吉，行未疑也。"《素问》："上古之人，知其法者，法于阴阳，和于术数，食饮有节，起居有常，不妄劳作，故能形与神俱，而尽其天年，度百岁而去。"

20章　姹女黄芽（节选）

河上姹女[1]，灵而最神，得火则飞，不见埃尘，鬼隐龙匿[2]，莫知所存。将欲制之，黄芽为根[3]。

物为阴阳，违天背原，牝鸡自卵，其雏不全。夫何故乎？配合未连。三五不交，刚柔离分。施化之精，天地自然，火动炎上，水流润下[4]，非有师导，使其然也。资使统正，不可复改。观夫雌雄交媾之时，刚柔相结而不可解[5]，得其节符[6]，非有工巧以制御之。男生而伏，女偃其躯[7]，秉乎胞胎，受气之初，非徒生时，著而见之，及其死也，亦复效之，此非父母教令使然。本在交媾，定制始先。

[1]姹女：离中有阴，是为中女。火，其位在午，分野属三河，故称河上姹女。[2]鬼与龙，都是离中之阴爻。[3]黄芽：即金丹。本书运用了许多词汇表示金丹。[4]《尚书》云："五行，水曰润下，火曰炎上。"[5]刚：阳爻。柔：阴爻。二爻取象于男女生殖器官，此处取原意。[6]节符：节符须双方验合，因喻结合密切。[7]偃：仰面倒下，放倒。

（潘启明：《〈周易参同契〉通析》，上海翻译出版公司1990年版）

抱朴子·论仙（节选）

[晋]葛洪

或问曰："神仙不死[1]，信可得乎？[2]"抱朴子答曰："虽有至明[3]，而有形者不可毕见焉；虽禀极聪[4]，而有声者不可尽闻焉；虽有大章竖亥之足[5]，而所常履者[6]，未若所不履之多；虽有禹、益、齐谐之智[7]，而所尝识者未若所不识之众也。万物云云[8]，何所不有，况列仙之人，盈乎竹素矣[9]。不死之道，曷为无之？"

[1]神仙：道教信徒理想中修炼得道、神通广大、变化无方、长生不死的人。[2]信：的确，真的。[3]至明：最好的视力。明：视力。[4]极聪：最好的听力。聪：听力。[5]大章、竖亥：传说中极善走而善跋涉极远的人。[6]履：践踏。[7]禹、益、齐谐：古人心目中见识广的人。[8]云云："芸芸"，众多的样子。[9]乎：于。竹素：竹简和素帛，纸张通用前文字的载体，这里泛指古代典籍。

于是问者大笑曰[1]："夫有始者必有卒，有存者必有亡。故三、五、丘、旦之圣[2]，弃、疾、良、平之智[3]，端、婴、随、郦之辩[4]，贲、育、五丁之勇[5]，而咸死者[6]，人理之常然[7]，必至之大端也[8]。徒闻有先霜而枯瘁，当夏而凋青，含穗而不秀[9]，未实而萎零[10]，未闻有享于万年之寿，久视不已之期者矣[11]。故古人学不求仙，言不语怪[12]，杜彼异端，守此自然，推龟鹤于别类[13]，以死生为朝暮也。夫苦心约己，以行无益之事，镂冰雕朽，终无必成之功。未若摅匡世之高策[14]，招当年之隆祉[15]，使紫青重纡[16]，玄牡龙跱[17]，华毂易步趣[18]，鼎竦代耒耜[19]，不亦美哉？每思诗人甫田之刺[20]，深惟仲尼皆死之证[21]，无为握无形之风，捕难执之影，索不可得之物，行必不到之路，弃荣华而涉苦困，释甚易而攻至难，有似丧者之逐游女[22]，必有两失之悔，单、张之信偏见[23]，将速内外之祸也[24]。夫班、狄不能削瓦石为芒针[25]，欧冶不能铸铅锡为干将[26]。故不可为者，虽鬼神不能为也；不可成者，虽天地不能成也。世间亦安得奇方，能使当老者复少，而应死者反生哉？而吾子乃欲延蟪蛄之命[27]，令有历纪之寿[28]，养朝菌之荣[29]，使累晦朔之积[30]，不亦谬乎？愿加九思[31]，不远迷复焉[32]。"

[1]大笑：当依敦煌石室本《抱朴子》作"大而笑之"，意为"认为夸大不实而笑"。[2]三、五、丘、旦：三皇、五帝、孔丘和周公姬旦。[3]弃、疾、良、平：弃，后羿；疾，樗里子，秦惠王的弟弟；良，张良；平，陈平，刘邦谋士。[4]端、婴、随、郦：端，端木赐，孔子学生；婴，晏婴，齐国政治家；随：随和，秦汉时辩士；郦：郦食其，秦汉时谋士。[5]贲、育、五丁：古代勇士。[6]咸：都。[7]常然：当依敦煌石室本《抱朴子》作"常势"。[8]大端：当依敦煌石室本《抱朴子》作"大归"。大归：总的归宿。[9]秀：开花。[10]零：凋谢。[11]久视：长久地注视人间，即"长生"。[12]言不语怪：《论语·述而》："子不语怪、力、乱、神。"[13]推：排斥。龟鹤：古人心目中长寿的动物。别类：与人不同的类别。[14]摅：同"舒"，舒展。匡世：纠正世道。[15]当年：当代。隆祉：盛大的福分。[16]紫青：指代高官的服饰。重纡：沉甸甸地垂下。[17]玄牡：祭祀用的黑公畜。龙跱：像龙一样被安置。[18]华毂：华美的车辆。[19]耒耜：农具，这里指代农作。[20]甫田：《诗经·齐风》的诗篇。[21]仲尼皆死之证：《论语·颜渊》："（子）曰：'自古皆有死，民无信不立。'"[22]丧：同"桑"。[23]单、张：单豹、张毅，庄子笔下不善养生的人。[24]速：招致。[25]班：公输班，又称鲁班。狄：墨翟，墨子。都是古代的能工巧匠。[26]欧冶：欧冶子，越人，善铸剑。干将：宝剑名。[27]蟪蛄：一种蝉，古人认为它短命。[28]历纪：越过一纪。[29]朝菌：一种菌，朝生暮死。[30]晦朔：晨晚。[31]九思：反复思考。[32]不远迷复：迷途上走得不远就返回。

抱朴子答曰："夫聪之所去，则震雷不能使之闻，明之所弃，则三光不能使之见[1]，岂輷磕之音细[2]，而丽天之景微哉[3]？而聋夫谓之无声焉，瞽者谓之无物焉。又况管弦之和音，山龙之绮粲[4]，安能赏克谐之雅韵[5]，暐晔之鳞藻哉[6]？故聋瞽在乎形器[7]，则不信丰隆之与玄象矣[8]。而况物有微于此者乎？暗昧滞乎心神[9]，则不信有周、孔于在昔矣[10]。况告之以神仙之道乎？夫存亡终始，诚是大体。其异同参差，或然或否，变化万品，奇怪无方，物是事非，本钧末乖[11]，未可一也。夫言始者必有终者多矣，混而齐之，非通理矣。谓夏必长，而荠麦枯焉[12]。谓冬必凋，而竹柏茂焉。谓始必终，而天地无穷焉。谓生必死，而龟鹤长存焉。盛阳宜暑[13]，而夏天未必无凉日也。极阴宜寒，而严冬未必无暂温也。百川东注，而有北流之活活[14]。坤道至静[15]，而或震动而崩弛[16]。水性纯冷，而有温谷之汤泉[17]；火体宜炽，而有萧丘之寒焰[18]；重类应沈，而南海有浮石之山[19]；轻物当浮，而牂柯有沉羽之流[20]。万殊之类，不可以一概断之，正如此也久矣。

[1]三光：日、月、星。[2]輷：同“轰”，车行进声。[3]丽天：敷着于天。景：阳光。[4]山龙：古人衮服和旗帜上的山形、龙形图案。绮粲：绮丽璀璨。[5]克谐：能够协调。[6]鳞藻：鱼鳞水藻，可以用作装饰图案，这里用来指代美丽图案。[7]形器：有形体的具体事物。[8]丰隆：雷神，这里指雷声。[9]暗昧：愚昧。[10]在昔：从前。[11]钧：相同。乖：违背，相反。本钧末乖：根本相同而枝末相背。[12]荠麦枯焉：荠麦冬生而夏死。[13]盛阳：盛夏。[14]活活：同“郭郭”，水流声。[15]坤道：大地之道。[16]崩弛：崩塌脱落。[17]温谷：山谷名，因冬暖而得名。汤：滚烫的水。[18]萧丘：丘峦名，传说此处的火焰不热。[19]浮石之山：石块漂浮的山。[20]牂柯：同“牂柯”，古地名，在今贵州省内。沉羽之流：使羽毛下沉的水流。

“有生最灵[1]，莫过乎人。贵性之物[2]，宜必钧一[3]。而其贤愚邪正，好丑修短[4]，清浊贞淫，缓急迟速，趋舍所尚[5]，耳目所欲，其为不同，已有天壤之觉[6]、冰炭之乖矣。何独怪仙者之异，不与凡人皆死乎？

[1]有生最灵：拥有生命而最为灵巧的。[2]贵性之物：拥有可贵生性的人类。[3]宜必钧一：应该完全相同。[4]好：美。修：长。[5]趋：归附。舍：舍弃。[6]觉：同“叫”，义同“差”，差别。

“若谓受气皆有一定[1]，则雉之为蜃[2]，雀之为蛤[3]，壤虫假翼[4]，川蛙翻飞[5]，水蛋为蛉[6]，荇苓为蛆[7]，田鼠为鴽[8]，腐草为萤[9]，鼍之为虎[10]，蛇之为龙[11]，皆不然乎？

[1]受气：相当于“受性”，禀性。[2]雉之为蜃：野鸡变成大蛤。[3]雀之为蛤：

鸟雀变成蛤蜊。[4]壤虫假翼：蠰虫凭借翅膀而飞翔。壤：同“蠰”。[5]川蛙翻飞：河流中的蛤蟆能够翻腾飞翔。[6]水蛋为蛉：水虿（蜻蜓的幼虫）化为蜻蜓。[7]荇：水边的一种植物。苓：一种植物名。荇苓：疑为腐草。蛆：这里指马陆,一种小虫。[8]田鼠为鴽：田鼠化为鹌鹑。[9]腐草为萤：腐烂的草化为萤火虫。[10]鼍之为虎：鼍龙变成老虎。鼍：一种鳄鱼。[11]蛇之为龙：长蛇变成蛟龙。

“若谓人禀正性，不同凡物，皇天赋命，无有彼此，则牛哀成虎[1]，楚妪为鼋[2]，枝离为柳[3]，秦女为石[4]，死而更生[5]，男女易形[6]，老彭之寿[7]，殇子之夭[8]，其何故哉？苟有不同，则其异有何限乎？

[1]牛哀：公牛哀，古人名。[2]楚妪为鼋：楚地老妇人变成鼋。鼋：一种外形像鳖的爬行动物。[3]枝离：枝离叔，古人名。[4]秦女为石：秦国女子化为石人。[5]死而更生：死去的人重新复活。[6]男女易形：男女改变形貌。[7]老彭：殷代贤大夫，据说活了八百岁。[8]殇：未成年而亡者。殇子：夭折的孩子。

“若夫仙人，以药物养身，以术数延命[1]，使内疾不生，外患不入，虽久视不死，而旧身不改，苟有其道，无以为难也。而浅识之徒，拘俗守常，咸曰世间不见仙人，便云天下必无此事。夫目之所曾见，当何足言哉？天地之间，无外之大[2]，其中殊奇，岂遽有限[3]！诣老戴天[4]，而无知其上；终身履地，而莫识其下。形骸已所自有也，而莫知其心志之所以然焉；寿命在我者也，而莫知其修短之能至焉。况乎神仙之远理，道德之幽玄[5]，仗其短浅之耳目，以断微妙之有无，岂不悲哉？”

[1]术数：法术。[2]无外之大：无边之大。[3]遽：就。[4]诣老戴天：老顶着天。[5]幽玄：幽微玄妙。

（[晋]葛洪著，顾久译：《抱朴子内篇全译》，贵州人民出版社1990年版）

养性延命录·杂诫忌禳害祈善篇（节选）

[南朝梁]陶弘景

久视伤血，久卧伤气，久立伤骨，久行伤筋，久坐伤肉。凡远思强健[1]伤人，忧恚悲哀伤人，喜乐过差[2]伤人，忿怒不解伤人，汲汲所愿伤人，戚戚所患伤人，寒热失节伤人，阴阳不交伤人。凡交[3]须依导引诸术。若能避众伤之事而复晓阳之术，则是不死之道。

[1]远思强健：想得太多，总要超过他人。[2]过差：过分。[3]交：性交。

大乐气飞扬，大愁气不通。用精令人气力乏，多视令人目盲，多睡令人心烦，贪美食令人泄痢。俗人但知贪于五味，不知元气可饮。圣人知五味之生病，故不贪，知元气可服，故闭口不言，精气自应也。唾不咽则海[1]不润，海不润则津液乏，是知服元气，饮醴泉[2]，乃延年之本也。

[1]海：口。[2]醴泉：唾液。

沐浴无常不吉，夫妇同沐浴不吉，新沐浴及醉饱远行，归还大疲倦，并不可行房室之事，生病，切慎之。丈夫勿头北卧，令人六神不安，多愁忘。勿跂[1]井，今古大忌。若见十步地墙，勿顺墙坐卧，被风吹，发癫痫疾。勿怒目久视日月，失目明。凡大汗忽脱衣，不慎多患偏风，半身不遂。新沐浴了，不得露头当风，不幸得大风刺风疾。触寒来，勿临面火上，成痫，起风眩。凡汗，勿跂床悬脚，久成血痹，凡汗足重腰疼。凡脚汗，勿入水，作骨痹，亦作遁疰[2]。久忍小便，膝冷兼成冷痹。凡食热物汗出，勿荡风，发疰头痛，令人目涩，饶睡[3]。凡欲眠，勿歌咏，不祥。起眠讫，勿大语，损人气。凡飞鸟投人[4]，不可食焉，若开口及毛下有疮，并不可食之。凡热泔洗头，冷水濯，成头风。凡人卧，头边勿安火炉，令人头重、目赤、鼻干。凡卧讫，头边勿安灯，令人六神不安。冬日温足冻脑，春秋脑足俱冻，此乃圣人之常法也。

[1]跂（qǐ）：同“企”，抬起脚跟站立。[2]遁疰（zhù）：隐藏的慢性病。[3]饶睡：嗜睡。[4]投人：飞进人的家里。

凡新哭泣讫便食，即成气病。夜卧勿覆头，妇人勿跂灶坐，大忌。凡若唾不用远，远即成肺病，令人手重，背疼，咳嗽。凡人魇[1]，勿点灯，照定魇死，暗唤之即吉，亦不可近前及急唤。凡人卧勿开口，久成消渴，并失血色。凡旦起勿以冷水开目洗面，令人目涩，失明，饶泪[2]。凡行途中触热，逢河勿洗面，生乌皯[3]。人睡讫忽觉，勿饮水更卧，成水痹。凡时病新汗解，勿饮冷水，损人心腹，不平复。凡空腹不可见闻臭尸，气入鼻令人成病。凡欲见死尸，皆须先饮酒及咬蒜辟毒气。凡小儿不用令[4]指月，两耳后生疮，是断名月蚀疮，捣虾蟆末傅即差，并别余疮并不生。凡产妇不可见狐臭人，能令产妇著肿。凡人卧不用于窗欂下，令人六神不安。凡卧，春夏欲得头向东，秋冬头向西，有所利益。凡丈夫饥，欲得坐小便，饱则立小便，令人无病，凡入睡，欲得屈膝侧卧，益人气力。凡卧，欲得数转侧，微语笑，欲令至少语，莫令声高大。春欲得瞑[5]卧早起，夏秋欲得侵夜卧早起，冬欲得早卧晏[6]起，皆有所益。虽云早起莫在鸡鸣前，晏起莫在日出后，冬日天地闭，阳气藏，人不欲劳作汗出，发泄阳气，损人。新沐浴讫，勿当风湿语，勿以湿头卧，使人患头风，眩闷，发颓，面肿，齿痛，耳聋。湿衣及汗衣，皆不可久著，令发疮及患风瘙痒。

[1]魇（yǎn）：梦中惊叫。[2]饶泪：眼泪多。[3]皯（gǎ）：皮肤黧黑枯槁。[4]令：手。[5]瞑：同"暝"，黄昏。[6]晏：迟，晚。

（[南朝梁]陶弘景：《养性延命录》，内蒙古科学技术出版社2002年版）

老老恒言·防疾

[清]曹庭栋

心之神发于目，肾之精发于耳。《道德经》曰："五色令人目盲，五音令人耳聋"，谓淆乱其耳目，即耗敝其精神。试于观剧时验之，静默然安坐，畅领[1]声色之乐，非不甚适[2]；至歌阑舞罢，未有不身疲力倦者，可恍悟此理。

[1]领：领略，欣赏。[2]非不甚适：双重否定，即没有不舒服。

久视伤血、久卧伤气、久坐伤肉、久立伤骨、久行伤筋，此《内经》"五劳所伤"之说也。老年惟[1]久坐、久卧不能免，须以导引诸法，随其坐卧行[2]之，使血脉流通，庶[3]无此患。

[1]惟：只有。[2]行：进行。[3]庶：几乎，将近，差不多。

男女之欲，乃阴阳自然之道。《易·大传》曰："天气絪缊，男女构精"是也。然《传》引《损》卦[1]爻辞以为言，"损"乃损刚益柔之象，故自然之中，非无损焉；老年断欲，亦盛衰自然之道。《损》之爻辞曰："窒欲是也，若犹未也。自然反成勉强，则损之又损，必至损年。"[2]

[1]损卦：《易经》第四十一卦。[2]损年：折伤寿命。

五藏俞[1]穴，皆会于背。夏热时，有命童仆扇风者，风必及之，则风且入藏，贻患非细[2]；有汗时尤甚。纵不免挥扇，手自挥动，仅及于面，犹之御[3]风而行，俱为可受。静坐则微有风来，便觉难胜，动阳而静阴，面阳而背阴也。

[1]俞（shù）：同"腧"，人体穴位。[2]贻：遗留。细：小。[3]御：驾着。

时疫流行，乃天地不正之气，其感[1]人也，大抵由口鼻入。吴又可论曰"呼吸之间，外邪因而乘之，入于膜原[2]”是也。彼此传染，皆气感召，原其始，莫不因风而来。《内经》所谓“风者，善行而数变”。居常出入，少[3]觉有风，即以衣袖掩口鼻，亦堪避疫。

[1]感：感染。[2]膜原：肌肤深处。[3]少：同“稍”，稍微。

窗隙门隙之风，其来甚微，然逼于隙而出，另有一种冷气，分外尖利。譬[1]之暗箭，中人于不及备，则所伤更甚！慎毋以风微而少耐之。

[1]譬：譬如。

酷热之候，俄然[1]大雨时行，院中热气逼入于室，鼻观中并觉有腥气者，此暑之郁毒，最易伤人。《内经》曰：“夏伤于暑，秋为痎疟。”须速闭窗牖，毋使得入。雨歇又即洞开，以散室中之热。再如冷水泼地，亦有暑气上腾，勿近之。

[1]俄然：突然之间，短时间。

饱食后不得急行，急行则气逆，不但食物难化，且致壅寒。《内经》所谓“浊气在上，则生䐜胀。”饥不得大呼大叫，腹空则气既怯[1]，而复竭之，必伤肺胃；五藏皆禀气于胃，诸气皆属于肺也。

凡风从所居之方来，为“正风”，如春东风、秋西风，其中[2]人也浅；从冲后来为“虚风”，如夏北风、冬南风，温凉因之顿异，伤人最深。当加意调养，以补救天时，凉即添衣，温毋遽[3]脱，退避密室，勿犯其侵。

[1]怯：缺少，缺乏。[2]中：中伤。[3]遽（jù）：立刻，突然。

三冬天地闭，血气伏。如作劳出汗，阳气渗泄，无以为来春发生之本，此乃致病之原也。春秋时大汗，勿遽脱衣，汗止又须即易[1]，湿气侵肤，亦足为累。石上日色晒热，不可坐，恐发臀疮；坐冷石恐患疝气。汗衣勿日曝，恐身长汗斑；酒后忌饮茶，恐脾成酒积；耳冻勿火烘，烘即生疮；目昏毋洗浴，浴必添障。凡此日用小节，未易悉数[2]，俱宜留意。

[1]易：更衣，此处为穿上衣服。[2]未易悉数：无法完全说出来。

（[清]曹庭栋：《老老恒言》，内蒙古科学技术出版社2002年版）

参考书目

1.《黄帝内经素问》，辽宁科学技术出版社1997年版。
2.《〈周易参同契〉通析》，上海翻译出版社1990年版。
3. [东晋]葛洪：《抱朴子内篇》，中华书局1985年版。
4. [南朝梁]陶弘景：《养性延命录》，内蒙古科学技术出版社2002年版。
5. [唐]孙思邈：《千金方》，中国中医药出版社1998年版。
6. [清]曹庭栋：《老老恒言》，内蒙古科学技术出版社2002年版。

思考题

1. 论述中华养生文化的起源和发展。
2. 论述中华养生文化的理论要点。
3. 论述中华养生文化的应用。
4. 论述中华养生文化的现代价值。

第十四章 饮食服饰

衣和食是生存的基本内容,也是人之为人的根本之一。古人云:"人者,天地之心也,五行之端也,食味、别声、被色而生者也。"又云:"昔者先王未有宫室,冬则居营窟,夏则居橧巢。未有火化,食草木之实,鸟兽之肉,饮其血,茹其毛。未有麻丝,衣其羽皮。"(《礼记·礼运》)几千年的文明发展中,中国形成了自己独特的饮食和服饰文化,取得了璀璨辉煌的成就。

第一节 饮食文化

一、历代饮食

中国是世界上最大的农作物起源中心之一。早在石器时代人类发展了种植业和养殖业。我国的出土文物证明当时的粮食作物有粟、水稻、大麦、小麦、高粱等,也有蔬菜水果如葫芦、白菜、芥菜、甜瓜、花生、芝麻、桃子、杏、枣等。家畜养殖包括猪、狗、牛、羊、鸡等,还有鱼、鳖、蚌、螺、蟹、贝、蚝、蛤等渔猎食物。石器时代的火烹方式主要有"燔""炙""炮"以及石烹法等。制陶技术的产生催生了新的烹饪方法。当时的陶制烹调器具主要有釜、鼎、鬲、甑、甗等。如上甑下鬲就是甗,上可蒸下可煮。大约在五千年前,我们的祖先就已经发明了煮海为盐。盐作为"百味之将",其生产和食用表明古代人类进入了真正的烹调时期。

"周原膴膴"的夏商周,调味品的种类增加。《周礼》记载,当时有"盐人,掌盐之政令",对盐的种类和使用进行区分,掌握了制池盐和开采岩盐。"祭祀共其苦盐散盐,宾客共其形盐散盐,王之膳羞共饴盐,后及世子亦如之。"咸味调料还有以肉类、豆类为原料制成的“醢”“酱”。酸味调料有“醯”，大概就是今天的醋。“醯人”，“掌共五齐七菹”。梅也是当时的酸味调料品。至于甜味的调料品，《礼记·内则》说“枣、栗、饴、蜜，以甘之”。当时的香料有花椒、姜、桂、蓼、薤、葱、蒜等。

夏商周时期的青铜器，其质量和技艺堪称世界之首。这一时期的青铜饮馔器具种类繁多，仅是鼎就有牛鼎、鹿鼎、当鼎和卷足鼎等之分。炊具还有如鬲、甑、甗、釜、镬等。酒器、酒具有壶、尊、角、缶、罍、瓿、彝、盉、爵、觚、觯、觥斝、觯、斗、勺、鐎等。盛器以及盥洗器具有簠、簋、盨、俎、敦、豆、盂、盥、缶、盘等。我们的祖先很早就开始使用生漆涂制的饮食器具。在夏商周以及春秋战国时期，漆制饮食器迅速发展，包括漆盘、漆勺、漆制食具盒、漆豆、漆案等。秦汉时期漆制饮食器具逐步取代了青铜饮食器具。两汉之后漆制饮食器具逐渐衰落。此外，夏商周时期也出现了玉制的饮食具，如玉壶、玉盘、玉勺、玉臼、玉杵等。秦汉时出现了金、银、玛瑙、象牙等制成的饮食器具。宋代宫廷器皿多是金银所制。瓷器在陶器的基础上产生。唐代时出现了瓷器并且普遍生产，工艺水平也很高。宋代时，瓷器的工艺水平达到了一个高峰。古代的进食器具主要是匕、叉和箸。箸，即筷子，是我国古今最为常用的进食器具，可谓中国的国粹。古人讲究避讳，改箸（住）为筷（快）。明代的陆容就说，苏州人行船忌讳“住”“翻”这样的字，所以改箸为筷，改幡布为抹布。箸的使用最早可以追溯到商代及春秋时期。汉代箸的使用就很普遍了，除了铜箸外，还有竹箸。箸的材质还有金、银、玉、象牙等，形状也有所变化。如宋元时期的箸，大多是圆柱形，也有六棱形、八棱形，重视箸首的装饰。明清时箸的流行样式为首方足圆形，也有圆柱形。清代皇室使用的箸比较精致豪华，如金镶汉玉筷、紫檀金银商丝嵌玛瑙筷、象牙筷、乌木筷等，有的箸面有图画题词，足见用料珍贵、制作精细考究。

夏商周时烹调技艺大大提高，如对食物原料的选择鉴别、粗加工以至刀工、火候都有考究和丰富的经验。我国在先秦时期就已经出现了食品雕刻工艺。先秦文献中即有鸡蛋雕刻的记载。周代的八珍——淳熬、淳母、炮豚、捣珍、渍、熬、糁、肝膋，是当时最为有名的食谱。

战国至南北朝时期，各地饮食资源获得更大的开发和交流，包括岭南、天山南北，甚至是西域。如张骞出使西域，带回来了很多新品种和良种，前者如紫葱等，后者如蚕豆、核桃、芝麻等。汉代杨孚《异物志》记载岭南制糖技术相当发达，榨蔗取汁、煎煮、暴晒、凝结糖砖。传说淮南王发明了豆腐。以豆浆为底料，一种可以点卤成豆腐，一种是腐皮制品。秦汉以来，烹调技艺有了进一步发展。尤其在面食点心的烹制方面，经验丰富。汉代统称面食为饼：有把调好味之后的面团压平，放在烤炉颈边烘烤的烧饼；有放在平底锅上用油煎的烙饼；蒸熟的馒头或是包子称为蒸饼；水煮的面条之类称为汤饼；米粉或是面粉加糖和枣栗，蒸成松软的糕饼称为“饵”。晋代束皙《饼赋》：“笼无迸肉，饼无流面。姝媮冽敕，薄而不绽。弱如春绵，白若秋练。气勃郁以扬布，香飞散而远偏。行人垂涎于下风，童仆空噍而斜盼。擎器者舐唇，立侍者干咽。”反映出当时面点技艺的高超，也说明南北朝时期的饮食追求色香味俱全。

代表了汉代饮食品种和烹调水平的菜单有：长沙马王堆出土的竹筒，西汉桓宽《盐铁论·散不足》所记载的流行于食肆的二十种时尚饮食，以及地主、商人家中摆酒宴的八种例菜，还有枚乘《七发》列举的九种“至味”。它们与周代的八珍奠定了中华民族早期的基本食谱。此外，这也是各地、各民族饮食大交流的时期。“羌煮”，即发源于西北的涮羊肉，“貊炙”，即发源于东胡的烤全羊，自西晋时都加入中华民族的食谱。东南的海味以及西北的烤羊肉串、酱牛羊肉等也进一步丰富了中华民族的食谱。

此时期各类论述饮食专著相继涌现，《汉书·艺文志》和《隋书·经籍志》记录了当时大批的饮食书籍。北魏贾思勰的《齐民要术》在中国饮食文化史中尤为重要。《齐民要术》是一部综合性的农书，它系统地总结了6世纪以前农林牧副渔的生产经验，同时它也是关于食料生产和饮食文化的一部总结性著述。它集大成式地记录了南北朝以前的中国瓜、果、蔬菜的品种，介绍了多种烹调技艺，列举了近百款菜肴的名称及其做法。

隋唐以后，饮食资源开发和交流更甚。明代时引进的玉米和良种的甘薯、花生，在全国推广。南北大运河的开凿促进了南北物产交流，港口城市逐渐发展起来。商品经济的发达和城市饮食业的发展，推动烹调工艺上升到一个新的高峰，各色菜品琳琅满目。隋代谢讽《食经》记载了53种菜点，如乾坤夹饼、龙须炙等。唐代韦巨源的《烧尾宴食单》记载了曼陀样夹饼、单笼金乳酥、水晶龙凤糕、生进二十四气馄饨等。吴自牧《梦粱录》描述了临安的城市风貌，记载了各大酒店以及酒肆的菜品达三百多种，菜点精美、繁多。酒店菜单如百味羹、锦丝头羹、鸡脆丝、酒蒸鸡、五味杏酪鹅、鹅排炊羊大骨、蒸软羊、细抹羊生脍、三色团圆粉、三鲜粉、酒烧香螺、生丝江瑶、酒法青虾、生烧酒蛎、鲈鱼脍、酥骨鱼、酿黄雀、野味鸭盘、獐肉、醋赤蟹、蛤蜊淡菜等。有挑子或是叫卖于酒肆的菜单，有炙鸡、八糙鹅鸭、姜虾、鹿脯、大鱼鲊、鱼头酱、细粉小素羹、海蜇、辣菜饼、炙鳅、炙鳗、十色蜜煎蚫螺等。当时在饭馆酒肆还有各种小吃，如玛瑙饧、十色糖、糖乌李、蜜姜豉、笋姜、奶酪等。也有各种水果叫卖，如甘蔗、土瓜、圆柑、金银水蜜桃、紫李、莲子、银瓜、樱桃等；干果如锦荔、京枣、枣圈、串桃、松子等。还有各色糕点，如四色馒头、薄皮春卷、牡丹饼、笑靥儿、杂色煎花馒头、肉丝糕、水晶包儿、蟹肉包儿、糖蜜糕、薄脆等。清代的“满汉全席”闻名世界。这些都反映了当时烹调技艺的高超以及饮食业的发达。

凉菜在当时也极为普遍，如莴苣、生菜、笋姜等。冷饮与冰食在当时很受欢迎。唐宋时冰制品尤以宫廷为甚，常赐冰以表恩宠。民间也有冷饮，品种也很丰富。杜甫有诗云："竹深留客处，荷净纳凉时。公子调冰水，佳人雪藕丝。"清代夏天时节，冰饮叫卖风行。"京师暑伏以后，则寒贱之子担冰吆卖，曰冰胡儿。胡者，核也。"（《燕京岁时记》）古代很多文人都是美食家，对饮食有所研究和著述，如苏轼、袁枚、李渔等。

二、菜系

中国目前有四大地方菜系——苏、粤、川、鲁，指的是四种不同的地方风味。苏菜由苏州、扬州、杭州三个地方菜发展而来。它的第一个特点便是味兼南北，以南北都能接受的中性菜品居多，如火腿炖肘子、狮子头。苏系地域盛产湖蟹河鲜，河鲜菜十分突出，如蟹黄燕窝、西湖糖醋鱼。另外，苏式的点心和小吃精美，如水晶肉甜糕、蟹黄烧卖。粤菜系由广州、潮州以及东江菜组成。粤菜用料广、选料严，尤喜海鲜和野味。例如选择禽类时，常用鹧鸪、禾花雀、鹌鹑等入菜；野味如娃娃鱼、穿山甲、山瑞等。选料也十分讲究，如鲳鱼以白鲳为上，虾以近海明虾和基围虾为上。粤菜口味偏好清鲜爽滑。粤系地域盛产蘑菇、白木耳、竹笋等，并且四季时鲜、水果不断。粤菜配菜丰富并且肉蔬搭配适宜。另外，粤菜的粥品和点心也很突出。川菜的发祥地是巴蜀两地。川菜重油、重味，偏爱麻辣，如麻婆豆腐、麻辣火锅。川菜善用普通材料做出多种菜肴，如盐煎肉、回锅肉、甜烧白、咸烧白等。川菜中也有很多小吃，如怪味鸡、八宝糯米饭、汤圆等。川菜中的泡菜既可以当作菜品小吃，同时也是川菜中重要的佐料。鲁菜有北方代表菜之美誉，发祥地是临淄和曲阜，也就是古时齐鲁之地。鲁菜带有宫廷菜的余韵，用料讲究，善以燕窝、鲍鱼、鱼翅、海参、鹿肉等高档食材做厚味大菜。鲁系菜品具有高热量、高蛋白的特点，如脆皮烤鸭、九转肥肠、红烧海螺、锅烧黄河鲤鱼。鲁菜善以汤调味，也善于做奶汤。四大菜系各有特色，同时又相互影响，它们都是在各自地域的内外经济文化交流长河中逐渐形成的。而且每一区域均是腹地深、物产丰富、菜肴繁多，其调味基调都离不开清鲜、浓香。

中国是个多民族国家，除了不同地域形成的四大菜系之外，各个民族也有自己独特的风味。如蒙古族菜肴常以牲畜和野兽山珍为食材，如牛乳、马奶、野鹿、黄羊等。常见的菜品有烤全羊、手扒肉、烤羊腿，以清炖、白煮、烧烤为主，味偏咸。主食以面食为主，且重酒重茶。又如维吾尔族，食材一般是农产品和畜牧产品，以麦面、小米、黄米为主食，稻米次之，菜肴以烧烤牛羊肉为主，煎炒次之。常见的菜品是手抓饭。总之，各民族根据自己的地域条件以及民族习惯，形成了自己的饮食习惯。

由于历史上佛教的传入和盛行，我国传统美食中素食菜式多样，做法繁多，形成了自己独特的风味。北魏《齐民要术》介绍了11种素食的做法。宋代有专门的素食店，吴自牧对当时的素食菜品有所记载。宋代林洪《山家清供》和陈达叟《本心斋蔬食谱》都是素食专著。素食原料十分丰富，豆腐制品是素食的重要原料。清真菜是伊斯兰教的风味菜，随着伊斯兰教的传入而得到普及。伊斯兰的信徒以回族为主，所以清真菜在历史上又叫回回菜。清真菜禁食猪、马、狗、驴、骡以及无鳞鱼。南路的清真菜以鸡、鸭、鹅为主，如板鸭、卤鸭、烧鹅，多用素油。北路的清真菜则以牛羊为主，如涮羊肉、烤羊肉串、羊肉抓饭，用羊肉、黄油和酥油。清真菜的糕点也很有名，如核桃酥、黄米枣糕等。

三、茶与酒

茶与酒是中国饮食中“饮”的主体。

我国是世界上最早发现茶和饮茶的国家，茶甚至被誉为“国饮”。茶在古代也称为“荼”“槚”“茗”“荈”“菠”等。唐代以后基本都称“茶”。我国最初培植茶叶是在西南地区。《华阳国志》记载：“武王既克殷，以其宗姬封于巴，爵之以子……茶、蜜……皆纳贡之。”扬雄《蜀都赋》有“蔓茗荧郁”。魏晋南北朝时“茗饮作浆”（杨元慎），饮茶之风盛行。帝王将相、文人墨客还以茶为题材，吟诗作文。唐宋时，全国风行品茶、斗茶，寻找茶中趣味，“味浓香永。醉乡路、成佳境。恰如灯下，故人万里，归来对影。口不能言，心下快活自省”（黄庭坚《品令·茶》）。而茶叶的外传，大约也是在唐代，随后发展为一种广受世界人民欢迎的饮品。

陆羽精于茶道，被尊为“茶圣”，所著《茶经》是世界上第一部茶叶专著。全书分为十章，内容包括茶之源、之具、之造、之器、之煮、之饮、之事、之出、之略、之图。其他重要的茶叶专著还有宋代蔡襄的《茶录》，明代钱椿年《制茶新谱》，明代许次纾《茶疏》，等等。茶叶以其独特的色、香、味、形用以入馔、药用、代酒。而按照制作方法，茶叶可以分为：绿茶类，新鲜茶叶经高温杀青之后，直接用炒、烘、晒等干燥，清新鲜淡；红茶类，萎凋、发酵后干燥，汤色红艳；乌龙茶，轻度萎凋和半发酵之后，杀青干燥，兼清新和醇馥；花茶类，以绿茶或乌龙茶为底，配以茉莉、玫瑰、蜡梅等香花，清芬；紧压茶，杀青发酵之后，蒸压成酱黑色饼状或是砖状焙干。

中国人讲究品茶，也十分讲究茶具。根据不同的饮茶方式和习俗，茶具有所不同。《茶经》记载了唐时的二十四种茶具，如“风炉”“夹”“纸囊”“碾”“拂末”“竹夹”“则”“碗”等，精致美观，种类繁多。

“人生得意须尽欢，莫使金樽空对月。”“何以解忧，唯有杜康。”这说明酒作为“天之美禄”，使人感觉到畅快。在中国，关于酒的始酿说法不一。《尚书》就已经明确提到了酒曲。《礼记·月令》记载了酿酒之法：“秫稻必齐，麴蘖必时，湛炽必絜，水泉必香，陶器必良，火齐必得，兼用六物。”而夏商周时所酿造的酒，有黍酒、“鬯”（黑黍酿造）、“醴”（甜酒）等。历朝历代所酿的酒品种繁多。记载酿酒的著作有北魏贾思勰的《齐民要术》，宋代苏轼《酒经·酿酒法》，宋代朱翼中《北山酒经》以及李保的《续北山酒经》，明代宋应星的《天工开物》等。这些都反映了我国酿酒工艺的高超以及人们对酒的热爱。古代爱酒之骚客文人数不胜数，如东汉蔡邕、魏晋的“竹林七贤”。杜甫《酒中八仙歌》描绘了八位“酒仙”的饮酒之态。古人饮酒时有各种酒令，分为古令、雅令、通令和筹令，许多都是文字游戏。如雅令，一般为对诗、联句、拆字、回环、藏头等，是一种文人比试学识的酒令。

酒不仅是一种饮品，它也可以用于烹饪，可以处理食材，除腥，调味。古人还认为桂花酒和菊花酒可以延年益寿，“饮之寿千岁”。酒也可作药用。药酒为中国始创。酒虽然可以使人忘忧助兴、激发灵感、健身祛病，但是饮酒无节制也会影响身心健康。有以酒亡国的，如夏桀建酒池，饮者三千人。《尚书》的《酒诰》记载了周公对康叔的劝诫。魏晋南北朝，直至隋唐五代，基本都不禁酒。元朝时禁酒很严。明清时有禁酒令但是收效甚微。总的来说，统治者之所以禁酒，一是恐亡国，二是怕乱礼，三是担心时局不稳。西周时建立了一套比较规范的饮酒礼仪，如规定了饮酒时间（冠礼、婚礼），饮酒时的顺序以及饮酒的量等，“人之齐圣，饮酒温克”，讲究自持。唐人饮酒，很少节制。大致从宋代开始，人们比较强调节饮与礼饮。清人著书，陈述饮酒时的规矩，劝诫世人。

茶和酒作为最受国人喜爱的饮品，几千年来一直盛行不衰，成为中国饮食文化中的重要组成部分。

四、食疗

关于饮食，墨子说：“其为食也，足以增气充虚，强体适腹而已矣。”早在两千多年以前，《黄帝内经》明确指出“五谷为养，五果为助，五畜为益，五菜为充，气味合而服之以补精益气”，并记载了一些具体的食疗方案。食疗学在中国医学中占有重要地位。周王室设置了四个不同职务的医官：医师、食医、疾医、疡医。其中食医“掌和王之六食、六饮、六膳、百羞、八珍之齐”，专门负责王室的食谱，足见当时对营养和食疗的重视。疾医“掌养万民之疾病，……以五味、五谷、五药养其病”。根据郑玄的解释：五味即酶、酒、饴蜜、姜、盐之属，五谷就是麻、黍、稷、麦、豆之类，五药为草、木、虫、石、谷。疡医中有“凡药，以酸养骨，以辛养筋，以咸养脉，以苦养气，以甘养肉，以滑养窍”，表明当时对食物的性能已颇有认识。《山海经》也记载了很多食疗的方剂，如“沙棠”，“可以御水，食之使人不溺”。按《神农本草经》记载，先秦时许多食物和调味品都已经入药，如梅子、甘草、蜂蜜、陈皮、姜、葱、梨等。《吕氏春秋》主张饮食规律，“无饥无饱”。

西汉到魏晋，食疗理论发展更为全面。三国时期的华佗有着非常丰富的食疗经验。《三国志》记载了华佗以“蒜齑大醋”治疗咽塞的病例。华佗指出食物应当有“三化”，一是“火化”，烂煮；二是“口化”，细嚼；三是“腹化”，也就是入胃消化。他还指出了饮茶的清心提神的功效，“苦茶久食益意思”。这一时期有关食疗的著述大量出现，如《膳羞养疗》《太官食经》《神仙服食药方》等。

到了隋唐以及宋朝时期，食疗理论已经达到了系统化的水平。孙思邈的《千金翼方》《千金要方》总结了前代食疗理论，也提出自己的主张。他认为“五味入于口也，各有所走，各有所病”；而日常的饮食也应该“每令节俭”，不能“贪味多餐”。他还论述了果实、菜蔬、谷米、鸟兽的性、味、药理、禁忌以及疗效。例如他认为樱桃：“味甘，主调中，益脾气，令人好颜色，美志。”宋代的《养老奉亲书》详细阐述了老年人食疗的基本原则和一些具体的方剂。元代忽思慧的《饮膳正要》集各民族饮食经验于一体，包括四时所宜、五味偏走等，其中有61个食疗方剂。

食疗养生自古以来就在我国饮食和医药中占有十分重要的地位。对食疗历史及理论的发掘和研究，必将有益于未来饮食和医药实践及理论的发展。

第二节　服　　饰

一、历代服饰

庄子说：“古者民不知衣服，夏多积薪，冬则炀之，故命之曰知生之民。神农之世，卧则居居，起则于于，民知其母，不知其父，与麋鹿共处，耕而食，织而衣，无有相害之心，此至德之隆也。”（《庄子·盗跖》）相传黄帝的元妃西陵氏之女嫘祖教民养蚕，治丝茧以供衣服，此后中华服饰进入了以丝帛为主的发展阶段。“黄帝尧舜垂衣裳而天下治。”（《周易·系辞下》）服饰不仅只是作为御寒的物质工具，更承载了礼仪、身份，维系社会政治伦理的文化意义。中国作为“衣冠大国”，历朝历代有着自己独特的服饰文化。

自周代开始中国的冠服制度就已趋完备，后代以周代的冕服为服制标准。冕服包括冕冠、上衣下裳、腰间束带、前系蔽膝、足登舄履。春秋战国时期各家对于服饰的观点不一。儒家倡导“文质彬彬”；道家主张“被褐怀玉”，“甘其食，美其服”；墨家提倡“节用”“尚用”，“食必常饱，然后求美；衣必常暖，然后求丽；居必常安，然后求乐”；法家则“崇尚自然，反对修饰”。当时“七国异族，诸侯制法，各殊习俗”（《淮南子》）。

战国时期特别盛行深衣，“续衽钩边，要缝半下。袼之高下可以运肘，袂之长短反诎之及肘”（《礼记》）。胡服在当时也很流行，其特点是短衣、长裤、革靴或裹腿、衣袖偏窄。

秦汉时期，男子几乎都着袍服。曲裾袍是在战国深衣的基础上发展起来的，在西汉时出现，盛行于东汉，又称“襜褕”。当时还有一种禅衣，上下连，无衬里，为仕宦燕居之服，或是贵族妇人的常服。秦汉时的首服式样很多，分冠、帻、巾等，分不同的场合、不同的身份穿戴。一般来说，冠用于朝服或是礼服的首服，有不同的式样和规定，如平天冠、长冠、武冠、梁冠等。汉代官员戴冠下必衬帻，庶民则可以单戴。巾分葛巾和缣巾。当时的足服主要是高头或是歧头的丝履，上绣花纹，也有用葛麻制成的方头方口的单底步履。秦汉官员也讲究佩绶，早期佩挂兵器，后来以刀剑配丝质缠结的组绶，垂于腰带下或是置于鞶囊中，再以金银钩挂于腰带之上。秦汉时妇女的礼服主要以深衣为主。袿衣，类似深衣，襟底部由衣襟曲转盘绕成两个尖角。秦汉妇女也着襦裙装，襦为短衣，长至腰间，下身配裙。妇女的足服与男子类似，只是多纹绣与彩画，有五彩丝带。秦汉时服装体现出一种英武之气，较为厚重质朴。

魏晋南北朝时，由于战乱、南北迁徙以及民族交流融合，服饰的发展更加多样化。这时男子的服装以长衫最有时代特色。袍有袪，而衫是宽大的敞袖。袍有里，而衫有单、夹两种，质料有纱、绢、布等，颜色多用白。男子也着袍、襦、裤、裙等。男子首服有纶巾、高冠、漆纱笼冠等。帽子兴起于南朝后，主要是白纱高屋帽、黑帽、大帽。木屐在这一时期特别盛行。这时期的妇女主要着衫、袄、襦、裙、深衣等，但是有宽博和窄瘦之别，除了大襟也有对襟。领和袖有彩绣，腰间系围裳或抱腰，外束丝带。深衣的下摆剪裁成数个三角形，上宽下尖，形似旌旗，称之为“髾”，围裳中伸出飘带称之为“襳”。帔始于晋，披在颈间，交于领前，自然垂下，走起路来有一种飘然轻舞之感。女子鞋面绣花，嵌珠，描色。北方民族最具代表性的是裤褶和裲裆，均为军队采用。裤褶上衣下裤，汉人在裲裆基础上加大了裤脚，后又发展出缚裤。总的说来，这一时期的服装日趋宽博，有一种飘然欲仙之感，文人雅士尤喜褒衣博带，“飘如游云，矫若惊龙”。这种服饰风格与当时的文化范畴和审美理论，以及佛教的盛行密切相关。

隋唐时政治稳定、经济繁荣，各民族交流活跃，民风较为崇尚奢华，因而在服装的式样和颜色上呈现出多姿多彩的局面。男服最为盛行的是袍衫，圆领，右衽，领、袖以及襟处有缘边，袖有宽窄之分。文官衣略长，至足踝或及地，武官则至膝下。当时的衣服颜色有很多讲究，如“服黄之禁”。幞头是当时最为普遍的首服，幞头两脚，最初似带，自然垂下至颈或过肩，后来变短，弯曲朝上插入结内。唐代男子，头戴幞头，着圆领袍衫，配乌皮六合靴，显出一种英武潇洒之气。隋唐五代的女子服饰，冠服丰美华丽、妆饰奇异纷繁。大唐的女子主要有三种配套服饰：襦裙、男装、胡服。上着短襦，下穿长裙，裙腰提高到腋下，以绸带系扎。上襦很短且领口常有变化，如圆领、方领、鸡心领等，一时还流行起袒领，“粉胸半掩”。唐代女子着衫也十分普遍，喜好红、淡赭、浅绿等颜色。半臂与披帛是襦裙装中的重要点缀。半臂类似短袖衫；披帛是从帔子演变而来，后逐渐成为披于双臂的一种飘带。按中国传统礼教，男女不同服，但在大唐，女子着男装十分普遍，有的是只穿男子主服，有的则是全身仿效。这一时期北方游牧民族与中原交往频繁，再加上丝绸之路的骆队，带来了西域人所穿的所谓“胡服”。上戴浑脱帽，身着窄袖紧身翻领长袍，下着长裤，足蹬高靿革靴，显得英姿飒爽。隋唐时期的服装表现出广纳博采的开放性和创新性。

宋辽金元时期政局不稳，但是对外贸易较唐代更盛，对中国服饰、民俗风尚等都有所影响。两宋时期男子常服以襕衫为主。襕衫是一种无袖头的长衫，圆领或交领，下摆一横襕，也有不施横襕的称直身或直缀。常用细布，白色，腰间束带。士大夫的交际常服为帽衫，一般头戴乌纱帽，身着皂罗衫，束角带，蹬革靴。幞头是宋人最主要的首服，多为硬脚幞头，直脚幞头成为一些官职的朝服。幅巾在宋代重新流行起来，文人儒生以裹巾为雅。宋代妇女服装一般有襦、衫、袄、背子、半臂、抹胸、裙、裤等。以背子最有特色，男女皆可穿。背子以直领对襟为主，前襟不施襻纽，袖子有宽窄二种，衣长分齐膝、膝上、过膝、齐裙、齐踝等，左右腋下开长衩，也有不开侧衩的。当时的契丹族大辽一般是长袍左衽，圆领窄袖，裤子置于靴筒内。女子则是袍内裙子，长筒皮靴。由于北方冬日天气苦寒，袍料多是野兽皮毛。元代时，蒙古族男子普遍穿着窄袖袍，圆领，下摆宽大，腰部缝以辫线，做成宽围腰或成排纽扣，下摆折成密裥，称为“辫线袄子”“腰线袄子”。各式各样的瓦楞帽在当时极为普遍。女子首服最有特色的是“顾姑冠”，又称“姑姑冠”。两宋时期受理学思想影响，色彩一反唐代的鲜艳浓丽，追求淡雅恬静，提倡简练、质朴、自然、洁净等。

明朝的服饰改革要求恢复汉族礼仪，调整冠服制度。冕服除了非常重要的场合一般也不穿戴。朝服主要是以袍衫为尚，头戴梁冠，蹬云头履，不同的品级梁冠、佩绶、笏板有严格的规定。男子常服以袍、裙、短衣、罩甲等为主。首服有“四方平定巾”、束发的网巾、包巾、飘飘巾等多达二十多种式样，一般统称为儒巾。帽子除了乌纱帽之外，还有“六合一统帽”，俗称瓜皮帽。足服有革靴、布底缎面便鞋等。明代平民女子所穿服饰主要有衫、袄、帔子、背子、比甲、裙等，样式基本沿用唐宋旧制。比甲原是蒙古族服装，明代中叶之后开始流行，似背子但无袖，对襟，长度一般齐裙。明代女子多穿裙，式样讲究八至十幅料或更多，腰间细缀数十条褶，走起来宛如水纹。后时兴凤尾裙，以大小规矩条子，均绣图案，两边镶金线，相连成裙。明代女子裙尚浅淡，纹样也不明显。明代服饰崇尚精致华美，出现了很多粉饰太平及寓意吉祥的祝福文字图案。由于江南蚕桑养殖以及纺织业的发达，出现了北方服饰效仿南方的风尚，尤以秦淮地区的风格最受推崇。

由满族人建立的清朝，要求剃发，衣冠也必须遵照朝廷规定。统治阶层在服饰上坚守本民族的服制，坚持“衣冠必不可以轻易改易”，强制推行满服，致使三百年来男子服饰基本以满服为模式。清代男子以袍、褂、袄、衫、裤为主，改宽衣大袖为窄袖筒身，以纽扣系衣襟。袍和袄多开衩，后规定皇族用四衩，平民不能开衩。开衩大袍，也称为“箭衣”，袖口突出在外，称为“箭袖”，因为形似马蹄，也称为“马蹄袖”。清代男子的配套服饰按阶层分为三类。官员头戴暖帽或凉帽，配有花翎、朝珠，身着褂、补服、长裤，脚蹬靴。士庶头戴瓜皮帽，身穿长袍、马褂、长裤，腰束带，挂线袋、套扇、小刀、香荷包等，脚蹬白布袜、黑布鞋。劳动者头戴毡帽或斗笠，穿短衣、长裤，扎裤脚，罩马甲，脚踩蓬草鞋等。旗女皇族平时穿袍、衫，初期宽大，后来窄如直筒。袍衫之外加坎肩，一般与腰平。明时的帔在清朝时已经宽大如背心，中间绣禽纹，下垂流苏。汉族女子日常穿袄裙、披风等。上衣由内而外有：兜肚、贴身小袄、大袄、坎肩、披风。下裳以长裙为主，多系在长衣之内。裙式样多变，如“月华裙”“弹墨裙”“凤尾裙”“鱼鳞裙”等。旗汉鞋式各异，旗女着木底鞋，底高一二寸或是四五寸，高跟装在鞋底中心，形似花盆的称为“花盆底”，形似马蹄的称为“马蹄底”；汉女缠足，多穿木底弓鞋，鞋面多刺绣、嵌珠。清朝的服饰保留了很多游牧民族的服饰特点，与中原长期以来的儒雅飘逸之风大为不同。

民国推翻清王朝之后服装风格为之大变。男子服装主要是长袍、马褂、中山装以及西装等。男子一般有三种装束：长袍、马褂，瓜皮帽或罗宋帽，中式裤子，布鞋或棉鞋；西装、革履、礼帽；学生装，鸭舌帽或白色帆布阔边帽，体现出中西结合的特点。民国时期女子服饰出现了各式的袄裙及旗袍。旗袍原是长而直的袍子，逐渐改良为袖口窄小，边缘渐窄，又发展到衣领紧扣，曲线鲜明，斜襟，衬托出雍容华贵、端庄典雅、沉静含蓄的东方女性之美。这一时期的服饰体现了西方文化影响下的新旧交替的特点。

历朝历代的首饰佩饰也是中国服饰艺术的精华，如发饰、臂饰、冠饰、耳饰、颈饰等，式样繁多，美丽精致，体现出极高的工艺水平。需要特别指出的是，中国作为一个统一的多民族国家，各民族的服饰各有其特点，正如前面提到了蒙古族及满族的服饰。又如朝鲜族的服饰，女子着长裙与短袄，上衣以直线构成肩、袖、袖头，曲线构成领子、领条，下摆和袖笼为弧形。又如回族男子一般穿长裤、长褂，秋凉之际外罩深色背心，白衫外缠腰带，头戴白布帽。各个民族的服饰是中华民族服饰必不可少的部分，它们共同创造了中华民族灿烂的服饰文化。

二、服饰制度

服饰不仅是御寒工具，同时也是一种文化现象。在中国儒家思想占主导的文化背景之下，服饰显示出礼教的特点。礼在服饰中的贯彻，体现为“辨其名物，与其用事，设其服饰”。《周礼》记载了周王室关于服饰的官职和职责。如司服“掌王之吉凶衣服，辨其名物，与其用事”，说明根据礼仪的性质及规格，对服饰有明确规定。内司服“掌王后之六服”，另外有玉府、司裘、缝人、染人、追师、屦人等职官，职务分明。以服饰的严格规定来体现上下尊卑，维护法度和权威。不同的活动如冠礼、婚礼、饮酒、丧事、乡射等，服饰也有不同的规定。如士冠礼有“主人玄冠，朝服，缁带，素韠，即位于门东，西面”，“有司”则是“如主人服”。《礼记》说：“夫礼者，所以定亲疏，决嫌疑，别同异，明是非也。”《礼记》中对服饰的各种规定体现出儒家的礼制观，如“为人子者，父母存，冠衣不纯素。孤子当室，冠衣不纯采”。以玉比德，“古之君子必佩玉”，各个级别各个场合佩玉都有规定。又如男女有别，“男女不通衣裳”。

由于服饰体现出尊卑和礼制，历朝都很重视服饰制度，修史者大都在史书中设有《舆服志》。《舆服志》主要记载了有关统治阶层的车旗服饰制度以及重大仪礼活动的规则，分尊卑、别上下的主题贯穿其中。服饰制度与礼制思想紧密相关，二者相互补充又相互支持，使得服饰承载了更多的文化符号和内涵。

三、服饰图纹

服饰的图纹可以反映某种文化的深刻内涵。中国的服饰图纹与天象地形、阴阳八卦、五行五色以及吉祥图案等紧密相关。如礼服上的十二章，每一章为一种物象，有日、月、星辰、山、龙、火、粉米、黼、黻等。又如十二生肖，明清时官服上有标志品级的补子。《明史·舆服志》有记载：“（洪武）二十四年定：公、侯、驸马、伯，服绣麒麟、白泽。文官一品仙鹤，二品锦鸡，三品孔雀，四品云燕，五品白鹇，六品鹭鸶，七品鸂鶒，八品黄鹂，九品鹌鹑，杂职练鹊。风宪官獬廌。”这说明当时不同的物种被分为等级，赋予不同的寓意和内涵。鹤在中国文化中是高洁之鸟，它作为一品文官的补子就代表了高贵与不凡。阴阳五行也以图纹色彩的形象体现在服饰上，而它本身就是一种文化符号。服饰图纹中常选八卦图，用于民间的香荷包或是童衣的背后，代表了天地阴阳，大吉大利，类似于一种吉祥物。京剧中有“八卦衣”，用于通晓天文地理的谋略人物。阴阳五行与五色相配，即木、火、土、金、水配青、赤、黄、白、黑，再以五行五色的象征物以及青龙、白虎、玄武、朱雀相搭配，图纹就丰富多彩、精致绚丽了。服饰中还有表现吉祥、驱邪的图纹，如飞舞的凤和腾跃的龙和虎。汉代有直接织绣文字的如“长乐明光”“万年益寿”等。唐代是以花鸟为主，花团锦簇。吉祥图案自明代起开始序列化、规范化。以龙为主的图纹用于皇族。而以凤为主题的吉祥图案则稍微宽泛，凤冠以及龙凤呈祥的图纹在结婚时常见，还有如凤栖梧桐、鸾凤和鸣、凤戏牡丹等。恋人之间的信物以鸳鸯为主，如鸳鸯戏水、荷花鸳鸯等。育龄妇女的图纹以“宜男忘忧”为主。婴儿百天时衣服和银锁上一般是麒麟送子的图纹。长者寿诞祝寿的图纹一般是松鹤长寿、鹤鹿长寿、鹤献蟠桃、龟鹤齐龄、寿山福海、八仙庆寿等。日常的穿着也常见吉祥图纹，如婴戏图、五云翔鸾、瑞鹊衔花、锦上添花、四季百花、五谷丰登、琴棋书画、金玉满堂等。服饰图纹把物象、文字通过谐音、联想等巧妙变化，隐藏寓意于其中，在体现中国人文化心理的同时也丰富了中华文化。

经典选读

齐民要术·酿酒法（节选）

[北魏]贾思勰

造酒法[1]：全饼曲，晒经五日许，日三过[2]以炊帚[3]刷治之，绝令使净。若遇好日，可三日晒。然后细锉[4]，布帊盛[5]，高屋厨上晒经一日，莫使风土秽污。乃平量曲一斗，臼中捣令碎。若浸曲一斗，与五升水[6]。浸曲三日，如鱼眼汤沸[7]，酘[8]米。其米绝令精细[9]。淘米可二十遍。酒饭，人狗不令啖。淘米及炊釜中水、为酒之具有所洗浣者，悉用河水佳也。

[1]《齐民要术》各种酒的酿造法，分别列在各种曲的下面，表示列在某种曲下面的各种酒，就都用该种曲酿造。这里“造酒法”以下三段，在原书亦分三段，“造酒法”这段是对碎曲、浸曲、淘米、用水等准备工作作一总交代，以下“作秫、黍米酒”、“作糯米酒”二段是具体作什么酒的方法。[2]过：遍。日三过，一日三遍。[3]炊帚：厨灶上刷甑具用的刷把一类的用具。[4]锉：斫碎。细锉：斫成小块，大如枣、栗。[5]帛二幅叫做“帊”，即今大方巾，亦即“帊单”。布帊盛：即用布帊兜裹着，搁在高屋橱架上晒，避免尘土染污。[6]五升水：各本同。用一半的水浸多过它一倍的曲，当然未始不可，但相当干；用此浸水极少的曲，酿固态发酵的酒，用米量达二石一斗（或一石八斗），亦未始不可，但出酒量太少了。即使《齐民要术》酿制各种酒的液比（用水量对原料米的百分比）很低，本篇各种酒的酿制，其浸神曲的用水量，也还用到一斗曲几斗水的比例，可是这里少到只用“五升水”，神曲各酒无此例，未知是否“五斗水”之误。[7]鱼眼：描状煮水初沸时气泡大小的情况。曲加水分起发酵作用而逸出碳酸气，因而产生气泡，如鱼眼汤沸：就是说气泡大小像鱼眼那样，拿这个作为掌握浸曲时间的标准之一。[8]酘（tóu）：实即“投”字而用于饮食品酿造者（卷八作醋各

法均用“投”字），意即投饭在瓮中酿酒，即今俗语所谓“落缸”。初酘投在曲液中，二酘以下投在发酵醪中。《齐民要术》分次酘饭下瓮，初酘、二酘、三酘，最多至十酘，直至发酵停止酒熟为止，先酘的发酵醪对于后酘的饭起着酒母作用。[9]绝令精细：指舂得极清白。米的外皮及胚子中蛋白质及脂肪含量很多，对酿酒来说，含量过多有碍酒质，所以要除去，只留着胚乳。精白度愈高，对酿酒愈好。下文“淘米可二十遍”，目的亦在淘净糠皮杂质，以免影响酒质。

若作秫、黍米酒，一斗曲，杀米二石一斗[1]：第一酘，米三斗；停一宿，酘米五斗；又停再宿，酘米一石；又停三宿，酘米三斗。其酒饭，欲得弱炊[2]，炊如食饭法，舒使极冷，然后纳之。

[1]杀米：指曲对于原料米的糖化和酒精发酵的效率。二石一斗：为该种曲对于该种米所能负荷的消米量的指标。[2]酒饭：指酿酒的饭。弱炊：炊得软熟些，使充分软化，《齐民要术》一般的方法是“再馏”。

若作糯米酒，一斗曲，杀米一石八斗。唯三过酘米毕。其炊饭法，直下馈[1]，不须报蒸[2]。其下馈[3]法：出馈瓮中[4]，取釜下沸汤浇之，仅没饭便止。此元仆射[5]家法。

[1]馈（fēn）：将半熟饭下在瓮中乘热灌进适量的锅底沸汤，使饭胀饱熟透为度，这个方法叫做“沃馈”，即下文所说“出馈瓮中，取釜下沸汤浇之”。半熟饭不能酿酒，必须再经软化，使无生心、白心现象，以利于有益微生物的糖化、酒精发酵作用。[2]报：回。报蒸：即回蒸，添水复蒸。既是“沃馈”，自毋庸复蒸。[3]馈：明抄、湖湘本讹作“馈”，据金抄等改正。[4]出馈瓮中：起出馈饭，装入瓮中，省去“纳”“入”一类字。[5]北齐时有元斌，为拓跋氏宗室，其祖封高阳王。“斌少袭祖爵，历位侍中、尚书左仆射”，北齐天保初循例降爵为高阳县公，天保二年（551）卒，见《北齐书·元斌传》。其年代、官名和封邑高阳都和《要术》所记及贾思勰曾任高阳太守相符，未知即其人否？

（[北魏]贾思勰著，缪启愉、缪桂龙译注：《齐民要术译注》，上海古籍出版社2009年版）

茶经·六之饮

[唐]陆羽

翼而飞，毛而走，呿而言[1]，此三者俱生于天地间，饮啄以活，饮之时义远矣哉！至若救渴，饮之以浆；蠲忧忿[2]，饮之以酒；荡昏寐，饮之以茶。

[1]呿而言：这里指开口会说话的人类。[2]蠲：免除。《史记·太史公自序》：“蠲除肉刑。”

茶之为饮，发乎神农氏[1]，闻于鲁周公[2]，齐有晏婴[3]，汉有扬雄、司马相如[4]，吴有韦曜[5]，晋有刘琨、张载、远祖纳、谢安、左思之徒[6]，皆饮焉。滂时浸俗，盛于国朝，两都并荆俞间[7]，以为比屋之饮。

[1]神农氏：传说中的上古三皇之一，教民稼穑，号神农，后世尊为炎帝。因有后人伪作的《神农本草》等书流传，其中提到茶，故云“发乎神农氏”。[2]鲁周公：名姬旦，周文王之子，辅佐武王灭商，建西周王朝，“制礼作乐”，后世尊为周公，因封国在鲁，又称鲁周公。后人伪托周公作《尔雅》，讲到茶。[3]晏婴：字仲，春秋之际大政治家，为齐国名相。相传著有《晏子春秋》，讲到他饮茶事。[4]扬雄：西汉著名文学家，著有《甘泉》《羽猎》等辞赋。司马相如（前178—前118）：字子柳，蜀郡成都人。西汉著名文学家，著有《子虚赋》《上林赋》等。[5]韦曜：字弘嗣，三国时人，在东吴历任中书仆射、太傅等要职。[6]晋有刘琨、张载、远祖纳、谢安、左思之徒：刘琨（271—318），字越石，中山魏昌人（今河北无极县）。曾任西晋平北大将军等职。张载，字孟阳，安平人（今河北深县）。文学家，有《张孟阳集》传世。远祖纳，即陆纳（320？—395），字祖言，吴郡吴人（今江苏苏州）。东晋时任吏部尚书等职。陆羽与其同姓，故尊为远祖。谢安（319—385），字安石，陈国阳夏人（今河南太康县）。东晋名臣。历任太保、大都督等职。左思（250？—305？），字太冲，山东临淄人。著名文学家，代表作有《三都赋》《咏史》等。[7]两都：长安和洛阳。荆：荆州，治所在今湖北江陵。俞：当作渝，渝州。治所在今重庆一带。

饮有粗茶、散茶、末茶、饼茶者。乃斫、乃熬、乃炀、乃舂，贮于瓶缶之中，以汤沃焉，谓之痷茶[1]。或用葱、姜、枣、橘皮、茱萸、薄荷等，煮之百沸，或扬令滑，或煮去沫，斯沟渠间弃水耳，而习俗不已。

于戏！天育有万物，皆有至妙，人之所工，但猎浅易。所庇者屋，屋精极；所著者衣，衣精极；所饱者饮食，食与酒皆精极之；……茶有九难：一曰造，二曰别，三曰器，四曰火，五曰水，六曰炙，七曰末，八曰煮，九曰饮。阴采夜焙，非造也。嚼味嗅香，非别也。膻鼎腥瓯，非器也。膏薪庖炭，非火也。飞湍壅潦[2]，非水也。外熟内生，非炙也。碧粉缥尘，非末也。操艰搅遽[3]，非煮也。夏兴冬废，非饮也。

夫珍鲜馥烈者，其碗数三；次之者，碗数五。若座客数至五，行三碗；至七，行五碗；若六人以下，不约碗数，但阙一人而已，其隽永补所阙人。

[1]瘫：病。《博雅》:“病也。”[2]飞湍：飞奔的急流。壅潦：停滞的积水。潦：雨后积水。[3]操艰搅遽：操作艰难、慌乱。遽：惶恐、窘急。

（[唐]陆羽：《茶经》，上海古籍出版社2009年版）

老饕赋[1]

[宋]苏轼

庖丁鼓刀，易牙烹熬[2]。水欲新而釜欲洁，火恶陈（江右久不改火，火色皆青）而薪恶劳[3]。九蒸暴而日燥，百上下而汤鏖[4]。尝项上之一脔，嚼霜前之两螯[5]。烂樱珠之煎蜜，滃杏酪之蒸羔[6]。蛤半熟而含酒，蟹微生而带糟[7]。盖聚物之天美，以养吾之老饕[8]。

[1]《汉语大词典》所列“饕餮”的义项有七：1.传说中的一种贪残的怪物，古代钟鼎彝器上多刻其头部形状以为装饰；2.比喻贪得无厌者，贪残者；3.特指贪食者；4.比喻贪婪、贪残；5.贪婪地吞食；6.相传为尧、舜时的四凶之一；7.复姓之一。苏轼此文一般被认为是研究饮食之道。老饕是贪吃的意思，不是一般的贪吃，而是一副大呼小叫、狼吞虎咽的吃相。[2]庖丁：古代一位刀功极好的厨师，曾为文惠君解牛。易牙：春秋时齐桓公宠幸的近臣，长于调味。由庖丁来操刀，易牙来烹调，所选的两位大厨都是顶尖的高手。[3]“水欲新”二句：烹调用的水要新鲜，锛碗等用具一定要洁净。千万不要用久存的水，柴火也要烧得恰到好处。[4]“九蒸暴”二句：烹调的方法也多种多样，有时候要把食物经过多次蒸煮后再晒干待用，有时则要在锅中慢慢地文火煎熬。[5]“尝项上”二句：吃肉只选小猪颈后部那一小块最好的肉；而螃蟹只选秋风起、霜冻前最肥美的螃蟹的两只大螯（脚）。[6]“烂樱珠”二句：把樱桃放在锅中煮烂煎成蜜，用杏仁浆蒸成精美的糕点。[7]“蛤半熟”二句：蛤蜊要半熟时就着酒吃；蟹则要和着酒糟蒸，稍微生些吃。[8]“盖聚物”二句：天下这些精美的食品，都是我这个老食客所喜欢的。

婉彼姬姜，颜如李桃[1]。弹湘妃之玉瑟，鼓帝子之云璈[2]。命仙人之萼绿华，舞古曲之郁轮袍[3]。引南海之玻黎，酌凉州之蒲萄[4]。愿先生之耆寿，分余沥于两髦[5]。候红潮于玉颊，惊暖响于檀槽[6]。忽累珠之妙唱，抽独茧之长缲[7]。闵手倦而少休，疑吻燥而当膏[8]。倒一缸之雪乳，列百柂之琼艘[9]。各眼滟于秋水，咸骨醉于春醪[10]。美人告去已而云散，先生方兀然而禅逃[11]。响松风于蟹眼，浮雪花于兔毫[12]。先生一笑而起，渺海阔而天高。

[1]姬姜：春秋时，姬为周姓；姜，齐国之姓，故以“姬姜”为大国之女的代称，也用作妇女的美称。颜如李桃：面貌如李花之白，桃花之红。[2]湘妃：即娥皇和女英，帝尧之二女。帝子：就是舜帝。传说尧嫁二女于舜。瑟、璈：古乐器名。[3]萼绿华：仙女的名字，相传是九嶷山中得道的女仙。郁轮袍：唐人小说记，王维未冠而有文名，又谙于音律，妙能琵琶，为岐王所重，引至安乐公主第，进新曲号《郁轮袍》。主人奇之，为之说项，王维遂得登第。[4]玻黎：玻璃酒杯。凉州：今甘肃一带。蒲萄：葡萄酒。[5]耆寿：高寿，年高德劭者。亦泛指老寿之人。余沥：说长发未束的剩余部分飘然下垂。两髦：发之最长者曰“髦”。两髦似指两鬓垂下的长发。[6]檀槽：檀木制成的琵琶、琴等弦乐器上架弦的槽格。亦指琵琶等乐器。[7]累珠：或出自白居易《琵琶行》里“大珠小珠落玉盘”，言歌声急促节奏快。缫：从茧中抽丝。形容唱歌时拖长声音。[8]闵：同“悯”。少：稍也，稍事休息。吻燥：嘴唇干燥。[9]雪乳：白色浓厚的浆液。指酒。[10]“各眼滟”二句：歌女个个两眼明澈如秋水，食客享受此等美食美景连骨头都酥软了。[11]兀然：突然。禅逃：从听禅的专注中回醒，借指听乐。[12]松风：水将沸之声。蟹眼：古时称煮茶之水沸腾之前的状况。《辞源》：初滚为蟹眼，泡渐大为鱼眼。苏轼《试院煎茶》：“蟹眼已过鱼眼生，飕飕欲作松风鸣。”

（[宋]苏轼：《苏文忠公全集》东坡续集卷三）

闲情偶寄·饮馔部（节选）

[清]李渔

声音之道，丝不如竹，竹不如肉[1]，为其渐近自然。吾谓饮食之道，脍不如肉[2]，肉不如蔬，亦以其渐近自然也。草衣木食[3]，上古之风，人能疏远肥腻，食蔬蕨而甘之，腹中菜园，不使羊来踏破[4]，是犹作羲皇之民[5]，鼓唐虞之腹[6]，与崇尚古玩同一致也。所怪于世者，弃美名不居[7]，而故异端其说，谓佛法如是[8]，是则谬矣。吾辑饮撰一卷，后肉食而首蔬菜[9]，一以崇俭，一以复古，至重宰割而惜生命[10]，又其念兹在兹而不忍或忘者矣[11]。

[1]“声音”三句：指丝弦弹拨的曲子不如竹木吹出的曲子动听，而竹木吹出的曲子比不上人的喉咙唱出的歌曲动人。[2]脍：细切的肉。《礼记·内则》“肉腥细者为脍。”[3]草衣木食：以草为衣，以木为食。[4]腹中菜园，不使羊来踏跛：意为不使腹中蔬菜受肉腥践踏。羊，代肉食。[5]羲皇：即伏羲氏，古传说中“三皇”之一。[6]唐虞：即唐尧、虞舜，皆为古传说中的“五帝”之一。[7]世者：世人。弃美名不居：抛弃尊古的美名。[8]异端其说：将其当做异端的教条。这里指佛教的教条。[9]后肉食而首蔬菜：提倡食用蔬菜，而次之才轮到肉食。[10]重宰

割而惜生命：对宰割生物慎重，时刻记得珍惜生命。[11]念兹在兹：念念不忘，铭记在心。

（[清]李渔：《闲情偶寄》，上海古籍出版社2000年版）

随园食单（节选）

[清]袁枚

学问之道，先知而后行，饮食亦然。作《须知单》。

古八珍并无海鲜之说[1]。今世俗尚之，不得不吾从众。作《海鲜单》。

郭璞《江赋》鱼族甚繁，今择其常有者治之，作《江鲜单》。

猪用最多，可称"广大教主"。宜古人有特豚馈食之礼。作《特牲单》。

牛、羊、鹿三牲，非南人家常时有之之物。然制法不可不知，作《杂牲单》。

鸡功最巨，猪菜赖之。如善人积阴德而人不知。故个领羽族之首，而以他禽附之。作《羽族单》。

鱼皆去鳞，淮地鱼不去。我道有鳞而鱼形始全。作《水族有鳞单》。

鱼无鳞者，其腥加倍，须加意烹饪，以姜、桂胜之。作《水族无鳞单》。

菜有荤素，犹衣有表里也。富贵之人，嗜素甚于嗜荤。作《素菜单》。

小菜佐食，如府史前徒佐六官也[2]。醒脾解浊，全在于斯。作《小菜单》。

梁昭明以点心为小食，郑傪嫂劝叔"且点心"，由来旧矣。作《点心单》。

粥饭本也，余菜末也。本立而道生。作《饭粥单》。

七碗生风，一杯忘世，非饮用六清不可[3]。作《茶酒单》。

[1]八珍：原指八种珍贵的食物，后来指八种稀有而珍贵的烹饪原料。历代"八珍"的内容各不相同，如《周礼·天官》所载为淳熬、淳母、炮豚、炮牂、捣珍、渍、熬、肝膋。《渊鉴类函》有二说：一为龙肝、凤髓、豹胎、鲤尾、鸮炙、猩唇、熊掌、酥酪蝉；一为醍醐、麆吭、野驼蹄、鹿唇、驼乳糜、天鹅炙、紫云浆、玄玉浆。[2]府史：古时管理财货文书出纳的小吏。《周礼·天官·序官》："府六人，史十有二人。"汉郑玄注："有司，郡吏有事者，谓主人之吏所自辟除。府史以下，今时卒吏及假吏是也。"宋司马光《知人论》："谨盖藏，吝出纳，治文书，精会计，此府史之职也。"[3]六清：即六饮。《周礼·天官·膳夫》："凡王之馈……饮用六清。"郑玄注："六清，水、浆、醴、凉、医、酏。"

调剂须知

调剂之法，相物而施。有酒、水兼用者，有专用酒不用水者，有专用水不用酒者；有盐、酱并用者，有专用清酱不用盐者，有用盐不用酱者；有物太腻，要用油先炙者；有气太腥，要用醋先喷者；有取鲜必用冰糖者；有以干燥为贵者，使其味入于内，煎炒之物是也；有以场多为贵者，使其味溢于外，清浮之物是也。

器具须知

古语云：美食不如美器[1]。斯语是也。然宣、成、嘉、万，窑器太贵[2]，颇愁损伤，不如竟用御窑，已觉雅丽。谁是宜碗者碗，宜盘者盘，宜大者大，宜小者小，参错其间，方觉生色。若板板子十碗八盘之说，便嫌笨俗。大抵物资者器宜大，物贿者器宜小。煎炒宜盘，汤羹宜碗，煎炒宜铁锅，煨煮宜砂罐。

[1] 中国传统饮食观中，讲究色、香、味俱全。这个色不仅是指食物本身的色，还包括了与食物一起一并呈现于食者面前的盛放食物的器皿。器皿与食物的色彩对比，与食物的外形和谐，如下文“宜碗者碗，宜盘者盘”，足以形成千年食文化之雅。[2] 窑器太贵：明宣德、成化、嘉靖、万历瓷器在袁枚时代就已价值不菲。

猪蹄四法

蹄膀一只，不用爪，白水煮烂，去汤；好酒一斤，清酱酒杯半，陈皮一钱，红枣四五个，爆烂。起锅时，用葱、椒、酒泼入，去陈皮、红枣，此一法也。又一法：先用虾米煎汤代水，加酒、秋油煨之。又一法：用蹄膀一只，先煮熟，用素油灼皱其皮，再加作料红煨。有土人好先掇食其皮，号称“揭单被”。又一法：用蹄膀一个，两钵合之，加酒、加秋油，隔水蒸之，以二枝香为度，号“神仙肉”。钱观察家制最精。

鲫　鱼

鲫鱼先要善买。择其扁身而带白色者，其肉嫩而松；熟后一提，肉即卸骨而下。黑脊浑身者，倔强磋丫，鱼中之喇子也，断不可食。照边鱼蒸法，最佳。其次煎吃亦妙。拆肉下可以作羹。通州人能煨之，骨尾俱酥，号“酥鱼”，利小儿食，然总不如蒸食之得真味也。六合龙地出者，愈大愈嫩，亦奇。蒸时用酒不用水，稍稍用糖以起其鲜。以鱼之小大，酌量秋油、酒之多寡。

（[清]袁枚：《随园食单》，中华书局2010年版）

礼仪·士冠礼第一

士冠礼。筮于庙门[1]。主人玄冠[2]，朝服[3]，缁带[4]，素韠[5]，即位于门东[6]，西面[7]。有司如主人服[8]，即位于西方，东面，北上[9]。筮与席[10]、所卦者[11]，具馔于西塾[12]。布席于门中，闑西阈外，西面[13]。筮人执策[14]，抽上韇，兼执之[15]，进受命于主人[16]。

[1]从“士冠礼”至“宗人告事毕”：述占筮冠礼日期的仪式。筮：用蓍草占卦，通过《易经》来判断吉凶。这里指占筮行加冠礼的日期。庙：祢庙，即父庙。[2]主人：指冠者的父兄。玄冠：朝服冠名，用黑色丝织品制成。[3]朝服：君臣朝会时穿的礼服，以十五升布制成，工极细。古代称上衣为衣，下衣为裳。衣与冠同色，故此朝服之衣亦应为黑色。下文行加冠礼时主人服玄端，而不服朝服。玄端与朝服，衣同裳异。朝会，早朝见，服朝服；晚朝见，服玄端。是朝服尊于玄端。[4]缁带：黑色丝织品制成的大带。[5]素韠：白色皮革制成的蔽膝。素：白色。韠：蔽膝，皮制。裳与韠同色，故朝服之裳亦白色。[6]即：就。门东：庙门外东方。[7]西面：面朝西。[8]有司：主人之胥徒中有专职的人。下文“筮者”“卦者”“宰”“宗人”之属皆统称有司。如主人服：与主人穿同样的礼服。[9]北上：以北为上首。[10]筮：筮卦所用的蓍草。筮用五十根蓍草。席：古人席地而坐，以席铺地。此席指下文布席所用的席。士用蒲席。[11]所卦者：用来画地计爻和书卦的工具。记爻用木，书卦用版。筮时，三变成一爻，用木画地记之。每卦六爻，十八变成一卦，记于版上。[12]具馔：陈设卜具。西塾：门侧有堂，称为塾，门东西两侧内外各两堂。此处西塾指门外西堂。[13]布席：铺席于地，此为供筮卦用的筮席。席亦称筵。闑：门中央所竖木条。阈：门槛。闑西阈外：门外中央偏西的地方。[14]筮人：有司中掌卜筮者。策：占筮时用的蓍。[15]韇：蓍草筒。上韇：韇的上部，即韇盖。下韇盛蓍草。兼：并。兼执之：一手执上韇，一手执下韇。[16]进：前。由西方前行近于主人之位。受命：领受筮命。

宰自右少退，赞命[1]。筮人许诺，右还[2]，即席坐[3]，西面。卦者在左[4]。卒筮，书卦，执以示主人[5]。主人受眂，反之[6]。筮人还，东面，旅占，卒，进，告吉[7]。若不吉，则筮远日[8]，如初仪。彻筮席。宗人告事毕[9]。

[1]宰：有司中主政教者。自右：由主人的右边。少退：比主人稍退后一些。赞：佐助。赞命：佐主人告知要占筮的内容。[2]右还：向右北行回至筮席。[3]即席：就席。[4]卦者：有司中负责画地记爻者。[5]卒筮：六爻皆筮毕。卒：已、毕。书卦：筮人把筮得的卦记在版上。[6]主人受眂，反之：主人看所筮得之卦后，还给筮人。反：返、还。[7]旅：众。占：此处指以《易经》卦爻辞预测吉凶。旅占卒：筮人与其属下预测吉凶完毕。进告吉：进前告诉主人筮得吉卦。[8]远日：以后的日期。筮远日：如一月中上旬筮占不吉，乃更筮中旬，若中旬不吉，则更筮下旬。[9]宗人：《周礼·春官》谓都宗人，掌都宗祀之礼；家宗人，

掌家祭祀之礼，皆由王朝设置。诸侯、大夫、士也有宗人，主持礼事，由家臣担当。即有司中主礼者。告事毕：告知主人筮日之事结束。

……

主人之赞者筵于东序[1]，少北，西面。将冠者出房，南面。赞者奠纚、笄、栉于筵南端[2]。宾揖将冠者，将冠者即筵坐。赞者坐，栉，设纚[3]。宾降[4]，主人降。宾辞[5]，主人对。宾盥卒[6]，一揖，一让，升。主人升，复初位。宾筵前坐，正纚[7]，兴，降西阶一等[8]。执冠者升一等，东面授宾。宾右手执项[9]，左手执前，进容，乃祝[10]，坐如初，乃冠，兴，复位。赞者卒[11]。冠者兴，宾揖之。适房，服玄端爵韠，出房，南面。

[1]从“主人之赞者”至“如加皮弁之仪”,述三次加冠之仪。筵：布设筵席，此处作动词用。[2]奠：停、置于地。[3]坐：席地而坐，两膝跪地，双脚向后，臀部坐于脚跟上。栉：梳理头发。设纚：梳理迄，以纚束发。[4]宾降：由西阶下堂。[5]宾辞：主人亦随同宾由阼阶下堂,宾辞谢之,大意是说主人无事不必降。[6]盥卒：盥洗完毕。[7]正纚：正，使端正。前赞者已设纚，宾是主持冠礼的人，这里的正纚，是表示亲其事的意思。[8]一等：一级台阶。[9]项：冠后侧叫做项。[10]容：仪容端正，舒扬。进容：趋行时的容止。郑玄注云：“进容者，行翔而前，鸧焉。”形容行走时张开两臂，神貌舒扬。祝：有祝辞，见下文。[11]卒：终。指完成加缁布冠所需的设缺项、结缨等事。

礼记·冠义

凡人之所以为人者，礼义也。礼义之始，在于正容体，齐颜色，顺辞令[1]。容体正，颜色齐，辞令顺，而后礼义备。以正君臣，亲父子，和长幼。君臣正，父子亲，长幼和，而后礼义立。故冠而后服备，服备而后容体正，颜色齐，辞令顺。故曰：冠者礼之始也。是故古者圣王重冠[2]。古者冠礼，筮日筮宾[3]，所以敬冠事[4]，敬冠事所以重礼，重礼所以为国本也[5]。故冠于阼，以著代也[6]，醮于客位[7]，三加弥尊，加有成也[8]。

[1]正容体：端正仪容身体。齐颜色：使表情态度端庄。顺辞令：使言辞政令畅通。[2]重冠：重视冠礼。[3]筮日筮宾：用蓍草算卦的方式确定举行冠礼的日期和所请的主宾。[4]所以：用来。敬冠事：显示出对冠礼之事的恭敬之意。[5]国本：立国之本。国以礼为本。[6]阼：谓主任之北也。著代：父子世代相传，特指嫡子。[7]醮：用酒祭祀神灵的礼仪。客位：户西。[8]三加：三次加冠之礼。弥尊：越发尊贵。加有成：勉励冠者有更大的成就。

已冠而字之，成人之道也[1]。见于母，母拜之。见于兄弟，兄弟拜之[2]。成人而与为礼也，玄冠玄端，奠挚于君，遂以挚见于乡大夫、乡先生，以成人见也[3]。成人之者，将责成人礼焉也[4]。责成人礼焉者，将责为人子，为人弟，为人臣。为人少者之礼行焉，将责四者之行于人。其礼可不重与[5]。故孝弟忠顺之行立，而后可以为人[6]。可以为人，而后可以治人也。故圣王重礼，故曰冠者礼之始也，嘉事之重者也[7]。是故古者重冠，重冠故行之于庙，行之于庙者，所以尊重事[8]，尊重事，而不敢擅。重事，不敢擅重事所以自卑而尊先祖也[9]。

[1]已冠：举行加冠礼之后。字之：为冠者起字。是指以成人之道对待冠者。[2]见于母：到母亲那里去拜见。[3]乡大夫、乡先生：同乡老，致仕者服玄冠玄端，异于朝也。玄冠玄端：礼冠、礼服的一种。玄，黑中略带红色。奠挚：置放见面礼物。挚：见面时的礼物。以成人见：按照成人的礼仪相见。[4]“成人之者”二句：要根据成人之礼去担当自己的责任。[5]可不重与：能不重视吗？与：同“欤”。[6]弟：同“悌”，谦逊退让之礼。行立：德行确立。为人：人之所以为人，得异于禽兽者，以其行礼义。[7]嘉事：嘉礼。礼分五类，吉礼、凶礼、军礼、宾礼、嘉礼。冠礼、婚礼、燕飨之礼、射礼等皆属嘉礼。[8]行之于庙：冠礼的重要仪式都在祖庙举行。所以尊重事：用来表示对重大事情的尊重。[9]自卑：把自己的好恶、利益放在第二位。

（[清]阮元校刻：《十三经注疏》，上海古籍出版社1997年版）

明史·舆服志（节选）

皇帝冕服：洪武元年，学士陶安请制五冕。太祖曰：“此礼太繁。祭天地、宗庙，服衮冕。社稷等祀，服通天冠，绛纱袍。余不用。”三年，更定正旦、冬至、圣节并服衮冕，祭社稷、先农、册拜，亦如之。十六年，定衮冕之制。冕，前圆后方，玄表纁里。前后各十二旒，旒五采，玉十二，珠五，采缫十有二就，就相去一寸。红丝组为缨，黈纩充耳，玉簪导。衮，玄衣黄裳，十二章，日、月、星辰、山、龙、华虫六章织于衣，宗彝、藻、火、粉米、黼、黻六章绣于裳。白罗大带，红里。蔽膝随裳色，绣龙、火、山文。玉革带，玉佩。大绶六采，赤、黄、黑、白、缥、绿，小绶三，色同大绶。间施三玉环。白罗中单，黻领，青缘襈。黄袜黄舄，金饰。二十六年，更定衮冕十二章。冕版广一尺二寸，长二尺四寸。冠上有覆，玄表硃里，馀如旧制。圭长一尺二寸。衮，玄衣纁裳，十二章如旧制。中单以素纱为之。红罗蔽膝，上广一尺，下广二尺，长三尺，织火、龙、山三章。革带佩玉，长三尺三寸。

……

宫人冠服，制与宋同。紫色，团领，窄袖，遍刺折枝小葵花，以金圈之，珠络缝金带红裙。弓样鞋，上刺小金花。乌纱帽，饰以花，帽额缀团珠。结珠鬓梳。垂珠耳饰。

群臣冠服：洪武元年命制公服、朝服，以赐百官。时礼部言："各官先授散官，与见任职事高下不同。如御史董希哲前授朝列大夫澧州知州，而任七品职事；省司郎中宋冕前授亚中大夫黄州知府，而任五品职事。散官与见任之职不同，故服色不能无异，乞定其制。"乃诏省部臣定议。礼部复言："唐制，服色皆以散官为准。元制，散官职事各从其高者，服色因之。国初服色依散官，与唐制同。"乃定服色准散官，不计见职，于是所赐袍带亦并如之。三年，礼部言："历代异尚。夏黑，商白，周赤，秦黑，汉赤，唐服饰黄，旗帜赤。今国家承元之后，取法周、汉、唐、宋，服色所尚，于赤为宜。"从之。

庶人冠服：明初，庶人婚，许假九品服。洪武三年，庶人初戴四带巾，改四方平定巾，杂色盘领衣，不许用黄。又令男女衣服，不得僭用金绣、锦绮、纻丝、绫罗，止许细、绢、素纱，其靴不得裁制花样、金线装饰。首饰、钗、镯不许用金玉、珠翠，止用银。六年，令庶人巾环不得用金玉、玛瑙、珊瑚、琥珀。未入流品者同。庶人帽，不得用顶，帽珠止许水晶、香木。十四年令农衣细、纱、绢、布，商贾止衣绢、布。农家有一人为商贾者，亦不得衣细、纱。二十二年，令农夫戴斗笠、蒲笠出入市井不禁，不亲农业者不许。二十三年，令耆民衣制，袖长过手，复回不及肘三寸；庶人衣长去地五寸，袖长过手六寸，袖桩广一尺，袖口五寸。二十五年，以民间违禁，靴巧裁花样，嵌以金线蓝条，诏礼部严禁庶人不许穿靴，止许穿皮札𩋾，惟北地苦寒，许用牛皮直缝靴。正德元年，禁商贩、仆役、倡优、下贱不许服用貂裘。十六年，禁军民衣紫花罩甲，或禁门或四外游走者，缉事人擒之。

（[清]张廷玉等：《明史》，中华书局1974年版）

参考书目

1. 林乃燊：《中国饮食文化》，上海人民出版社1989年版。
2. 马宏伟：《中国饮食文化》，内蒙古人民出版社1992年版。
3. 王仁湘：《饮食与中国文化》，人民出版社1994年版。
4. 徐海荣：《中国饮食史》（1—6），华夏出版社1999年版。
5. 华梅：《服饰与中国文化》，人民出版社2001年版。
6. 黄能馥、陈娟娟：《中国服饰史》，上海人民出版社2004年版。
7. 沈从文：《中国古代服饰研究》，上海书店出版社2002年版。

8. 孙机：《中国古舆服论丛》（增订本），文物出版社2001年版。

思考题

1. 为什么说茶和酒是中国饮食文化中的重要组成部分？
2. 举例说明历朝服饰的主要特点。
3. 举例说明服饰图纹体现的文化内涵。

第十五章　婚姻风尚*

何谓婚姻？我们现在所说的婚姻，在中国古代主要有三种含义。一是指男女两性的结婚仪式。汉郑玄曰："婚姻之道，谓嫁取之礼。"二是指夫妻双方。"婿曰昏，妻曰姻。""昏"即婚，因古代娶妻之礼在黄昏举行；"婿"则指丈夫。三是指男女双方的亲戚，既可指夫妇双方的父母，又可指两家的亲戚，即宗亲和姻亲。我国的婚姻文化源远流长，在我国的文明演进中发挥了重要作用，被视为"人伦之始"。《白虎通·嫁娶》言："人道所以有嫁娶何？以为性情之大，莫若男女；男女之交，人伦之始，莫若夫妇。"我国历史悠久、幅员辽阔、民族众多，因此中华民族的婚姻风尚也呈现出复杂多样的特点，这里从婚姻形式、汉族婚姻习俗和少数民族婚姻习俗三个方面阐释中国的婚姻风尚。

第一节　婚姻形式

正如人类社会是一个不断发展的过程一样，婚姻作为人类社会的重要组成部分，也随着社会的发展而产生出与生产关系和社会制度相适应的形式。根据对文献资料和我国各民族现存婚姻形式的考察，依照出现的先后顺序，可以将婚姻形式大致分为三种：群偶婚、对偶婚和专偶婚。

*请参看中国大学精品开放课程：爱课程网站→资源共享课→《中华文化》（四川大学雷汉卿）→第一章 第一节：汉字与社会风俗。

一、群偶婚

群偶婚也称乱婚或杂婚，是人类婚姻史上第一种婚姻形式。由于年代久远，对其详情无法考证，只能根据古书上的一些记载推测当时的婚姻状况。《管子》就有这方面的描述："古者未有夫妇匹配之合，兽处群居。"《列子·汤问》对此也有类似记载，所谓"男女杂游，不媒不聘"。《吕氏春秋》则描述得更为详细："昔太古尝无君矣，其民聚生群处，知母不知父，无亲戚、兄弟、夫妻、男女之别。"此时男女关系混乱，表现出一种最原始形态的婚姻关系。在群偶婚时期，根本不存在什么婚姻程序和婚姻对象界限等方面的束缚，性关系蒙昧而自由。

血亲婚又称血缘婚，是群偶婚的第二阶段，指的是"以同胞兄弟和姊妹之间的结婚为基础，随着婚姻制度的扩大才把旁系兄弟姊妹包括在婚姻范围内。在这种血缘家族制下，丈夫过着多妻生活，而妻子则过着多夫生活"（马克思《摩尔根〈古代社会〉一书摘要》）。与第一阶段不同的是，这时已经把婚姻对象限定在年龄大致相仿的同辈人之间，从而排除了乱婚期第一阶段不分长幼的混乱状态。这种婚姻形态无论是在汉族还是少数民族传说中都有大量实例。唐李亢《独异志》记载了伏羲和女娲"兄妹婚"的故事："昔宇宙初开之时，只有女娲兄妹二人，在昆仑山，而天下未有人民。议以为夫妇，又自羞耻。兄即与妹上昆仑山，咒曰：'天若遣我兄妹二人为夫妇，而烟悉合；若不，使烟散。'于烟即合，二人即结为夫妇。"记载这种婚姻形式的少数民族传说有纳西族史诗《创世纪》，其中记载忍利恩六兄弟和其六姐妹结为夫妇；云南怒族传说，远古洪水泛滥，天下只剩兄妹二人，于是二人只好结为夫妻，而人类得以繁衍；贵州苗族有供奉祖先央公、央婆的习俗，据传说，央公、央婆也为兄妹；台湾高山族和海南黎族则有"纹面的起源"传说中讲述的兄妹婚。诸如此类的血亲婚传说在布依族和哈尼族等少数民族中也可以找到。这些皆可以证明血亲婚确实是中华民族婚姻史上的一种早期的婚姻形态，这些神话传说也正是对这种原始婚姻制度的朦胧回忆。

二、对偶婚

所谓对偶婚，是指人类摆脱了群偶状态，进入个体婚姻状态，把婚配关系限制在一个男子和一个女子之间，从而组成对偶婚家庭。古人在经历了乱婚期的长期生育过程后，逐渐发现了近亲结婚的弊病，正所谓"男女同姓，其生不藩"（《左传·僖公二十三年》）。于是，血亲婚和部族内婚姻受到限制，婚姻对象必须是外部族的男女。在对偶婚制度下，男女关系禁忌日益复杂，群婚现象基本消失。

对偶婚的形式主要有走访婚和同居婚两种。走访婚的最显著特点是男女结合采取走访的形式，男子夜宿女家，天明即离开。这种婚姻形式下的性伴侣数量虽然没有限制，但一般为数人或十数人，而且彼此关系相对稳定；同居婚则是男方在女家过夜之后并不离去，而是长期居住在女方家里，成为家庭的一员。这种婚姻关系主要有以下三个特点：（1）男女同居且有共同的经济生活，但多半仍然依附于一方的亲族，彼此婚姻缺乏独立的经济基础；（2）同居前没有贞操观念，同居后也没有相互独占心理；（3）夫妻可以任意离异，子女与过去一样只属于母亲。

对偶婚形式下的婚姻关系并不稳固，如果男女双方感情不和或者出现了其他影响双方关系的因素，可以随时分手，而且程序简单，只是把彼此的财物分开即可。也就是说，在对偶婚时期，人们开始倾向固定自己的性生活对象，即每一个男子或女子有了一个较为稳固的或主要的配偶。配偶的结合不是一种牢固的结合，也没有排除一个女子除去一个主要配偶外，仍可与其他男子（血亲禁例除外的）有着性关系（孙晓《中国婚姻小史》）。我们在下文“少数民族婚姻风俗”部分讲到的纳西族和布朗族的“阿注婚”就是典型的对偶婚形式下的产物。

对偶婚的产生是人类婚姻形式的一次重要变革，同时也是人类生育史上的一次重要革命，是人类由原始野蛮状态向文明社会过渡的一个重要标志。

三、专偶婚

专偶婚即是俗称的一夫一妻制，由对偶婚发展而来。它是父系社会取代母系社会的产物，代表了父权的加强和私有制的发展。这种婚姻制度的特点是两性结合的过程复杂，仪式繁多，婚姻关系要比群偶婚和对偶婚时期稳固得多，一般不能随意解除。

根据考古工作最新进展，历史学家尚未发现仰韶文化中期（前4000—前3000）之前的关于一夫一妻制的文物资料。在此之后开始出现双间或多间套房以及两成年男女和小孩的合葬墓，表明有一夫一妻的个体家庭存在。但一夫一妻制作为一种新的婚姻形态，彻底取代群偶婚和对偶婚历时很长。文献及民俗传说表明，夏代仍存氏族婚遗风。考古遗迹和殷墟甲骨文证明，从商代开始进入一夫一妻制时代。而一夫一妻制成为主导的婚姻形态，则是到了周代以后。一夫一妻制的确立是人类文明的重要体现，这种婚姻体制就男女两性而言主要有以下两个优点：第一，一夫一妻使两方面均可独占对方的爱情或体贴，因而可以免除许多冲突及嫉妒。第二，一夫一妻制可使男女的性欲得到有节制及适度的满足，不致产生泛滥及无处发泄之弊。但是这种理想的一夫一妻制在中国古代只是针对平民而言，统治阶级婚姻形式的主体是妻妾制。

妻妾制是古代专偶婚制度下一种常见的婚姻形态。所谓妾，在中国古代是“妻之外，女子共事一夫者，皆称妾，另外还有‘外妇’‘小妻’‘旁妻’‘下妻’等等称呼”。周代是父系嫡长继承制的宗法社会，礼制和法律都重视区分嫡庶界限，名分上只准许一夫一妻，但贵族阶层除妻子（主位配偶）外还可以根据其身份不等而占有数量不同的妾（次位配偶)。《礼记·昏义》记载周代后妃制度曰:“古者天子后立六宫，三夫人，九嫔，二十七世妇，八十一御妻。”而天子占有如此多妃嫔的理由就是“以听天下之内治”。此外，在宗法社会中，男人又可以“因胤嗣之续可以多娶”，这样就为统治者占有多个配偶的行为披上了合法的外衣。周以后的各代皇帝、达官贵人以及财主富户都争相模仿，除正妻之外，纳妾之风不绝，比之周朝，有过之而无不及，这样就形成了实际上的一夫一妻多妾制的婚姻形式。在这种婚姻制度下，夫为一家之长，妻为家中主妇，妾的地位则近于奴仆。《礼记·正义》曰：“妾之言接也。闻彼有礼，走而往焉，以得接见于君子也。”妾在家庭中地位如此低微，其所生子女也因为是庶出，而在继承权和社会地位上受到歧视。

根据现行《中华人民共和国婚姻法》，我国现代婚姻也是专偶婚的一种，与古代不同的是，现代婚姻是废除了妻妾制的严格的一夫一妻制，它充分保证了男女平等和家庭稳定，是我国社会主义文明的重要体现之一。

第二节　汉族婚姻习俗

婚姻习俗是一个渐进发展的过程，根据记载，我国最早的婚礼始自伏羲。唐代杜佑在《通典》中简要记载了中国婚礼发展的过程:“人皇氏始有夫妇之道，伏羲氏制嫁娶，以俪皮为礼；五帝驭时，娶妻必告父母；夏时亲迎于庭；殷时亲迎于堂；周制，限男女三年，定婚时，六礼之仪始备。”但在周以前，婚礼仪式较为简单。周代以降而至东汉，随着一夫一妻制影响的扩大，婚礼越来越被赋予重要意义，并因其具有祭祀和继嗣的重要功能而成为人生最隆重的礼仪，在儒家经典中被确定为“礼之本”。如《礼记·昏义》篇即说：“婚礼者，将合两姓之好,上以事宗庙,而下以继后世也。”“而所以称男女之别,而立夫妇之义也。男女有别，而后夫妇有义；夫妇有义，而后父子有亲；父子有亲，而后君臣有正。故曰婚礼者,礼之本也。”可见,婚礼在我国古代社会生活中占有十分重要的地位。

一、六礼

记录中国古代婚姻礼仪最重要的文献是《仪礼·士昏礼》和《礼记·昏义》。这两部重要的儒家经典确定了古代婚礼的六个步骤，即纳采、问名、纳吉、纳征、请期、亲迎，包括了从议婚、订婚，到迎娶、成婚这样一个有媒有聘的过程（有学者根据甲骨文资料，认为这一过程中的部分内容在商代贵族婚娶礼仪中也可以看到）。这六个婚礼举行的步骤即是一般所谓的“六礼”，是汉民族传统婚姻习俗最重要的组成部分，其中的一些礼仪，在当代婚礼中仍占有非常重要的地位。

纳采：纳采为六礼之第一礼，俗称提亲、说媒、说亲。《礼记·昏义》对此的定义是“纳采者，谓采择之礼”，即男家派使者（一般是男方的亲属）携求婚礼物到女家，表示已选择其女。纳采的具体形式如下：“昏礼。下达，纳采用雁。主人筵于户西，西上，右几。使者玄端至。摈者出请事，入告。主人如宾服，迎于门外，再拜，宾不答拜。揖入。至于庙门，揖入。三揖，至于阶，三让。主人以宾升，西面。宾升西阶，当阿，东面致命。主人阼阶上北面再拜。授于楹间，南面。宾降，出，主人降。授老雁。”（《仪礼·士昏礼》）关于纳采之礼，不同朝代略有不同，东汉可选用玄纁、羊、雁、清酒等30种；唐代则有合欢、嘉禾、阿胶、九子蒲、朱苇、双石、棉絮、长命缕、干漆9种；宋代庶人可用雉、鸡或鹜代替雁。

问名：问名，俗称“请庚”“合婚”“探问”“讨八字”等。《仪礼·士昏礼》：“宾执雁，请问名，主人许。”即纳采之后，男家请使者重新回到女家，向女家主人询问其女之名与出生时间，以便回去占卜吉凶。具体形式为：“摈者出请。宾执雁，请问名，主人许。宾入，授，如初礼。摈者出请，宾告事毕。入告，出请醴宾。宾礼辞，许。主人彻几改筵，东上。侧尊甒醴于房中。主人迎宾于庙门外，揖让如初，升。主人北面，再拜。宾西阶上北面答拜。主人拂几，授校，拜送。宾以几辟，北面设于坐，左之，西阶上答拜。赞者酌醴，加角柶，面叶，出于房。主人受醴，面枋，筵前西北面。宾拜受醴，复位。主人阼阶上拜送。赞者荐脯醢。宾即筵坐，左执觯，祭脯醢，以柶祭醴三，西阶上北面坐，啐醴，建柶，兴，坐奠觯，遂拜。主人答拜。宾即筵，奠于荐左，降筵，北面坐取脯，主人辞。宾降，授人脯，出，主人送于门外，再拜。”（《仪礼·士昏礼》）宋代以后庶人婚礼，问名并于纳采，自此以后问名之礼就不再单独施行，并逐渐让位于南北朝时期萌芽的合八字风俗。

纳吉：纳吉俗称订婚，是在问名之后，男家根据女方之名和出生时间在宗庙占卜。如果卜得吉兆，男家就会派使者携礼物（古礼一般为雁，因雁难得，后世有以鹅代之者）往告女家，表示已方决定联姻。婚姻大事于是初步定了下来，具体礼节则与纳采之礼相同。后来因占卜之法式微，南宋《朱子家礼》舍去纳吉之礼，纳采之后即行纳征。

纳征：纳征在春秋时又被称为纳币，俗称过定、下财。征有两种解读：郑玄认为：“征，成也，使使者纳币以成婚也”；程子认为：“征，证也，成也，用皮帛以证男女之礼也。”从这两种解释都可以看出婚礼的这一程序就是用财物作为婚姻确定的见证。吕大防曰："纳征者，纳币以聘之，古之聘士聘女，皆以币交。"男家派使者将聘礼送往女家，女家受纳，婚事就此确定，礼节如纳吉之礼。纳征所送礼物与男家身份密切相关。例如，庶人送缁帛，士大夫送玄纁束帛加鹿皮。纳征礼物因朝代不同也有差异：秦汉时聘礼可含聘金；魏晋南北朝时复重实物；唐代纳征之物则有雁、羊、酒、黄白米、玄纁、束帛；北宋改称纳征为纳成，聘礼重金银首饰；明清聘礼为金银、衣食等实物。

请期：请期就是告期，在这里不说"告"而说"请"，显示对女家的谦虚恭敬之意。敖继公对此解释说："婿家既得吉日，乃不敢直以告女家，而必请之者，亦听于女家之意，尊之也。"（《仪礼·正义》）如女家对吉日无异议，婚礼就将在择定日举行。请期用的礼物还是雁，礼节与纳征一样。到了宋朝，《朱子家礼》删去了请期这一步骤。在明朝，则无论天子还是庶人的婚礼，皆有请期。

亲迎：亲迎，俗称迎娶，即女婿亲往女家迎娶新妇。六礼之中，以亲迎礼节最为繁复。婚期当天，男子奉父命乘车往女家迎娶。女家父母在庙里设筵席，在自家门外拜迎女婿。女婿执雁而入，揖让，升堂，再拜，放下雁。女婿下堂出门，为妇驾车，车轮转三周后，交由御者代驾；自己另车前行，先到家门外等待妇车。在古代，除皇帝在婚礼时不用亲迎外，皇太子以下皆需亲迎。婚礼必须亲迎的原因有二：一是表示男尊女卑。《礼记·郊特性》曰："男子亲迎，男先于女，刚柔之义也。天先乎地，君先乎臣，其义一也。"《公羊传·隐公二年》注曰："礼，所以必亲迎也者，所以示男先女也。"宋朝孙觉的《春秋经解》也说："礼必亲迎者，阴无先求之礼，阳唱而后阴和之者也。"这些都表达了古时"男先女"的思想。二是表示男示亲于女。《礼记·哀公问》："大婚既至，冕而亲迎，亲之也，是故君子兴敬为亲。"《白虎通·嫁娶》亦曰："必亲迎授绥者何？以阳下阴也，欲得其欢心，示亲之心也。"亲迎是六礼的最后一个步骤，也是古时婚姻是否成立的一个重要标准，《通典》曰："亲迎于户，六礼之仪始备。"亲迎之后，则六礼具备，夫妻婚姻关系得到确认。

在六礼中，有一个文化现象需要我们特别关注，即"以雁为贽"。《仪礼·士昏礼》疏曰："昏礼有六，五礼用雁：纳采、问名、纳吉、请期、亲迎是也，唯纳征不用雁。"也就是说，在上述六礼中，除纳征外，其他五项程序中，雁都是必备礼物，可见"雁"在古代婚礼中的重要性。郑玄对用雁作为婚礼重要礼物的解释是："用雁为挚者，取其顺阴阳往来。"贾公彦疏云："顺阴阳往来者，雁木落南翔，冰泮北徂，夫为阳、妇为阴，今用雁者，亦取妇人从夫之义，是以昏礼用焉。"《白虎通·嫁娶》对此解释为："雁，取其随时而南北，不失节也。又是随阳之鸟，妻从夫之义也。"今人王玢玲根据古代各家解释，将其总结为三层含义：第一，取其顺阴阳往来，取妇人从夫之义；第二，雁是候鸟不失时信，象征男女信守不渝；第三，雁阵成行，行止有序，以象征嫁娶家长长幼之序，互不越礼。婚礼用雁做礼物这一习俗一直到现在还有沿用，但因雁不易得，有的地方就用其他类似之物代之。如朝鲜族用木雁，还有的地方分别用鸡、鸭、鹅等家禽代替大雁。尽管所用物品已非雁，但其在婚礼中的象征意义却是一样的。

六礼形成之后，就成为汉民族传统婚礼最重要的礼仪。此后，婚礼形式虽然在不同地区和不同朝代有所变更，但基本上都是在六礼基础上增减。东汉末以降，有六礼乃至合卺皆废的现象，但至南北朝时期，六礼仍为官方所颁行。晋代以后的嫁娶变化，大体不出六礼的范围。据《大唐开元礼》，唐代品官至庶人皆行六礼。据《政和五礼新仪》，宋代品官行六礼，但因六礼繁缛，北宋已有士庶只存纳采、纳吉、纳征、亲迎四礼。至南宋《朱子家礼》，存其纳采、纳征（改称为纳币）、亲迎三礼。元代据《朱子家礼》而颁布婚礼七条：议婚、纳采、纳币、亲迎、妇见舅姑、庙见、婿见妇之父母。明代初年，诏令品官婚礼按《大明集礼》，纳采与问名并行；民间嫁娶则按《朱子家礼》施行。《大清通礼》规定汉官七品以上行议婚、纳采、纳币、请期、亲迎五礼，庶人行纳采、纳币、请期、亲迎四礼。但清代后期民间有“空函往复，并纳采、纳币而废”的情形。

二、“六礼”之外的婚姻习俗

在不同时期和不同地区，汉民族在“六礼”之外还产生了其他的婚姻习俗，限于篇幅，我们只能择要介绍。

传代：传代又称“传袋”“传席”，是指花轿到夫家之后，为防止新娘脚落地而在地上垫布袋、麻袋或席子的一种风俗。因新娘脚步在袋子上依次递进，故取其传宗接代之意。

拜堂：拜堂指的是新婚夫妇于喜堂内参拜天地、祖先、父母以及夫妻对拜的一种礼仪。拜堂时，新婚夫妇要同牵一条用红绿彩绸挽成的同心结，俗称“牵巾”，寓意夫妻永结同心。三拜结束，然后送入洞房。

红盖头：婚礼当日，新妇盛装出门前往婆家之际，要以红巾盖头。拜堂结束，进入洞房，由夫婿用秤杆（象征称心如意）揭开。

吃喜酒：喜酒是为招待前来贺喜的亲友举办的酒席。席间，新郎、新娘要为来宾敬酒，亲友共同举杯祝福新郎新娘婚姻幸福。此习俗一直没有中断，延续至今。

撒帐：新婚之夜，前来贺喜的亲友将同心金钱、五色彩果抛洒在新人身上，称为撒帐。也有的地方，在新人入洞房之前即将各类果实放置于婚床的不同位置，这些果实主要是枣、栗子、花生、石榴等，象征“早立子”“早生贵子”“多子多福”之类的吉祥寓意。

合卺：合卺之礼就是将葫芦一剖为二，倒满酒浆，夫妇各执其一而饮之。饮毕将之复合为葫芦，表示夫妻合二为一，从此要同甘共苦、祸福与共。到了后代，酒杯替代了葫芦，新郎新娘饮酒的方式多为交臂，象征夫妻相亲相爱，互相扶持。

闹洞房：新婚之夜，亲友到洞房看望新郎、新娘，给予一对新人美好的祝愿，众人乘兴嬉闹，称为“闹洞房”。

谒舅姑：在婚礼之后的第二天，新娘要拜见公婆。这种礼仪要放在婚礼之后的原因是，先有夫妻关系，后才有公婆与媳妇之间的关系。但后来这种仪式多放在婚礼当天举行，拜堂仪式的“二拜高堂”即相当于谒舅姑。但是无论放在婚礼前还是婚礼后，其意义都是一样的，即表示新娘得到了新郎父母的接受，正式成为家庭的一员。

第三节　少数民族婚姻风俗

少数民族的婚姻习俗和汉族婚姻习俗一样，都是我国婚姻文化的重要组成部分。在本节，我们将介绍几种独具特色的少数民族婚姻风俗。

一、傣族丢包择偶习俗

丢包是云南傣族青年男女一种独特的择偶方式。每年泼水节期间，未婚男女就会聚集在一起，以丢花包为戏。花包是傣族女孩精心缝制的爱情信物，是用花布拼制的一种多菱形布包，包内装满棉籽，四角缀有花穗子，正中有一根两尺左右的提绳，包上还绣有各色花纹，凝聚着她们对爱情的向往与无限憧憬。游戏开始时，姑娘和小伙子站成相对的两排，姑娘先用花包随意丢向对面的小伙子，然后双方对掷。接不到的一方就要受罚，男的是送钱给女孩，女孩则采鲜花送给对方。随着游戏的进行，姑娘会把花包丢向自己心仪的小伙子，并且故意把花包掷得又高又远，小伙子也会假装接不到，而甘愿受罚。这样，两个人就可以离开队伍，到比较隐蔽的地方互诉衷肠。除丢包习俗外，傣族还有“裹毯子谈恋爱”“买卖鸡肉找情侣”“纺线场上结伉俪”“唱山歌找对象”“碾坊旁谈恋爱”和“情书结终生”等特色婚俗。[①]

二、回族婚俗

回族传统的结婚习俗和汉族不同，即女子对自己的婚姻有一定的自主权。男方遣媒妁到女家求婚，女方父兄要征求女子意见，不能强行婚配。如果已得允婚，男方则于择定的吉日（一般是星期五）备上礼品，与媒妁和教长阿訇赴

① 胡绍华：《傣族风俗志》，中央民族大学出版社1995年版。

女家行“拿手礼”（两人双手交错合掌，与对方互相捧握），以示永不背约。新婚之夜，新人要共食长寿面，并整夜不得熄灯，谓之长明灯。新中国成立前，回族婚礼既不用烟酒，也不用鼓乐、鞭炮，但随着与汉民族交往的日益频繁，其婚礼也逐渐吸取了汉族的放鞭炮、贴喜字的习俗。

三、苗族的跳月择偶习俗

跳月指的是在月亮下跳舞，是青年男女恋爱的一种社交活动，是苗族人民的一种婚姻习俗。初春或仲春时节，在月朗风清之夜，未婚的男女青年就会在野外空旷处点起篝火，围着火堆载歌载舞，趁此机会寻找心仪的异性。跳月是一种年代久远的婚俗，在明王圻《续文献通考》中已有记载：“苗人休春，刻木为马，祭以牛酒。老人之马箕踞。未婚男女，吹芦笙以和歌词，谓之跳月。”清陆次云《跳月记》亦云：“苗人之婚礼，曰跳月。跳月者，及春而跳舞求偶也。”跳月时，男女分成两队，唱起恋爱的歌曲，“男吹芦笙于前，女振金铎于后，盘旋跳舞,各有行列。讴歌互答”（清陈鼎《黔游记》）。如果男女相悦,则携手并坐，互赠礼物。如果对方不是自己心仪的对象，也可以“你爱我，我不爱你”之类的歌婉拒。在跳月活动中确立的恋情，事后也要请媒妁告知女家，并商定聘礼。由此可知，跳月虽然具有自由恋爱的性质，但是形式上还是要具备媒妁之言和下聘礼这些过程，是一种综合性的婚姻形式。

四、蒙古族的草原婚礼

蒙古族是我国北方一个历史悠久的少数民族，其婚礼带有浓厚的草原游牧民族特色。在许婚宴上，女家要请女婿吃“不兀勒札儿”（蒙古语，专指羊的颈喉），以寓“好马一鞭，好汉一言”，从此不得反悔，后来该仪式移至结婚宴举行。和汉族一样，蒙古族对亲迎仪式也特别重视。婚前一日，新郎就要穿上新娘亲手缝制的袍靴，带上弓箭和佩刀，再带上一群男宾前往新娘家亲迎。女方要准备接待宴席，并于当晚欢歌通宵。第二天早晨，新娘由叔父或者兄长用毡子抬上喜车。娶亲途中，迎亲和送亲双方人员以抢新郎帽子为戏，策马飞奔，体现了草原民族勇敢善骑的特色。新娘到婆家，有“结发”仪式，即用绵羊右腿骨制成的簪子，将新娘头发分成两绺，并将新郎梳掉的头发编进去，寓有白头偕老、幸福绵长之意。之后，又有“拜火礼”。于院中置一方桌，桌上放置弓箭和羊骨，桌旁生一盆火，新婚夫妇对其跪拜。新中国成立后，蒙古族的婚姻形式有所简化，但歌舞宴饮的欢庆气氛和时代气息却越来越浓郁。

五、纳西族的阿注婚

阿注又称阿肖，就是朋友的意思，是永宁纳西族过走婚生活的男女双方的互称。在永宁纳西族中，没有特定的婚姻仪式，心仪的男女双方互赠礼物（常见的有手镯、腰带等），由此确定“阿注”关系。男子在晚上可以到女家同居，而白天则必须返回自己的母系家庭去。如果该女子拒绝男子来访，或该男子搬走行李不再来访,他们之间的“阿注”婚姻就算是取消了。但是随着年龄的增长，特别是子女的降临，男女都感到稳定婚姻关系的重要性，于是常有长年阿注终生相伴，犹如夫妻。

六、维吾尔族的伊斯兰婚礼

维吾尔族人的婚礼简朴但是隆重，其婚俗形式也充分表现了维吾尔族是一个能歌善舞的民族。在婚礼前一天，新郎和新娘会在各自的家里与客人尽情地欢笑歌舞。与其他民族不同的是，维吾尔族的婚礼是先在女家举行。先由主持婚礼的阿訇问男女双方是否愿意做对方的丈夫、妻子，得到肯定的答复后，阿訇就会诵伊斯兰教经典《古兰经》，祝福新郎、新娘白头偕老、不离不弃。然后阿訇让新郎、新娘各食一块蘸过盐水而咸得发苦的馕，象征夫妻今后能够同甘共苦、相濡以沫。在女家的仪式结束后，新郎就会带着新娘回到自己家。新郎带来的迎亲队伍则会打起手鼓、吹起唢呐、摇起沙巴依，弹起热瓦甫和都塔尔，唱起欢庆的喜歌在队伍前面带路，新郎和新娘则分乘骏马和彩车随后而来。到了男家，在喜宴开始前，亲友宾客会唱歌赞美新娘。喜宴结束后，庆典进入高潮，《道兰舞》《我的和平鸽》《打鼓舞》等经典维吾尔舞蹈轮番登场，到处充满了欢乐喜庆的气氛。

七、藏族的“娶媳妇”和“娶女婿”

在藏族社会，儿子和女儿在家庭里的地位是平等的，他们都享有平等的财产继承权和承宗祧权，因此藏族人民便有了“娶媳妇”和“娶女婿”对等存在的特色婚俗。按照传统，娶媳妇以男方为主，但女方在出嫁日要设“女儿席”款待送贺礼的亲朋邻居。新娘则要从天亮就哭诉抒情长歌《娥妮》，到新郎至家时更要哭个不休，以表达对父母的留恋（这种哭嫁习俗也见于汉、土家、彝、壮、撒拉等民族）。男方家庭则要挂上尖赞（经幡）、贤布（短而华丽的门帘、窗帘），富裕人家还要挂上扎西查仁（一种在绸缎上绣有大型图案的壁饰物），柱子上挂上哈达。新郎、新娘到来后，在宗教人士的主持下举行拜天地礼，并接受祝愿。娶女婿的仪式和娶媳妇大致相同，只是祝词不同，但都表达了对新人的美好祝福。

总之，在中国婚姻文化悠久的发展历程中，各兄弟民族通过相互交流、相互影响、相互融合，共同创造了丰富多彩的中华民族婚姻风尚，对于中华文化的传承与发展产生了深广而持久的影响。在新时期，我们更应该积极接受《中华人民共和国婚姻法》的指导思想，向着健康、科学、文明的现代婚姻关系方向发展，为我国丰富悠久的婚姻文化注入新的活力与魅力。

经典选读

周易·贲

（离下艮上）

贲[1]：亨。小利有攸往[2]。《彖》曰：贲亨，柔来而文刚[3]，故亨。分，刚上而文柔，故小利有攸往。刚柔交错，天文也。文明以止，人文也[4]。观乎天文，以察时变[5]；观乎人文，以化成天下[6]。《象》曰：山下有火，贲[7]。君子以明庶政，无敢折狱[8]。

[1]贲（bì）：卦名，意思是装饰、文饰。[2]小利有攸往：有所往则小利。[3]文：文饰。[4]文明以止：用文明来约束人类行止。人文：指社会典章制度。[5]观乎天文，以察时变：考察自然物象，可洞察预知时序的变化。[6]观乎人文，以化成天下：考察社会典章制度的得失，可以化育成就天下之人。[7]山下有火：贲之上卦为艮，下卦为离，艮为山，离为火。[8]明：察。庶政：各项政事。折狱：判决诉讼案件。

初九：贲其趾[1]，舍车而徒[2]。《象》曰："舍车而徒"，义弗乘也。

六二：贲其须[3]。《象》曰："贲其须"，与上兴也[4]。

九三：贲如，濡如[5]，永贞吉[6]。《象》曰："永贞之吉"，终莫之陵也[7]。

六四：贲如皤如，白马翰如[8]，匪[9]寇，婚媾。《象》曰：六四当位[10]，疑也。"匪寇，婚媾"，终无尤也[11]。

六五：贲于丘园[12]，束帛戋戋[13]，吝[14]，终吉。《象》曰："六五之吉"，有喜也[15]。

上九：白贲，无咎[16]。《象》曰："白贲，无咎"，上得志也[17]。

[1]趾：足。[2]徒：步行。[3]须：胡须。[4]与：助。上：君上。[5]贲如：华饰之貌。濡：润泽之理。[6]永贞吉：占问长期之吉凶。[7]陵：侵凌。[8]皤：白色。翰：马长毛。[9]匪：通"非"。[10]当位：阳爻居阳位，阴爻居阴位，谓之"当位"。[11]尤：过错。[12]丘园：喻女家所住之地。[13]束帛：束者十端，每端丈八尺，皆两端合卷，总为五匹，故云束帛。戋戋（jiān）：众多。[14]吝：难，困难。

[15]有喜：指有婚姻之喜。[16]白贲：装饰清素。[17]上：喻在上位之人。

（[清]阮元校刻：《十三经注疏·周易正义》，上海古籍出版社1997年版）

卫风·氓[1]

氓之蚩蚩[2]，抱布贸丝[3]。匪来贸丝，来即我谋[4]。送子涉淇[5]，至于顿丘[6]。匪我愆期[7]，子无良媒。将子无怒[8]，秋以为期[9]。

[1]氓(méng)：民，这里指诗里的男主角。[2]蚩蚩(chī chī)：敦厚之貌。[3]布：上古以布为货币。贸：交易，买。[4]即我：到我这里来。谋：商议，这里指商谈婚事。[5]涉：渡。淇：河名，在今河南北部。[6]顿丘：地名，在今河南清丰县。[7]愆(qiān)：错过。愆期：过期，指拖延日期。[8]将：请。[9]秋以为期：以秋天为结婚的时期。

乘彼垝垣[1]，以望复关[2]。不见复关，泣涕涟涟[3]。既见复关，载笑载言[4]。尔卜尔筮[5]，体无咎言[6]。以尔车来[7]，以我贿迁[8]。

[1]乘：登。垝（guǐ）：毁坏，倒塌。垣：墙。[2]复关：地名，是那个男子居住的地方。[3]涕：泪。涟涟：泪流的样子。[4]载：动词词头。[5]卜：在龟甲上钻个小坑，用火炙烧，根据龟甲上烧出的裂纹来判断吉凶。筮（shì）：用著（shī）草的茎来占卦。[6]体：卦体，就是用龟著占卜所显示的现象。咎言：不吉利的话。[7]以：介词。用。[8]贿：财物。迁：移。

桑之未落[1]，其叶沃若[2]。于嗟鸠兮[3]！无食桑葚[4]。于嗟女兮！无与士耽[5]。士之耽兮，犹可说也[6]。女之耽兮，不可说也。

[1]桑之未落：这句话表示时间，即桑叶未落的时候。[2]沃若：润泽的样子。若：词尾，……的样子。[3]于（xū）嗟：感叹词。于：同“吁”。鸠：斑鸠。[4]桑葚：桑树的果实，据说斑鸠吃了桑葚会醉。[5]士：未婚男子的通称。耽：沉溺在欢乐里，这里有迷恋之意。[6]说（tuō）：同“脱”，解脱。连上句说男子薄情，还可以解脱（依唐孔颖达说）。

桑之落矣，其黄而陨[1]。自我徂尔[2]，三岁食贫[3]。淇水汤汤[4]，渐车帷裳[5]。女也不爽[6]，士贰其行[7]。士也罔极[8]，二三[9]其德。

[1]其黄：指其黄叶。陨：落下。[2]徂(cú)：往。徂尔：往你那里去。[3]三岁：

三年。食贫：吃的东西缺乏。[4]汤汤(shāng shāng)：水大的样子。[5]渐：浸湿。帷裳：指车围子。[6]爽：差错。[7]贰：不专一,用如动词。行：行为。[8]罔：无。极：中。罔极：等于说无常，没准儿。[9]二三：用如动词，改变、反复的意思。

三岁为妇，靡室劳矣[1]。夙兴夜寐[2]，靡有朝矣[3]。言既遂矣[4]，至于暴矣[5]。兄弟不知，咥其笑矣[6]。静言思之[7]，躬自悼矣[8]。

[1]靡：没有。室劳：家务劳动。[2]夙兴：早起。夜寐：晚睡。[3]靡有朝矣：非一朝也。[4]言：我。既：已经。遂：久。[5]暴：横暴。[6]咥(xì)：笑的样子。[7]言：动词词头。[8]躬：自身，自己。悼：伤心。

及尔偕老[1]，老使我怨。淇则有岸，隰则有泮[2]。总角之宴[3]，言笑晏晏[4]，信誓旦旦[5]，不思其反[6]。反是不思[7]，亦已焉哉[8]！

[1]及：同。偕老：夫妻共同生活到老。[2]隰(xí)：洼湿的地方。泮：水岸。[3]总角：结发。宴：快乐。[4]晏晏：温和，柔顺。[5]信誓：表示诚信的誓言。旦旦：诚恳的样子。[6]反：复。意为今老而使我怨,竟不念以前的誓言。[7]反是：违背这个誓言。是：指示代词，指“誓”。[8]已：罢了，算了。

大雅·韩奕

奕奕梁山[1]，维禹甸之[2]。有倬其道[3]，韩侯受命。王亲命之：“缵戎祖考[4]，无废朕命[5]。夙夜匪解[6]，虔共尔位[7]。朕命不易，榦不庭方[8]，以佐戎辟[9]。”

[1]奕奕：高大的样子。梁山：宣王时期韩国境内的山名。[2]维：发语助词。甸：治理。[3]倬：显著的样子。[4]缵：继承。戎：大。祖考：先祖。[5]废：辜负。朕：我。[6]夙夜：早晚。匪：不要。解(xiè)：懈怠。[7]虔：固。共：执、执行。[8]榦(gàn)：纠正。不庭方：指违失法度之方。[9]辟：君王。

四牡奕奕[1]，孔修且张[2]。韩侯入觐[3]，以其介圭[4]，入觐于王。王锡韩侯[5]，淑旂绥章[6]，簟茀错衡[7]，玄衮赤舄[8]，钩膺镂锡[9]，鞹鞃浅幭[10]，鞗革金厄[11]。

[1]牡：公马。这句说韩侯所乘马车。[2]修：长。张：大。[3]觐：诸侯秋季朝见天子。[4]介圭：觐见天子所持玉器。[5]锡：同“赐”。[6]淑旂：颜色鲜艳、绘有蛟龙的旗子。绥章：旗杆上以示表彰的图案。[7]簟茀(diàn fú)：漆席车棚。错衡：绘有花纹的车前横木。[8]玄衮：黑色龙袍。赤舄(xì)：红色鞋子。[9]钩膺：

金钩和繁缨，马身上的饰品。镂锡：马额上的饰品。[10]鞹（kuò）：皮去毛曰鞹。鞃（hóng）：车轼上的横木。浅幭：覆盖在车轼上的浅色虎皮。浅：指虎皮浅毛。幭：车轼上的覆盖物。[11]鞗（tiáo）：指辔。金厄：一种金饰。

韩侯出祖[1]，出宿于屠[2]。显父饯之[3]，清酒百壶。其殽维何？炰鳖鲜鱼[4]。其蔌维何[5]？维笋及蒲。其赠维何？乘马路车[6]。笾豆有且[7]，侯氏燕胥[8]。

[1]出祖：出行之前祭路神。[2]屠：地名。[3]显父：有显德的人，父是对男子的美称。[4]炰：烹饪方法，即以火熟之。[5]蔌：菜殽。[6]乘（shèng）马路车：人君之车曰路车，所驾之马曰乘马，此指周宣王的车马。[7]且：很多的样子。[8]燕：通“宴”。胥：喜乐。

韩侯取妻，汾王之甥[1]，蹶父之子[2]。韩侯迎止[3]，于蹶之里[4]。百两彭彭，八鸾锵锵[5]，不显其光。诸娣从之[6]，祁祁如云[7]。韩侯顾之[8]，烂其盈门[9]。

[1]汾王：指周厉王。厉王流于彘，彘在汾水之上，故时人因以号之。甥：指外甥女。[2]蹶父：周宣王之卿士。子：指女儿。[3]迎止：迎亲。周时婚礼新郎去女家亲迎新娘。[4]里：邑。[5]百两：百辆。彭彭：盛多貌。鸾：铃铛。[6]娣：女弟，即妹。[7]祁祁如云：形容送嫁之人漂亮且众多之貌。[8]顾之：古代贵族迎亲时的曲顾之礼。[9]烂：灿烂。

蹶父孔武[1]，靡国不到。为韩姞相攸[2]，莫如韩乐。孔乐韩土，川泽訏訏[3]。鲂鱮甫甫[4]，麀鹿噳噳[5]。有熊有罴，有猫有虎[6]。庆既令居[7]，韩姞燕誉[8]。

[1]孔：甚、非常。[2]韩姞：即蹶父之女，嫁韩侯为妻，故称韩姞。相攸：观察合适的居所。[3]訏訏：大。[4]甫甫：大。[5]噳噳：众多。[6]猫：似虎浅毛者。[7]庆：庆贺。令：美好的。蹶父既善韩之国土，使韩姞嫁焉而居之。[8]燕：安乐。

溥彼韩城[1]，燕师所完[2]。以先祖受命，因时百蛮。王锡韩侯，其追其貊[3]，奄受北国[4]，因以其伯。实墉实壑[5]，实亩实藉[6]。献其貔皮，赤豹黄罴。

[1]溥（pǔ）：广大。[2]师：众，指百姓。完（héng）：修筑完工。[3]追、貊：北方两个少数民族。[4]奄：包括。[5]实：当作“寔”，作“是”讲。[6]藉：赋税。

（[清]阮元校刻：《十三经注疏·毛诗正义》，上海古籍出版社1997年版）

礼记·昏义[1]（节选）

昏礼者，将合二姓之好，上以事宗庙[2]，而下以继后世也。故君子重之。是以昏礼纳采、问名、纳吉、纳征、请期[3]，皆主人筵几于庙[4]，而拜迎于门外，入，揖让而升，听命于庙[5]，所以敬慎重正昏礼也[6]。

[1]昏：即“婚”，因古代婚礼多在黄昏举行。[2]宗庙：祭祀祖先的处所。[3]纳采：谓采择之礼，即男家派使者携求婚礼物到女家，表示已选择其女。问名：问女之姓名。纳吉：男家主人将其使者所问到的女名，在祢庙中占卜，得吉兆后，又派使者往女家告吉。纳征：男家派出使者到女家送聘礼。请期：询问婚期。实际上男家占卜求得结婚吉日后，才派使者往女家。本段的纳采、问名、纳吉、纳征、请期再加上下一段提到的亲迎即所谓“六礼”。[4]主人：女家主人，一般指女之父。[5]听命于庙：在祢庙里听受男家使者所传男家主人的话。[6]敬慎重正：恭敬、谨慎、尊重、规范。

父亲醮子而命之迎[1]，男先于女也。子承命以迎。主人筵几于庙[2]，而拜迎于门外。婿执雁入[3]，揖让升堂，再拜奠雁[4]，盖亲受之于父母也[5]。降，出[6]，御妇车[7]，而婿授绥[8]，御轮三周[9]。先俟于门外[10]。妇至，婿揖妇以入，共牢而食[11]，合卺而酳[12]，所以合体[13]，同尊卑，以亲之也。

敬慎重正，而后亲之，礼之大体，而所以成男女之别，而立夫妇之义也。男女有别，而后夫妇有义。夫妇有义，而后父子有亲。父子有亲，而后君臣有正。故曰：昏礼者，礼之本也。

[1]父亲醮(jiào)子：父亲亲自为儿子行醮礼。据郑玄注，酌而无酬酢叫做醮。行醮礼时受酒者饮之而尽，但不回敬。迎：迎接新娘。[2]庙：指祢庙，是祭祀亡父的场所，即父庙。[3]执：拿着。[4]奠：放下。奠雁指献雁为贽礼。[5]父母：女之父母。[6]降，出：下西阶，出门。[7]御：驾驶。[8]绥：车上的绳子，登车时可拉。[9]御轮三周：夫驾着车让轮子转三圈。[10]俟(sì)：等候。[11]牢：祭祀和宴享所用的牲畜，牛羊猪齐全叫太牢，只有羊猪叫少牢。[12]合卺（jǐn）：将瓠分成两瓢，各执一半而饮酒。酳(yìn)：食毕，赞者向夫妇进酒，以颐安所食叫做酳酒。[13]合体：体同为一，不使夫妻尊卑有殊。

古者天子后立六宫、三夫人、九嫔、二十七世妇、八十一御妻[1]，以听天下之内治[2]，以明章妇顺，故天下内和而家理[3]。天子立六官、三公、九卿、二十七大夫、八十一元士，以听天下之外治，以明章天下之男教，故外和而国治。故曰：天子听男教，后听女顺。天子理阳道，后治阴德；天子听外治，后听内职。

教顺成俗，外内和顺，国家理治[4]，此之谓盛德。

[1]六宫、三夫人、九嫔、二十七世妇、八十一御妻：此皆天子后宫依次差降的女官名。[2]听：掌管。内治：妇道。[3]理：条理和顺。[4]国家：国家和家庭。治：安定。

仪礼·士昏礼[1]（节选）

昏礼。下达[2]。纳采，用雁[3]。主人筵于户西[4]，西上右几[5]。使者玄端至[6]。摈者出请事[7]，入告。主人如宾服迎于门外[8]，再拜[9]。宾不答拜[10]。揖入。至于庙门[11]，揖入。三揖[12]，至于阶，三让。主人以宾升西面[13]。宾升西阶，当阿[14]，东面致命[15]。主人阼阶上北面再拜[16]。授于楹间，南面[17]。宾降，出。主人降，授老雁[18]。

[1]士：先秦时期贵族的最低等级，位次于大夫。[2]下达：男家派人向女家传话提亲。达：通。[3]用雁：用雁作见面礼。[4]主人：女家主人，一般为女之父。筵：筵席。户西：祢庙的室门之西，尊贵之位。户：单扇的门。[5]西上：使席的首端朝西。右几：几在席的右边。几：席地而坐时可供倚靠的长方形器具。[6]使者：男家的媒人。玄：黑色。端：在祭祀场合穿的礼服。[7]摈者：迎接宾客的人。摈（bìn）：同“傧”。请：问。[8]宾：男家的使者。门：大门。[9]再拜：施行拜礼两次，表示很恭敬。[10]宾不答拜：宾不回礼，因为男家使者不敢当其盛礼。[11]至于庙门：到达庙门前。庙：指祢庙。[12]三揖：行三次拱手礼。[13]以：与。[14]阿：房屋的中脊。[15]致命：传达言辞、使命，这里是致辞。[16]阼阶：主人迎接宾客的台阶，在大堂前东面，又称东阶。[17]授于楹间：在东西两楹（堂前立柱）之间，宾将雁授予主人。[18]老：群吏的尊者，此处指家臣之贵者。

摈者出请。宾执雁，请问名[1]。主人许。宾入授[2]，如初礼[3]。

[1]请问名：问女之姓名。[2]授：宾客将雁授予主人。[3]如初礼：如同纳采之礼。

摈者出请，宾告事毕。入告，出请醴宾[1]。宾礼辞，许[2]。主人彻几改筵[3]，东上[4]。侧尊甒醴于房中[5]。主人迎宾于庙门外，揖让如初，升[6]。主人北面再拜。宾西阶上北面答拜。主人拂几授校[7]，拜送。宾以几辟[8]，北面设于坐左，之西阶上答拜[9]。赞者酌醴[10]，加角柶，面叶[11]，出于房。主人受醴，面枋筵前西北面[12]。宾拜受醴，复位。主人阼阶上拜送。赞者荐脯醢[13]。宾即筵坐。左执觯[14]，祭脯醢，以柶祭醴三[15]。西阶上，北面坐，啐醴[16]，建柶[17]，兴[18]。坐奠觯[19]，遂拜。主人答拜。宾即筵奠于荐左[20]，降筵，北面坐，取脯[21]。主人辞[22]。宾降，授人脯[23]，出。主人送于门外，再拜。

[1]醴：此“醴”亦当为“礼”，用作动词。[2]宾礼辞：宾先推辞。许：应允。[3]彻：撤去。改：更易。[4]东上：使席的首端朝东。[5]侧：通“特”，单独。尊：置酒。甒（wǔ）：一种盛酒的瓦器。[6]升：升阶。[7]校：几足。授校：把几足的一端授给宾。[8]以：用。辟：通“避”，避让。[9]坐：席，席位。左：席面朝南，东为左。之：往，到……去。[10]赞者：辅助行礼的人。[11]角柶：形状像匙的一种礼器，用兽角制成。面：前。叶：角柶的大端，形状如叶，用来舀取醴。[12]枋：通“柄”。筵前：宾席的南边。[13]荐：进献。脯：干肉。醢（hǎi）：肉酱。[14]觯（zhì）：一种酒器，用陶、木、兽角或青铜等制成。[15]以柶祭醴三：用柶从觯中取醴，注地祭先人，共三次。[16]啐（cuì）：尝，小饮。[17]建：竖立。建柶：把柶插入觯中。[18]兴：起身。[19]奠：置放。[20]荐：祭品。这里指脯醢。[21]取：拿。取脯：拿走女方主人所赐干肉，回去报告男方主人。[22]辞：这里指主人说一些谦虚客气之语。[23]人：宾的随从。

纳吉，用雁，如纳采礼[1]。

[1]如纳采礼：指纳吉的礼节与纳彩之礼相同。

纳征，玄纁束帛[1]、俪皮[2]，如纳吉礼。

[1]玄纁（xūn）：黑色和浅绛色。束帛：婚礼所用帛，以两丈为一端，两端相向卷之而为一两，五两为一束，束帛为二十丈帛。五两中玄色三两，纁色二两。[2]俪皮：两张鹿皮。俪：两。

请期，用雁。主人辞[1]，宾许，告期[2]，如纳征礼。

[1]主人：女之父。辞：推辞。婚礼之事需阳倡阴和，婚期当由男方家确定，所以女之父推辞。[2]告期：使者既见主人辞，遂告诉女之父婚期。

（[清]阮元校刻：《十三经注疏·礼记正义》，上海古籍出版社1997年版）

白虎通·嫁娶（节选）

[汉]班固

天子、诸侯，一娶九女者何？重国广继嗣也。适九者何[1]？法地有九州[2]，承天之施，无所不生也。娶九女，亦足以成君施也。九而无子，百亦无益也。《王度记》[3]曰："天子，一娶九女。"《春秋公羊传》曰："诸侯娶一国，则二国往媵之，以侄娣从之。"[4]侄者何？兄之子也[5]。娣者何？女弟也[6]。

[1]适：衍文，应删去。[2]法：仿效。[3]《王度记》：传为淳于髡所著，已亡佚。[4]见《公羊传·庄公十九年》。媵：诸侯娶于一国，二国以庶出之女陪嫁谓媵。[5]子：指女儿。[6]女弟：妹妹。

或曰：天子娶十二女，法天有十二月，万物必生也。必一娶何？防淫泆也，为其弃德嗜色，故一娶而已，人君无再娶之义也。备侄娣从者，为其必不相嫉妬也[1]。一人有子，三人共之，若己生之。不娶两娣何？博异气也。娶三国女何？广异类也。恐一国血脉相似，俱无子也。侄娣年虽少，犹从适人者[2]，明人君无再娶之义也。还待年于父母之国[3]，未任[4]答君子也。《诗》云："侄娣从之，祁祁如云。韩侯顾之，烂其盈门。"[5]《公羊传》曰："叔姬归于纪。"[6]明待年也。二国来媵，谁为尊者？大国为尊。国同以德，德同以色。

[1]嫉妬：即嫉妒。妬，同妒。[2]适：出嫁。[3]还：回。待年：等待长到适合嫁娶的年龄。[4]任：胜任。[5]出自《诗经·大雅·韩奕》篇。[6]见《公羊传·隐公七年》。叔姬：即伯姬之媵。

所以不聘妾何[1]？人有子孙，欲尊之，义不可求人以为贱也。《春秋传》曰："二国来媵[2]。"可求人为士，不可求人为妾何？士即尊之渐，贤不止于士，妾虽贤，不得为嫡[3]。

[1]聘：订婚、迎娶之礼。《礼记·内则》云："聘则为妻"，故妾不聘。[2]来：主动前来。[3]嫡：正室。

（[清]陈立：《白虎通疏证》，中华书局1994年版）

参考书目

1. 陈鹏：《中国婚姻史稿》，中华书局1990年版。
2. 汪玢玲：《中国婚姻史》，武汉大学出版社2013年版。
3. 孙晓：《中国婚姻小史》，光明日报出版社1988年版。
4. 齐涛：《中国风俗志·婚嫁志》，山东教育出版社2005年版。
5. 俞顶贤：《中国各民族婚俗》，北方妇女儿童出版社1988年版。
6. 徐杰舜：《汉族风俗史》，学林出版社2004年版。
7. 顾希佳：《礼仪与中国文化》，人民出版社2001年版。

思考题

1. 简述中国历史上一夫一妻制与妻妾制现象。
2. 什么是“六礼”？请简述其主要内容。
3. 传统汉族婚俗在现代婚礼中还有保留吗？请举出一两个例子说明。
4. 除了本书已经列出的几种少数民族婚俗，你还知道哪些？

第十六章 游侠文化

“游侠”是中国古代一个特殊的群体，他们崇尚自由，主持正义，是纷乱中弱势群体的重要期待，同时又是历代统治者重点打压的对象之一。虽然《史记》《汉书》之后正史再无记载，但他们仍然存在于中国漫长的历史长河之中，并形成独特的“游侠文化”，放射出与传统文化不同的光芒。

第一节 游侠文化概述

“游侠”自产生以来，就有不同称谓，如“剑侠”“武侠”“侠士”“侠客”“义士”等。对“侠”本质的认识，也是仁者见仁，智者见智，没有统一说法。

现存史料中,《韩非子》最早提到“侠”的概念。他在《五蠹》中写道：“儒以文乱法，侠以武犯禁，……犯禁者诛，而群侠以私剑养。”认为游侠就是“私剑”者,也即带剑之客,他们凭借“犯禁”而为权贵者所养。在《八奸》中，他又讲道：“为人臣者聚带剑之客,养必死之士以彰其威。”其中的“带剑之客”和“必死之士”也是对当时游侠的一种称呼。与他们称谓繁多相似，游侠的构成成分也十分复杂，包括游民、门客、武士和刺客，以平民和破落武士居多，并依附于权贵势力。

但自汉代司马迁立《刺客列传》和《游侠列传》之后，产生了对“刺客”与“游侠”身份的争论。简而言之，刺客和游侠的区别在于他们社会影响力的大小。“刺客”是单个个体，多单独行动；而“游侠”却有很多追随者，且在某一地区具有一呼百应的社会影响。

在《游侠列传》中，司马迁提到战国信陵、平原、春申、孟尝四公子时，虽然没有明言他们游侠的身份，但结合上下文，可以发现他们是作为“权贵之侠”而被记载于此的。因此，对于汉初的布衣游侠来讲，其身份虽未必为“盛养门客、食客、刺客者”，但亦绝非一般的武士、刺客。例如朱家“家无余财，衣不完采，食不重味，乘不过軥牛”，却可以“藏活豪士以百数，其余庸人不可胜言”，说明他还是有一些追随者的。“吴楚反时，条侯为太尉，乘传车将至河南，得剧孟……宰相得之若得一敌国云”，由此也足见剧孟的社会势力。

东汉班固将战国四公子明确定为游侠，并且还将汉初的一批王侯贵族，如代相陈豨、吴王刘濞、淮南王刘安，以及魏其侯、武安侯等也看作游侠，是权贵之侠的群体。并且“布衣游侠剧孟、郭解之徒驰骛于闾阎”，其“权行州域，力折公侯”（《汉书·游侠传》），在班固看来，也丝毫不弱于权贵之侠。

从这些记载看，汉代游侠可谓是一方豪强，他们以种种修行砥名的手段广结宾客，通过尽力维护这一交游圈中人的利益来获得他们生死与共的拥戴与效力，形成一种强大的社会集团势力，从而拥有现行政治权力结构之外、能为社会所仰赖的一种个人权威。[①]而“刺客”往往依附于豪强，社会影响力也远不如“侠”大。

到魏晋南北朝时，对侠之身份的界定不再仅仅以养宾客、结私交等作为标准，凭个人勇力来行报德报怨之事的人也同样被看作游侠。鱼豢《魏略·勇侠传》记杨阿若“少游侠，常以报仇解怨为事”，后凭借义勇武力赴义讨贼；鲍出凭一己之勇力救母于贼手。这说明有关侠的观念已由传统游侠的“结私交”逐渐转化为以勇力相标榜。这一时期，类似于战国、西汉时代的死士、刺客也常被称为“侠客”“轻侠”。如许褚归附曹操之后，即日拜为都尉，而跟随许褚的死士，当时就被称作侠客。

从对“侠”的认识流变可以看出，“侠”的组成成分十分复杂，其中既有王公贵族，也有流民刺客，因此，把他们强行归入某一个阶级或者社会界别的分法是过于草率的。那么我们怎样定义“游侠”呢？

最早对游侠进行定义的是韩非，他站在封建统治者的立场上将“侠”定性为干犯法条、祸乱国家的人，即“侠以武犯禁”（《五蠹》）。汉初司马迁站在平民的立场上为游侠正名，指出其具有“言必信，行必果，已诺必诚”的诚实求信的人格，具有“不爱其躯，赴士之阨困”的自我牺牲精神，以及“不矜其能，羞伐其德”的谦虚品质（《游侠列传》）。一直至唐代，对什么样的人是“侠”这个问题，仍有不少人进行争论和判定。结合游侠的组成成分及其精神特质，我们可以对“游侠”作以下定义：

① 陈广宏：《关于中国早期历史上游侠身份的重新检讨》，《复旦大学学报》2001年第6期。

“游侠”是一群具有特殊气质的社会人群，他们在“义”的驱使下去做自己认为该做的事。具有“慕义”“重气”“轻死”“修名”等人格特征，在一定程度上是“自由”和“正义”的化身。

中国的“游侠”不是一种专门职业，他们来自社会不同的阶级阶层，各操其生业，不像西方的“骑士”和日本的“武士”那样是一个特殊的经济阶层或者政治阶层。因此，“游侠”本身不是一个稳定的社会集团，或者社会界别。他们行侠不是为了谋生，而仅仅是受“义”的驱使，去做自己认为正确或该做的事。“游侠”在事，是指正义的行为；在人，则指正义的代表。再加上他们行事果断、一诺必应的处事风格，因而成为社会正义、智慧、力量的化身。至于追求享乐、凶狠暴戾、欺凌弱小、打杀劫掠之类，只应算作豪强暴虐之徒，为非作歹之辈，应人人“得而诛之”，不是真正的侠客。“游侠文化”是在侠客精神上形成的独特文化，是中国优秀传统文化的重要组成部分。

第二节　游侠产生的原因

从整个历史来看，游侠的组成成分是比较复杂的，因此我们不能将其产生的原因完全归于由某一阶层演变而来。他们是一群具有“侠义”精神的特殊群体，我们应该从社会和个人两个方面来寻找产生这个群体的原因。

一、个体对自由的向往

游侠的产生，在某种程度上，是由于个体对自由精神的向往所致。先秦时期，社会较为动荡，外在的限制较为松弛，为游侠人群提供了较好的生存环境。随着大一统社会的来临，统治者立法令、明纲纪、树立皇帝权威，对人们的行为进行种种规范。虽然规章制度和法条律令起到了维护社会安定的良好作用，但同时也束缚了人们自由的天性。刑罚最严酷的时期，也往往是人们最渴望自由的时期。

另外，中国古代是宗法制社会，其价值观念是重集体而轻个人，重道德而轻名利。在这样的文化中，社会群体是一切价值得以产生的最终实体，也是一切价值得以衡量的最终依据；其规范的标准是义务而非权利，代表个体利益的“利”或“欲”没有任何地位。这与西方崇尚自由平等、个性发展，追求个人财富、爱情、荣誉的观念截然相反。由此中国传统政治形态也打上了深深的伦理型色彩，而非纯粹的法理型，它对个人权利的要求是必须绝对服从伦理的原则，在此之外，无所谓权利。屈原、岳飞、文天祥等赴死报国以集体为重的君子们，才是中国人心目中的英雄。从人的本性来说，宗法制度是让人压抑的，是对人自身的一种异化。人们希望可以找到某种方式来摆脱这种压抑，使人性得以释放。

而在现实社会中，游侠能摆脱社会规范，特别是儒家伦理规范的束缚，可以自由自在、无拘无束地生活。即使一时愤激，触犯官府科条，也可以凭借自身非凡的武艺，在江湖中藏身行走，不必担心官府的拘捕。对普通人来说，侠客的这种自由的生活方式是令人向往和崇拜的。

二、社会的动乱与不公

在古代社会，处于底层的普通百姓往往易受种种不公正的待遇和盘剥。虽然也有各种法律和制度，但出于种种原因，法律和制度也不能有效惩处那些奸邪之徒，普通民众仍然处在邪恶势力的欺压、贪官污吏的榨取状态之下，毫无反抗之力。因此，繁荣安定时代，他们享受得最少；战乱混沌时代，他们付出得最多。因此，他们希望有一种力量能拯救他们于水火之中。当然了，在精神层面，他们选择了佛教、道教，但在现实中，侠客则成了他们最理想的选择。因此，侠客这一群体完全是最广大受苦民众在无奈之下的最后寄托，是人们有冤不能鸣时的救世主。正如明人张潮所说："胸中小不平，可以酒消之，世间大不平，非剑不能消之。"（《幽梦影》）正因为侠客是乱世中人们最后的公正和希望，他才不会随朝代的更替或社会形态的不断变化而失去魅力。

另一方面，"物不平则鸣"，社会的不公也提供了普通百姓愿意铤而走险，"以武犯禁"的动力。如，汉乐府《东门行》写道：

出东门，不顾归；来入门，怅欲悲。盎中无斗米储，还视架上无悬衣。拔剑东门去，舍中儿母牵衣啼："他家但愿富贵，贱妾与君共哺糜。上用仓浪天故，下当用此黄口儿，今非！""咄！行，吾去为迟！白发时下难久居。"

诗中男主人公不能忍受社会的不公给自己带来的生活窘迫，面对"盎中无斗米储，还视架上无悬衣"的惨状，主人公只得铤而走险，"以武犯禁"。历史上宋江起义、李自成起义等都是挣扎在死亡线上的人们的自觉反抗。他们之中的英雄们以一种无私无畏的态度来为普通人民仗义剑行，除暴安良，主持公义，成为法律之外的"法官"角色，是人们公正的判官。

因此，社会的黑暗及动乱一方面使人们产生了对侠的期望，另一方面也激发了普通民众自身的侠义情怀，这是游侠存在的最根本原因。

三、自我价值的实现

人的一切行为都是有一定动机和目的的，不存在毫无动机和目的的“利他行为”。游侠仗义剑行、主持公义的行为也受到其自身动机的支配，“利他”实际上是“利我”的方式和手段。罗宗强在谈到唐代社会时讲道：

（唐代）处于历史上又一个繁荣时期的地主阶级，精力充沛，充满自信。它的一部分成员，须要借助各种方式表现自己的英雄气慨，建功立业是一种适宜的方式，任侠也是一种适宜的方式，而且是一种更容易做到的方式。诚然，勇决任气、挥金如土、扬眉吐纳、激昂青云的非同凡响的行为与气概，在初盛唐之前和之后都有，但被当作高尚的行为，光荣的标志、时髦生活方式而受到皇室、将相、权贵、士族、豪富子弟如此普遍的崇尚，则是罕见的。它是处于繁荣时期的地主阶级的理想主义的一种表现方式。①

岂止盛唐如此，历朝历代都有这么一类人，他们把行侠看做一种“高尚的行为”，是他们在生活中的一种价值追求。他们认为“勇决任气、挥金如土、扬眉吐纳、激昂青云的非同凡响的行为与气概”与效死疆场、建功立业等同样是不朽的、光荣的，能做一名除暴安良的侠客也就实现了自己的人生价值。可以说，正是这种价值观促成了侠客们一往直前的仗义行为。

除了实践自己的价值观外，侠客选择如此的利他方式，还与自己爱重名誉的心理分不开。“名誉”是他们价值的重要组成部分，与自身的价值观紧密联系。贪夫徇财，烈士徇名，不患年寿之不永，患名之不立，故当日韩非就以“立节操，以显其名”作为其基本特征之一。侠士助人，仗义疏财，一般不重金银，那么“名誉”就成了他们重要的追逐对象。他们渴望以修洁高尚的志节，自立于人世。因此，历史上很多侠客在忠信不可两全的情况下选择自刎，以保名节（如鉏麑刺赵盾事），实在可歌可泣！

因此，从侠客自身来讲，他们这种侠义行为是践行自己人生观、价值观的一种方式，也是其获得“修行砥名，声施于天下”的心理满足的重要方式。

① 罗宗强：《李杜论略》，内蒙古人民出版社1980年版，第72页。

第三节　游侠的人格特征

在西汉时，司马迁基于武侠的“救人于难，济人于贫”，“不失信用，不背诺言”的特点，为武侠正名：“今游侠，其行虽不轨于正义，然其言必信，其行必果，已诺必诚，不爱其躯，赴士之阸困。既已存亡死生矣，而不矜其能，羞伐其德，盖亦有足多者焉。”（《史记·游侠列传》）我们结合前人的评论及后世对游侠的理解，可将其人格特征概括如下：

一、慕义不苟

中唐时，李德裕在《豪侠论》中讲道：“夫侠者，盖非常人也。虽以然诺许人，必以节气为本。义非侠不立，侠非义不成。”提出游侠的一个基本特征，即“慕义”。然而，游侠所认为并执守的“义”并不完全等同于人们通常所说的“义”。他不大赞同正统人士将“义”与“仁”密切相连，并用中庸宽恕、尊卑有别来限定所宜之事的做法，而是截取其见宜当行、无所规避的一面，并将之推到极致。

墨家的巨子在这方面做出了很好的榜样。当楚国阳城君国被楚肃王收没，为其守国的孟胜认为自己受阳城君托付，却无法守其属地，责任在己，必须一死。弟子徐弱劝他，说如此死法不仅于事无补，且还有可能使墨家损失惨重，甚至造成“绝墨者于世”的悲惨后果。但孟胜认为，他与阳城君交情深厚，如果不死，那么恐怕将来会没人再信任墨者。为维护墨家信义，他毅然赴死。徐弱受其感召，先以死除路，其他183名弟子，也在此后相继自杀。以通常的道德标准来看，这显然不可思议，但在侠者看来，这是理所当然，责无旁贷。

与此相似的还有汉朝初年的田横五百士为义而集体赴死的慷慨事例。如果将这种执行信义，毫不苟且的精神推及国家、民族，乃至天下百姓，那将是社稷之福，万民之幸。可以说，在百姓受到压迫时，能为其利益奋起反抗，在国家、民族危难时，能独担天下之任而毫不推却，勇与义俱，义无反顾，这便是游侠的忠勇，是游侠最值得称道的品格。明人李贽曾说过：“忠臣侠忠，则扶颠持危，九死不悔；志士侠义，则临难自奋，之死靡它。”（《焚书》）所谓“侠忠”，即此义也。

历史上有很多类似的“侠忠”事例，如先秦时，战国四公子之一的信陵君魏无忌为祖国利益而不顾自身，窃符救赵，解救邻国赵国危难；唐雎为安陵君封邑不被秦王侵占而不顾生命危险以智勇慑服秦王。再如北宋末年的李彦仙、孙益，南宋末期帮助文天祥抗元的众死难士，以及明代嘉靖时的杜槐、谢介夫等人，他们虽职位卑微，或仅是布衣平民，但当国家、民族危难之时，能不苟且趋避，大义凛然，为国赴死，可谓彪炳千古，与日月争光。

可见，游侠中有许多“忠勇”“侠忠”的义士存在，他们具有忠爱无私、不辞危难的人格精神，对后世游侠或任侠的仁人志士有一种号召和榜样的作用。他们这种精神砥砺着人的志节，从而在人的心底唤出一种勇往直前的无畏气概，是中华民族精神感召力的重要来源。

二、重气轻死

一般来讲，传统的士人都有远大的政治抱负，以及“先天下之忧而忧，后天下之乐而乐”的高尚情操。而游侠却并不以远大的政治目标自励，他们只是感于义气，激于义愤，凭着几乎是先天禀赋的热肠和膂力，行公正仗义之事，所谓“古贤豪节侠，以气谊相钦重”便是如此。

就游侠所重的“气”而言，不仅仅是儒家所谓的“浩然正气”，有时甚至还与之相反，呈现出一种扬厉迸激、郁勃难抑的狂怪行为。如果要对之做具体详细分析的话，那它首先是一种不拘小节的浩荡旷爽之气。游侠张扬个性，崇尚自由，他们行侠一日，便以义当先，发扬张厉，社会教条对他们的言行根本不具任何匡饬作用。汉代著名游侠陈遵，便是这样一位狂荡放纵、不拘礼法的人物。他早年为京兆史，但任气醉酒，从不恪守本职。主事官吏屡次提醒他已有多少次因酒废事了，他却说：待积满百件再告诉我也不迟。原来，依汉时法律，过失达百次者，方斥退不用。在河南太守任上，他竟过访寡妇，置酒歌讴，起舞跳梁，因此遭弹劾却私心不悔，免官家居后，招客如故，饮食自若。那种符合儒家礼制，力求静重厚默、端方和粹的人格风范，或许能够得到社会大多数人的认可，但在游侠看来，这些不过是平庸小儒的小廉曲谨，不是绝美之姿。

游侠之“气”，又是一种与俗不同的伉直之气。游侠平时与人交往，若性情相近，意气相投，则极尽笑谈，可托付生死，即使剖出肝胆，亦不足惜，所谓“握君手，执杯酒，意气相倾死何有”（鲍照《代雉朝飞》），即是如此；若不当意，则视之为俗流，不与之接一言，或干脆目下无此类人。除此之外，他们还鄙视那种面誉背毁、表里不一的虚伪之人，不容眼里有沙子存在。如汉代游侠袁盎为人伉直，性情慷慨，好恶分明，因向来对太子家令晁错不满，只要有晁错在时，他便掉头就走，以至于两人从没有在一间屋里说过话。他看不惯文帝宠信宦官赵同，一次见文帝与之同车，便伏道进谏道：臣闻天子所与共六尺大车者，皆天下英豪。目下汉庭虽称不上多士，但陛下也不至于要和刀锯刑余之人同载呀！文帝听得笑了起来，让赵同下车。赵同又气又恼，竟哭了起来。那些“明哲保身”的大臣与这种伉直之气的臣子相比，不能不感到惭愧。

不苟且他人，遭受折辱而奋起反击，这又是游侠所禀的激昂傲气。常人遇到挫败之事，往往以“退一步海阔天空”来自我安慰，但游侠则不然，他们一旦认定道理，便无丝毫转圜余地。倘人格名誉受辱，则必要求洗刷恢复，若否，则不惜以死赴之。如北齐林子绣“外貌儒雅，而侠气难忤”。有一回，兄婿娄定远拜访，他设宴招待，并让妻妾及诸女作陪。但定远为人疏放，席间多戏谑亵慢之语。面对此状，一般人虽听了不快，也往往是暂为隐忍，以后不与之交往便是。而林子绣却顿时暴怒，鸣鼓集众来了数千步兵士要攻击娄定远，把他吓得面无人色。

最后是无所畏惧一往直前的胆气。游侠遵循江湖节义，多凭胆气服人，为游侠赢得空前的声名。如北魏崔秉少有志节，任侠尚气。史书记载他因公事与上级甄琛发生口角，竟然“以拳击琛，堕于床下”。之后，他随彭城王征寿春，招致轻侠，一路过关斩将，勇猛无比。彭城王大为惊叹道：“吾当寄胆气于此人。”（《北史・崔鉴传》）好生怕死、计较利害、判别得失，是人之常情，而游侠却打破了这种常性，作出了让人惊心的壮举。

三、修名自励

追逐名誉是游侠人生价值重要的组成部分，这一点前文我们已经提到。爱重名誉是与慕义不苟、重气轻死相联系的。可以说，在游侠的所有活动中，修行砥名、刻意自励贯穿始终，最终成为标别于其他人群的独特的人格特征。

当然，不能否认，追逐名誉不独是游侠的权利。在那个时代，士人或士大夫也重视名节，但他们是以儒家伦理为依托，与政治密切相连，具有强烈的功利色彩。换句话说，就是他们想通过让爵、推财、避聘、久丧等过情之举来博取高尚的道德名声，并以此获取政治上的地位。因此，传统儒者及士大夫阶层“饰伪以邀誉，钓奇以惊俗，不食君禄而争屠沽之利，不受小官而窥卿相之位”（《资治通鉴》），显得虚伪而又自私。而游侠却与之不同，他们修行砥名，基本上排拒主流认可的道德规范及伦理观念，而仅以见义勇为、慷慨倜傥、不驯桀骜的风范自励，因此，他们所追求的的名几乎不带任何功利目的，是发自内心的一种价值向往，具有强烈的平民色彩。

如汉代大侠朱家帮助过很多人，但却唯恐碰到那些受过自己恩惠的人，怕他们说感激颂扬自己的言辞。这便是一种温良泛爱，刻意砥砺名节的行为。他千方百计救了季布，但等季布为官之后他却终身不再相见，也超乎一般的道德要求。他如此刻意绳检，“歆然常若不足”，将游侠的节义贯彻始终，让世人看到纯粹而修洁的侠义人格。这种人格的可贵之处，就在于不以常理的道德水平和价值判断来作为最高标杆，是一种超越功利的救世情怀。

再如三国时魏国祝公道，他和贾逵素不相识。贾逵守绛邑，被强盗抓获囚入土窖，并覆以车轮，使人固守。将要杀掉贾逵时，贾逵从窖中对看守的人说：“此间无健儿邪，而当使义士死此中乎？”祝公道在旁边听到，因敬其为人，于是当夜就将他盗出，除去枷子，把他放掉。贾逵十分感激，让他留下名姓以图后报，但他坚辞不说。以后祝公道因事入狱，罪当诛，但也仍然不求已任要职的贾逵解救。

由以上事例可知，如果说士人或士大夫是希望通过道德品节的砥砺，企求立身于士林乃至朝廷的话，那么游侠则是由德行的砥砺，立身于侠林、武林，并达于整个社会。就此来讲，他们有着更高远的目标和更广泛的追求，这就是为何游侠具备更为博大的同情心，而不仅仅是局限于君臣大节、父子亲情，或“己所不欲，勿施于人”“来而不往非礼也”等科条的原因。

当然，游侠还有“自由平等”“不矜其能，羞伐其德”等种种品格，但这些都与其“义”“气”相连，故不作详细论述。总之，游侠将社会下层人物的优良品质集于一身，是正义、智慧、力量的代表。

第四节　游侠的存在意义

“侠”不仅是行为方式，还是道德形态和人格风范。侠的个性精神已向民族心理的集体无意识处沉淀、内化，拥有广泛的支持者和欣赏者。可以认为，从侠的行为实体衍生出的“侠性”心态，以更丰富的形式表现于更广泛的领域，对历史有着重要的推动作用。总的来说，侠的存在有以下两重意义：

一、纷乱时事中最后的曙光

游侠作为纷乱时事中的公道和良心，从古至今有不少人论及。早在几百年前，明人陈子龙就说：“人心平，雷不鸣；吏得职，侠不出。”（陈继儒《侠林序》）认为吏治的昏暗，是导致社会黑暗和不公的主要原因，而游侠正是在面对这种以强凌弱、贪赃枉法公行的黑暗现实时，才郁起心中不平之气，继而擎起掌中之剑，代削天下之不公，使善良之人得申冤气，使暴豪之辈难逃责罚。

陈继儒很赞同这个观点，在为洪世恬《侠林》一书作的序中特为引用，并进一步讲道：“贫贱非侠不振，患难非侠不脱，辟斗非侠不解，怨非侠不报，恩非侠不酬，冤非侠不伸，情非侠不合，祸乱非侠不克。”在他看来，这所有的一切都是官府所不愿或不能解决的，甚至官府还会造成上述种种不平现象的不断出现及进一步恶化。因此，他认为世道需要游侠存在。

游侠的出现，一方面是社会的不幸，因为这时社会处于极度动荡和混乱中；但另一方面，又不能不说是万民之幸，因为毕竟还存在能为弱势群体鸣不平的评判者。所以陈继儒在文末又说："然人间多怖而失箸者，则侠林震世之力大矣！"纵观社会历史，每当改朝换代之际，便是国家最混乱之时，这时法纪松弛，纲伦紊乱，到处烽烟四起，良懦之人受害成为必然。而在太平时期，黎民百姓也绝非能安稳度日，或遇天灾，或逢人祸，或贪官污吏盛行，或朝廷无休征敛，这些因素促使着强暴和不公的产生，而受其伤害最深的还是普通百姓，他们期待着游侠的拯救，视其为赖以生存的力量。

清光绪年间，吉林有位大盗叫白胜魁，他能翻墙越壁，如履平地，而且技艺精湛，骁勇非常。他行劫，但不杀人；专劫富户，周济穷人。在他所居之地三十里内，不仅自己不扰乡邻，而且土匪响马也因之绝迹。一旦有劫案发生，白胜魁亲往查捕，并为失主追回赃物。因此当地百姓都尊称他为"白大爷"。另一位关东绿林"渠魁"花蝴蝶周五，曾被官府迫害入狱，最后倾家荡产。出狱后结伙为盗，只不过他们是群"义盗"。他们一方面与土匪为敌，一方面杀官吏以泄愤，将所劫财物散赈给生活无依的贫苦百姓。这两位都是乱世中人们的期待和依靠。

方以智在《任论》中指出"上失其道，无以属民，故游侠之徒以任得民"，把矛头直接指向朝廷，指向最高统治者。这方面，说得最为具体的是梁启超，他在《中国之武士道》一书末尾总结性地指出：

闾里之有游侠，其武士道之末运乎！上焉既无尚武之政府以主持奖励之，中焉复无强有力之贤士大夫以左右调护之，而社会不平之事，且日接于耳目，于是乎乡曲豪举之雄，乃出而代其权。太史公曰：缓急者人之所时有也。夫生于专制政府之下，政治不修，法令不直，民之良懦者，其平居或往往不得衣食，委转沟壑。在上着既无道焉以振拔之矣，而法网严密，为陷于国中，或偶触犯，而非有意也，或并未触犯，而干糇之怨挟之，枉曲之吏从而罗之，则宛转无所控告，束身为鱼肉，以待命于刀俎已耳。于此时也，有人焉能急其难，致死而之生之，则天下之归之如流水也亦宜。固游侠者，必与其现政府常立于反对之地位者也。……太史公曰：侠以武犯禁，侠之犯禁，势所必然也。顾犯之而天下归之者何也？其必所禁者有不慊于天下之人心，而犯之者，乃大慊于天下之人心也。

从这段文字可知，专制政体自身弊端所带来的政治不修、法令不直等现象，是导致普通人民不得安其所生的根本原因，同时也是人们渴望游侠、支持游侠打抱不平的原因。可以说，这个论述触及问题的本质所在。正是游侠的存在，才使普通百姓有了讨取公道的地方，才使昏暗时事中看到了良知的曙光。

二、“万马齐喑”下高亢的弦歌

前文已经讲过，在中国古代，社会群体是一切价值得以产生的最终实体，也是一切价值得以衡量的最终依据。在这样的社会中，方方面面都被放在固定的位置上，形成了自上而下的君主、官吏和黎民的统治模式，圣贤、士及平民的道德权威，和族长、家长及家庭一般成员的家族权威。不能否认，这种社会模式对维护专制政权稳定，无疑具有巨大作用，但也带来了一系列负面影响，其中就包括社会人格的单一和萎弱，社会责任感的消散和沦落，社会元气的稀薄和荡失。

如汉武帝接纳董仲舒“罢黜百家，独尊儒术”的建议之后，儒学兴盛，成为朝野道德的唯一标准，一时读书人为猎取功名富贵，不惜与时变化，靠谄谀奉承主上以得荣宠。如公孙弘为人意忌，外宽内深。为顺从武帝的旨意，屡次背弃与其他大臣的约信；对与自己有矛盾的人，表面上十分友善，暗地里却找机会陷害报复，杀主父偃，徙董仲舒，都是他的阴谋。他虽然崇儒，却丝毫没有儒家先圣那种诚信刚直的道德操守，更没有远大的政治抱负和救世热忱，是一个为己而谋的虚伪之人。当时的一班酷吏也是唯上意是从，深文巧诋，繁律苛法，致使屈死冤狱者无数，令百姓几不聊生。而那些士人，在学习先圣经典时多拘于师法固执门户，死守咫尺之义，不讲变通，又务饰奇情，以彰自我之清高，实际上却对国家黎民毫无用处，甚至还可能使国事在滔滔空谈中彻底荒废。

特别到明清时期，封建专制统治日益巩固的同时，其弊端也越来越明显。科举考试的八股文只准从儒家经典中猎取材料，不准读书人有自己的思考和生发，是对个性的彻底扼杀。除此之外，清代高压统治及文字狱的兴起，使读书人避而不谈政治，开始钻于故纸堆中致力于训诂、考据之学，虽然客观上促进了中国学术的发展，但在思想界也因此形成“万马齐喑究可哀”的可悲局面。在这种情况下，上至群臣，下至百姓，依着传统道德规范和礼仪风尚，匍匐于专制皇权之下，不敢有丝毫僭越的举动。如果是下层官吏，他们自然不敢对上级是非多加评判；倘他是执事官吏，当然也不愿越职言事，检举他人。有更多的人采取的是明哲保身，不问是非的处事态度，不愿充当社会正义的评判者和维护者，更不用说作正义的执行者了。

正因为有这种消极面的产生，中国古人才对耿正、伉直、勇武、桀骜不驯、独立不群的行为有热切的期待，哪怕他们有固执、悍顽、悖反常理、不拘绳检的极端一面，我们也往往以赞美之心态以容纳之；也正因为有这种消极面的存在，许多有识之士才转而对游侠这种虽不轨于正义，但情怀热烈，急公好施，舍身忘己的特殊人群寄予很大的希望，对他们所秉持的道德观有很高的评价。

如明初高启曾用诗歌的方式表达了自己对游侠宋克的肯定，“结客须结游侠儿，借身报仇心不疑。……结客不必皆荐绅，缓急叩门谁可亲？”（《结客少年场行》）李贽也说：“古今天下，苟不遇侠而妄为之，终不可用也。”（《焚书》）一直到近代，章太炎仍说：“天下有亟事，非侠士无足属”，“当乱世则辅民，当平世则辅法”（《检论·儒侠》）。

正是有游侠的存在，才使传统温文尔雅、谦谦和合的敦厚之风中现出一道与众不同的凌厉之气，才使明哲自守、隐忍屈苟的世故阴云中有了一闪疾恶如仇的霹雳长电。这种轻死、重义的侠风以一种极端的方式提振着中华民族无限崇高的正义精魂。

经典选读

韩非子·五蠹（节选）

儒以文乱法，侠以武犯禁[1]，而人主兼礼之，此所以乱也。夫离法者罪[2]，而诸先生以文学取[3]；犯禁者诛，而群侠以私剑养[4]。故法之所非，君之所取；吏之所诛，上之所养也[5]。法、趣、上、下，四相反也[6]，而无所定，虽有十黄帝不能治也。故行仁义者非所誉，誉之则害功[7]；工文学者非所用[8]，用之则乱法。楚之有直躬[9]，其父窃羊，而谒之吏[10]。令尹曰：“杀之！”以为直于君而曲于父，报而罪之[11]。以是观之，夫君之直臣，父之暴子也[12]。鲁人从君战，三战三北[13]。仲尼问其故，对曰：“吾有老父，身死，莫之养也。”仲尼以为孝，举而上之[14]。以是观之，夫父之孝子，君之背臣也[15]。故令尹诛而楚奸不上闻，仲尼赏而鲁民易降北[16]。上下之利，若是其异也，而人主兼举匹夫之行[17]，而求致社稷之福，必不几矣[18]。

[1]文：文学，代指诗、书、礼、乐等儒家经典。侠：游侠、刺客。[2]离：通“罹”，触犯。[3]先生：指儒生。取：取用，录用。[4]私剑：私自仗剑行凶。养：供养，使能生活下去。[5]“故法”四句：意思是“因此，法令所反对的，君主却加以任用；官吏所要处置的，君主却加以供养”。[6]趣：通“取”。法、趣、上、下：分别指代上文“故法之所非，君之所取；吏之所诛，上之所养”。[7]誉：称赞。害：损害。[8]工：擅长。[9]直躬：人名，因正直而得名的人。[10]谒：禀告，告发。[11]直于君：对君主忠诚正直。曲于父：对父亲不孝。报而罪之：判决并治罪。[12]暴：欺凌，忤逆。[13]从：跟随。北：战败逃亡。[14]举：推举。[15]背臣：叛臣。[16]“故令尹”二句：意思是“所以令尹杀了直躬，楚国坏人出没而没有人向上禀报了，孔子举荐了鲁人，鲁国人都更容易投降敌人与临阵脱逃了”。[17]匹夫之行：为个人谋取私利的行为。[18]几(jī)：通“冀”，

希望事情成功。

（[清]王先慎：《韩非子集解》，中华书局1998年版）

史记·游侠列传

韩子曰："儒以文乱法，而侠以武犯禁。"二者皆讥[1]，而学士多称于世云[2]。至如以术取宰相卿大夫，辅翼其世主[3]，功名俱著于《春秋》[4]，固无可言者。及若季次、原宪[5]，闾巷人也[6]，读书怀独行君子之德[7]，义不苟合当世，当世亦笑之。故季次、原宪终身空室蓬户[8]，褐衣疏食不厌[9]。死而已四百余年，而弟子志之不倦[10]。今游侠，其行虽不轨于正义[11]，然其言必信，其行必果[12]，已诺必诚[13]，不爱其躯，赴士之阸困[14]，既已存亡死生矣，而不矜其能[15]，羞伐其德[16]，盖亦有足多者焉[17]。

[1]韩子：指韩非子。二者：指儒、侠。讥：非难，指责。[2]学士：指儒生。称：称颂，赞许。[3]辅翼：辅佐。[4]《春秋》：此处泛指国史。[5]季次：即公皙哀，公子的弟子。原宪：即子思，公子的弟子。二人未曾做官，安贫乐道。[6]闾巷：里巷，泛指乡里民间。[7]怀：怀有。独行君子：指坚持节操，不随波逐流的有德之人。[8]空室：房中少陈设而空荡。蓬户：蓬草编织成的房门。二者都指简陋的房屋，代指十分贫困。[9]褐衣：粗布衣服。疏食：粗陋的食物。厌：通"餍"，饱足。[10]志：铭记，怀念。倦：厌倦。[11]轨：符合，遵循。[12]果：果断，不动摇。[13]诚：忠诚地兑现。[14]赴：奔赴。阸(è)：困苦，险境。[15]矜：自夸。[16]伐：夸耀。[17]足：值得。多：称赞。

且缓急[1]，人之所时有也。太史公曰：昔者虞舜窘于井廪[2]，伊尹负于鼎俎[3]，傅说匿于傅险[4]，吕尚困于棘津[5]，夷吾桎梏[6]，百里饭牛[7]，仲尼畏匡[8]，菜色陈、蔡[9]。此皆学士所谓有道仁人也，犹然遭此菑[10]，况以中材而涉乱世之末流乎？其遇害何可胜道哉！

[1]缓急：偏义复词，在此重指"急"，急迫。[2]窘：困。井廪：水井与仓库。[3]伊尹：商汤时期的贤臣。负：背。鼎：古代烹煮用的器物。俎(zǔ)：切东西的案板。[4]傅说：商朝武丁时期的重臣。匿：隐藏。傅险：地名。[5]吕尚：姜子牙，周武王时期的贤臣。棘津：河水名。[6]夷吾：即管仲，辅佐齐桓公成为春秋霸主。桎梏(zhì gù)：古代刑具，即脚镣与手铐。管仲曾为公子纠的臣子，兵败被齐桓公所囚。[7]百里：即百里奚，秦穆公时期的贤臣。饭：饲养。[8]畏：通"围"，围困。[9]菜色：指饥饿的脸色。[10]犹然：尚且。菑：即灾。

鄙人有言曰[1]：“何知仁义，已飨其利者为有德。[2]”故伯夷丑周[3]，饿死首阳山，而文武不以其故贬王[4]；跖、蹻暴戾[5]，其徒诵义无穷[6]。由此观之，“窃钩者诛，窃国者侯，侯之门仁义存”[7]，非虚言也。

[1]鄙人：指平民百姓。鄙：庸俗，浅陋。[2]飨：享受。[3]丑周：认为周朝可耻。[4]以：因为。贬：贬低，降低。[5]暴戾：残暴凶狠。[6]诵：称颂赞扬。[7]窃钩者：此指偷取小物的小偷。窃国者：指最高统治者。此三句出自《庄子·胠箧》。

今拘学或抱咫尺之义[1]，久孤于世，岂若卑论侪俗[2]，与世沈浮而取荣名哉！而布衣之徒[3]，设取予然诺[4]，千里诵义，为死不顾世，此亦有所长，非苟而已也。故士穷窘而得委命[5]，此岂非人之所谓贤豪间者邪[6]？诚使乡曲之侠[7]，予季次、原宪比权量力[8]，效功于当世[9]，不同日而论矣。要以功见言信[10]，侠客之义又曷可少哉[11]！

[1]拘学：指怀有一些见解而拘守于片面之见，故步自封的人。咫尺之义：形容微小、短浅的道理。[2]卑论：卑微低下的论调。侪（chái）俗：迁就世俗。侪：等、齐。[3]布衣：平民百姓。[4]设：重视，看重。取予：获取与给予，此指符合道义的取予。然诺：应允。[5]委：托付。[6]贤豪间者：贤人和豪侠中间的人物，指杰出的人物。邪：通“耶”。[7]诚：假如。乡曲：民间乡里。[8]予：与。比权量力：权衡比较权威与力量。[9]效：通“校”，考查、比较。[10]功见（xiàn）：功绩显现。见：通“现”。[11]曷：何。少：轻视。

古布衣之侠，靡得而闻已[1]。近世延陵、孟尝、春申、平原、信陵之徒，皆因王者亲属，藉于有土卿相之富厚[2]，招天下贤者，显名诸侯，不可谓不贤者矣。比如顺风而呼，声非加疾[3]，其埶激也[4]。至如闾巷之侠，修行砥名[5]，声施于天下[6]，莫不称贤，是为难耳。然儒、墨皆排摈不载[7]。自秦以前，匹夫之侠，湮灭不见，余甚恨之[8]。以余所闻，汉兴有朱家、田仲、王公、剧孟、郭解之徒，虽时扞当世之文罔[9]，然其私义廉絜退让，有足称者。名不虚立，士不虚附。至如朋党宗强比周[10]，设财役贫[11]，豪暴侵凌孤弱[12]，恣欲自快[13]，游侠亦丑之。余悲世俗不察其意，而猥以朱家、郭解等令与暴豪之徒同类而共笑之也[14]。

[1]靡：不，无。[2]藉：凭借。土：指封地。[3]疾：快，急速。[4]埶：通“势”，势力，权势。激：猛烈。[5]砥（dǐ）名：磨炼、修炼自己的名声。砥：磨刀石，引申为磨炼。[6]施（yì）：蔓延，延续。[7]排摈：排斥，摈弃。[8]恨：遗憾。

[9]扞（hàn）：触犯、冲击。文罔：指法律禁令。罔：通“网”。[10]宗强：豪强的大族。比周：密切勾结。比：近。周：合。[11]设：设置,依仗。役：驱使，摆布。[12]凌：侵犯，欺压。[13]恣：放纵，放肆。[14]猥：杂混不分，难以区别。

鲁朱家者，与高祖同时。鲁人皆以儒教，而朱家用侠闻[1]。所藏活豪士以百数[2]，其余庸人不可胜言[3]。然终不伐其能[4]，歆其德[5]，诸所尝施[6]，唯恐见之。振人不赡[7]，先从贫贱始。家无余财，衣不完采[8]，食不重味[9]，乘不过軥牛[10]。专趋人之急[11]，甚己之私。既阴脱季布将军之阸[12]，及布尊贵，终身不见也。自关以东，莫不延颈愿交焉[13]。

[1]用：因。[2]藏活：藏匿而使其活命。数：计数。[3]庸人：普通人。[4]伐：自夸。[5]歆：欣喜，自我欣赏。德：恩德，恩惠。[6]尝：曾经。[7]振：救济。赡：充足。[8]采：即彩，彩色的丝织品。衣不完采：没有穿着色彩华美的衣物。[9]重味：两种菜肴。[10]軥(qú)：车辕前端挽牛用的弯曲横木。軥牛：驾车的小牛。[11]趋：趋向，奔向。[12]阴脱：暗中使其摆脱，解脱。指朱家帮助季布解脱刘邦问罪一事。阸：即厄，凶险，危机。[13]延颈：仰望，翘首以盼。

楚田仲以侠闻，喜剑，父事朱家[1]，自以为行弗及。田仲已死，而雒阳有剧孟。周人以商贾为资[2]，而剧孟以任侠显诸侯。吴楚反时[3]，条侯为太尉，乘传车将至河南[4]，得剧孟，喜曰：“吴楚举大事而不求孟，吾知其无能为已矣。”天下骚动，宰相得之若得一敌国云。剧孟行大类朱家[5]，而好博[6]，多少年之戏。然剧孟母死，自远方送丧盖千乘。及剧孟死，家无余十金之财。而符离人王孟亦以侠称江淮之间。

[1]父事：像对待父亲一样侍奉。[2]商贾：做买卖。资：资财，资本。[3]吴楚反时：指汉景帝时期吴、楚七国之乱。[4]传车：驿站的车驾。[5]大类：很像。[6]博：即六博，古代的一种棋类游戏。

是时济南瞷氏[1]、陈周庸亦以豪闻，景帝闻之，使使尽诛此属[2]。其后代诸白[3]、梁韩无辟[4]、阳翟薛兄[5]、陕韩孺纷纷复出焉。

[1]瞷：音同闲。[2]使使：派遣使者。此属：这一类别的人。[3]代：代郡，地名。诸白：多位白姓之人。[4]辟：音避。[5]兄：音况。

郭解，轵人也[1]，字翁伯，善相人者许负外孙也[2]。解父以任侠，孝文时诛死。

解为人短小精悍[3]，不饮酒。少时阴贼[4]，慨不快意，身所杀甚众[5]。以躯借交报仇[6]，藏命作奸剽攻[7]，休乃铸钱掘冢[8]，固不可胜数。适有天幸[9]，窘急常得脱，若遇赦[10]。及解年长，更折节为俭[11]，以德报怨，厚施而薄望[12]。然其自喜为侠益甚。既已振人之命[13]，不矜其功[14]，其阴贼著于心，卒发于睚眦如故云[15]。而少年慕其行，亦辄为报仇，不使知也。解姊子负解之势[16]，与人饮，使之嚼[17]。非其任，强必灌之[18]。人怒，拔刀刺杀解姊子，亡去[19]。解姊怒曰："以翁伯之义，人杀吾子，贼不得[20]。"弃其尸于道，弗葬，欲以辱解。解使人微知贼处[21]。贼窘自归，具以实告解。解曰："公杀之固当[22]，吾儿不直。"遂去其贼[23]，罪其姊子，乃收而葬之。诸公闻之，皆多解之义[24]，益附焉。

[1] 轵(zhǐ)：汉朝县名。[2] 许负：以擅长相面闻名，曾相薄姬会成为天子之母，相周亚夫会位列诸侯而下场凄凉，都得到应验。[3] 短小精悍：身材矮小而强悍刚健。[4] 阴贼：内心阴险狠毒，深藏不露。[5] 慨不快意，身所杀甚众：遇到不合自己意的人，就亲自将他们杀害了，这样的情况有很多。慨：情绪激昂愤慨的样子。身：亲自。[6] 借：帮助。交：交往，指朋友。[7] 藏命：亡命。作奸：作恶，犯法。剽攻：抢劫。[8] 休：休止。铸钱掘冢：私铸铜钱，掘坟盗墓。[9] 适：恰好，恰逢。[10] 脱：逃脱。若：或者。[11] 更：改。折节：受损的操行。俭：收敛，约束，检点。[12] 厚施而薄望：给予别人的更多，怨恨别人的更少。厚：多。薄：少。[13] 振：救济，挽救。[14] 矜：自夸。[15] 其阴贼著于心，卒发于睚眦：内心还是阴险狠毒，说不准什么时候因为别人的眼神，就会突然之间爆发起来。卒：通"猝"，突然。睚眦（yá zì）：怒目而视。[16] 负：依仗，依恃。[17] 嚼：通"釂"（jiào），喝酒干杯。[18] 任：胜任。强（qiǎng）：硬要，迫使。[19] 亡去：逃跑离开。[20] 贼不得：抓不到凶手。[21] 微知：暗中探访侦查。[22] 固：本来。当：应当，正当。[23] 去：放走。[24] 多：赞许。

解出入，人皆避之[1]。有一人独箕倨视之[2]，解遣人问其名姓。客欲杀之。解曰："居邑屋至不见敬[3]，是吾德不修也，彼何罪！"乃阴属尉史曰[4]："是人，吾所急也[5]，至践更时脱之[6]。"每至践更，数过[7]，吏弗求。怪之，问其故，乃解使脱之。箕踞者乃肉袒谢罪。少年闻之，愈益慕解之行。

雒阳人有相仇者，邑中贤豪居间者以十数[8]，终不听。客乃见郭解[9]。解夜见仇家，仇家曲听解[10]。解乃谓仇家曰："吾闻雒阳诸公在此间，多不听者。今子幸而听解，解奈何乃从他县夺人邑中贤大夫权乎！[11]"乃夜去，不使人知，曰："且无用，待我去，令雒阳豪居其间，乃听之[12]。"

[1] 避：避让，让路，表示尊敬、敬畏的方式。[2] 箕倨(jī jù)：叉腿而坐，

形状像箕。这是一种不拘礼数，表达轻视傲慢的坐法。[3]居邑屋：在同一个乡居住。邑屋：指乡里。[4]阴：暗中。属：通“嘱”，嘱托。[5]急：指关切、关心。[6]践更：指男丁收取钱财，代替他人出每年应服的徭役。脱：免。[7]数（shuò）：多次。[8]居间：居中调解。[9]客：指门客。[10]曲听：为表示对调解人的尊重，委屈心意地听从了。[11]柰：通“奈”，即奈何。权：权势，声望。[12]且：暂且。最后四句的意思：暂时不要听我的意思，等我离开之后，让洛阳的诸位豪强再来调节，到那时你们再做决定。

解执恭敬[1]，不敢乘车入其县廷。之旁郡国[2]，为人请求事，事可出[3]，出之；不可者，各厌其意[4]，然后乃敢尝酒食。诸公以故严重之[5]，争为用[6]。邑中少年及旁近县贤豪，夜半过门常十余车，请得解客舍养之[7]。

及徙豪富茂陵也[8]，解家贫，不中訾[9]，吏恐，不敢不徙。卫将军为言[10]：“郭解家贫不中徙。”上曰：“布衣权至使将军为言，此其家不贫。[11]”解家遂徙。诸公送者出千余万[12]。轵人杨季主子为县掾[13]，举徙解[14]。解兄子断杨掾头。由此杨氏与郭氏为仇。

[1]执：谨守。[2]之：去，往。[3]出：得到解决。[4]厌：满足。[5]严重：尊重。[6]为用：为郭解所用，指为他效力。[7]请得解客舍养之：指少年与豪强愿意为郭解出力，献出自己的车驾，将他藏匿的亡命者带回去供养。[8]徙：迁移。茂陵：汉武帝的陵墓。汉武帝建元二年（前139），为扩充新修的茂陵的居民人数，迁移各地豪富人家到茂陵居住，元朔二年（前127），又迁郡国富豪人家到茂陵居住。郭解就在这时迁居茂陵。[9]不中訾（zī）：指家产达不到搬迁要求的数目。訾：通“资”，钱财，资产。当时规定，资产三百万以上才能够迁居茂陵。[10]卫将军：即卫青。为言：替他说情。[11]汉武帝所说这句话意思是：一介布衣都可以让将军来替他说话，可见他的家并不贫穷。[12]千余万：指千余万钱。[13]县掾（yuàn）：县令手下的官署属员。[14]举：检举。

解入关，关中贤豪知与不知，闻其声，争交欢解[1]。解为人短小，不饮酒，出未尝有骑。已又杀杨季主[2]。杨季主家上书，人又杀之阙下[3]。上闻，乃下吏捕解[4]。解亡[5]，置其母家室夏阳[6]，身至临晋[7]。临晋籍少公素不知解，解冒[8]，因求出关。籍少公已出解，解转入太原，所过辄告主人家。吏逐之[9]，迹至籍少公[10]。少公自杀，口绝。久之，乃得解。穷治所犯[11]，为解所杀，皆在赦前。轵有儒生侍使者坐[12]，客誉郭解，生曰：“郭解专以奸犯公法，何谓贤！”解客闻，杀此生，断其舌。吏以此责解，解实不知杀者。杀者亦竟绝，莫知为谁。吏奏解无罪。御史大夫公孙弘议曰[13]：“解布衣为任侠行权，以睚眦杀人，解虽弗知，此罪甚于解杀之。当大逆无道[14]。”遂族郭解翁伯[15]。

[1]交欢：交友结欢，指成为好友。[2]已：后来，不多久。[3]阙下：指宫门前。阙：皇宫门口两边的楼台。[4]下吏：下命令给主管此事的官吏。[5]亡：逃亡。[6]夏阳：汉县名，县治在今陕西省韩城西南。[7]临晋：汉县名，县治在今陕西省大荔东部。[8]冒：冒昧。指郭解冒然相投，以真情相告，请求帮助。[9]逐：追捕。[10]迹：循迹而来。[11]穷治：深究，追问到底。[12]使者：指从京城到地方上查访郭解“恶迹”的人。[13]御史大夫：主管监察弹劾的最高官吏。[14]当：判处。[15]族：族诛，灭族。

自是之后，为侠者极众，敖而无足数者[1]。然关中长安樊仲子，槐里赵王孙，长陵高公子，西河郭公仲，太原卤公孺，临淮兒长卿，东阳田君孺[2]，虽为侠而逡逡有退让君子之风[3]。至若北道姚氏[4]，西道诸杜，南道仇景，东道赵他、羽公子[5]，南阳赵调之徒，此盗跖居民间者耳[6]，曷足道哉！此乃乡者朱家之羞也[7]。

太史公曰：吾视郭解，状貌不及中人，言语不足采者[8]。然天下无贤与不肖，知与不知，皆慕其声，言侠者皆引以为名。谚曰：“人貌荣名，岂有既乎！[9]”於戏，惜哉[10]！

[1]敖：通“傲”，傲慢无礼。[2]长安：汉代国都，在今陕西省西安市。槐里：汉县名，县治在今陕西省兴平东南。长陵：汉县名，刘邦的陵寝所在，县治在今陕西省泾阳东南。西河：汉郡名，郡治在今内蒙古准噶尔旗西南。临淮：汉郡名，郡治在今江苏省泗洪南部。东阳：汉县名，县治在今安徽省天长西北。[3]逡逡(qūn qūn)：谦恭退让的样子。[4]北道：与下文“西道”相对，等于说“北方”“西方”或“北路”“西路”，为泛指。[5]赵他、羽公子：有人认为这是指两个人，有人认为是一个人，姓赵，名他羽，字公子。[6]盗跖(zhí)：春秋时期的大盗，名跖。[7]乡：通“向”，从前，以往。[8]不足采：不值得采用，没有可取。[9]这句话的意思是：人靠容貌作外表，容貌总会衰败；只有用荣名来装饰，得到的赞誉才是无穷无尽的。既：尽。[10]於戏（wū hū）：等同于“呜呼”，感叹词。惜：可惜，惋惜。

（[汉]司马迁著：《史记》，中华书局1959年版）

参考书目

1. 梁启超:《中国之武士道》,《饮冰室专集》之二十四,中华书局1989年版。
2. 陶希圣:《辩士与游侠》，岳麓书社2013年版。
3. 刘若愚:《中国的侠》(中译本)，上海三联书店1991年版。
4. 陈平原:《千古文人侠客梦》，人民文学出版社1992年版。
5. 汪涌豪:《中国游侠史》，复旦大学出版社2001年版。

思考题

1. 谈谈游侠有什么样的人格特点。
2. 试比较中国游侠与西方骑士及日本武士的异同。
3. 在现代社会中，游侠文化对提振国民精神有哪些借鉴意义?

后 记

这本教材的编著方案是我与高等教育出版社反复协商的结果，与目前国内的诸多版本文化概论类教材相比较，本教材体例有一定创新。本来高等教育出版社约我编一部中华文化的教材，根据多年的治学经验与教学经验，我认为要想体验到中华文化的精华，必须要读原文，所以主张编一部中华文化读本。但高等教育出版社依据多年来对国内高校教材市场信息的了解，认为编选读本暂时还不能被国内很多高校接受，学生难学，老师难教。这种现象是我们文化断层所致，也不能强求快速改变。经与出版社反复商榷，遂形成了目前的编著方案：文化概论与选文相结合，辅以思考题和参考书目。目的是想让学生在初步了解中华文化概况的情况下，初尝原汁原味的中华文化，学会自己阅读中华文化典籍，而不是一味讲凌空蹈虚之论。只有这样，同学们才能更好地领略中华文化的精华，切身感受中华文化的魅力。

本书的大纲由我拟定，分工撰写。绪论由我写，各章分工情况如下：郭明浩撰写第一章，刘志超撰写第二章，沈燕燕负责这两章的选文及其注解；江玉梅撰写第三章，欧婧负责第三章的选文及其注解；聂韬撰写第四章，周娇燕撰写第五章，李莎负责这两章的选文及其注解；韩晓清撰写第六章，李瑞春撰写第七章，李嘉璐负责这两章的选文与注解；陈思、曾昂、刘志超、李嘉璐撰写第八章，李斌、沈燕燕、欧婧负责选文及其注解；王苗苗撰写第九章，黄丹青负责选文与注解；李媛撰写第十章，邝梦雨负责选文与注解；李泉撰写第十一章，孙小钧撰写第十二章，万红雨负责这两章的选文与注解；云燕撰写第十三章，朱玲娜负责选文与注解；叶天露撰写第十四章，邝梦雨负责选文与注解；王树文撰写第十五章，尚英丽负责本章选文与注解；董首一撰写第十六章，欧婧负责本章的选文及其注解。最后由我统一定稿。

感谢高等教育出版社的云慧霞女士，是她的热情帮助和催促，才使得本书顺利完成。

曹顺庆

2013年仲春于北京—成都